21 世纪全国高校民政类规划教材

总 主 编：金双秋

副总主编：王辅贤　王晓玫
玉梅英　刘志红
李少虹　孟令君
周良才　蒋　奇
廖益光

中国社会保险实务

主　编　金双秋

副主编　田建湘　李翠英
周向群　钟琼乳

北京大学出版社
PEKING UNIVERSITY PRESS

内容简介

本书根据高等职业技术教育重实践、重能力培养的特点来阐述社会保险的基础理论和运用理论，反映最新研究的理论成果和专业技能水平。全书分为十三章，前六章对社会保险的基本概念、历史由来、对象与项目、目标与原则、基金的筹集与运营进行系统而又精辟的综述，中间五章对社会保险项目包括养老社会保险、工伤社会保险、失业社会保险、医疗社会保险、生育社会保险进行深刻而又详尽的阐述，后两章对社会保险的前沿理论问题包括农村养老社会保险和新型农村医疗合作保险进行了积极有益的探索。运用理论部分每章都是以案例导入，引发基本理论，以实训结束，力求专业知识转换专业能力，体现了高职教育的鲜明特色。因此，本书不仅可作为高职教育教材，而且还可作为在职人员继续教育的培训教材。

图书在版编目（CIP）数据

中国社会保险实务/金双秋主编. —北京：北京大学出版社，2008.10
（21 世纪全国高校民政类规划教材）
ISBN 978-7-301-12999-9

I. 中… II. 金… III. 社会保险—中国—教材 IV. F842.61

中国版本图书馆 CIP 数据核字（2007）第 192148 号

书　　名：中国社会保险实务
著作责任者：金双秋　主　编
责 任 编 辑：周　伟　袁玉明
标 准 书 号：ISBN 978-7-301-12999-9/G・2234
出　版　者：北京大学出版社
地　　　址：北京市海淀区成府路 205 号 100871
电　　　话：邮购部 62752015　发行部 62750672　编辑部 62756923　出版部 62754962
网　　　址：http://www.pup.cn
电 子 信 箱：xxjs@pup.pku.edu.cn
印　刷　者：三河市博文印刷有限公司
发　行　者：北京大学出版社
经　销　者：新华书店
787 毫米×980 毫米　16 开本　19.5 印张　382 千字
2008 年 10 月第 1 版　2016 年 7 月第 2 次印刷
定　　　价：34.00 元

丛 书 序

我国现处于解放五十多年来最好的时期，神州大地，一派生机，经济繁荣，社会和谐，民族团结，人民安康。全国人民沿着党的十七大指引的方向，意气风发、信心百倍地建设和谐社会。伟哉中华！盛哉中国！美哉和谐！

在过去的五十多年里，在建设社会主义伟大历史进程中，民政为党分忧，为民解愁，具有不可替代的重要基础作用。在今天建设和谐社会的重要时期，民政的职责更加重要，民政的任务更加繁重，民政的作用更加突出，是治国安邦、稳定社会的基石。

当前民政正认真贯彻第十二次全国民政会议精神，积极完成民政“十一五”规划提出的各项任务。到 2010 年，要基本建立覆盖城乡的社会救助和灾害应急救助体系，初步形成社会福利事业多元化发展的新格局，推进城乡社区建设深入发展，促进民间组织发展规范有序，优抚安置保障有力，社会事务管理和公共服务能力显著增强，人民群众基本生活权益得到有力保障，民主政治权利得到切实维护，社会福利服务需求得到有效满足。民政改革发展的最终目的就是使民政真正成为为民之政，爱民之政，利民之政。

民政事业的大力发展迫切需要造就三支队伍：一支是高素质的民政干部职工队伍，一支是“术业有专攻”的社会工作者队伍，一支“爱众亲仁”的宏大的志愿者队伍。而民政队伍的建设需要大力发展民政教育、在职干部培训和提高民政理论研究水平。众所周知，民政教育、培训和理论研究这三项的发展都需要一套工作门类齐全、内容新颖、适用、够用的民政教材。由北京大学出版社组织，全国民政理论和教育界知名学者金双秋教授总策划，资深专家王辅贤、孟令君、李少虹、周良才、王晓玫等教授领衔主编，全国九所民政院校合作编写的《21世纪全国高校民政类规划教材》正好适应了这一需要。该丛书规模之大、速效之高、编写之顺利是与湖南省政协副主席、长沙民政职业技术学院刘晓院长的精心指导和大力支持分不开的。

这套丛书有三个特点。第一是“新”。丛书是以党的十六届六中全会精神为指导，以全国第十二次民政会议内容为依据，反映了民政最新的理论研究成果、改革成果，探索了民政未来的发展趋势。第二是“全”。丛书第一期计划出版 15 本书，第二期计划出版 7 本书。这 22 本书不仅覆盖了所有的传统民政工作门类，而且还覆盖了十六届六中全会提出的新民政工作项目，如农村社区建设、农村低保工作等。第三是“适用”。丛书打破了传统编书仅局限理论论述的套路，每一本书、每一章都有理论论述和案例分析，既注重理论的提高，更注重能力的培养。因此，这套丛书不仅适用于“以能力为中心”高职学生学习，而且还适用于在职干部的培训、理论工作者的研究。

希望本套丛书的出版，能够繁荣民政教育理论的春天，为民政队伍的建设、为民政事业的发展作出贡献。

丛书编委会

2008.5

目　录

第一章　社会保险概述

【学习目标】

1. 掌握社会保险的基本概念和特点。
2. 了解社会保险与社会保障的关系。
3. 掌握社会保险与社会救济的区别。
4. 掌握社会保险与社会福利的区别。
5. 掌握社会保险的基本功能。
6. 了解社会保险与商业保险的共性与差异性。

第一节　社会保险的概念与特点

一、社会保险的概念

自从 19 世纪 80 年代在德国产生第一个社会保险制度以来，社会保险已有一百多年的历史。在这期间最早最权威给它下定义，应首推 1953 年世界工联维也纳会议产生的会议文献。它对社会保险的定义是：社会保险是以法律保证的一种基本社会权利，其职能主要是以劳动为生的人，在暂时或永久丧失劳动能力时，能够利用这种权利来维持劳动者及其家属的生活。尽管时隔四十多年，但根据现在社会保险的现状来看，这个定义基本上是准确的。现对它稍作一下文字处理，可定义为：社会保险是指以国家立法为手段，以劳动者为保险对象，以劳动者的年老、疾病、伤残、失业、死亡等特殊事件为保险内容，以政府强制实施为特点的一种社会保障制度。这一定义有以下五层含义。

（1）它是通过国家立法形式强制实施的保险制度。凡在法律规定范围内的劳动者，都必须依法参加保险，并同时有权享受保险待遇。

（2）保险的对象是劳动者，享受的前提条件是缴纳了保险费并已丧失或暂时丧失劳动能力的人。

（3）它属于一种政府行为，是政府所采取的一种社会政策和劳动政策，所有的劳动者别无选择地必须参加保险。

（4）保险的水平略低于或不低于原有的生活水平。维持其基本生活，通过保险恢复其劳动能力或弥补生活收入的不足。

（5）社会保险属于社会保障制度中的一项制度，它的实施需通过一种专业化、社会化的管理来进行。

从以上社会保险的定义来看，最后归结为社会保险是一种社会保障制度。这里有必要弄清社会保险与社会保障以及其概念的关系。社会保障与社会保险是母项与子项的关系。世界上大多数国家把社会保障分为社会救助、社会保险、社会福利、社会服务，其中社会保险是核心内容。在我国现阶段把社会保障分为社会救济、社会保险、社会福利、社会互助和优抚安置，其中社会保险也是重要内容。社会保险与其他子项的区别主要是保障层次的不同。社会救助是一种最低保障，它保障那些失去生活来源的人或遭遇不幸的人或贫困的人维持最低生活水平。社会福利是一种最高保障，它保障全体公民进一步改善生活待遇和条件。社会优抚是一种特殊保障，它保障军人及其家属生活水平不低于当地人民的平均生活水平。而社会保险是一种基本保障，它保障全体工资劳动者和个体自营者维持基本生活。由此来看，社会保险覆盖的对象是创造社会财富、决定经济成长的人口群体——劳动群体，这决定了应把它作为健全和完善社会保障制度的战略重点来对待。

二、社会保险的特点

由上述社会保险的概念决定了它有别于其他社会保障子项不同的特点，它具有强制性、普遍性、保障性、互济性、福利性、社会性、非盈利性。

1．强制性。这表现在社会保险是通过国家立法强制实施。各国实行社会保险的最高法律依据是该国的根本大法——宪法的有关规定。我国《宪法》第45条规定，中华人民共和国公民在年老、疾病或者丧失劳动能力的情况下，有从国家和社会获得物资帮助的权利。国家发展为公民享受这些权利所需要社会保险、社会救济和医疗卫生事业。所以，社会保险也称为“强制保险”。也就是说，社会保险对于公民来说，必须依照法律的规定参加，依照法律的规定享受应有的待遇。对承办社会保险的机构来说，必须依照法律的规定承保，依照法律的规定给付。社会保险的强制性是十分必要的，在社会化大生产中，劳动力不再仅仅是家庭劳动力，而成为社会劳动力。所以，他所面临和承受的社会化大生产带来的各种各样的风险，都必须通过参加一系列的专项社会保险来解决，依靠社会来分担。

2．普遍性。社会保险所承担的风险，如生育、死亡、工伤、疾病、失业、年老等，对每一个公民来说，都具有可能性或必然性。所以社会保险的实施范围很广，应该使全体成员都能得到保护。但是，由于资源有限，只能逐步实现，先在工薪劳动者及其家属中实行，然后随着经济条件的成熟，扩大到所有劳动者，以至全体社会成员。

3．保障性。社会保险对劳动者生活提供基本保障。不论被保险人的年龄、就业年限、收入水平和健康状况如何，一旦丧失劳动能力或失业，政府就依法提供收入损失补偿，以保障其基本生活需要。社会保险除了现金支付以外，通常还为劳动者提供医疗护理、伤残康复、职工培训和介绍、老年活动等多方面的服务。保障大多数劳动者基本生活需要，由此稳定社会秩序，这可以说是实施社会保险的根本目的。

4．互济性。在社会保险中，互济性贯穿在整个基金的筹集、储存和分配过程中，并在保险的范围内进行地区之间、企业之间或强者与弱者、老者与年轻者之间的调剂，劳动者的实际使用数往往是多于或少于交纳款数，即“取之于我，部分用之于人；或者部分取之于我，用之于我。”如农村养老社会保险的互助性，体现在同一年龄段内的人口，早逝者与长寿者之间可调节互济。

5．福利性。社会保险的福利性体现在国家对劳动者的保险给予全力支持，劳动者个人以最小的费用解决自己各种后顾之忧。具体表现是：

（1）保险费用由政府、企业和个人三方负担，个人负担所占比重较小；

（2）社会保险不能赚钱盈利，而且手续简便，费用开支小，因此保险费较低；

（3）除现金支付外，还有医疗护理、伤残康复、职业培训、老年活动等社会福利享受。

6．非盈利性。社会保险是非盈利性保险，它不以盈利为目的，而以实施社会政策为目的。虽然社会保险在运作上也需要借助于精确的计量手段，但不能以经济效益的高低来决定社会保险项目的取舍和保障水平的高低。如果社会保险财务出现赤字影响其运作，国家财政负有最终责任。

第二节　社会保险与社会保障的关系

一、社会保障的概念与范畴

社会保障是一个迄今为止尚未统一明确的新概念。它不仅在我国权威的辞典《辞海》、《辞源》上找不到解释，就是在社会保障发展近二百年的西方也是众说纷纭，而社会保障的范畴与其概念一样，也仍然是目前世界上今后相当长一段时间里难以统一的问题。尽管如此困难，但我们认为根据唯物主义反映论的观点来看，概念是对象特有属性和对象范围隐含性反映的思维形式；范畴是人的思维对客观事物的普遍本质的概括和反映。因此，只要我们遵循唯物主义反映论的观点来分析认识它，就能够对这一概念和范畴作出较为明确的解释。下面分别从几个方面来认识。

1．国外一些发达国家有关社会保障的解释

国外发达国家是社会保障的发源地，是现代社会保障最发达的地方。无疑的，这些国家对社会保障的概念和范畴的解释，对于我们明确我国新型社会保障的概念和范畴有一定的借鉴意义。

（1）号称“福利之国”的英国的社会保障是指福利性社会保障和非福利性社会保障两类。所谓福利性社会保障，是指依靠国民收入中的经费，重点解决对贫困者的扶持及对贫困的预防和克服上。所谓非福利性的社会保障，是指致力于创造良好的经济形势，从而提高全社会的就业水平，取消对妇女、少数民族穷人、原犯罪者等的各种歧视，保证他们在受教育、就业方面与别人“机会均等”，避免沦为贫困。其保障范畴号称“从摇篮到坟墓”，贯穿人的一生，项目多达40种以上，主要有孕妇补贴、产妇补贴、幼儿补贴、儿童补贴、入学后的各种补贴、住宅补贴、低收入家庭补贴、事业救济、工业死亡者补贴、寡妇补贴、退休金、公费医疗、就业训练等。

（2）号称“社会安全网”的西方的社会保障是指以维护国民经济稳定和均衡的发展为根本目的，在保证经济的持续发展并保持应有的活力、市场经济以及相应的竞争的前提下，国家对于国民经济进行必要的干预和调节，使在竞争中遭到失败的人不致遭受灭顶之灾，而是能够获得一定的安全保护，并能获得重新参与竞争的机会；对于那些由于失去劳动能力遭到意外困难而不能参与竞争的人，在生活上提供保障。其范畴主要包括三方面，即社会救济、社会照顾和社会保险，其对象都有明确的规定。社会救济的对象主要是那些没有劳动能力的人；社会照顾的对象则是那些不是由于自己的原因而遭受了损失的人；社会保险是三方面中最重要的，分为养老、医疗保健、失业补助和事故保险四大系统，社会大部分成员都可以加入这些保险系统。

（3）近代社会保险事业发展较快的美国的社会保障是指在保持效率的前提下，以企业和地方政府为主、联邦政府只扮演最后出台的角色，对国民经济生活进行调节和干预，满足人民基本生存所需求的物质生活资料，其对象是社会上一部分生存发生困难的成员。现代美国的社会保障基本上是沿袭罗斯福新政时期1935年通过的，被称为划时代意义的“社会保障法”，其保障范畴达十项之多：养老金、退休金、失业保险、照顾贫困的需要抚养的儿童、改善严重贫困区的母亲和儿童的健康状况，为残疾儿童提供医疗、外科的矫正手术，救济无家可归的被遗弃的儿童，帮助残疾人恢复工作能力、救济贫困的盲人，促进适当的公共保健服务事业等。

(4) 现代工业最发达的日本的社会保障是指为了防备和克服人们在生活中往往由于疾病、失业和年老等而遇到的困难，由国民事先负担保险费和税金，当生活发生困难时，接受医疗、社会福利服务和年金援助，使他们可以维持贫困者最低限度的生活。其社会保险（即医疗保险、年金保险、雇佣保险、业务灾害保险）、国家救济（即生活救济、医疗救济、教育救济、住宅救济、分娩救济、谋生救济、安葬救济等方面）、社会福利（老人福利、儿童福利、残疾人福利）、公共卫生和医疗（即保健和预防、建立医疗体制），保证社会生活的安置。

以上所列举的是当代世界社会保障事业发达的几个重要资本主义国家社会保障的概念和范畴的解释，尽管众说纷纭，说法不一，但对我们还是有新的启示。

（1）不同的国情，产生不同的社会保障，出现对社会保障概念和范畴的不同解释。

（2）这些解释分别从社会保障的主体、对象、目的、性质、形式、类型等方面勾画出社会保障概念和范畴的大致轮廓。

（3）社会保障的主体有国家独体型、地方政府及企业主的联合体型；其目的是确保人民基本生活水平，保证社会再生产顺利进行；其性质是国民经济的再分配；其对象是生活发生困难的部分人，重点是老人和儿童；其形式有社会保险、社会福利、社会救济、医疗卫生和集体福利事业。

（4）社会保障主要分为福利性社会保障和非福利性社会保障两大类。

2．马克思和列宁有关社会保障的论述

马克思和列宁有关社会保障问题的一些论述尽管不多，但是对于我们明确社会主义的社会保障的概念和范畴有些教益。

马克思在分析社会主义社会的社会总产品分配时，指出社会产品在实行个人分配之前，已经扣除："第一，用来补偿消费掉的生产资料的部分；第二，用来扩大生产的追加部分；第三，用来应付不幸事故、自然灾害等的后备基金或保险基金。在作了这种扣除之外，剩下的总产品中的其他部分是作为消费资料的，在把这部分进行个人分配之前，还要从里面扣除：第一，和生产有关系的一般管理费用……第二，用来满足共同需要部分，如学校、保健设施等；第三，为丧失劳动能力的人等设立的基金。总之，就是现在属于所谓官方济贫事业的部分。"马克思在这里尽管论述的是"六项扣除"学说，但很多地方涉及对社会主义的社会保障这一概念和范畴的解释：（1）社会主义的社会保障有两大项即社会保险和社会福利；（2）社会保障基金由国家负担，社会保障的主体是国家；（3）其目的是为了保证社会再生产顺利进行，为社会正常生活提供保障。在马克思以后的列宁对于建立社会主义的社会保险有过专门的论述："第一，工人在下列一切场合（伤残、疾病、年老、残废、女工怀有身孕和生育；养育者死后的遗寡和孤儿的抚养）丧失劳动能力，或因失业失掉工资时，国家保险都要给工人以保障。第二，保险要包括一切雇佣劳动者及其家庭。第三，对于一切被保险者都要按照补助金的工资的原则给予补助。"前苏联和一些东欧的社会主义国家基本上是按照这一模式来建立社会保障的。这些国家的社会保障是指劳动者和其他公民及家属都享有年老、疾病、伤残、丧失劳动能力等的物资保障权和家庭接受国家帮助权，享有广泛的福利待遇和物质文化生活服务。上述革命导师的这些论述和前苏联等社会主义国家对社会保障的解释，对于我们把握社会主义的社会保障的实质是有帮助的。

3．具有中国特色的新型社会保障的确立

自新中国成立以来，尽管我国的社会保障尚未健全成体系，但实际上，社会保障的内容还是存在的。我国现行的社会保障可以分为三大领域：一是民政部门负责的有优抚安置、救灾、社会救济（救灾）、社会福利、慈善事业等项工作；二是劳动人事部门负责的社会保险；三是事业单位和部分行业企业负责的有离退休保障和就业、医疗保健、生活困难补助、福利生活和妇女福利等方面。从以上可见，我国现行的社会保障的主体是以国家为主，基本上是按照马克思和列宁所论述的那种社会保障模型来建立的，其形式有社会保险、社会福利和社会救济三大项。2006 年党的十六届六中全会《决定》更为明确地指出要逐步建立社会保险、社会救助、社会福利、慈善事业相衔接的覆盖城乡居民的社会保障体系。这对于理解符合我国国情的社会保障有着直接的重要意义。

综合本节的内容，借鉴世界一些主要资本主义国家社会保障的解释，参照马克思列宁的论述和前苏联等一些东欧社会主义国家社会保障的现状，可以对我国新型的社会保障作出这样的一种解释：社会保障是指以国家为主体，通过国民收入的分配和再分配，实现确保人民基本生活水平为目的而形成的一种分配关系；是实现社会主义生产的工具，保证社会再生产顺利进行的手段。我国新型社会保障的范畴应确定为社会保险、社会福利、社会救助、慈善事业四大项，都属于福利性社会保障，具体项目如图 1-1 所示。

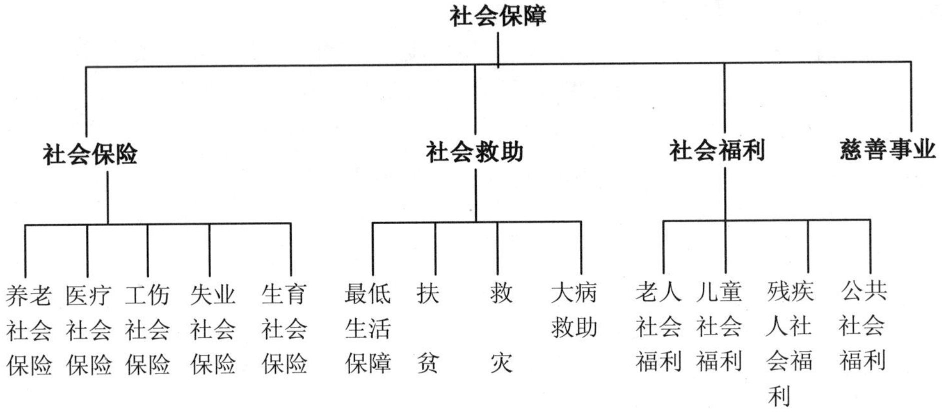

图 1-1 我国社会保障的范畴

二、社会保险与社会救助

（一）社会救助的含义

“社会救助”一词最早见于 1909 年英国的一个皇家专门委员会的报告中，这个报告要求废除惩戒性的“济贫法”，而代之以合乎人道主义精神的社会救助。把社会救助纳入社会保障体制的是美国罗斯福总统新政时期的社会保障法案。

社会救助，也称公共救助，是指国家和社会在公民不能维持最低生活水平时，按照有关规定向其提供的各种形式的援助。这一概念有以下几层含义。

1. 对于国民来说，在他们不能维持最低生活水平时，向国家和社会要求提供救助是他们的一项基本权利；而对国家和社会来说，当本国国民出现上述困境时，向他们提供救助是国家和社会应承担的责任。因此在现代社会里，提供救助不是自上而下的恩赐，接受援助不需要感恩戴德，人格也不应受到损害。

2. 社会救助只有在国民因各种原因（生理的、心理的；先天的、后天的）不能维持最低生活水平时才发生作用。因此，申请救助者必须向有关机构证明自己的收入、财产不能维持个人及家人的最低生活水平时才能发生给付，所以需要进行资产调查。

3. 社会救助的方式是多种多样的。早些时候的救济主要是提供物质帮助，包括资金、衣物、食品等；现在的社会救助除提供上述物质帮助以外，还包括科技、信息、思想观念等方面的帮助。不仅要解决他们的生存问题，还要提高他们的生存能力，帮助他们脱贫致富。

（二）社会救助的基本原则

1．选择性原则。它是指虽然每个国民都有享受社会救助的权利，但并不是人人都能得到实际的给付，而是要经过资产调查，确认该国民及其家庭确实不能维持最低生活水平时才有资格申请救助。这是社会救助的突出特点。它有别于社会保险对象的法定成员资格，也不同于社会福利的人人有份。

2．提供最低生活保障原则。在社会保障制度体系中，社会救助的标准最低，以维持最基本的物质生活为原则，它是以作为社会保险的补充而存在。在社会保险津贴不足以维持最低生活或者领受有关保险津贴的期限已经超过，或者社会保险制度尚未覆盖的情况下，给予社会救助。

3．无差别待遇原则。它是指当我们确定“贫困线”（最低生活标准线）后，以个别的资产调查为依据，提供弥补申请者的收入水平与“贫困线”差额的援助。也就是说，不论申请者的收入水平高低，他们的生活都将处于同一水平线上。如某地区规定：1个四口之家年收入不足1200元的，则处于贫困状态；若有4个四口之家，年收入分别是600元、800元、1000元、1100元，那么这四个家庭所能得到的援助分别是600元、400元、200元、100元，最后这四个家庭的生活水平都达到年收入1200元。

（三）社会保险与社会救助的区别

社会保险与社会救助构成社会保障制度的主体，两者都以为公民提供经济保障为目的，但两者之间存在着本质的区别。

1．对象与功能不同。社会保险的主要对象是有固定职业与正常收入的薪资阶层和其他劳动者，即生产人口，他们在平时能维持个人及家庭的正常生活。建立社会保险制度，强制他们缴纳保险费，是为了让他们在发生社会性风险事故时能够领取津贴，维持基本生活，因此社会保险的功能在于防贫。而社会救助的对象是老弱病残、无力自谋生活的公民，或者有工作能力，但因遭受意外事故使正常收入中断，无法维持最低生活的公民，也就是消费人口，因此社会救助的功能在于济贫。

2．保障基金的来源与给付方式不同。社会保险基金主要来源于个人和企业（雇主），政府也给予必要的补助。从经费来源的劳动属性看既有必要劳动，也有部分剩余劳动。社会救济金主要由政府财政拨款和社会捐款，从劳动属性看完全是剩余劳动。

社会保险津贴的给付是依据有关的法律规定的条件、标准执行，不需要经过资产调查，即它以人人需要为前提，满足平均的需要。而社会救助须经过严格的资产调查程序，证明申请人的收入及财产不足以维持最后生活时才能进行给付，即它以个人的需要为前提，满足个人的需要。

3．权利与义务关系不同。社会保险是一种纳费制度，强调权利与义务对等原则，参加保险者必须先履行交纳保险费的义务，然后才有领取社会保险津贴的权利。而社会救助则不同，不讲权利与义务的对等关系，只强调国家和社会对个人的责任和义务，因此，受惠者有受惠的权利而无须履行纳费的义务。

4．保障水平与给付标准不同。社会保险的给付标准一般依据被保险人原有的收入水平、缴费额的大小及国家的财政实力而定，它保障被保险人的基本生活需要。而社会救助则不同，它先根据受救助对象当时的实际情况制定出最低生活水平线（即贫困线），并以此作为保障的水平，其给付额不考虑受惠人以前的收入状况，也不考虑国家的财力，而主要根据资产调查的情况，以两者的差额作为给付额。

5．保障期限不同。社会保险的各项给付一般都规定有享领期间，在享领期间仍不能克服风险者，则改领社会救助。而社会救助则不同，只要生活水平在贫困线以下，就可以无限期领受。可见，社会救助应作为社会保险的辅助而存在。

6．保障行为的性质不同。在社会保险关系中，法定范围内的风险发生后，有关机构会按照有关的法律规定自动履行保险给付义务，受领者的人格和心理不会受到损害。而社会救助则不同，在公民陷入困境后，需要经个人申请、资产调查、上级批准等法定工作程序，并且即使符合领取救助的条件，只要不提出申请，就作自动放弃救济处理。同时，进行资产调查在人们看来有损形象和身份，所以有些人会主动放弃救济。故社会救助在对付风险时有被动性的特点。

三、社会保险与社会福利

（一）社会福利的含义

社会福利是一个内涵丰富、外延广泛的概念，因此在使用过程中弹性很大，在不同的场合、层次上使用时便赋予其不同的含义。迄今为止，还没有出现一个为大家普遍接受的定义。下面我们从不同的层次对它进行介绍。

1．从社会制度层面理解社会福利。这在西欧国家颇为流行，“福利国家”是典型的用法，这是对社会福利的大尺度的宏观观察。它包括国家和社会所作出的所有维持、改善、提高人民物质和文化生活水平的制度措施。它以全民为对象，其外延除一般的社会保障范围之外，还包括税收政策、消费品的分配、公共支出政策等。

2．从具体的社会政策层面理解社会福利。这种用法在美国、日本使用较多，是指专为社会弱者提供的服务，包括儿童福利、老人福利、残疾人福利等，这是一种小尺度的微观观察。

在我国，主管社会福利较多的是民政、劳动两个部门。民政部门一直是在第二种意义上使用它，但目前已经改变了，并提倡社区服务；劳动部门所讲的福利是指劳动者在工资、奖金等直接劳动所得之外所得到的各种补贴和服务。这两种理解外延都过窄了，我们主张采用第三种理解。

3．从一般的社会保障制度层面理解社会福利。这是一种中尺度的中观观察，是指国家和社会为制度范围内的公民提供的一种保证一定生活水平和提高生活质量的一种社会保障制度。

（二）社会保险与社会福利的区别

社会保险与社会福利都是社会保障制度的有机组成部分，同时也是国家社会政策的重要组成部分，对保障公民的基本生活条件、提高生活质量起着十分重要的作用。两者在许多方面显示出了共性，但它们之间有着本质的区别。

1．保障对象不同。社会保险的对象是有固定职业和正常收入的薪资阶层和其他劳动者，也就是生产人口；而社会福利则以全体公民为对象。

2．保障资金的来源不同。社会保险资金主要来源于被保险人和企业（雇主）的缴费；而社会福利资金则主要来源于国家和社会，单位、社区和个人不需缴费。

3．权利与义务的关系不同。社会保险基金的分配重视权利与义务对等原则，被保险人必须履行缴纳保险费的义务；而社会福利则不考虑受惠者对社会福利事业的贡献大小，强调人人有份，平均分配。

4．保障的标准不同。社会保险以保障公民的基本生活为目的，满足公民的基本生活需要；而社会福利则以提高公民的生活质量为主要目的，满足公民较高层次的发展和享受的需要。

5．保障的手段不同。社会保险以提供保险津贴为主，相关服务为辅；而社会福利则以提供各种服务及服务设施为主，货币给付为辅。

6．经营主体不同。社会保险的经营主体一般是政府的有关专门机构；而社会福利的经营主体不仅有国家，还有基层社区组织、基层单位和各行业主管部门等。

第三节　社会保险的功能及与商业保险的关系

一、社会保险的功能

（一）稳定功能

社会保险积聚了社会的经济力量，加上企业的参与、政府的资助，对丧失劳动能力和失业的劳动者给予物质上的帮助，维持他们的正常生活，有助于社会的安定。在资本主义国家，社会保险被称为社会和经济发展的“稳定器”、“安全网”，将对它的需要程度比作能维系生命的面包和水。它在一定程度上调节了社会收入分配差距，从而缓解了社会矛盾，在促进社会稳定和经济发展方面起到了积极作用。如英美历经多次周期性经济危机，失业率一直很高，却能维护社会的长期稳定局面，其中社会保险的作用不能忽视。在社会主义国家，由于产品和产业结构的调整、技术更新和宏观微观经济决策的偏差，也会出现企业破产和停工失业的现象，也会出现收入水平的明显差距。在我国，随着劳动用工制度的改革，劳动者一生中所面临的失业风险大大加强。因此，尽快健全和完善社会保险制度，对于维护安定团结的政治局面，保证经济体制改革的顺利进行是十分重要的。除此，社会保险还有利于社会主义道德和共产主义精神的建立。这是因为在公有制为基础的社会主义制度下，社会保险体现了劳动者之间的互助互济的关系。社会保险事业的发展，有助于劳动者发扬“我为人人，人人为我”的助人为乐、同舟共济的精神。

（二）恢复功能

社会保险是社会进步、生产力提高、社会化大生产的产物。反过来，社会保险的完善和发展又会进一步促进社会的进步、生产力的发展、生产社会化程度的提高。另一方面，社会保险保障了劳动者的身心健康，保证了劳动力的再生产。如失业保险所提供的保险金和转业培训费，有利于保护劳动者不致因失业而落伍；医疗保险对职工提供医疗费补贴和必要的治疗服务，相当于劳动力的修理费用；生育保险使女职工能早日恢复劳动力，也使新的劳动力得以延续。社会保险正是通过这种对劳动力数量和质量恢复功能的保证，促进社会再生产的顺利进行，促进经济的稳定发展。

（三）储蓄功能

社会保险具有储蓄性的特色，如养老保险，劳动者一参加社会生产便开始交纳社会保险费，社会保险机构将其进行储蓄和运作，待劳动者丧失劳动能力时再进行分配使用。这样的储蓄积累如细水长流零存整取的储蓄。这笔资金可以在较长时间内投资运用于社会经济建设之中，并使自身稳定增值。

社会保险从一定意义上讲，是国家借助法律形式干预社会消费分配的一种经济手段。这种干预的基本目标就是调节劳动者个人收入上过大的差距，使之保持在适度的水准，从而实现人们对社会公平的普遍要求。这个基本目标的实现有助于缓解社会矛盾，协调劳动者之间的关系，保持社会和经济稳定向前发展。国家通过各种税收征集的社会保险费，在分配给收入低下或因丧失劳动能力而没有收入来源的劳动者，帮助他们渡过难关。这不仅弥补工资分配事实上的不平等，在一定程度上实现社会分配公平，更为重要的是还能刺激社会需求，保持供求平衡。经济不景气与消费相对下降、社会购买力疲软有密切联系，通过社会保险形式，将社会财富的一部分转移到广大低收入者的手中，低收入者随着收入的增加，就会相应扩大需求，增加消费，从而提高社会总体需求水平，平衡社会总供给和总需求，防止社会供给相对过剩引起的经济萧条现象发生。对于企业来说，社会保险统筹均衡了企业负担，对企业改善经营管理和搞好劳动保护工作推出了统一的规范。如大型国有企业老职工较多，纺织行业女工多，某一方面积累的问题和企业负担就会多一些。

二、社会保险与商业保险的关系

（一）社会保险与商业保险的共性

1. 社会保险与商业保险都基于特定危险事故的共同分担。商业保险利用有关组合技术集中风险，并且按照有关标志进行分类，由于同质风险的位数目大，因此能有效地运用大数定律为未来的损失提供准确的预计，个人遭受特定风险的损失将是平均的。也就是说，对于一个被保险群体而言，其中某个或多个个体所发生的损失平均分摊到了每个个体的头上。由于社会保险受复杂的社会、经济和人口变动的综合影响大，社会保险精算的难度比商业保险精算大得多，大数定律在实际计算中发挥的作用亦受到很大限制，应用价值不如商业保险，但它仍然应用了保险的有关组合技术集中风险并有效地分摊。对于给付期限较短的疾病、生育、失业保险能完全采用商业保险的有关组合、分摊技术；对于给付期限较长的养老、伤残保险，其津贴费用一般仍然是由没有遭受任何损失的群体——那些没有退休并缴纳保险费的群体承担的，无疑也是采用了组合、分摊技术。

2. 都是处理偶然性损失。偶然性损失是不可预知的和不期望发生的，在被保险人控制之外的。商业保险处理的都是偶然性的损失，社会保险所面临的同样是偶然性的损失。如永久性残废而使劳动者陷入经济困境之中、家长的早死使家庭失去经济保障、劳动者失业给本人及家庭带来的经济困难等。

3. 同样进行风险转移。风险转移是处理风险的一种技术。在商业保险中，纯粹的风险都转移到保险人身上；在社会保险中，被保险人的风险都全部或部分地转移到社会保险制度系统上。

4. 都对被保险人的损失进行赔偿。保险赔偿是指向损失的受害者全部或部分地补偿现金、进行修复或赔给实物。众所周知，商业保险是赔偿被保险人的损失的，社会保险同样如此。退休津贴是部分地赔偿被保险人退休时所得收入的损失，遗属津贴是向家庭成员赔偿家长早死所带来的收入损失，生育津贴是赔偿妇女由于生育子女所带来的收入损失。通过赔偿，为被保险人提供经济保障。

5. 两者提供给付时都不需要进行资产调查。社会保险以每个投保人都需要保险给付为前提，在给付时不进行资产调查；商业保险以被保险人的投保额和实际损失为基础进行给付，也不需要进行资产调查。

6. 两者都须缴纳足够的保险费来应付保险制度所需费用。保险制度的正常运转需要足够的保险资金作后盾。商业保险由各保险公司经营，没有足够的保险费来源就不能及时足额的赔付，当然，被保险人不缴纳保险费也就不可能建立保险关系；社会保险由政府指定专门机构经营，虽然各个国家负担保险费的比重有很大的不同，但被保险人同样需足额缴纳保险费，否则会强制征缴甚至罚款，或减少保险给付。

（二）社会保险与商业保险的差异性

1. 保险的目的不同

社会保险是强制性的社会保障，不以盈利为目的，属社会福利性质。它将社会效益放在第一位，目的就是保护劳动者平安度过收入损失的风险，保证劳动者在遭受各类风险后仍能继续享有基本生活。当然，我们讲社会保险注重社会效益，把社会效益作为自己的第一目标，并不意味着社会保险根本不考虑经济效益。对社会保险来说，最准确的说法应是：

首先是社会效益，但也力争经济效益。社会保险在完成自己的工作目的过程中，同样注意经济效益，注重精打细算，注重保险费的收缴，注重社会保险基金的积累，注重各项保险金的支付，注重社会保险基金的保值和增值，力争收入大于支出，而略有盈余。如不顾经济效益，社会效益事实上也无法实现。而商业保险的保险完全是一种金融企业的经营活动，以盈利为目的，以不造成经济损失为前提并根据投保额决定补偿额，遵循“多投多保，少投少保，不投不保”的原则纯属一种经济性质。在资本主义国家，商业保险的目的更为明确，经济利益至上，赚钱第一，这是一切商业保险的宗旨。至于通过风险赔偿而收到社会效益使投保人获得安定感，不过是保险利润的副产品，而决非商业保险的初衷。

2．保险的性质不同

社会保险是国家举办的社会事业，是国家执行的一项社会政策，本身就带有福利性质，是为劳动者利益服务的。这种福利性质体现在以下几个方面。

（1）只要劳动者遭受风险损失，社会保障机构核实情况之后，一定会及时给予收入补偿。并且只要有可能，国家总会适当调高各项社会保险金的标准。

（2）如果物价上涨到一定幅度，国家也会及时调高社会保险待遇，不让劳动者应当享受的保护受到物价波动的影响。

（3）社会保险属于国家的重要社会政策，旨在促进社会进步和社会稳定，所以，即使在社会保险不足以抵补社会保险支出的严峻情况下，国家也会保护劳动者的切身利益，宁可让国家财政出现赤字，也要适时、如数地给付社会保险金。而商业保险是一种固有的商业性质，有买有卖，等价交换。这种性质在资本主义国家更加明确。商业保险在支付赔偿金时，总是借口这个或那个理由，而不考虑和关心遭受风险袭击的投保者的处境如何，更不考虑和关心投保者的切身利益。并且，一旦商业保险在激烈的竞争中败北，或遭受严重的经济危机而陷于破产，投保人往往白白投入保险费，再也收不到分文。

3．保险的对象不同

社会保险的对象是特定的劳动者，目前在我国享受社会保险的人主要是国家机关、全民所有制企业、事业单位和一部分城镇集体企事业单位职工。在资本主义国家，社会保险只为工资劳动者、雇佣劳动者服务，不保护雇主阶层。社会保险保护的只是工资劳动者损失工资收入的风险，决不保护雇主损失收入和利润的风险。而商业保险的对象是一切符合投保条件的单位和城乡居民。在资本主义国家，不管是劳动者还是非劳动者，任何人只要投保便可成为保险对象。但实际上，社会保险对象是保穷人，而商业保险对象是保富人，大多是收入丰厚的资本家、庄园主、高薪阶层等人，因为只有这些人才有能力支付高额投保费。

4．权利与义务对等关系不同

社会保险的政策性和非盈利性决定了它实行权利和义务的基本对等，即社会保险是劳动者普遍拥有的、终身性的权利，只要参加社会劳动，履行了法律规定的一般劳动义务，就有权享受社会保险的待遇，而劳动的贡献大小和个人缴纳保险费的多少，与保险待遇没有严格的对等关系。并且保险费的征收，不依据保险项目风险的大小，而是依据劳动者的收入水平确定。因此，国家和企业作为保险人一方，与作为被保险人一方的劳动者无商业性的等价交换关系。商业保险实行权利与义务的严格对等，即认为是任何一个有责任能力的公民或法人都可以买到的权利。商业保险的商业性和盈利性决定了这种权利的享受必须以“多投多保，少投少保，不投不保”的等价交换为前提，即被保险人享受保险金的多少，要以其是否按期如数缴纳合同规定的保险费以及投保时间的长短为唯一依据。保险公司作为保险人一方，与被保险人之间是一种商业契约关系，一旦契约到期，保险责任自行终止。而且商业保险的许多险种一般都实行一次性的保险金给付。因此，它不是劳动者普遍拥有的、终身性的保障。

5．保障水平不同

社会保险是以保障劳动者基本生活和实现社会安定为出发点的。其保障水平的确定，既要考虑劳动者原有生活和社会平均消费水平，又要考虑在职职工平均工资的提高幅度、物价上涨的影响和国家一定时期财政上的负担能力。随着社会生产的发展，社会保险待遇的总水平还要相应提高。此外，社会保险作为特殊领域的分配手段，在保障水平的确定上，采取的是有利于劳动者的原则。商业保险的保障水平完全取决于被保险人所缴纳保险费的多少和实际损失的性质，并不考虑上述其他因素。从客观上讲，其保障水平的确定原则恰恰有利于高收入的社会成员。因为一般来说，在劳动者中绝大多数人是凭工资收入维持生活，每天为基本生活开销而操劳，没有钱或很少有钱参加商业保险。在严格对等的前提下，如果每月存入很少的商业保险费，则所得保障甚微，加上通货膨胀的影响，几无所获。而保障需求较少的高收入者反而可以拿出较多的钱投高额保险获取较高的保障水准。

6．实施方式不同

社会保险通过立法强制实施，凡属法律规定范围内的劳动者必须参加。一些发达国家通过立法程序，制定《社会保险法》或其他单位法规，强制工资劳动者定期缴纳社会保险费，拖欠缴纳要受到经济的乃至法律的惩处。而商业保险贯彻买卖自由原则，属于纯商业行为，投保与否，以及投多投少，完全听凭自愿，由投保人自行决定，决不勉强。

7．法律基础不同

社会保险属于社会立法范围，它从属于劳动法、社会保险法，受这两类法规的约束。商业保险属于经济立法范围，它从属于经济法、商业法，受这两类法规的约束。

8．管理体制不同

社会保险属于国家主办，属于行政管理体制。它具体是由各级政府的主管部门和下级的社会保险事业机构直接安排管理的，除保险基金的征集和待遇给付之外，还要负责社会保险的群众工作、思想与政治工作、日常服务工作等。由于社会保险的政策性、“人、财、物”的统一管理性，决定了国家财政对社会保险的财务需要负有最后的保证责任，一旦出现亏额，国家有义务给予弥补。商业保险的经营主体是由国家有关部门审查批准的专门经营保险业的法人。保险公司作为相对独立的经济实体，自主灵活经营，属于财政金融体制。

其具体工作则由自主经营的保险公司自行统管，管理工作以保证保险合同的履行为内容，不涉及对人的管理和其他社会服务工作。在财务上则实行独立核算、自负盈亏，国家不以任何形式负担保险费的开支需求。

9. 承保的风险性质有不同

商业保险承保的风险大多发生频率不是很高，即使发生也不致赔偿很多。一般来讲，这种风险都有一定的发生概率，且风险的发生属于意料之外。社会保险承保的风险要比商业保险大，它所承保的是收入损失风险，这种风险发生频率极大，带有普遍性和必然性，如失业在市场经济条件下是客观存在的，而年老风险和死亡风险是每个人都不可避免的。

10. 保费资金来源不同

社会保险一般由国家、企业和个人三方共同负担保费，国家要对社会保险收入支出负有最终亏损责任。而商业保险完全由投保人负担保费，保险公司是自负盈亏的企业，国家对保险公司的亏损不负责任。

（三）商业保险是对社会保险的补充

1. 商业保险能覆盖社会保险未能覆盖的群体

就社会保险的覆盖面而言，世界各国可分成两类：一类是覆盖面无限，覆盖全体国民；另一类，也是大多数国家，覆盖面有限，只覆盖劳动者群体，也就是说，仍有一部分群体未能受到覆盖，从而也享受不到社会保险的权益。这个空当可以靠商业人身保险来弥补。如在中国，社会保险仅仅覆盖城镇劳动者群体，覆盖范围十分有限，占人口多数的农民以及城镇劳动者的家属，主要是他们的未成年子女均未受到社会保险的覆盖。所以，就覆盖面而言，商业人身保险在中国大有用武之地，可发挥作用的空间十分广阔，完全可以补充社会保险的不足。当然，随着工业化的发展，越来越多的农村人口会变成城镇人口，即也变成社会保险庇荫的人口，但这毕竟需要时日。中国商业人身保险完全可以抓住这个商机，尽快把触角伸向农民，伸向城镇劳动者的家属，扩大自己的业务，以取得丰厚的收益。商业人身保险这么作了，也就会同时收到补充社会保险覆盖面不足的效应。这里，自然还有农民收入问题。如果农民收入不能大幅度提高，即使有向商业人身保险购买养老、健康和人身伤害险的愿望，也难成事实。进入 21 世纪，中国政府加大了对农村地区的投入，开始更大幅度地减少农民税费负担，决意提高农民收入。无疑，这为商业保险向农村地区扩展提供了良机。

美国早在 1935 年就建立了社会保险制度，可到 1965 年才对人口中的很小部分群体，即 65 岁以上老年群体实行医疗保险，广大劳动者群体被迫购买商业性健康险，以防范疾病风险的袭扰。当然，这绝非劳动者的心愿。史料披露，美国出台《社会保障法》前，强大的医师集团出于维护自己的既得利益的考虑，坚决反对医疗也实行社会保险，以致迄今劳动者群体未能获得医疗社会保险的庇荫。不过，这也说明一个事实：商业人身保险毕竟可以取代医疗社会保险的功能，既可保障劳动者的健康，也可收到安定社会的效果。当然，若美国今后也能对劳动者都实行医疗社会保险，肯定会收到与商业人身保险互相配合、相得益彰，确保劳动者不再惧怕疾病风险的效应。

不少国家的自由职业者如独立撰稿人、律师、画家、作家等未能覆盖在社会保险的网络之下，无疑，这也是商业人身保险可弥补的空间。还有的国家（如德国）对高薪阶层不实行强制性医疗社会保险，这是因为：第一，恰恰是这类人群对医疗、保健的需要最大，最容易酿成医疗社会保险的高额支出；第二，这些人群既然收入高，完全有力量购买商业性健康险以渡过疾病风险。所以，在德国，商业人身保险作为社会保险的补充，两者相互配合，是十分清晰的。对今天的多数国家来说，社会保险尚未步入国际化轨道，入境从事公务、商务活动的外国人常常需要医疗保险、人身伤害保险的保护，显然，这也是商业人身保险发挥作用的空间，可以弥补社会保险未实行国际合作的不足。

2．商业保险能帮助社会保险受保者享有更舒适的生活

社会保险只提供低于受保者原有工资的基本养老金、基本疾病津贴、基本工伤补偿、基本生育津贴以及基本的医疗服务和护理服务，所以，受保者光靠社会保险是过不上更惬意、更体面的生活，享受不到更健全的医疗和护理服务的。而要获得更优厚的养老金、人身伤害补偿等，就需要依赖商业人身保险的帮助，需要向商业人身保险的各个险种多多投保。所以，就提供更舒适的生活和服务而言，商业人身保险完全可作为社会保险的补充。

分别研究各个具体的险种，更可清楚看到商业人身保险的补充作用。

（1）养老保险险种。

养老保险的投保人如果不满足于基本养老金的保障，而是希望更幸福地颐养天年，完全可以同时向商业保险公司购买人寿险，这样，年老时既可从社会保险机构获得基本养老金，又可从商业保险公司获得人寿保险金给付。今天，这种情况已在发达国家成为现实。今后，随着经济的发展，劳动者收入的提高，也一定会在包括中国在内的发展中国家成为现实。其实，各国政府（也包括中国政府在内）在实行养老保险时已然考虑到这层，如各国都规定了投保工资的下限和上限，对超过上限的工资一律不再作为投保的费基，这明显地为有能力多劳多得的劳动者提供更多的消费和投资空间，其中包括向商业保险公司购买人寿险的投资。

还有一些国家的养老保险实行双层养老金制，如英国用普遍养老金和工资挂钩养老金构成的双层制，日本用基础年金和工资挂钩年金构成的双层制，中国用基础养老金和个人账户养老金构成的双层制，工资劳动者退休时都可同时获得两个层次的养老金。但在中国，若受保劳动者的投保记录不满 15 年，退休时只能获得其中一个层次，即只能获得个人账户养老金。日本的农村个体劳动者以及英国的普通国民达到老龄也只能享有一份养老金：英国是普遍养老金，日本是基础年金。社会养老金中的一个层次，充其量只能保障最低生活。所以，无力同时获得双层次养老金的受保者靠购买商业人寿险也可安然度过晚年。中国的农村地区迄今还未普遍推行养老社会保险，商业人寿保险大有用武之地。

（2）医疗保险险种。

商业人身保险在医疗领域作为社会保险的补充，从前面谈到的美国广大的劳动群体以

及德国的高薪阶层均靠商业保险渡过疾病风险便可窥见一斑。在中国，医疗社会保险限于资金，能向受保患者提供的只是基本医疗、基本检查、基本手术、基本药物以及普通住院病房；而要获得疗效更好的药品、营养品、特效药物以及住进高级病房、享受名医诊治、接受最新医疗设备检查，则要靠向商业性健康保险投保，这是其一。其二，医疗社会保险向受保患者提供的是定点医院，通常是公立医院，由于其数量有限，很难同时接受大批投保患者，患者为了登记住院要等候很长时间。所以患病后要求立即住进医院，住进高级病房，接受更周到的医治，也往往要向商业人身保险投保。

此外，在中国的医疗社会保险中，受保者住院治疗发生的医药费用：第一，若是非基本医药费用，包括特殊检查、高级病房等费用，一概由患者个人自付；第二，达到社会保险机构开始支付费用之前，即起付线以下的医药费用，全部由患者个人自付；第三，起付线以上直至社保机构规定的最高支付线，这个空间所发生的医药费，视各地的具体规定，患者自付 10%～20%不等；第四，若医药费超过最高支付标准，则完全由患者个人自理。针对医疗社会保险的这种规定，商业人身保险完全有可能弥补医疗社会保险的不足。如可完全承保其中患者个人自理的部分，或者承保其中的大部分。

（3）人身意外伤害险种。

社会保险对受保人负伤、致残、死亡提供保险金要求具备一个前提条件，就是伤残者必须是因工或职业病、交通事故以及不可抗力的袭击造成。所以，非因工负伤、致残、死亡，如社会保险受保者假期出外旅游遭遇车祸造成群伤群死的，以及出国经商、开会、探亲、旅游不幸负伤、致残、死亡的，均不属工伤社会保险的给付范围。但若购买了商业人身意外伤害险，即使非因工负伤、致残，亦可获得与保费对应的赔付。这就是商业人身保险对社会保险不足之处的弥补。不仅如此，若社会保险投保人所在企业从猎取最大经济效益的角度出发，愿意为雇员购买商业人身意外伤害团体险，往往会向商业保险公司提出某些特殊的要求，以利于对员工的激励。如按照常规，商业性死亡险的赔付额总是多于伤残赔付额，但是，企业提出违反常规的要求，可能要求伤残赔付额大大高于死亡赔付额。企业认为，死亡赔付实际上用于死者遗属，而伤残赔付会完全用在伤残员工的身上，更何况，伤残员工尤其是必须离职回家休养的重伤残员工还有一段余寿要度过，需要更丰厚的生活保障。不用说，只要企业愿意多多投保，商业保险公司对这种特殊要求没有理由不接受。但这么一来，企业员工因重残必须离职后，除可从工伤社会保险获得一次性残障补偿和定期补偿外，还可从商业保险公司获得一笔丰厚的伤残赔付，安然度过余寿的可能也就更大。由此可见，商业人身保险是对社会保险的补充。

【关键概念】

社会保险　社会保障　社会救助　社会福利　金融保险　社会风险

【本章习题】

一、思考题

1．社会保险在社会保障中有何重要位置和作用？

2．国外对社会保险的理解对我国把握社会保险的概念有何重要意义？

3．简述社会保险与社会救助的共同性与差异性。

4．简述社会保险与社会福利的共同性与差异性。

二、实训题

实训题目：了解各国社会保险的内容和项目。

实训内容：

1．登录有关社会保险的网站，了解中国、美国、德国、英国、日本的社会保险的项目。

2．对比分析各国社会保险项目的异同。

完成任务：撰写中国、美国、德国、英国、日本的社会保险项目的分析报告。

【参考文献】

[1] 林丽，田伟平．社会保险[M]．北京：法律出版社，1996．

[2] 何平．社会保障概论[M]．北京：中国劳动社会保障出版社，2001．

[3] 候文若．社会保险[M]．北京：中国劳动社会保障出版社，2005．

[4] 郑功成等．中国社会保障制度变迁与评估[M]．北京：中国人民大学出版社，2002．

[5] 孟昭喜．社会保险经办管理[M]．中国劳动社会保障出版社，2005．

[6] 何平．社会保障概论[M]．北京：中国劳动社会保障出版社，2004．

[7] 金双秋．中国社会保险概要（内部资料），1998．

第二章　社会保险的由来与发展

【学习目标】

1. 掌握社会保险思想的历史渊源。
2. 掌握国外社会保险的历史沿革和发展规律。
3. 掌握我国社会保险的历史沿革和发展规律。

第一节　社会保险思想的历史渊源

一、中国的社会保险思想的历史渊源

社会保险的思想由来已久。早在远古时期，人们就憧憬能过上有保障的生活。适应这种美好的愿望，在人类文化发展史上先后出现了“大同世界”、“衣食足，知荣辱”、“理想国”、“乌托邦”诸如此类的思想。在春秋时期，我国儒家学说的创立者孔子就描绘了“大同社会”理想的蓝图。他说：“大道之行也，天下为公。选贤与能，讲信修睦。故人不独亲其亲，不独子其子，使老有所终，壮有所用，幼有所长，矜寡孤独废疾者皆有所养。男有分，女有归，货，恶其弃于地也，不必藏于己；力，恶其不出于身也，不必为己。是故谋闭而不兴，盗窃乱贼而不作，故外户而不闭，是谓大同。”孔子在这里说的“大同社会”的重要特征，就是社会的弱小者（即鳏、寡、孤、独）都得到社会的保障，有衣可穿，有饭可吃，无贫病之忧，无饥寒之虑。这就是我国最早的社会保险思想的萌芽。孔子的这种思想，在他稍后一点的管子的思想里也有所体现。管子的治国策略有一条叫“德有六兴”，即“厚其生”、“输之以财”、“遗之以利”、“宽其政”、“匡其急”、“振其穷”。这里所说的“匡其急”和“振其穷”，就是主张封建国家对人民开展救济和救灾，实行“养长老，慈幼孤，恤鳏寡，问疾病，吊祸丧”的具体措施。孔子和管子的这种社会保险思想萌芽，在他们之后的各个时期都得到了继承和发展。这里特别要提到的是近代维新变法的先驱康有为。康有为杂糅了儒家、佛家以及西方的基督教、达尔文的进化论、卢梭的天赋人权论和傅立叶的空想社会主义等各派学说，从而构想出其独具特色的“大同世界”。他理想中的“大同世界”是没有阶级、没有国家、没有军队、没有私有财产，一切土地财产都归公有，人人平等、人人劳动的社会。在这个社会里，人们过着愉快的生活，婚姻自由结合。社会上举办

许多集体福利事业，老弱鳏寡孤独残疾及妇女和儿童都得到社会很好的照顾，社会上设立养老院、胎教院等福利机构。应该肯定地说，康有为比起前人的“大同社会”更为具体、更为迷人。

二、国外的社会保险思想的历史渊源

在国外，最有代表和影响的要算 16 世纪初的英国空想主义思想家托马斯·莫尔。他提出了有名的“乌托邦”构想。按照莫尔的设想，“乌托邦”里没有游手好闲之辈，也不见懒汉，寄生现象全然绝迹，人人都向社会竭尽劳动义务。孕妇、产妇、哺乳妇女受到社会的保护，享受专供饮食。医疗服务完全免费，一切病患者均可得到治疗和所需营养。老年人是一家之主，享受尊敬。关于这些思想，可参见莫尔 1516 年出版的《关于最完美的国家制度和乌托邦新岛的既有利益又有趣的金书》，后来被简称为《乌托邦》。莫尔在《乌托邦》一书中，对未来美好生活的社会保障作了十分有趣的描述。他设想，在未来社会，对儿童实行统一的集体教育，既教给他们文化基础知识，又组织他们参加力所能及的生产劳动。每个成年人都参加生产劳动，每天劳动 6 小时，业余时间学习文化和从事科学研究；社会拥有丰富的产品，按需分配并设立公共食堂；人们都迁入城市生活，从事手工业生产，定期下乡参加农业劳动……

无论是“大同世界”还是“乌托邦”，从一定意义上看，都是对未来社会建立社会保险制度的设想，也可视为今天社会保险制度的思想渊源。

第二节　国外社会保险的历史沿革

一、萌芽阶段

社会保险的原始形态萌发于欧洲古代农业社会。在 6 世纪曾出现过较大规模的、有组织的社会保障措施。城邦的市政当局曾用捐款和公款购买谷物，一方面廉价出售以压低市场物价；另一方面将谷物无偿地分发给丧失劳动能力的人和阵亡将士的遗属，用以减缓社会冲突。在中世纪末期，欧洲农村还有一种约定俗成的社会保险形式，教区的土地所有者须向佃农保证能够维持生命的最低生存条件。农户为贵族领主耕耘劳作，而贵族领主则负责为年迈的佃农提供住处，并在教区内主持和管理慈善事业，为丧失劳动能力的人提供最低限度的生活保障。16 世纪 30 年代，法国实行社会福利改革，政府控制所有公共福利设施资金筹集渠道，下令严禁乞讨，同时负责确定面包的重量和价格，派专员家访，调查对于社会的福利金和物质的需求量，然后根据实际需要发放救济物品和款项。市政府组织儿童的教育、病弱者的康复、犯人的改造与劳动就业，发展生产有关的社会服务。1601 年英

国政府制定著名的“救济法”，建立地方行政和征税机构，为有能力劳动的人提供劳动场所，资助老人、盲人等丧失劳动能力的人，为他们建立收容所，提倡父母子女的社会责任，从比较富裕的地区征税补贴贫困地区。18 世纪下半叶英国部分地区实行“斯宾汉姆兰德制”。斯宾汉姆兰德制于 1785 年开始在伯克郡实行，1795 年推广到各地区，在南郡农业区流行一时。它规定对每个在固定收入水平以下的劳工按面包的市价和劳工家庭成员的人数进行补贴，初次显示社会平等的互济互助的萌芽。然而，比较全面的现代意义的社会保险则是从俾斯麦执政时期的德国最先开始的。

二、创建阶段

从 1883 年德国最早实行社会保险立法至 1945 第二次世界大战结束，是社会保险制度的创立和巩固时期。在此期间社会保险体系日臻完善，社会保险制度日益巩固，有 50 多个国家先后建立了社会保险制度，其中包括所有的资本主义国家以及前苏联和东欧一些国家。

19 世纪下半叶，德国工人的生活因经济萧条而极端贫困，社会主义思想迅速传播，工人反抗日益高涨，俾斯麦政府企图扼杀工人革命运动的镇压活动失败，于是采纳了改良主义胡萝卜加大棒建议，建立社会保险，以此缓和社会矛盾。1883 年德国首创疾病保险，1884 年再创工人伤害赔偿保险，1887 年又增加了生育保险，1889 年创建了老年残废保险，在 6 年之中相继建立了 5 种社会保险给付制度，从而确立了社会的基本体系。由于德国的社会保险对于安定劳动者的经济生活和社会稳定起到了较大的作用，1890 年至 1919 年各工业国纷纷效仿德国，相继建立了社会保险制度。在此期间，实施老年残废保险的国家有丹麦、奥地利、瑞士、英国等 16 个国家；实行疾病生育保险的有比利时、瑞士、英国、等 9 个国家；实行工伤保险的有波兰、法国、意大利等 37 个国家；实行失业保险的有法国、挪威、丹麦等 9 个国家。1935 年后，社会保险有了普遍的发展，美国于 1935 年颁布了《美国社会保险法》，实行了老年、遗属、残废保险；1938 年日本实行了《国民健康保险》。当时，有 63 个国家实行了老年残废遗属保险，有 61 个国家实行了疾病生育保险，有 42 个国家实行了工作伤害保险，有 52 个国家实行了失业保险。至第二次世界大战结束，几乎所有的西欧国家都基本完成了有关社会保险的社会立法，设立了现行社会保障制度所包含的主要保险项目管理机构。社会保险已不再是德国俾斯麦政府时期的零星的、分散的社会保险措施，而是一整套的全体公民得到法律保护的、理应享有的社会保险制度。

资本主义国家创建社会保险制度的目的是通过社会救济缓解社会矛盾，维护资本主义的长治久安。俾斯麦本人对这个观念表述得直言不讳：“一个期待着养老金的人，是最守本分的，也是最容易统治的”。

三、发展阶段

从第二次世界大战结束到 20 世纪 70 年代中期，社会保险制度得到进一步完善和蓬勃发展。西方资本主义国家大力推行以凯恩斯理论为依据的“福利国家”政策。所谓“福利国家”政策就是对国民收入再分配进行干预的一种手段。西方一些资本主义国家在第二次世界大战后，生产与需要的矛盾十分突出。为了缓和这一矛盾，在经济活动中加强了国家的干预，扩大政府财政开支，增加社会福利开支，促进总需求的增长，以使需要与生产相适应。由于福利制度的普遍推行，促进了第三产业的蓬勃发展，减少了失业和罢工，缓和了阶级矛盾，对社会安定和提高社会物质与文化生活水平起了一定作用。但是，任何福利制度的实行都消除不了资本家对雇佣劳动者的剥削，也改变不了资产阶级获取高额利润。因为，在资本主义制度下，资本家占有生产资料，生产目的是为了获取高额利润，而不是为了满足人民群众日益增长的需要，因而西方世界“福利国家”政策的实施及其作用有局限性。1953 年世界工联维也纳会议推出要争取社会保障的完备纲领，还推出“真正的社会保险必须包括疾病、生育、残废、工伤、老年、死亡、失业等方面的权利”。西方各国资产阶级为了减弱社会主义的影响，竭力鼓吹通过扩大社会福利来缓和阶级矛盾。扩大和完善社会保障制度成为各政党在竞选中获取选票的手段，当政后成为他们的执政纲领。在上述历史背景下，社会保险在世界范围内得到了广泛且迅速的发展，20 世纪 60 年代到 20 世纪 70 年代发展到了鼎盛时期。据有关方面的统计，1940 年世界上共有 57 个国家实行社会保险，到 20 世纪 70 年代中期已有 140 多个国家实行了社会保险。

四、改革阶段

20 世纪 70 年代中期资本主义世界的经济危机使发达资本主义国家的社会保障制度陷入困境。西欧发生“福利国家危机”，美国出现“福利困境”，日本惊呼 21 世纪年金制度将要“崩溃”，问题具有普遍性。由此在世界范围内围绕着社会保障问题展开了讨论，对其褒贬不一，因各自的学术观点、党派集团利益不同而异。本来这种现象司空见惯，不足为奇，因为在西方世界社会福利问题从来是各党派竞选的必争之地，也是经济学界的传统课题。但这次争论呈现一个显著特点，过去严重的经济危机之后通常是增加社会福利，而现在却引起了谴责甚至要求取消社会福利的风波。这场争论孕育和导致了各国社会保障制度的调整改革。如英国 1987 年 7 月正式通过了社会保障制度改革方案；日本国会批准从 1987 年 4 月起实行新的养老金制度；里根政府改掉了一些社会福利补贴；法国、联邦德国、荷兰、比利时和加拿大等国家也先后提高了保险费率。西方国家的社会保险发展到今天，随着资本主义经济衰退和财政危机，普遍面临困境，纷纷提出改革意见和方案。有的主张对福利加以限制或削减，建立一种只对“真正的贫困者”进行帮助或救济的社会保障制度；有的主张增收超额利润和工资总额税以建立“工薪者基金”用于投资，所得到的利润拿出一部分作为国家养老金的补充；也有的提出社会福利“私人化”的主张，逐步取消保险福利费由国家承担，分别对不同的保险项目采取由企业主或公民交纳保险费的办法；还有的人认为一些保险项目如养老金的待遇标准，可以采取同交纳保险金挂钩的办法。以上各种改革意见和方案可归纳为以下几点。

1．既不取消社会保障制度，也不大幅度降低待遇，而是在不影响基本生活的情况下，适当压缩某些津贴、补助费等短期待遇；对于一些长期待遇做一些改革，采取增收节支措施，建立基金收支平衡。

2．采取社会保障由国家、雇主和个人三方共同负责，加重企业和个人的责任，特别是要求个人应当为自己的前途及家庭收入保障担负责任。“政府担任最后出台的角色”便是反映这种趋势的时髦口号。这种改革和非国有化措施相结合，旨在减少国家干预、减轻中央的财政负担。

3．改革养老金制度时，实行“老人老制度，新人新办法”制度，并采取谨慎的过渡措施。英国将收入关联年金从25%降为20%，安排从2001年起每年降低1%，到2005年领取才完全实现。日本新的年金制度规定所有符合的人每月领取5.1万日元，收入关联年金由各银行、部门去做，这一制度只适用于20年后退休的年轻人；对于改革生效时已符合领取养老金条件的人仍然按照老制度办理。这样做，给既得利益者吃了定心丸，也给年轻人留有20年的时间作出个人安排，有利于社会稳定，减少改革阻力。

4．着手解决资金平衡问题。他们认真对待人口老龄和通货膨胀的严重挑战，吸取过去不注意人口预测的教训，通过科学预测制订分阶段提高保险费率的计划。并重新审查基金模式，为克服完全基金式和课税式的弊病，采取部分基金模式。同时，还放宽征收保险费工资额上下限，增加保险费收入；控制保险费随物价上涨相应调整的比例，规定通货膨胀率超过一定比例时（如3%），支付的保险金才予以提高。

5．简化制度，分散权利，精简人员，加强管理，提高效率，避免重复浪费。在医疗保障方面加强管理的措施较多，如限制用药范围、降低报销比例、对医院补贴和收费标准进行审查和控制等。

6．重视处理退休和就业的关系问题。如果工人提前退休，当然有利于解决青年就业问题，但是又会增加养老金支出，加重为老年人服务的工作量，这两个问题既有联系又相互矛盾，都十分严峻。他们采取的措施主要是实行弹性退休办法，延长退休年龄，老工人达到相当年龄时可以从事半天工作，领取半日工资，又领取部分退休金或补助金，以便腾出位置给青年人就业，又可以增加保险费收入。但这样做为青年人提供的就业机会毕竟有限。在经济不景气和调整产业结构的情况下，社会失业大军仍有增无减，于是也不得不放宽发放失业救济金的范围和条件。对于退休和失业两大难题，看来他们也难以找到两全之策。

7．强调社会保障要适应国民经济的发展。英国把它列为改革要点。国际劳工局社会保障专家也认为这是制订计划的原则。各国的改革调整措施几乎都服务于产业结构的调整，并适应国民经济中低速发展的形势。

以上办法虽有不同，但都主张保障制度同效率挂钩，逐步改变以平等、均富为宗旨的国家干预的办法。但是，西方国家现行的这套制度已经成为公民普遍享受的权利。如果取消或降低标准，势必引起社会动荡。因此，这些国家当前已陷入进退维谷的境地。

第三节　我国社会保险的历史沿革

一、萌芽阶段

我国的社会保险萌芽阶段可追溯到新中国成立以前。在国民党统治区，可以说基本上没有什么社会保险。只有在共产党领导的革命根据地才有社会保险的萌芽。在第一次国内革命战争时期，江西苏区的瑞金召开第一次全国工农代表大会，正式成立中华苏维埃共和国，建立了工农革命政府，并颁布了《中华苏维埃共和国劳动法》，于1932年1月1日起生效，其中规定有：劳动者工作时间不超过8小时，16至18岁青工不得超过6小时，14至16岁童工不得超过4小时，18岁以下男女童工及怀孕和哺乳小孩的女工禁止上夜班，所有雇佣工人均应享有社会保险，雇主支付工资总额10%至15%的保险金；职工和家属都实行免费医疗；工人生病或发生其他暂时丧失劳动能力以及服侍家中病人时，雇主必须保留其原有工作和原有中等工资；年老、残废（包括因工和非因工）可领取残废及老弱优抚金；职工或家属死亡发给丧葬费；受雇超过6个月的工人死亡后，遗属可享受优抚金；工会会员工作满一年以上，非会员两年以上，失业后可享受失业津贴等。

在抗日战争时期，1940年陕甘宁地区制定的《陕甘宁边区劳动保护条例》规定，女工产假两个半月，工资照发；疾病医药费由厂方负责；根据病假天数，工资分别从全发到全部停发；职工死亡，厂方负责埋葬并酌情给予抚恤。1940年晋察冀边区政府制定的《边区政府工作人员伤亡褒恤条例》规定，机关工作人员疾病伤亡时，发给生活费；《劳动保护法》中规定，工人因劳动伤、病、残废者，雇主负责医治费用，在一个月内工资照发，以后适当补助。1940年晋绥边区《关于改善工人生活办法草案》中规定，工人的疾病治疗、医药费用等由雇主负担，病假工资照发；因劳动过度而残废的，雇主应给以优抚；死亡应给以安葬，并酌情抚恤直系亲属；女工产假2个月，工资照发，另发生育费。1942冀中总工会和农村合作社冀中总社公布了《关于各级社工厂职工待遇之共同决定》规定，厂方在工资之外按工资的1/10存贮劳动退休金，在工人离厂时发给；女工产假6个星期内照发，并酌情发补养费；婚丧假7天内不扣工资；医药费每人每月2角，由厂方开支集中使用；因工致残伤亡，发给家属3个月生活抚恤费。

在抗日战争取得决定性胜利时，毛泽东同志在1945年4月24日中国共产党第七次全国人民代表大会的政治报告中指出：在新民主主义的国家制度下，将采取调节劳资利害关系的政策。一方面，保护工人利益，根据情况的不同，实行8小时到10小时工作制以及适当的失业救济和社会保险，保障工会的权利；另一方面，保证国家企业、私人企业和合作社企业在合理经营下的正当赢利，使公司、劳资双方共同为发展工农业而努力。1948年上半年东北行政委员会批准哈尔滨市政府《战时劳动法》规定，工人工作时间为10小时；有害健康及伴有危险性的企业为8小时至9小时；孕妇、乳母及14岁以下童工禁止加班，生育假为 45 天。1948 年 12 月东北行政委员会颁布《东北公营企业战时劳动保险条例》，规定因工负伤，企业负担全部医药费，工资照发；因工残废，按其残废程度及致残原因，发给本人工资 50%至 60%的抚恤金；非因工残废给救济金，数额为因工残废金的一半，职工患病或非因工负伤，免费在本企业治疗病假在 3 个月以内，按工龄长短发给本人工资 50%至 100%的补助金，病休 3 个月以上发给本人工资 10%至 30%的救济金；因工死亡丧葬费最多不超过本人工资 2 个月，并按致死原因，根据工龄长度发给相当于死者本人工资 15%至 50%的遗属抚恤金；非因工死亡的丧葬补助金，为死者本人一个月的工资，并按死者工龄长短发给 2 个月至 12 个月的死者本人工资作为救济金；退休养老按工龄长短每月发给本人工资 30%至 60%的养老金；女工产假 45 天，工资照发；供养直系亲属患病，免费在本企业设立的医疗所治疗，酌减药费；供养直系亲属死亡，发给丧葬补助金，数额为职工月工资的 1/3。此外还规定举办疗养院、休养所、养老院、残废所等集体保险事业。其他解放区（如华北）和陆续解放后的大城市（如上海、太原、天津、石家庄市等）都先后颁布过有关劳动保险、劳动保护方面的法令。

二、创建阶段

1949 年 10 月 1 日中华人民共和国成立后，尽管当时国民经济还没有完全恢复，国家的财政经济存在很多困难，但是，为了扩大职工在遇到生、老、病、伤、残等困难时，能获得一定的物质帮助，以减轻其负担，党和政府于 1951 年颁布了《中华人民共和国劳动保险条例》（以下简称《劳保条例》），先在部分企业中实施，对国家机关、人民团体和事业单位的职工，从 1952 年起也相继建立了公费医疗制度和病假、生育、残废抚恤等办法。

1953 年 1 月 2 日政务院公布了《关于中华人民共和国劳动保险若干修正的决定》，进一步扩大了劳动保险条例的实施范围，提高了若干劳动保险待遇的标准。实施范围扩大到厂矿和交通事业的基本建设单位和国营建筑公司。在劳动保险待遇标准把原规定的疾病、非因工负伤连续停工医疗 3 至 6 个月的期限，放宽的 6 个月以内和 6 个月以上；并适当提高了病假工资和疾病救济标准；放宽了退休对企业工龄要求的条件，提高了养老补助标准等。1956 年劳动保险的实施范围又进一步扩大到商业、外贸、粮食、供销、合作、金融、民航、石油系统、地质、水利、水产、国营农牧场、国营造林等 13 个产业和部门。至此，全国国营、公私合营、私营企业中有 34%的职工享受了《劳保条例》规定的待遇。1958 年 3 月国务院又颁布了《关于工人、职员退职处理的暂行规定》，放宽了退职条件，适当提高了待遇标准，从而解决了企业和机关退职办法不统一的矛盾。1965 年 9 月卫生部和财政部发出《关于改进公费医疗管理问题的通知》，对国家机关工作人员的医疗制度作了适当的改革，规定看病要收挂号费，营养滋补药品除了经医院领导批准外，一律实行自费。1966 年 4 月 15 日劳动部和中华全国总工会联合发出了《关于改进企业职工劳保医疗制度几个问题的通知》，规定职工患病因工负伤的挂号费和出诊费均由本人自负。滋补营养品改为由本人自理，职工因工负伤或患职业病住院期间的膳费，由本人负担 1/3，行政负担 2/3。供养直系亲属挂号费、检查费，由本人负担，把手术费和药费收半费的规定保留了下来。

三、停止阶段

"文化大革命"期间，《劳保条例》被诬蔑为腐蚀职工的修正主义条例，专管社会保险的机构被撤销砸烂，社会保险费的征集、管理和调剂使用制度被迫停止。1969 年 2 月财政部颁发的《关于国营企业财务工作中几项制度的改革意见（草案）》中规定，"国营企业一律停止提取劳动保险金"、"企业的退休职工、长期病号工资和其他劳保开支，改在营业外列支"。其后果是社会保险失去了统筹调剂的职能，变成了"企业保险"，一些经营不好或政策性亏损的企业的各项保险待遇的开支成了他们沉重的负担，甚至有些企业的退休职工连养老金也得不到保障，影响极坏。

四、重建改革阶段

1978 年工会恢复工作，各级工会都重新设置了专门机构或专人负责保险工作，基层重建了劳动保险委员会，专门负责退休职工管理服务工作。1979 年劳动总局设置了保险福利司。1980 年国家劳动总局、全国总工会联合发出了《关于整顿和加强退休职工管理服务工作的报告》，后经国务院批准并转发各省、市、中央各部委参照执行，对安定社会、发展生产、搞活经济起了重要作用。十一届三中全会以来，随着经济体制改革的不断深化，社会保险制度改革已提到国家重要议事日程。党中央、国务院先后推动对劳动工资保险福利制度改革、医疗制度改革、社会保险制度改革、养老保险制度改革起了重要推动作用。随着党的十四大提出建立社会主义市场经济以来，作为配套措施的社会保险更加大了改革的步伐。社会保险的"社会"属性更加突出，社会保险的管理服务水平有了明显提高，各项社会保险制度改革都已经取得或正在取得实质性的突破。

1．养老社会保险方面。2006 年全国参加城镇基本养老社会保险的人数为 18766 万人，比 2005 年末增加 1279 万人。其中，参保职工 14131 万人，参保离退休人员 4635 万人，分别比 2005 年末增加 1011 万人和 268 万人。年末参加基本养老社会保险的农民工人数为 1417 万人。其中企业参加基本养老社会保险的人数为 16857 万人，比 2005 年末增加 1141 万人。全年城镇基本养老社会保险基金总收入 6310 亿元，比 2005 年增长 23.9%，其中征缴收入 5215 亿元，增长 20.9%。各级财政补贴基本养老社会保险基金 971 亿元，中央财政预算安排 774 亿元。全年基金总支出 4897 亿元，比 2005 年增长 21.2%。基本养老社会保险基金累计结存 5489 亿元。2006 年全国有 2.4 万户企业建立了企业年金，缴费职工人数为 964 万人。2006 年年末企业年金基金累计结存 910 亿元。2006 年全国参加农村养老社会保险的人数为 5374 万人，全年共有 355 万农民领取了养老金，比 2005 年增加 53 万人，全年共支付养老金 30 亿元。2006 年年末农村养老社会保险基金累计结存 354 亿元。

2．失业社会保险方面。2006 年全国参加失业社会保险的人数为 11187 万人，比 2005 年年末增加 539 万人。全国领取失业社会保险金人数为 327 万人，比 2005 年年末减少 35 万人。全年失业社会保险基金收入 385 亿元，比 2005 年增长 15.8%。全年基金支出 193 亿元，比 2005 年减少 6.9%。2006 年年末失业社会保险基金累计结存 708 亿元。

3．工伤社会保险方面。2006 年全国参加工伤社会保险的人数为 10268 万人，比 2005 年末增加 1790 万人。其中，参加工伤社会保险的农民工人数为 2537 万人。全年享受工伤社会保险待遇人数为 78 万人，比 2005 年增加 13 万人。全年工伤社会保险基金收入 122 亿元，支出 68.5 亿元，分别比 2005 年增长 31.7%和 44.2%。2006 年年末工伤社会保险基金累计结存 193 亿元，储备金结存 24 亿元。

4．医疗社会保险方面。2006 年全国参加基本医疗社会保险的人数为 15732 万人，比 2005 年年末增加 1949 万人。其中参保职工 11580 万人，参保退休人员 4152 万人，分别比 2005 年末增加 1558 万人和 391 万人。2006 年末参加基本医疗社会保险的农民工人数为 2367 万人。全年基本医疗社会保险基金收入 1747 亿元，支出 1277 亿元，分别比 2005 年增长 24.3%和 18.3%。其中，统筹基金收入 1041 亿元，支出 717 亿元，分别比 2005 年增长 27%和 16.7%。2006 年年末基本医疗社会保险基金累计结存 1752 亿元，其中统筹基金结存 1077 亿元，个人账户积累 675 亿元。

5. 生育社会保险方面。2006 年年末全国参加生育社会保险的人数为 6459 万人，比 2005 年年末增加 1051 万人。全年共有 108 万人次享受了生育社会保险待遇，比 2005 年增加 46 万人次。全年生育社会保险基金收入 62 亿元，支出 37 亿元，分别比 2005 年增长 41.9%和 36.8%。2006 年年末生育社会保险基金累计结存 97 亿元。

【关键概念】

大同世界　乌托邦　福利制度　福利国家　劳动保险　企业保险

【本章习题】

一、思考题

1．国外社会保险发展的四个阶段有何特点？

2．国外社会保险现阶段改革的主要内容有哪些？对建立我国社会保险制度有何借鉴意义？

3．我国社会保险发展的五个阶段有何特点？

二、实训题

实训题目：了解各国社会保险的发展历史和各个阶段的主要特点。

实训内容：

1．登录有关社会保险的网站，了解中国、美国、德国、英国、日本的社会保险的发展历史。

2．对比分析各国社会保险发展的规律和特点。

完成任务：撰写中国、美国、德国、英国、日本的社会保险发展历史的分析报告。

【参考文献】

[1] 金双秋．中国民政史[M]．长沙：湖南人民出版社，2000．

[2] 何平．社会保障概论[M]．北京：中国劳动社会保障出版社，2001．

[3] 候文若．社会保险[M]．北京：中国劳动社会保障出版社，2005．

[4] 郑功成等．中国社会保障制度变迁与评估[M]．北京：中国人民大学出版社，2002．

[5] 孟昭喜．社会保险经办管理[M]．北京：中国劳动社会保障出版社，2005．

[6] 何平．社会保障概论[M]．北京：中国劳动社会保障出版社，2004．

[7] 金双秋．中国社会保险概要（内部资料），1998．

第三章　社会保险的对象与项目

【学习目标】

1. 掌握国外社会保险的对象。
2. 掌握我国社会保险的对象以及与国外社会保险对象的异同。
3. 掌握人身风险的类型。
4. 掌握我国社会保险的项目。

第一节　社会保险的对象

社会保险的对象与各个国家的经济发展水平、国力状况有密切联系。那些经济发达、资源丰富、财力充裕、政府特别重视的国家，负担保费能力强，社会保险的对象就多。反之，则社会保险的对象就少。正因为如此，各国的国情、国力不同，政府的重视程度不同，社会保险的对象也不同。下面就世界上大多数国家和我国两方面来加以阐述。

一、国外社会保险对象的分类

国外社会保险的对象，就被保险人的资格条件而言，可分为以下五种类型。

1. 一切被雇佣的劳动者。不论是工商企业，还是行政事业单位的工作人员，不分性别、年龄，都被纳入强制社会保险的范围。如意大利规定，凡被雇佣者，都成为强制保险者；西班牙规定，凡从事工商企业的被雇佣者，必须参加社会保险。

2. 生产达到一定规模的企业劳动者。有的国家规定，企业工人人数必须达到一定数量的才能准许参加社会保险。如印度的工伤保险，原规定参加者所在企业人数须达到 100 人以上，现在规定 20 人以上；美国的工伤保险和失业保险规定，工商企业人数必须达到 4 人以上，才准许参加社会保险；我国台湾省的劳工保险，原规定参加者所在企业的人数要达到 100 人以上，现在规定企业人数要达到 5 人以上，才有资格参加社会保险。

3. 达到一定收入水平的劳动者。许多国家规定，社会保险的对象，其收入水平必须达到法定的数额。如加拿大规定年收入水平低于 1400 加元者，无资格参加收入关联的年金保险；奥地利规定月收入在 1896 先令以上的劳动者，才能参加老年、残废、遗属保险，月收入在 708 先令以上者才能参加疾病、生育和失业保险；瑞士和挪威规定年收入必须在 4500 克朗和 4000 克朗以上者才准许参加疾病、生育保险；美国的老年、残废、遗属保险规定，工商企业的工人和自由职业者，年收入在 4800 美元以上的人，才被强制纳入社会保险范围。从事其他职业的劳动者，年收入低于 400 美元，不准参加社会保险。

4．从事特定职业的劳动者。凡从事保险法令规定必须参加保险的劳动者，不论收入水平高低，不管被雇佣还是独立工作，都要无条件地参加社会保险。如日本规定，所有从事商品制造、采矿和商铺售卖，以及 5 人或 5 人以上的政府机关和公司工作的劳动者，不论其工资收入和家庭财产如何，都必须参加强制社会保险。

5．社会全体公民。凡达到保险法规定的投保年龄的人，不论是被雇用者，还是独立的劳动者或者是无固定工作的劳动者，不分性别、地区、经济状况及社会地位，都属社会保险范围之内。如挪威、丹麦、瑞士、冰岛、以色列、加拿大和新西兰等国家实施的老年、残废、遗属普遍年金制度。英国是实行全民社会保险制度最典型的国家，它把全体国民分为四类，第一类是被雇者，第二类和第四类是独立劳动者，第三类是无工作者，这四类人都要参加社会保险。

二、我国现阶段社会保险的对象

在十一届三中全会以前，我国的社会保险对象范围十分狭窄，仅限于国家行政机关、事业单位、全民所有制企业和部分集体企业。随着我国经济体制改革的深入，随着社会主义市场经济的日益发展，随着社会保险改革步伐的加快，我国社会保险对象的范围逐渐扩大。现在我国社会保险的对象有以下几类。

1．国家行政机关和事业单位的工作人员、职工。国务院 1991 年 6 月 26 日颁发的《关于企业职工养老保险制度改革的决定》规定，国家机关、事业单位的养老保险由人事部门负责。根据国务院的这一规定，国家行政机关、事业单位的社会保险由各级人事部门负责。其险种包括养老保险、失业保险、公（工）伤残保险、生育保险等，保险对象包括国家行政机关和事业单位的全体固定、聘用和临时工作人员。

2．全民所有制企业的职工。早在 1951 年国家制定的《劳保条例》就规定了全民所有制企业职工的养老保险、伤残保险、遗属保险，以后一直沿袭下来。1988 年全国人民代表大会常务委员会颁发的《中华人民共和国全民所有制企业条例》再一次规定，职工有依法享受劳动保护、劳动保险、产假等权利。

3．“三资”企业、股份制企业的职工。1986 年全国人大颁发的《中华人民共和国外资企业法》规定，外资企业雇用中国职工应依法签订合同，并在合同中写明雇用、解雇、报酬、福利、劳动保护、劳动保险等事项。1988 年全国人民代表大会颁发的《中华人民共和国中外合作经营企业法》规定，对合作企业职工应依法订立合同，其内容包含职工的录用、辞退、报酬、福利、劳动保护、劳动保险等事项。1994 年 8 月 11 日劳动部发布的《外商企业劳动管理规定》，要求外商企业必须按照国家的有关规定参加养老社会保险，依照地方人民政府规定的标准，向社会保险公司按时、足额缴纳保险费。

4．民营企业的职工。1988 年国务院颁发的《中华人民共和国私人企业暂行条例》规定，企业与职工签订的合同应包括劳动报酬、保险和福利待遇。1995 年国务院发布的《关于深化企业职工养老保险制度改革的决定》再次强调个体工商业者、私营企业者要参加地方的社会养老保险统筹。

5．乡镇集体所有制企业的职工。在 1978 年以前，大多数集体所有制企业没有建立社会保险制度。1983 年 4 月国务院颁发了《关于城镇集体所有制经济若干政策问题的暂行规定》，要求城镇集体所有制企业根据自身的经济条件，量力而行，提取一定数额的社会保险金，逐步建立社会保险制度，解决职工年老退休丧失劳动能力的生活保障等问题。1991 年 6 月 26 日国务院发布的《关于企业职工养老保险改革的决定》，再次强调城镇集体所有制企业可以参照这个规定执行。

6．农村的农民、乡镇企业职工、农民工。在 20 世纪 90 年代以前，广大的农村基本上没有社会保险制度。1991 年国家体改委、民政部、劳动部颁发了《关于城镇和农村社会养老保险分工的通知》，这个文件根据 1990 年国务院第 111 次总理办公会议关于城镇社会保险主要由劳动部负责，农村社会保险由民政部负责的决定，规定凡非城镇户口且不由国家供应商品粮的公民（含乡镇企业职工）的养老社会保险由民政部负责。1992 年民政部发布的《县级农村社会养老保险基本方案》规定，参加农村社会养老保险的是一切非城镇户口的公民，包括乡镇企业职工、民办教师、乡镇招聘的干部和职工。从 2004 年原劳动和社会保障部制定《关于农民工参加工伤保险有关问题的通知》开始，全国各地注重把农民工纳入养老保险、医疗保险、工伤保险范围。

第二节 社会保险管理的风险

人们在社会经济生活中会遭遇到各种社会风险，这些风险主要包括：年老风险、死亡风险、疾病风险、失业风险、伤残风险、生育风险、住房风险、失学风险、贫困风险、灾害风险等。为防范这些风险的发生，就需要建立起相应的社会保障系统，需要老年保障制度、健康保障制度、就业保障制度、伤残保障制度、生育保障制度、住房保障制度、教育保障制度、灾害保障制度、贫困保障制度和法律保障制度等多项保障制度，需要通过社会预防、社会救助、社会保险和社会福利服务等多个层次予以适度保障，以化解各种社会风险，达到“老有所养、病有所医、失有所助、伤有所扶、育有所补、住有其所、学有所供、贫有所帮、灾有所援、理有所诉”的目标，以减少社会震荡，从而使社会走向和谐。社会保险作为社会风险的管理制度之一，能够防范和化解多项社会风险，包括年老风险、疾病风险、失业风险、伤残风险、生育风险等，是整个社会保障体系的重要组成部分。

一、社会保险管理的风险的类型

1．死亡风险。死亡，是必然到来的一种客观事实，是参保者无一例外普遍要碰到的风险。死亡之后，丧失一切收入，而且永远失去收入来源，所以社会保险有必要推出，并负起补偿收入损失的职责，否则死者生前抚养和供养的亲人便生存不下去。足见这种补偿具有多重意义，既是对死者及其亲人的告慰，也是保证社会生活稳定以及关怀后代成长的需要。

2．年老风险。年老，是任何参保者必然的归宿，是一种客观存在。老龄到来，参保者退出工作岗位，不再提供劳动及其成果，也就自然失去工资和收入。所以，年老对参保者来说是一种必然要经历的风险——失去收入的风险。另一方面，参保者仍要继续生存下去，而家庭、邻里、所在用人单位是无力养老送终的，至多提供少许帮助。唯有如此，社会保险必须推出，并有义务对年老风险提供补偿，确保他们安度晚年，以利于整个社会的安定。

3．疾病风险。疾病，也是参保人一生中不可避免的人身风险。年轻的时候，由于肌体抵抗力强，染病就医的可能会少些，但是随着年龄的增长，患病率必定提高，这已被医学所证明。而当疾病风险到来时，人们失去劳动能力，不能再继续工作，也就自然失去工作报酬。参保群体当中，有人会有点积蓄，或者有亲属照顾乃至靠购买商业保险公司的健康险渡过风险。但是，第一，这毕竟不是所有参保者都有的情况；第二，小病、短期染病还可依靠这些渠道的帮助，但对重病、大病、危病以及长期疾病，这类渠道就无能为力了，并且，商业保险公司的理赔还必须投入大笔保费。因此，社会保险有必要推出，并有义务帮助患有病症的劳动者渡过风险，使之不再因病致贫、因病返贫。

4．工伤和残障风险。其实伤和残很难分开，不管因工或非因工伤残。如工伤就是工业化带来的环境污染、机器普遍使用和向大自然进军的必然产物，且时刻发生，经常烦扰着劳动者及其家庭。工伤风险每每酿成人身伤害、残障乃至死亡，轻则造成参保者一时失去劳动能力，重则使之终生不能再参加劳动。参保者伤残后，不但要与医疗机构打交道，还要求各种康复机构提供服务，没有一笔巨额花费是很难渡过风险的。而唯有国家通过实施社会保险，帮助工伤致残劳动者应付风险才最可靠，最能使伤者、残者安然渡过风险。

5．失业风险。失业，在以竞争为核心的市场经济下，不但必然发生，而且时刻存在。只要有竞争，就必然经常有劳动者在竞争中成为失业大军中的一员。失业既然是常态，并非偶尔显露，自然构成威胁参保者的经常性风险，因为失业必然意味着劳动报酬丧失。对这种经常发生的风险，国家自然要通过失业保险给失业者以工资补偿，而不使其陷入窘境，并提供必要的培训，使他们尽快再就业，以便使其更充分地发挥自己的社会价值。

6．生育风险。妇女参保者生育子女，是人身风险，也是客观事实，在妇女群体中间必然要产生。生育期间，妇女劳动者失去劳动能力，从而不再享受劳动报酬，当然也就失去收入，并且，失去的收入远非个人和亲友所能弥补。在这种情况之下，社会保险自然成了人们的需要，以防范女参保者因生育后代而带来的收入损失，并依法给予补偿。这里存在一个疑问：并非每个女参保者一定结婚，也并非每个已婚女劳动者一定生育子女，社会保险为什么要对生育风险带来的收入损失予以补偿？问题在于，这里的风险保护以至弥补风险损失是针对整个参保者群体而言，妇女群体中的某个个体可能一辈子不结婚，也可能终生不育，但妇女作为一个群体，是必然要结婚、必定要生育的，否则人类的繁衍就继续不了。当然，生育也必须是一种客观事实，如果并无生育行为而冒领生育津贴是要受惩处的。

需要说明，社会保险对因这种或那种风险夺走的收入绝不是百分之百地补偿，否则，工作与不工作、劳动报酬与社会保险金便无任何区别，而使补偿失去激励效用。针对不同的风险，根据其重要程度，国家每每制定不同的补偿水平。如生育风险由于涉及民族兴旺、劳动力后续保障，往往规定很高的补偿水平，以利于国家可持续发展战略目标的实现。生育风险补偿水平规定得高，还因为享有这种风险补偿的劳动者为数不多，仅仅是劳动者人数的一半，而且往往工资或个人收入偏低，基金给付不成问题。

退休养老金的补偿水平则不宜规定过高。第一，几乎绝大部分受保者需要享受，而且享受期较长；再则，社会保险毕竟属于国家提供的基本保险；此外，还有用人单位推出的补充养老保险以及个人储蓄养老保险，如果基本保险提供的补偿水平过高，也会挫伤用人单位推出补充养老保险的积极性。

在工伤、残障风险方面，因工负伤、致残、死亡，理应比非因工负伤、致残、死亡规定偏高的补偿水平，否则既失去公平，也不能激励人们发扬愿为集体敬业、为他人利益尽力、为国家作奉献的精神。

二、社会保险管理风险的特征

社会保险管理的风险具有下列基本特征。

1. 这类风险的降临，必然夺走参保人的工资或个人收入。工资或个人收入丧失，从此生活无着，这显然是参保人最担心的风险。国家推行的社会保险完全从参保人的切身利益出发，自然要责无旁贷地把这类风险覆盖进来。

2. 这类风险本身带有客观必然性、普遍性。正是因为这类风险带有普遍性，必然发生，并且，不可避免地侵扰参保者群体，社会保险才有义务加以保护，担负起补偿风险造成的收入损失的角色，以解参保者后顾之忧。

3. 这类风险非参保者本人或狭小的参保者群体所能抗拒和解脱。这类风险不但必然到来，且参保者本身无力抗拒，无力弥补由此造成的收入损失，而必须依靠社会保险帮助。换句话说，如果参保者本人都有能力抵抗这类风险，都有能力弥补损失，社会保险就无必要推出。

4. 这类风险是实实在在的客观存在。若风险纯属当事人凭空杜撰，那已属捏造事实，是一种骗取社会保险金的违法行径。对此，社会保险当然没有义务予以保护。

5．这类风险具有偶然性。任何风险的发生都是必然性与偶然性的结合，否则，社会保险是没有可能实施开来的。如人们认识到疾病风险的发生是必然的，不可规避，但究竟何时发生以及发生在哪位参保者的身上却具有偶然性。也正因为疾病风险具有必然性与偶然性结合的特征，而不是必然发生，必然发生在每个时刻，又必然落在每位参保者的身上，才有可能使建立起来的医疗保险基金抵补医疗费用支出。由于患病者毕竟在每个时刻都是少数，从而，医疗保险才有可能顺利地实施。

6．这类风险具有规律性。生育、疾病、年老、失业、工伤、残障和死亡等风险，除具有工资或个人收入损失、必然发生、劳动能力失去、客观存在以及劳动者本人无力补偿等共同特征外，应该说，还具有一个共同的特征，这些风险的变动并非杂乱无章、无章可循。如果无章可循，人们在这些风险变动面前无所作为，那就等于听任自发力量的摆布，而无法预知未来，掌握不了它们的变迁轨迹，其结果必然是无法制订科学的社会保险计划。事实是，人们经过长期大量的科学研究，追踪各种风险的轨迹，可以说已然掌握了它们各自的运动规律，因此，国家制订的社会保险计划也越来越符合客观发展，并行之有效。

第三节　社会保险的项目

一、国际上确认的社会保险项目

国际劳工组织订立的《社会保障（最低标准）公约》规定，社会安全保障共包括九项：医疗给付、疾病给付、老年给付、职业伤害给付、家庭给付、生育给付、残废给付、遗属给付和失业给付。美国卫生教育福利安全署出版的《世界各国社会安全制度》一书中则将社会安全保障分为五类，即老年残废及遗属、疾病与生育、职业伤害、失业及家庭津贴。

德国学者玛来斯依据造成不安定的各种因素，将社会保险分为以下几类。

1．暂时无工作能力的保险

（1）疾病保险或健康保险；

（2）伤害保险；

（3）生育保险；

（4）健康保险。

2．永久无工作能力的保险

（1）残废保险；

（2）老年保险。

3．死亡后的保险

（1）丧葬保险；

（2）寡妇保险；
（3）孤儿保险。

二、我国的社会保险项目

1．城镇社会保险项目

（1）养老社会保险。这是为因年老而丧失劳动能力的社会劳动者提供基本生活保障和一系列社会性服务的项目，覆盖部分农民工的养老保险。凡是达到法定退休年龄、就业年限或缴纳保险费年限的社会劳动者，都有权享受老年退休社会保险待遇，主要包括退休后的生活费用和提供必要的日常生活管理与服务。其主要目的是确保老年劳动者的权利。

（2）医疗社会保险。这是为社会保险成员提供医疗费用和医疗服务保障的项目，覆盖部分农民工的医疗保险。凡社会保险法定成员（包括被保险人所供养的直系亲属），因病伤需要治疗时，都可以通过医疗社会保险获得免费或减费的治疗、药品供应和护理服务。其主要目的是促使劳动者的身体尽快恢复健康，并承担其因患病、负伤而增加的额外开支负担。

（3）工伤社会保险。这是为所有成员因工负伤以及由伤而致残疾、丧失劳动能力时，提供必要的物质生活保障的项目，覆盖部分农民工的工伤保险。凡独立保险成员，经劳动管理部门和指定医疗机构获得一定数量的保险金给付。其主要目的是维持伤残劳动者的基本生活来源，对于因工伤残者，还具有超常劳动代价的补偿性质。

（4）失业社会保险。这是为所有成员因非本人自愿的原因失去劳动机会，从而丧失正常工资收入来源时，提供必要的物质生活保障的项目。凡社会保险成员经资格审查确定为失业人员时，都可根据其就业年限和缴费情况，在规定期限内获得一定数量的失业补助或救济保险金，以及转业培训和转业介绍、生产自救的资助等，其主要目的是维持失业人员及其家属的基本生活，保护劳动力的正常发育以及为其早日重新就业提供必要的条件和机会。

（5）生育社会保险。这是为妇女劳动者因生育子女而暂时丧失劳动能力，失去正常工资收入来源时，提供基本生活保障的项目。凡社会保险中的妇女成员在合法生育前后的一定时期内，都可以从社会保险获得一定的生活补贴保险金。其主要目的是保护妇女劳动者及其子女的身体健康，并适当补偿其因生育而造成的收入损失。

2．农村社会保险项目

农村社会保险从1991年起刚刚起步，一些项目尚在完善之中或还处于准社会保险阶段，现在主要有以下两项。

（1）农村养老社会保险。这是根据国家有关规定，由政府组织实施的保障农村老年居民基本生活的社会保障事业。以全体农民为对象，建立不分年龄、性别、产业、行业、职务、收入状况、地域、统一的社会保险制度，务农、务工、经商、民办教师、乡村医生、村干部及外出劳动者等各类人员均可进入同一个制度，不会再出现新老制度上的差别；筹集资金采取国家、集体、个人三方合理负担，以个人缴纳为主、集体补助为辅、政府予以政策扶持的办法。

（2）农村医疗社会保险。20 世纪 60 年代，学习老解放区和互助合作运动中建立保健站的经验，根据群众自愿的原则，在全国逐步推行合作医疗制度。截至 1965 年，全国已有山西、湖北、江苏、新疆等十几个省、自治区、直辖市的一部分县实行了这种制度。党的十一届三中全会以后，随着农业联产承包责任制的推行，各地对合作医疗制度进行了整顿。贯彻参加自愿，退出自由的原则，采取因地制宜，不搞“一刀切”的办法。通过整顿，虽然在数量上减少了，但凡继续存在的和新建立的合作医疗办法，都比较切合实际，确实能够起到解除社员疾病痛苦的医疗保健作用。农村医疗保险基金的筹集，应以个人交纳和集体资助为主，国家支持为辅（国家支持主要是让税的方法，即对集体资助的部分基金作税前列支）。其筹集方式只宜采取现收现付，以支定收，略有节支的方针。

【关键概念】

社会保险对象　人身风险　生育风险　死亡风险　年老风险
工伤残障风险　失业风险　疾病风险　社会保险项目

【本章习题】

思考题

1．我国社会保险对象与国外相比较有哪些异同？
2．我国现有的社会保险覆盖哪些人身风险？还有哪一些人身风险未覆盖到？
3．我国社会保险项目与国外相比较有何异同？

【参考文献】

[1]　穆怀中．社会保险国际比较[M]．北京：中国劳动社会保障出版社，2002.
[2]　何平．社会保障概论[M]．北京：中国劳动社会保障出版社，2001.
[3]　候文若．社会保险[M]．北京：中国劳动社会保障出版社，2005.
[4]　郑功成等．中国社会保障制度变迁与评估[M]．北京：中国人民大学出版社，2002.
[5]　孟昭喜．社会保险经办管理[M]．北京：中国劳动社会保障出版社，2005.
[6]　何平．社会保障概论[M]．北京：中国劳动社会保障出版社，2004.
[7]　金双秋．中国社会保险概要（内部资料），1998.

第四章　社会保险的目标与原则

【学习目标】

1. 掌握社会保险的重要目标。
2. 掌握社会保险必须遵循的主要原则。

第一节　社会保险的目标

进入工业化社会后，劳动者必然招致各种风险，如生育风险、失业风险、疾病风险、工伤风险、残疾风险、老年风险以及死亡风险。这些风险不仅具有普遍性，是劳动力群体普遍要遭遇的，而且带有客观性，是客观存在，不以人的主观意志为转移。所以，现代国家对这些普遍存在的、难以避免的风险负有保障义务是理所当然的。在这些风险危及劳动者生活时，国家有责任出面补救，补偿劳动者损失掉的收入，使他们不致因风险袭扰而难以维持基本生活。为此，社会保险具有两个十分显著的目标。

一、对劳动者基本收入的补偿

社会保险的第一目标就是对劳动者提供基本收入补偿，保证劳动者在暂时或永久失去劳动能力以及暂时失去工作岗位后，仍能继续享有基本生活。这就是所谓的补偿功能或保障功能。正是这项基本功能为促进社会安定作出了贡献。不难设想，如果不实行社会保险，不对劳动者实行基本收入补偿，那么，妇女劳动者在怀孕、生育期间暂时失去劳动能力，从而失去生活来源，将如何生活下去？男女劳动者因为不可抗拒的社会原因或自然原因而沦为失业者，生活无着落，将如何渡过难关？在今天生产节奏迅速的条件下，一批遭受职业伤害而负伤、致残以至暂时或永远退出工作岗位的劳动者，将何以为生？尤其是劳动者进入老年后纷纷退出工作岗位，将如何渡过漫长的晚年？在现代社会，劳动者遭遇上述不幸和景况，再不能像传统农业社会那样靠家庭保障、家族保障了。换句话说，在设立并经营积累一笔可观的社会保险基金的条件下，劳动者对暂时和永远失去劳动能力后再不担心，再不怕老无所养、失业流落街头、患病无钱医治。实行了社会保险，人们再无后顾之忧，肯定会大大增强社会凝聚力、向心力，使劳动者对现实、对明天都抱有希望，从而可确保社会长治久安。

对于实行这一目标，我们要对劳动者的基本收入要有一个正确的界定。

1．劳动者基本收入界定的范围

社会保险的目标是使劳动者的收入损失得到补偿。但是，这种补偿只是针对劳动者因受风险威胁招致的直接损失，即只补偿从第一职业获得的工资收入的损失。至于劳动者因风险发生而酿成的直接损失以外的其他经济损失，如劳动者的第二职业收入，虽然也是劳动收入，但不在保险范围之内。

2．基本收入与最低工资、基本工资的区分

首先，基本收入不等同于最低工资。根据原劳动和社会保障部《最低工资规定》（劳动保障部令第 21 号）的解释，最低工资是指劳动者在法定工作时间或依法签订的劳动合同约定的工作时间内提供了正常劳动的前提下，用人单位依法应支付的最低劳动报酬。所谓正常劳动，是指劳动者按依法签订的劳动合同约定，在法定工作时间或劳动合同约定的工作时间内从事的劳动。劳动者依法享受的带薪年休假、探亲假、婚丧假、生育（产）假、节育手术假等国家规定的假期期间，以及法定工作时间内依法参加社会活动期间，视为提供了正常劳动。确定和调整月最低工资标准时，综合参考了下列因素：（1）劳动者本人及平均赡养人口的最低生活费用；（2）社会平均工资水平；（3）劳动生产率，城镇就业状况；（4）地区之间经济发展水平的差异；（5）职工个人缴纳的社会保险费、住房公积金等情况。根据国家有关规定，最低工资应当包括劳动者个人缴纳的养老保险、医疗保险、失业保险和住房公积金。但不包括：（1）加班加点工资；（2）中、夜班津贴和高温、低温、井下、有毒有害等特殊工作环境条件下支付的岗位津贴，集中供热采暖补贴；（3）按照规定应当由用人单位支付给劳动者的福利待遇；（4）辅助工资。

其次，基本收入不等同于基本工资。根据国家统计局 1990 年 1 月 1 日颁发的《关于工资总额组成的规定》（1990 年 1 月 1 日局令第 1 号）和《〈关于工资总额组成的规定〉若干具体范围的解释》，以及劳动部颁发的《工资支付暂行规定》（劳部发[1994]489 号）和《对〈工资支付暂行规定〉有关问题的补充规定》（劳部发[1995]226 号）的有关规定，劳动者的全额工资是指其每月所收入的基本工资（又称标准工资）与辅助工资（又称非标准工资）之总和，即实得工资。劳动者基本工资是根据劳动合同约定或国家及企业规章制度规定的工资标准计算的工资。如工资总额组成中的计时工资、计件工资就是基本工资。再具体些说，实行结构工资制的单位支付给职工的基础工资和职务（岗位）工资均属基本工资。劳动者的辅助工资是指基本工资以外的各种工资，如奖金、津贴和补贴、加班加点工资、附加工资、保留工资等。

由以上分析可见，基本收入既大于最低工资又大于基本工资，基本收入包括基本工资和辅助工资（奖金、津贴、补贴等）。以国家公务员来说，基本收入具体指基本工资（职务工资和级别工资）、辅助工资、地区附加津贴、艰苦边远地区津贴、岗位津贴、年终一次性奖金等项目收入。

二、承保劳动者的基本生活

社会保险对劳动者的收入补偿不可能做到百分之百，只能是一定程度的补偿，因而不可能保证他们享有与在业时完全相同的生活水平。但是，社会保险的目标与社会保障的最低纲领——社会救济的最低生活保障线有所不同。后者是国家向无收入且生活在“贫困线”或最低生活标准之下的个人和家庭实施的一种社会保障措施，目标是保障这些家庭和个人能够享有最低生活水平。所以，社会保险与社会救助相比，层次较高一些。社会保险的待遇规定得过低和过高都是不合理的。过低，保证不了劳动者再生产正常运行所需的资金；过高，则只会养成懒惰习性甚至混淆不在业与在业的根本区别。正确的应是：保险标准要略低于、但不是过分低于在业的工资收入，大多数保险待遇都能够做到保障基本生活，并且，大多数保险待遇的享受应严格限定在一定的期限内。

那么，什么是基本生活，基本生活又如何界定？

对于社会保险的受益人，所谓基本生活，从理论上说，就是通过社会保险金的给付能够享有一种和遭遇风险前相差不大的生活。因此，基本生活绝不是最低生活，也就是说，无论如何不能把社会保险给付水平规定到“贫困线”或“最低生活保障线”的水平，即不能规定得和最低生活水平一样，否则，便混淆了社会保险与社会救助。第一，在社会保障体系中，社会救助属于最低层次的保障举措，只能提供最低生活保障，而“贫困线”或“最低生活保障线”便是社会救助制度中赖以确保最低生活的标准线；第二，也不应该把基本生活厘定在受益人遭遇风险前的工资水平上，否则只会混淆劳动报酬与社会保险津贴的区别，劳动和不劳动也就没有什么区分了。

这就是说，基本生活是高于最低生活、但又低于受保人原有收入的一种生活水平。基于这样的理解，国际劳工组织（ILO）1952 年 6 月 28 日通过的第 102 号公约，即《社会保障（最低标准）公约》，把受益人理应享有的各项社会保险津贴，一律按普通男性劳动者平均工资的最低比例规定下来，建议各会员国研究并结合本国的情况采用。现把国际劳工组织提出的各项社会保险津贴的最低标准分列于表 4-1。

表 4-1　国际劳工组织关于社会保险津贴最低标准的建议

风险种类	受益人及其家属	普通男性成年劳动力平均工资的%
疾病风险	本人、配偶和两个子女	45
失业风险	本人、配偶和两个子女	45
年老风险	本人、达到退休年龄的配偶	40
因工伤残风险	本人、配偶和两个子女	50
生育风险	女性	45
非因工伤残风险	本人、配偶和两个子女	40
死亡风险	配偶和两个子女	40

应当说，国际劳工组织只提供了基本生活的最低标准，供会员国制定各项社会保险津

贴时参考，其目的很明确：建议社会保险给付不得低于这项最低标准，并据此确定本国的基本生活水平。

为此，需要诉诸恩格尔系数法。所谓恩格尔系数法，就是19世纪德国有名的统计学家恩格尔创造的一种验证家庭贫富程度的方法。恩格尔经过对德国一些家庭的调查，发现家庭收支中用于饮食支出的比重越大，这类家庭便越贫穷；反之，饮食支出的比重越小，家庭越富裕。而且，这种规律性屡被证明是正确的。第二次世界大战后，联合国粮农组织（FAO）有专家把这个规律加以量化，得出：家庭收支中用于饮食的支出占到60%以上的属贫困层，占到50%～59%的属温饱层，占到40%～49%的属小康型，只占40%或40%以下的属富裕层。这样，按恩格尔定律确定的代表家庭贫富程度的系数便被称之为恩格尔系数法。

汲取“福利国家”一味追逐高福利而酿成不良后果的教训，发展中国家如中国，在全面实现小康生活前，可把温饱层的恩格尔系数，即饮食开支占50%～59%中经过选定的某种适宜的系数作为中国基本生活水平，并作为社会保险津贴应予保障的生活水平。

第二节　社会保险的原则

社会保险在促进经济发展、维护政治稳定方面起着非常重要的作用。在社会保险的产生和发展的过程中，人们通过不断的探索和分析，逐渐找出了它的基本运行规律，总结出了社会保险在实施中应该遵循的基本原则。

一、与国情、国力相适应的原则

社会保险的实施对象的范围大小和实施项目的多少取决于该国生产力的发展水平。因为社会保险是个人消费品的分配形式之一，这种分配形式的实现程度取决于社会可供分配的消费品数量，消费品的数量取决于生产力的发展水平。社会保险的承保对象的范围、承保项目及给付水平如果超出生产力的发展，就会因缺乏可靠的物质基础而陷入困境，社会保险也就失去了其促进经济发展的特殊作用。我国人口众多，生产力发展不平衡，人均国民收入水平与发达国家相比有很大的差距。因此，我国社会保险的发展要以基本国情为依据，从保险实施对象的范围来说，要从小到大逐渐发展；从保险实施项目来说，要以保障劳动者的基本需要为主，补充项目的设立要以经济发展状况而定；在给付水平的确定上，要量力而行，切不能盲目追求“高保险”、“高福利”。

二、公平和效率相统一的原则

“公平原则”是指社会保险的投保人只有在确实发生了年老、残伤、死亡、患病、生育或失业等情况，并符合立法规定，才能享受保险待遇。这种公平表现在对缴纳了保险费的劳动者来说，是指人人有权享受，机会均等。但并不是人人有伤、病，就人人可以享受保险待遇。为了确保社会保险的公平性，首先，要统一立法，强制社会保险立法规定范围内的劳动者参加社会保险。其次，社会保险法对保险待遇要有一个基本的规定：对一些主要的社会保险待遇要规定最低保证数；要保证养老、残废、遗属等年金随物价上涨而不断提高。以保障这些年金享受者的实际生活不下降，并适当分享社会发展成果。最后，计算社会保险待遇的基数要反映劳动者长期劳动所得的实际水平。有些项目的给付要与劳动者的劳绩相联系，但是，也不是劳动者投多少就返还多少。社会保险机构还要进行一定的调剂，要统一分配，使保险收入适当均等化，在一定程度上照顾低收入者的实际需要。

“效率原则”是指社会保险基金的投入在整个国民收入使用总额中所占比例应该和它在保障社会安定，促进生产发展上所起到的作用成正比。这取决于社会保险的工作效率，它包括危险损失预测的准确性、基金筹集办法的科学性、保险待遇规定的合理性以及社会监督的完整性。

从根本上看，社会保险关于公平与效率的要求是统一的。社会保险一方面通过分担、积聚和保障性的损失补偿的方式保证了劳动力再生产过程的顺利进行，促进了经济的发展和政局的稳定，有利于提高国民经济的效率。另一方面，社会保险通过本身的工作效率的发挥，起到了调节社会收入分配的作用，也有利于“公平原则”的实现。为了使“公平”和“效率”原则获得最大限度的统一，首先，应该明确社会保险的主要目标是实现“公平的分配”，以保证社会安定，“效率”是保证“公平”的手段。其次，要重视社会保险的效率，不断完善效率手段，主要是完善社会保险的各项管理制度。最后，要充分体现权利和义务对等的原则，保险待遇的给付要与企业和个人的物质利益相结合。

三、遵循“大数法则”和“平均法则”的原则

所谓“大数法则”，也称“大数定律”，是随机现象的大量重复中出现的具有稳定性质的规律，是概率论中用来阐明大量随机现象的平均结果的稳定性的一系列理论，它表现了必然性和偶然性之间的必然联系的规律。由于它的作用，大量随机因素的总合作用必然导致某种不依赖于个别随机事件的结果。在社会保险领域中，要利用大数法则原理分析社会保险中大量风险的随机现象，找出其运动的规律性，制定出有针对性的具体措施。如对一个企业工伤死亡人数的统计，在积累了一个较长时期内的大量统计数据来确定出一段较短时期，如一年的平均工伤死亡率，从而研究一个企业的安全防护措施的情况及预测每年工伤保险所需支出的保险费等，为决策者提供参考等。社会保险是要集合社会上一定多数的人和单位组成较大的社会保险集团，根据危险分散的法则，将发生于少数人和少数单位的危险转由多数人和多数单位共同分担损失。集中的人数和单位越多越能发挥危险分散的作用。大数法则可使危险风险分担达到最大限度的均衡，统筹的面越大，保险费率将能降低到最低的限度，接近平均线。

四、统筹兼顾，合理规划，全面发展的原则

社会保险不仅是社会保障的中心内容，也是整个社会经济发展的重要环节。它的建立、发展和完善要受多方面因素的影响和制约。因此，在实施过程中一定要注意做到统筹兼顾，要考虑国家的财政经济状况、经济发展目标、人民的生活需要、国家的经济管理体制以及劳动用工制度，并且要兼顾各地区、各部门、各种所有制及各不同收入水平的劳动者的利益分配，形成合理的社会保险格局和待遇水平层次。我国人口众多，经济发展又很不平衡，各种所有制经济成分并存，社会保险就更要从全局出发，同时照顾各方面的利益，使社会保险真正成为保障广大人民群众根本利益的有力措施，促进社会经济全面协调地发展。

五、事后补偿和事先预防相结合的原则

在社会化大生产及市场经济条件下，劳动风险和社会风险是不可能避免的。实行社会保险之后，当社会风险与劳动风险发生后，就要求在劳动者失去劳动能力或者中断收入时给予补偿。补偿是社会保险的主要目的之一，社会保险的另一个作用则是要通过预防把各种风险事故减少到最低限度，以减少补偿的损失和因事故对劳动者造成的精神上、肉体上的痛苦，促进社会保险的良性运行。社会保险的预防是指预测社会保险所承保保险项目中可能出现的那些风险，并估计危险发生可能性的大小及严重程度，针对产生风险的潜在原因和条件，采取预防措施，使风险实际发生的可能性减少到最小限度或者制止风险的发生。社会保险不仅是对付风险的一种方法，更重要的是认识风险、估算风险和预防风险的发生。如做好工厂的安全防护设备措施，搞好卫生防治工作，工伤事故和职业病就可以大大减少或者杜绝。如日本工伤保险基金的筹措按产业分别确定，为了减少企业的工伤事故、节省保险费的支出，国家规定 3 年进行一次考评，事故率增加的提高收费率，下降的降低收费率，做到有奖有惩。这种办法对减少工伤事故很有成效。所以，社会保险中补偿是需要的，但预防更不可缺，从某种意义上讲，预防比补偿更为重要。因此，在社会保险管理工作中，应采取补偿与预防相结合的原则。

【关键概念】

社会保险目标　　基本收入　　最低工资　　基本工资　　社会保险原则　　大数法则
平均法则　　事后补偿　　事先预防

【本章习题】

思考题

1．辨析基本收入与基本工资、最低工资有何不同？

2．如何理解社会保险的公平与效益的统一性？

3．如何理解社会保险的事先预防与事后补偿的关系？

4．如何理解社会保险的公平与效益的关系？

【参考文献】

[1] 邓大松．社会保险[M]．北京：中国劳动社会保障出版社，2002．

[2] 何平．社会保障概论[M]．北京：中国劳动社会保障出版社，2001．

[3] 候文若．社会保险[M]．北京：中国劳动社会保障出版社，2005．

[4] 郑功成等．中国社会保障制度变迁与评估[M]．北京：中国人民大学出版社，2002．

[5] 孟昭喜．社会保险经办管理[M]．北京：中国劳动社会保障出版社，2005．

[6] 何平．社会保障概论[M]．北京：中国劳动社会保障出版社，2004．

[7] 金双秋．中国社会保险概要（内部资料），1998．

第五章　社会保险基金的筹集

【学习目标】

1. 掌握社会保险基金的基本概念、特点等基本问题。
2. 了解社会保险基金的作用、构成。
3. 掌握社会保险基金的筹集原则、基金来源、筹集方式等。

☺ 导入案例

在国际范围内，不存在统一的社会保险基金筹集模式，仅以养老保险为例，在世界上160多个实行养老保险制度的国家，就有209种筹集模式。中国是世界上唯一一个实行“社会统筹和个人账户相结合”养老保险制度的国家，这一制度是在20世纪90年代建立起来的，在此之前，中国实行的是职工不缴纳保险费的国家保障或企业保障制度。

所谓“社会统筹和个人账户相结合”，是一种社会保险基金的筹集模式，是指企业缴纳职工工资总额一定比例（目前规定为20%左右，各地有差别）的社会保险费，通过现收现付的方式支付给当年的退休职工；职工缴纳本人工资额一定比例（目前规定为8%）的养老保险费，存在个人名下，即个人账户中，在退休以后，按照国家规定的方式按月领取。因为企业缴纳的养老保险费形成社会统筹账户，通过现收现付的方式支付退休人员的基本养老金；而职工个人缴纳的养老保险费形成个人账户，用于支付职工个人账户养老金。这种机制既能体现社会保险的互助功能和社会公平，又能体现社会保险的激励机制，所以，“社会统筹和个人账户相结合”的基金筹集制度是一种不同于其他国家的部分积累制的、中国独有的一种养老保险制度。

在“社会统筹和个人账户”相结合的养老保险制度建立后，由于已离退休的职工和在制度建立之前已参加工作的中年职工没有个人账户积累，由此产生了社会统筹资金不足以支付退休人员养老金的资金缺口问题。缺口资金构成了养老保险历史债务，国务院体改办2000年对我国养老保险历史债务规模测算的结果为67145亿元。①巨大的历史债务侵蚀了现行制度的正常运行，必须尽快予以解决。对此，《中共中央关于深化国有企业改革若干重大问题的决定》中明确指出，要采取多种措施，包括变现部分国有资产、合理调整财政支出结构等，开拓社会保障新的筹资渠道，充实社会保险基金。事实上，政府对养老保险资金的缺口给予了财政补助，1998年中央财政为全国养老保险提供补贴24亿元，1999年175亿元，2000年327亿元。②国家还于2000年建立了全国社会保障基金，作为迎接人口老龄

---

① 何平．中国养老保险基金测算报告[J]．社会保障制度，2001，(3)．

② 胡晓义．从“统分混合”走向“统分结合”[J]．中国社会保险，2002．

化高峰期带来的养老保险基金支付高峰的战略储备。

第一节　社会保险基金的概念和作用

一、社会保险基金的概念

基金一般是指由产品分配形成的、具有特定用途的资金。社会保险基金是指为保障社会劳动者在丧失劳动能力或失去劳动机会时的基本生活需要，在国家立法或国家政策规定下，通过向劳动者及其所在单位征收社会保险费，或由国家财政直接拨款而集中起来的一种基金。

理解社会保险基金的概念，应把握以下几点。

1. 社会保险基金具有专门用途，是专门用于满足社会劳动者在丧失劳动能力或失去劳动机会时的基本生活需要而建立的基金，必须专款专用。任何单位或个人不能以任何理由挤占或挪用，国家也不能用社会保险基金来平衡财政收支。

2. 社会保险基金是依据法律或国家政策规定设立的。社会保险基金由国家立法强制征集，凡符合征集条件的对象都必须履行缴费义务；社会保险基金的管理机构是政府某一部门或国家特别授权成立的专门机构。

3. 社会保险基金的建立体现了国家、劳动者、企业三方责任共担的原则。社会保险基金既来源于劳动者及其所在单位缴纳的社会保险费，也有国家支持，如国家财政拨款资助等。

4. 社会保险基金是在国民收入的初次分配和再分配过程中形成的，是从国家财政收入、企业收入和劳动者收入中分解出来用于社会保险事业的一种消费性的社会后备基金。具体来说，国民收入通过初次分配形成国家、企业、个人的原始收入，再通过政府拨款、企业和个人缴费等方式建立社会保险基金，根据法定的条件向不同的社会保险对象提供经济帮助，从而实现国民收入的再次分配。

社会保险基金是社会保险实现对劳动者基本生活保障功能的经济基础，社会保险基金问题是社会保险的核心问题。目前，我国社会保险基金按基金用途来划分，可分为养老保险基金、失业保险基金、医疗保险基金、工伤保险基金和生育保险基金等。其中，养老保险基金的数额最大，在整个社会保险制度中占有重要地位。

二、社会保险基金的作用

对劳动者及其家庭提供基本生活保障，是社会保险基金的基本功能。这一基本功能使得社会保险基金对于维持社会安定和经济的正常运行及发展有着重要的作用。主要体现在以下几个方面。

1．保障基本生活。社会保险基金通常被称为人民群众的“安全网”，其核心作用就是保障劳动者在年老、失业、患病、工伤、生育时的基本收入和基本医疗不受影响，保障一部分人因竞争失败无收入、低收入以及遭受各种意外灾害时有基本生活来源，从而减少贫困，消除他们的后顾之忧。

2．促进社会公平。作为再分配范畴的社会保险基金具有调节收入分配的作用，是促进社会公平的重要手段。社会保险通过法律手段，强制征集保险基金，再按照社会公平原则分配给收入较低或失去生活来源的劳动者，帮助他们渡过难关，这在一定程度上调节了劳动者的收入差距，有利于促进社会公平。

3．促进经济发展。社会保险基金能够调节社会总需求，平抑经济波动，发挥经济运行“减震器”的作用。尤其是通过逐步提高社会保险待遇和低收入人员的收入水平，对于改善人们的消费心理预期和消费结构、刺激消费需求、扩大内需、拉动经济增长具有十分重要的作用。发达国家的经验表明，社会保险基金在经济发生波动时可以起到缓解波动的作用，有利于经济的恢复。如如果没有失业保险基金，失业者就会立即失去劳动收入，购买力就会显著下降，这会给本已衰退的经济以更沉重的打击；而有了失业保险，劳动者在失业之后还可以有一定的收入用以维持基本生活，社会的购买力也不会受到太大的影响。同时，社会保险基金中往往有相当一部分是积累性质的，它并不需要立即支出，这些积累起来的基金对经济发展是十分重要的，特别是像我国这样的发展中国家，资金短缺是经济发展的瓶颈，运用好社会保险基金，不仅对社会保险事业本身十分重要，而且对经济的发展也会起到巨大的推动作用。

4．维护社会稳定。完善社会保险制度，解决好人民群众最关心、最直接、最现实的利益问题，是维护社会稳定的必要条件。通过强化社会保险的作用，妥善处理各种利益关系，保障弱势群体的基本生活，可以缩小贫富差距，化解社会矛盾，维护社会稳定。

5．增进国民福祉。社会保险基金不仅承担着“救贫”和“防贫”、保障社会成员基本生活和基本医疗的责任，同时还为全体劳动者提供与经济发展水平相适应的保障项目和公共服务，从而使人们能够分享经济社会发展的成果，不断提高物质生活和精神生活的质量。

第二节　社会保险基金的构成和特点

一、社会保险基金的构成

（一）按社会保险项目的专门用途及其功能划分

根据社会保险项目的专门用途及其功能不同，社会保险基金由养老、医疗、失业、工伤、生育保险基金构成。

1．养老保险基金。养老保险是社会保险中最重要的保险项目，也是社会保险中涉及面最为广泛、待遇给付持续时间最长的一种保险项目。许多国家都把发展养老保险作为建立社会保险制度的重要突破口。养老保险基金是指在政府立法的范围内，依法征缴的用于支付劳动者退休养老待遇的专项基金。养老保险基金一般都是由不同层次的基金构成的，主要有基本养老社会保险基金、企业补充养老保险基金和个人养老保险基金三个层次，每一个层次各有相应的资金来源。

2．医疗保险基金。医疗保险基金是指以社会保险形式建立的，为劳动者提供疾病所需医疗费用的资金。医疗保险基金主要来自于国家、企业和被保险人三方，但各国的医疗保险制度类型不同，基金来源也有差异。实行国家医疗保险模式的国家，其基金主要来自于国家；实行医疗社会保险的国家，基金主要为企业和被保险人缴纳的保险费、政府补贴；而实行商业医疗保险的国家，其费用主要由个人支付。目前，我国基本医疗保险费由用人单位和职工共同缴纳，基本医疗社会保险基金实行社会统筹和个人账户相结合，实现了医疗保险基金横向社会互助共济功能与个人纵向积累保障作用的相结合。社会统筹基金的建立，体现了社会医疗保险互助共济的“大数法则”，有利于在一定社会范围内实现医疗保险基金的统筹调剂，均衡医疗费用负担、分散医疗风险、实现社会公平。个人账户的建立则体现了个人所应承担的责任，有利于增强职工个人的健康投资意识，促使职工年轻、健康时为年老、多病时积累医疗保险基金，以建立起纵向的个人积累保障机制；同时，个人账户归个人所有，提高了个人的责任感，促使职工个人在医疗消费中自我约束，强化费用支出的制约机制。

3．失业保险基金。失业保险基金是在国家法律的保证下，以集中起来的失业保险费建立起来的，对因非自愿失业而造成的劳动收入损失给予补偿的资金。失业保险基金由国家、企业、个人三方负担的方式是国际上通行的做法，职工个人缴纳失业保险费是其为享受社会保险权利而履行失业保险义务的需要。这样做，一是可以增加资金来源；二是可以增加职工的社会保险意识；三是个人负担的比例低，职工经济上能够承受。与其他社会保险基金不同的是，失业保险基金应当适度征集，以避免过度丰裕的失业保险基金带来过高的社会保险待遇标准，同时失业风险本身的短期性、个别性特点也决定了失业保险待遇给付期是短暂的，只涉及少数劳动者。过高的失业保险待遇和过长的给付期限都会助长劳动者对失业保险的依赖思想，不愿重新就业或不愿接受工资偏低的工作。因此，失业保险基金的规模不宜过大。

4．工伤保险基金。工伤保险基金是指劳动者因工作而受伤、患病、残疾乃至死亡，暂时或永久丧失劳动能力时，从国家或社会获得医疗、生活保障及必要的经济补偿所需要的资金。同其他的社会保险基金相比，工伤保险基金具有显著的赔偿性质，因此保险费一般都由企业或雇主缴纳，劳动者个人不缴费。由于企业所处的行业不同，工伤风险也不同，缴纳保险费时根据行业差别往往规定不同的缴费标准。同时，为了鼓励企业搞好安全生产，尽量减少工伤事故的发生，即使对同一参保企业，往往也根据往年工伤事故发生的情况，实行浮动费率。

5．生育保险基金。生育保险基金是依据国家法律专门为生育职工支付有关待遇而筹集的资金。其主要作用是为生育而暂时离开工作岗位的女职工支付医疗费用和生育津贴。生育保险基金主要由用人单位缴纳，职工个人不缴纳生育保险费。生育保险和国家的生育政策相关联，因此，预见性强，风险不大。生育保险基金以收支基本平衡为目标，一般不留有大量结余。生育保险基金的作用主要是保障参保职工生育期间的基本生活和医疗服务。生育保险基金支付的项目和水平受国家经济条件的制约和影响。目前，我国处在社会主义初级阶段，经济实力与发达国家相比还有很大的差距。因此，生育保险保障生育职工的基本生活和一般的医疗消费。随着经济的发展和生产力水平的提高，保障范围和待遇水平将逐步扩大和提高。

（二）按筹资模式划分

社会保险基金的筹集，按资金调剂范围可分为社会统筹模式和个人账户模式，前者主要体现为社会成员之间横向的收入调剂和风险分担，后者主要体现为职工一生收入的纵向调剂的风险分担；按是否有基金积累可分为现收现付制和基金积累制。在实践中通常是上述两种划分方式的结合派生出四种模式：一是现收现付社会统筹制；二是个人账户储存基金制；三是社会统筹部分积累制；四是社会统筹与个人账户相结合部分基金积累制。与此相对应，也形成了四种类型的社会保险基金：

（1）现收现付社会统筹制形成的社会保险基金；

（2）个人账户储存基金制形成的社会保险基金；

（3）社会统筹部分积累制形成的社会保险基金；

（4）社会统筹与个人账户相结合部分基金积累制形成的社会保险基金。

（三）按基金所有权划分

按基金所有权不同，社会保险基金由公共基金、个人基金和机构基金构成。

1. 公共基金。公共基金为公共所有，其来源由财政拨款，雇主或雇员缴纳的社会保险费（税）、社会捐赠、国际捐款等构成。如养老、失业、医疗、工伤、生育等社会保险基金中属于“社会统筹”的部分。

2. 个人基金。个人基金是归个人所有的非财政性社会资金，但它不同于银行存款和各种有价证券的资金。它是按法律、法规、规章缴纳，记录在个人账户用于专门用途的基金，如个人账户的养老保险基金等。

3. 机构基金。机构基金是单位为其职工建立的福利性社会保险基金，所有权归集体，或部分地归集体，按照国家的政策和单位的规章对符合条件的职工给予补贴的资金，如用人单位的福利基金等。

（四）按基金营运管理方式划分

按基金营运管理方式不同，社会保险基金由财政性基金、市场信托管理基金、公积金基金构成。

1. 财政性基金。按目前管理方式又分为预算内管理资金和预算外管理资金，是应纳入财政管理范围的基金。如我国各类社会保险基金中的社会统筹基金属于公共所有的基金，应建立财政专户，收入上缴财政专户，支出由财政部门按预算外资金收支计划从专户中核拨。

2. 市场信托管理基金。由基金法人委托受托人管理，基金营运管理通过市场竞争委托金融中介机构（基金管理公司、投资管理公司）具体运作的基金。如我国的企业年金基金、全国社会保障基金中的一部分基金等。

3．公积金基金。由个人和用人单位缴存，记入个人账户，产权归个人所有的基金。不属于财政性资金，也不同于银行储蓄资金，有法律规定的用途和领取条件，并由法定机构（金融机构）营运管理，综合用于养老、医疗等保障功能，如新加坡的中央公积金制度。

二、社会保险基金的特点

社会保险基金存在着许多区别于其他基金的特点。

1．强制性

社会保险是国家的一项社会政策，通过立法手段在全社会强制推行。凡属法律规定范围内的对象都必须无条件地参加社会保险，并按规定履行缴纳保险费的义务。社会保险基金是依法强制筹集的，并严格按照法律的规定管理和使用。任何企业和个人都不能违反法律的规定，都不能强调自己的特殊性，躲避缴纳社会保险费的责任。由于社会保险基金直接关系到劳动者的切身利益，在基金的管理和使用上也必须排除各种干扰，严格按照有关的法律法规运行。

强制性是社会保险基金的显著特征，之所以如此，是因为只有强制征集社会保险费，才能获得稳定可靠的经济来源，才能强制建立起社会保险基金，并最终保证国家的社会和政策目标的实现。

2．基本保障性

社会保险基金所提供的经济补偿水平只能以一定时期劳动者的基本生活需要为基准，既不保证被保险人原有生活水平不变，更不会满足其全面生活需求。一个劳动者从社会保险中获得的物质补偿不能超过自己在业时的工资收入，这是量的规定性，也是为了体现劳动与不劳动的差别，鼓励人们勤奋工作。在具体的补偿水平上，因社会保险种类而异，如养老保险保障水平相对较高，失业保险相对较低。退休是由人的生理因素决定的，与劳动者的劳动技能和劳动态度没有必然联系，因此养老保险保障水平虽要低于劳动者在业时的收入，但要让其退休后的生活水平不受太大影响；而失业除与整个社会经济发展状况有关外，还与劳动者个人的劳动技能和劳动态度有一定关系，劳动者自身应承担一定责任，因此保障水平要相对低些，以鼓励劳动者不断提高劳动技能，勤奋工作，并在失业后积极寻找机会重新就业。

社会保险基金的基本保障特征意味着国家承认对劳动者丧失劳动能力或失去劳动机会时提供基本生活保障是社会的责任，需要借助整个社会力量；但同时，在解决社会风险所引起的生活困难方面，并不排除个人的责任。

3．储备性

基金为了能抵御风险，就必须未雨绸缪，要根据科学的方法，计算风险发生的概率，事前在资金上做好准备。社会保险基金一般分为积累型和现收现付型。积累型基金是为了应付那些发生概率很高的风险，如老年风险。绝大部分劳动者在年老丧失劳动能力退出劳动力队伍之后，都有相当长的时期处于没有劳动收入的状态。为了保证劳动者的老年生活，就必须事前有所积累，在一个国家面临人口老龄化时，这种事前的积累就更为必要。现收现付型基金主要是为了应付那些发生概率比较稳定的风险，如工伤风险。这种风险的发生概率是可以预测的，并且随着科学技术的发展和人们防范意识的提高，这类风险是可以逐步降低的，所以，这类保险基金应当采取“以支定收，略有节余”的政策。现收现付型基金并非完全没有积累，只是积累额较小，只应付短期发生的风险。

4．互济性

互济是保险的一个重要特点，也是社会保险的重要特点，社会保险基金正是这种互济性的反映。特别是对某些社会保险项目而言，每个人发生风险的概率大不相同，但在基金筹集时并不考虑这种差异，而是按统一标准筹集，统一调剂使用，使社会劳动者共同承担社会风险。这样，个人享受的权利与承担的义务并不严格对应，即每个人享受的社会保险待遇不一定等于其对社会保险基金的贡献。有些人的收益大于贡献，有些人的贡献大于收益，但在总体上两者是平衡的，这就是社会保险的互济性。

5．特定对象性

社会保险的保障对象是工薪劳动者，而不是所有的社会成员。社会保险基金只能用于对工薪劳动者提供基本生活保障。社会成员中还包括没有任何收入、靠其他人扶养的人，如儿童、学生、残疾人等，他们不能交纳社会保险费用，只能被动地接受保障，解决他们的生活保障问题需要依靠政府社会救济和社会福利部门。但劳动者不同，他们有劳动收入，只是在发生意外失去劳动收入时才需要接受补偿。因此，他们在有劳动收入时，有义务分担社会保险费用。这一特点表明，社会保险费用不能由国家统包下来，而应由国家、企业、劳动者共同负担。

第三节　社会保险基金统筹的方式

社会保险基金的筹集是指由专门的社会保险管理机构按照社会保险制度所规定的计征对象和方法，定期向劳动者所在单位或劳动者个人征收社会保险费的行为。

一、社会保险基金的筹集原则

社会保险基金是社会保险制度得以正常运行的支柱，而社会保险基金的筹集是能否形成可靠的社会保险基金的关键。因此，社会保险基金的筹集问题在社会保险中具有特别重要的地位。社会保险基金的筹集要遵循以下几项原则。

（一）确保社会保险制度正常运行的原则

社会保险基金的筹集，必须以保证社会保险制度的正常运行为基本出发点。因此，在基金来源渠道上应有多种准备，既要有在正常条件下的基金来源，又要有在特殊情况下的基金来源。在基金筹集量上，要把握"收支平衡，略有节余"的方针。这里讲的"收支平衡"，既指短期的收支平衡，也指长期的收支平衡。

（二）妥善处理积累与消费关系的原则

社会保险基金，特别是积累型的社会保险基金，涉及宏观经济中积累与消费的关系问题。积累的基金将一部分当前的消费推迟到未来，在宏观经济需求大于供给的情况下，较多的积累有利于缓解求大于供的状况；但是，在宏观经济供大于求的状况下，较多的积累则不利于经济的发展。因此，要根据经济发展的不同阶段和宏观经济的不同形势，科学地确定社会保险基金在国民生产总值中的比重，确定企业和员工社会保险基金的负担程度，这对于保证国民经济的正常运行是十分重要的。

（三）有利于资源有效配置的原则

社会保险基金是用于抵御风险的。但是，抵御风险的程度是可变的，如果我们追求完全消除风险，将风险的损失降低到零，那就可能付出极大的成本。如果我们将风险控制在可接受的程度之内，则成本也可以降低。经济学已经证明，随着风险程度的降低，降低风险所需的成本将递增。成本实际上也是资源的一种表现形式，也就是说，如果我们将资源投入一种用途，就会失去将资源投入另一种用途所带来的收益。在资源有限的条件下，我们必须权衡资源的投入方向。所以，社会保险基金的筹集还取决于社会保险水平的确定。像我国这样经济发展水平不高的发展中国家，社会保险水平也不能太高。必须将发展经济放在首位，只有经济发展了，社会保障基金才有更可靠的来源。

二、社会保险基金的来源

从本质上讲，社会保险基金无论是采取必要劳动的形式还是采取剩余劳动的形式，都是劳动者创造的社会新增价值的一部分。从形式上看，社会保险基金主要来自三条渠道：企业缴纳、劳动者个人缴纳和国家财政资助。

（一）企业缴纳的社会保险费

这笔费用是企业人工成本的组成部分，所以，社会保险基金水平越高，企业需要缴纳的费用就越多，企业的人工成本就越高。在这种情况下，市场竞争中的企业就愿意尽可能地少使用劳动力，用资本替代劳动。特别是劳动密集型企业，其劳动成本在企业全部成本中的比重较高，企业用资本替代劳动的动力很大。而这种结果对于劳动力资源丰富、就业压力大的国家是十分不利的。因此，在劳动力资源丰富的发展中国家，社会保险水平不能过高。

（二）劳动者个人缴纳的社会保险费

这是社会保险基金的来源之一。从企业成本的角度讲，在社会保险费用负担率一定的情况下，无论是企业代员工缴纳社会保险费用，还是员工个人缴纳社会保险费用，实际支出是等量的，都是企业人工成本的组成部分，都不会改变劳动力市场上的劳动力价格。但是，个人缴纳社会保险费仍然有其独特的意义。

1. 有助于社会保险互济功能的实现。特别是当按劳动者的工资收入的同一比率缴纳，工资收入高的人多缴纳，工资收入低的人少缴纳时，社会保险的互济功能就更清晰地体现出来了。

2. 有助于基金的积累。劳动者个人缴费机制使每一位劳动者都更加关心社会保险基金的积累、运用和管理，容易形成人人监督的格局，有利于社会保险基金的良好运行。在实践中，社会保险的个人缴费往往与个人工资收入相联系，并且往往有最低缴费线和最高缴费线。设定最低缴费线是为了保护低工资收入者，因为同一缴费率看来似乎平等，但对于低工资收入者来说，他们每一分钱收入的减少对于他们已经很困难的家庭都会产生很大的影响。设定最高缴费线是为了保护激励机制，在市场经济条件下，劳动者的工资收入往往是其劳动贡献的体现，如果所有的劳动报酬都要按同一比率缴纳社会保险费，那么，劳动报酬越高，缴纳的保险费就越多，在达到一定水平后，由于缴纳的费用太多，劳动者的工作积极性就会下降。所以，在实践中，为了保护劳动者的劳动积极性，社会保险基金个人缴费部分往往确定个人缴费基数的上限，劳动报酬高过上限部分，就不再缴纳。另外，如果劳动者是按照缴费的等比例享受社会保险待遇的，那么，设定最低缴费线就有利于保护低工资收入者享受的社会保险待遇能维持其基本生活，规定个人缴费基数的上限，也就避免了高收入者享受过高社会保险待遇的可能性。

（三）国家财政资助

国家财政资助在社会保险基金中往往处于最终支持者的地位。国家财政资助在社会保险基金初建时期和社会保险项目遇到特殊困难的时期是最重要的。社会保险基金的初建时期，往往也是保险基金负担比较重的时期，国家财政的支持实质上是将国家积累的财富在使用途径上予以重新分配，将一些建设或发展的项目推迟，将资金用于缓解社会矛盾。社会保险基金虽然是未雨绸缪的积累，但有时会遇到超出预计的无法抵御的风险，从而造成保险费用入不敷出。在这种情况下，国家财政的支持就是必不可少的。如一些发达国家在经济衰退时期曾多次出现失业人数迅速增加，失业周期加长，失业保险缴费相应减少，失业保险基金出现危机的情况。这时，国家财政为了缓解经济和社会危机，就需要进行支持，补贴失业保险基金。

一般来讲，国家财政对社会保险基金的资助可以分为直接资助和间接资助两种形式。直接资助往往采取财政拨款、发行财政担保的社会保险债券等形式；间接资助是通过税收减免的方式给予资助。如对企业建立的各种补充保险项目在资金上免予征税，对个人参加各类自愿参加的社会保险予以个人所得税减免等。

（四）其他来源

社会保险基金除以上主要来源渠道外，还有来源于社会保险基金的投资增值收入，社会保险基金的利息收入，特别捐税补助（特别财政税、超额所得税、出口税、专项消费税、汽油费、烟草税等），因企业和投保人未依法按时缴纳社会保险费而应缴纳的滞纳金、罚金，以及各种社会捐赠收入等。应当指出，在有些国家，社会保险基金的投资增值收入已成为基金的重要组成部分之一。

三、社会保险基金的筹集方式

从社会保险基金的来源可以看出，从理论上讲，社会保险基金的筹集有七种方式或组合。

1. 企业全部缴纳。这种筹集方式以工伤保险为代表。由于工伤在很大程度上是企业的原因造成的，所以，在工伤问题上，各国都采用“无过失原则”，即无论造成工伤的原因如何，劳动者都应得到补偿。与此相对应，在工伤保险基金的筹集上也往往采取由企业缴纳的方式。在实践中，为了鼓励企业注重员工的安全，还往往采取差别费率的办法，也就是说，企业的工伤发生率如果低于行业平均水平，企业就可以少缴纳工伤保险费；反之，如果企业经常发生工伤，则要多缴纳工伤保险费。

2. 政府全部资助。这种情况是前苏联等国家在社会保险中通行的做法，目前已很少见，只是在个别国家的个别保险项目上有这种情况。当然，政府的钱也是劳动者创造的，是纳税人的钱。所以，政府资助不过是一种转移支付而已。

3. 个人全部缴纳。这种情况在社会保险基金的筹集中也不多见，以新加坡和智利为代表。这种方式在一开始主要运用于养老保险，然后逐步扩展到其他的保险项目，但往往无法覆盖所有的社会保险项目。

4. 企业与个人共同缴纳。这是各国社会保险基金的主要筹集方式，它可以比较充分地体现社会保险的基本原则和基本要求，也使社会保险基金有了最可靠的来源。在企业与个人缴纳的比率上，往往因社会保险项目的不同而有所区别。在企业责任为主的项目上，企业缴纳的比重就高一些。同时，双方缴纳的比率还可以根据形势的变化而有所调整。如在实施这种缴纳方式的初期或员工工资水平较低的情况下，个人缴纳比率可以低一些，然后，随着工资收入的增长，逐步提高个人缴费比率。

5. 企业缴纳与国家资助。这种方式将社会保险的责任主要交给企业，国家只是采取帮助的方式。这种形式在传统的计划经济体制下最具有代表性。在计划经济下，企业只不过是政府的生产车间，没有自己独立的经济利益，所以，我国在“文化大革命”期间，企业保险成了社会保险的主要形式。

6. 个人缴纳与国家资助。这种方式在社会保险领域中也不多见。那些国家通过税收减免鼓励个人自愿参加的社会保险项目，可以归入这一类。

7. 个人、企业、国家三方共同负担。从理论上讲，这是企业与个人共同缴纳方式的补充，是最完整的一种社会保险基金筹集方式。政府在其中的作用要么是承担一定比例的费用，要么是采取补贴的形式。

综上所述，社会保险基金的筹集以企业全部缴纳，企业与个人共同缴纳，个人、企业、国家三方共同负担这三种方式为主。当然，不同的社会保险基金项目基金筹集的方式也有所不同。如在我国目前，由财政拨款的单位，养老、失业、医疗保险费用由国家负担大部分，个人承担小部分，工伤和生育保险由国家承担；非财政拨款的企业，养老、失业和医疗保险费用由企业和劳动者共同承担，一般企业承担大部分，具体比例由地方政府规定，工伤和生育保险费用则一般由企业全部承担。

四、社会保险基金的筹资模式

所谓社会保险基金筹集模式，是指社会保险基金筹集的基本方法和途径。社会保险筹资模式虽然主要是解决社会保险基金筹集问题的，但也并非仅仅是筹资问题，因为什么样的筹资模式，往往决定了采取什么样的社会保险基金管理、支付方式，甚至决定整个社会保险制度的运行过程。因此，社会保险筹资模式的选择是构建整个社会保险制度的关键问题。

按照不同的标准，可对社会保障筹资模式进行不同的分类。比较常用的有以下两种分类。

（一）单纯按照资金筹措方式分类

单纯按照资金筹措方式，可以把世界各国实行的社会保险基金筹集模式归结为：缴税制、缴费制和储蓄制三大类。

1．缴税制

缴税制是以开征社会保险税（或类似税种）的方式筹集社会保险基金的一种模式。社会保险税是国家为确保用于各种社会保险所需要资金而对雇主及劳动者取得的工薪收入征收的一种税，又称工薪税。开征社会保险税是大多数国家普遍采用的一种筹资形式。目前，全世界 172 个建立了社会保险制度的国家和地区中，近 100 个国家开征了社会保险税。以这种筹资形式筹集的社会保险基金直接构成政府的财政收入，成为政府预算的重要组成部分，因此社会保险收支平衡的状况直接影响到政府财政收支平衡，组织和管理社会保险收支是财政部门的一项经常性工作。社会保险税是一种目的税，专门为社会保险筹集资金，其收入规模直接与社会保险的开支规模有关。由于社会保险税专款专用，因而免受政府财政预算恶化时所造成的不利影响。一般的，社会保险税多由雇主和雇员分摊，各国的税率不一，税率的形式有三种：一种是比例税率，即在规定的税基限额下均适应同一税率；另一种是累进税率，即根据工薪收入的不同设置不同级别，每一级别采用不同税率；第三种是定额纳税，规定起征点。大多数发达国家实行分项比例税率，针对退休、失业、伤残、医疗等具体项目需要的社会保险支出量，规定高低不等的差别比例税率。但也有少数国家，如英国采用多种税率形式并举的制度。

美国的社会保险缴费是以特种“税”的形式征收的，这种征税方式更能体现它的权威性和强制性，尤其适合中央政府统筹下的现收现付制。美国的社会保险主要有四种计划：老年与遗属保险（OASI）、残疾保险（DI）、住院保险（HI）和失业保险（UI）。除失业保险计划由联邦与州政府双重管理（各州制订的失业税率不等）外，其他社会保险计划均为单一的联邦统筹。由于老年与遗属保险、残疾保险、住院保险以联邦保险缴费法（FICA）为依据，在全国范围内强制展开，因此，这三个计划的缴税合称 FICA 税，也称为社会保障与医疗保险税（Social Security and Medicare Taxes）。其中，由 OASI 与 DI 合并的 OASDI 纳税，统称为社会保障税；住院保险税（HI 税）也称医疗保险税（Medicare Tax）或是健康保险税（Health Insurance Tax）。FICA 税的缴付不同于别的税种：第一，它是由雇主和雇员对半合缴；第二，缴税收入不混入一般财政收入，而是由财政部单独另设 4 个信托基金托管。1937 年 FICA 税仅由雇主和雇员双边合缴雇员工资的 2%，随后这一比例由于“现收现付”的需要而被不断提高，1990 年，这一比例提高至 15.3%。随后 15 年中这一总税负一直保持未变。今天，美国大约 80%的雇员所支付的 FICA 税已超出其所支付的个人所得税。

英国的社会保障制度是一种包括养老保险、失业保险、医疗保险等项目在内的综合性社会保障制度。实行统一税率，缴税标准全国统一。英国的社会保险税称为国民保险税，每年约为 500 亿英镑的规模，是仅次于个人所得税的第二大税种，国民保险税由其国内税务局负责具体征收，收入上缴国库，成为政府财政收入的有机组成部分，由财政统收统支，当社会保障项目收不抵支时，按规定从一般性税收收入中调剂解决。国民保险税是英国社会保障体系的主要资金来源，是英国福利制度的重要组成部分。英国的国民保险税可分为四大类：第一类是对雇员征收的国民保险税，计税依据是雇员的薪金总额，纳税义务人包括雇员和雇主；第二类是以自营者的各种所得为征收对象，采取定额征收方式，并有免征额规定；第三类的征税对象是自愿缴纳者，这些自愿缴纳社会保险税的人，既包括没有正式职业但又想保持领取保险金权利的人，也包括一些想增加保险金权益的雇员和个体经营者；第四类是以自营者的经营利润为计税依据，并按不同规定的比例税率纳税。

2．缴费制

缴费制是由企业和劳动者个人按照规定的保险费率缴纳社会保险费筹集社会保险基金的一种方式。以德、法等国为代表。与缴税制相比较，缴费制无论是资金筹集还是管理机构都比较分散。社会保险基金由政府指定的专门机构负责管理和运作，不直接构成政府财政收入，不足部分由财政专款补助。因此，政府财政部门不直接参与社会保险基金的管理和营运，但对社会保险基金进行监督。实行社会保险统筹缴费的国家，保险项目比较繁杂，且每一项目都有相对独立的一套缴费办法。

我国目前就是采用征收社会保险费的形式筹集社会保险基金，由各地区、各部门自行制订具体筹资办法和比率，每一险种都有不同的缴费率，由各地的税务机关或地方社会保险经办机构负责征收。但无论采取何种征收形式，征收的基金都纳入社会保障基金财政专户管理，按不同险种分别建账，并且实行分账核算，自求平衡，不同险种的基金不互相调剂。为了简化征收手续，提高工作效率，目前有些地方已逐步实现了“五险合一征收”，即将养老、医疗、失业、工伤、生育五大保险合并征收保险费，单位和个人只需到一个办事窗口即可办完五项社会保险缴费，提供“一站式”服务。

3．储蓄制

储蓄制也称预筹基金制或个人账户制，即政府通过立法规定统一费率，将企业和个人缴纳的社会保险费统一存入个人账户，需要时从个人账户中支取的一种筹资模式。这种模式可以看做是缴费制的一种特殊形式，但又与缴费制有很大的不同，它是一种强制储蓄，它将社会保险金融化，强化了参与者的利益关系，个人账户中的资金及由此产生的利息所有权归属于参与者个人，政府仅有部分使用权和调剂权。储蓄制下的缴费比例较高，且须建立个人账户，管理较复杂，适用于人口较少、地区差别不大、个人收入不悬殊、经济发展水平和管理水平均较高的国家。

新加坡是实行这一制度的代表国家，基金的收缴和发放都集中在中央公积金局，总投保费率高，1955 年最初推行时不过 10%，到 1984 年已升至 50%，雇主和雇员各分担 25%。此后有所下降，1994 年总投保费率是 40%，其中雇主分担 17%，雇员分担 23%。这在世界各国社会保险费率中是最高的，高过其他的国家好几倍。

智利的养老保险制度实行个人缴费、个人所有、完全积累、私人机构经营保险基金的私有化模式。养老问题实行个人负责制，政府只是在立法与监管方面承担责任。智利模式本质上也是一种法律强制下的个人储蓄——投资型养老模式。

通过对三种筹资模式的比较可以清楚地看到三者的不同之处。一是社会保障水平不同。一般来说，缴税制国家通常强调政府只为公民提供最基本的生活保障，缴费制国家的政府承担的社会保障水平相对更高；强制储蓄制国家以个人自我保障为主，保障水平与个人账户积累程度直接相关。二是缴费和管理程序不同。实行社会保障税的国家，保险项目及其税率设置一般较为简单、明了，社会保障由政府部门直接管理，部门分工明确，管理比较集中；而实行缴费制的国家，保险项目设置比较复杂，每一项目都有相对独立的一套缴费办法，社会保障管理多由社会承担，制度复杂，管理分散；实行储蓄制的国家，保险项目按账户设置，一目了然，基金的收、付、管理由政府高度集中，但账户运作比较复杂，难度较大。三是保险缴税（费）水平不同。美国和英国社会保障税率的综合水平都在 20%左右，而法国和德国的社会保险费率都在 40%以上，新加坡的公积金缴纳比例也高达 40%，可见，实行缴费制和储蓄制国家的缴费率要远远高于实行缴税制国家的社会保障税税率。

目前，我国社会保险基金以费的形式征收，在征收力量不足、手段缺乏刚性的情况下，拖欠、不缴或少缴统筹金的现象比较普遍，资金来源缺乏稳定性，不能适应改革时期隐性失业显形化趋势和我国进入老龄化社会剧增的庞大社会保障费用开支的需要。开征社会保障税已势在必行。

首先，从国际比较结果看，社会保障税更适合我国的基本国情。从上述分析不难看出，实行完全的储蓄制一般需要较高的管理水平和其他一些比较苛刻的条件，因而对于中国这样一个庞大的发展中国家来说并不适合。相对于复杂而分散化的缴费制来说，征税制的优势是将社会保障完全置于政府的直接管制之下，保障项目设置相对简单、明了，统一税负、统一征管、统一支付和管理运营，各部门间分工明确、相互配合、相互制约，管理效率高，约束机制强，国家承担的风险较小，而且这种模式由于税率水平适中，国家一般只提供最基本的社会保险，这就为补充性社会保险的发展拓展了巨大的空间，能较好地适应和促进市场经济的发展。正是基于这些优点，征收社会保障税模式是我国社会保障筹资的选择目标。

其次，从国家经济调控上看，"费改税"更具有实效性。实行社会保障"费改税"，一方面可以把社会保障纳入财政管理轨道，为财政直接管理社会保障提供了充分的理由，彻底打破长期以来社会保障管理中政事不分、收支管一体化、监督乏力的格局。另一方面，可以将社会保障预算纳入财政预算管理，为提高社会保障效果打下坚实的基础。社会保障预算的收入来源主体是社会保障税(直接征缴入库),对应的支出项目是各项社会保险支出。通过建立社会保障预算，可以全面反映政府社会保障事业收支状况，强化政府对社会保障资金的管理。

（二）以社会保险基金收支横向或纵向平衡原则为依据分类

以社会保险基金收支横向或纵向平衡原则为依据，也可以把各国的社会保险基金筹集模式划分为现收现付制、完全积累制和部分积累制三类。

1．现收现付制

这种模式以横向平衡为原则，规定当年或近几年内所有参保对象按规定比例提缴的社会保险基金总额，在收付过程中基本保持平衡。其具体方法是，先对当年或近一二年内某项社会保险所需支付的费用进行预测，然后按照一定的比例提取，分摊到参加社会保险的单位或个人，当期提取当期支付。这种筹集方式集中体现了风险分担的大数法则，在养老保险上更是体现了"工作的一代"供养"退休的一代"的代际赡养原则，其优点是简便易行，按照社会保险的需要可及时调整费率，避免因通货膨胀造成基金的贬值。其缺点在于，没有必要的储备积累,特别是当参加保险的成员风险结构和资金供求比例发生较大变化时，需求水平会增长，费率会不断攀升，容易在一段时期加重单位、个人和国家的负担，甚至会出现支付危机。

2．完全积累制

这种模式也称储备基金制，它以纵向平衡为原则，要求在劳动者整个就业或参保期间，或者在一个相当长的计划期内，采取储蓄方式筹集社会保险基金。其基本方法是，首先对全国或本地区的社会经济发展水平、有关人口的健康状况、就业率、退休率、工资增长率、死亡率以及利息率等指标进行预测;然后根据这些指标预计参保人员在参保期间或退休后，享受各种社会保险待遇所需要的社会保险基金总额，采取先提后用的办法，按一定比例分摊到雇主或劳动者身上。这种统筹模式体现了社会保险基金在保障、互济功能之外的储蓄功能，特别强调社会保险基金运作与资本市场的结合。其优点是可在一个较长的时期内分散风险，保持社会保险费率稳定和社会保险基金来源稳定。其主要缺点是基金储备规模及增值压力巨大，往往难以抵御通货膨胀的风险。

3．部分积累制

部分积累制又称混合制，这种模式综合考虑了横向平衡和纵向平衡原则，要求一部分基金采取现收现付式保证当前开支的需要，另一部分基金采取积累式以满足今后不断增长的开支需要。采用这种基金统筹模式，可以兼取现收现付式和完全积累式两种方式的优点，既能满足当年开支的需要，又能适应长期的需要，将横向的分散风险与纵向的自我储备保险结合起来，现已为越来越多的国家所接受和采用。

各国的情况不同，选择何种统筹模式并无最优定式。目前，多数国家选择现收现付的方式，20 世纪 50 年代新加坡等国家实行储备基金制，80 年代以后，以智利为代表的新储备基金制在拉美施行。目前，一些国家改革原来单纯的现收现付制，引入个人账户形式，部分积累式正成为一种趋势。我国养老保险实行部分积累制。

需要强调的是，上述社会保险基金筹资模式的两组类型并非独立的，而是相互交叉和兼容的，如征税或缴费都可以采取现收现付制或是积累制形式。第二种分类方法实际上是把社会保险基金的筹集和使用结合起来考虑的，因此严格说来并不仅仅指“筹资”模式，称为“社会保险模式”可能更为合适。

【关键概念】

社会保险基金　社会保险基金的筹集　社会保险税　缴税制　缴费制
储蓄制　现收现付制　完全积累制　部分积累制

【本章习题】

一、思考题

1．什么是社会保险基金？
2．社会保险基金有哪些作用与特点？
3．社会保险基金有哪些种类？
4．筹集社会保险基金应把握哪些基本原则？
5．社会保险基金的来源有哪些？
6．缴税制、缴费制和储蓄制各有何特点？
7．试比较现收现付制、完全积累制和部分积累制。

二、实训题

实训题目：社会保险基金筹集有关的案例讨论分析。

实训目的：

1．加深对社会保险基金筹集的认识。

2．巩固掌握社会保险基金的特点。

3．培养分析和解决与社会保险基金有关的实际问题的能力。

实训内容：

1．我国现在存在城乡、地区之间的社保不能转接的问题，使全国的社保不能形成整体。以农民工这样一个巨大的流动人口群体为例，他们中的大多数人都会在工作一段时间后选择回到农村的故乡。但是在退保或转移时，却只能得到个人缴纳的社保资金，同样属于他们账户的企业为农民工所缴纳的社保资金被截留在了工作所在地，单位替个人缴交的社保资金不能随参保人员一起转移。而且，事实上这已不光是农民工面临的问题，而是所有流动人口面临的问题。同时，由于各地经济发展的不同，全国各地的社保项目的缴费费率不统一，各地的技术软件、信息网络也互不兼容。随着全国城乡经济发展的加速，现在到了应当统筹城乡社保和解决保险账户的跨地区接续问题的时候了。根据以上材料，你认为，现在要做到全国统筹城乡社会保障体系，最关键的是要解决什么问题？统筹城乡社会保障体系的目标是什么？构架是什么？社会保险基金应如何转移？

2．查阅报刊、互联网等，收集有关我国开征社会保险税的资料，课堂讨论：为什么开征社会保险税是我国社会保险基金筹集方式改革的方向？当前还有哪些困难和问题亟代解决？

【参考文献】

[1] 林义．社会保险基金管理[M]．北京：中国劳动社会保障出版社，2002.

[2] 邓大松．社会保险[M]．北京：中国劳动社会保障出版社，2002.

[3] 郭士征．社会保障学[M]．上海：上海财经大学出版社，2004.

[4] 郑功成．社会保障学[M]．北京：中国劳动社会保障出版社，2005.

[5] 费梅苹．社会保障概论[M]．上海：华东理工大学出版社，2005.

[6] 张左己．领导干部社会保障知识读本[M]．北京：中国劳动社会保障出版社，2002.

[7] 孙光德，董克用．社会保障概论[M]．北京：中国人民大学出版社，2000.

第六章　社会保险基金的运营

【学习目标】

1. 了解社会保险基金管理的基本概念、机构、主要职责。
2. 掌握社会保险基金管理各环节的主要内容及业务操作要点。
3. 了解社会保险基金投资运营的意义、投资运营监督的内容。
4. 掌握社会保险基金投资运营的原则、方式。

☺ 导入案例

全国社会保障基金是中央政府集中的社会保障资金，是国家重要的战略储备，主要用于弥补今后人口老龄化高峰时期的社会保障需要。截至2007年底，全国社保基金总资产市值已超过5000亿元，成为我国社会保障体系的重要组成部分。

全国社会保障基金自2000年建立以来，资产总额从2001年的805.09亿元增长到2007年的5000亿元，尽管发展速度较快，但目前的资金规模与未来的养老需求相差甚远。社保基金理事会近日提出了到2010年底将社会保障基金发展到1万亿元的目标，而其未来的发展空间还远不仅限于此。

中国是老龄人口最多的发展中国家，加速的人口老龄化和未富先老的问题突出。从长期趋势来看，中国劳动人口无论是绝对数量还是相对比例都呈降低趋势。过去的几十年里政府成功地把人口增长率控制到目前的0.6%，缓解了人口膨胀带来的社会压力。而中国人口在数量上增速放缓的同时，人口结构也在发生变化，劳动力占人口总数比例的减少给社会保障带来严峻挑战。

由于我国社会保障体系建立较晚，无论是社会保险基金还是社会保障基金，就目前的数额计算，尚不能满足未来养老需要。

全国社保基金理事会提出，要拓宽渠道充实全国社会保障基金，进一步扩大资金规模，进一步扩大对金融、交通运输、能源等重点项目的直接投资和股权基金的投资。

目前，全国社会保障基金投资品种已扩大到股票、固定收益产品、实业投资和现金等价物四大类13个品种，投资方式从银行存款、买国债的投资模式向实业投资和组合投资模式发展，让存在银行的钱变为资本市场的“活钱”。当然，有投资就有风险，而社会保障基金又要力争做到只盈利不亏损，在安全至上的精神下，坚持审慎投资的原则，用正确的改革创新理念建立科学的投资组合是保证基金保值增值的关键。

全国社保基金理事会理事长戴相龙近日表示，就目前状况而言，在政府的支持下，通过多渠道充实全国社会保障基金，可以实现2010年底将社会保障基金发展到1万亿元的目标。

社会保障体系建设是最基本的民生问题，社会保障基金的保值增值，是人民实现“老有所养”的重要保障。加强管理体制改革，建立统一、独立的强势监管主体，在安全保值的前提下有步骤地增加基金投资方式，稳步实现投资组合的较好收益，才能为百姓筑起安全港湾，成为保障民生的坚强后盾。

（资料来源：张艺，王宇. 5000亿社保基金发展空间有多大[N]. 证券时报，2008-4-15.）

第一节　社会保险基金管理

社会保险基金管理是指为了保证社会保险事业的发展和各项社会保险政策的实施，而建立一定的组织机构，配备具备一定素质的人员，对社会保险基金的预算、筹集、支付、节余、运营、决算等进行管理和监督的制度。社会保险基金的健全管理是达成基金安全有效的前提，社会保险基金的管理也是社会保险制度运行的核心环节。

一、社会保险基金管理机构

鉴于社会保险基金的性质和特征，社会保险基金一般都由政府部门及政府委托的有资格的机构管理运作。

我国的社会保险基金就是由劳动保障部门及其所属的社会保险经办机构管理，实行属地管理和分账管理。社会保险基金管理机构的设置是在国务院的集中统一领导下，采取条块结合，以块为主的分级管理体制。

（一）社会保险基金的行政管理机构

中国的社会保险制度是中央政府和各级地方政府共同负责的计划。中央政府的职责是制定全国统一的法规、政策和标准，对困难地区提供资金帮助；地方政府的职责是根据中央的统一政策制定本地法规、政策和标准，筹集社会保障基金，支付社会保障待遇。

原劳动和社会保障部自1998年成立以来，一直代表中央政府履行管理社会保险事务的职能。2008年3月召开的十一届全国人大一次会议审议通过了《国务院机构改革方案》，将原人事部、原劳动和社会保障部的职责整合，新组建人力资源和社会保障部，不再保留人事部、劳动和社会保障部。2008年3月31日，新组建的人力资源和社会保障部正式挂牌。因而，当前，我国中央政府管理社会保险事务的主要行政机构是人力资源和社会保障部，此外，卫生部和财政部也行使部分社会保险及其基金管理的职能。

人力资源和社会保障部负责管理城镇职工养老保险、失业保险、工伤保险、生育保险、城镇居民医疗保险、农村养老社会保险等项目；卫生部负责管理农村合作医疗制度；财政部负责制定社会保障的财政政策和财务、会计制度，实施对社会保障资金收支的财政监督，为社会保障计划提供补助资金等。各省、市、县政府设有同样的行政管理机构，承担相应的社会保障职能。

人力资源和社会保障部作为中央政府新组建的主要的社会保险基金行政管理机构，具有明确的工作职责。根据国务院办公厅 2008 年 7 月 12 日发布的《关于印发人力资源和社会保障部主要职责内设机构和人员编制规定的通知》（国办发[2008]68 号）规定，人力资源和社会保障部的主要职责包含统筹拟订人力资源管理和社会保障政策，健全公共就业服务体系，完善劳动收入分配制度，组织实施劳动监察等方面共十三项，具体包括以下内容。

（1）拟订人力资源和社会保障事业发展规划、政策，起草人力资源和社会保障法律法规草案，制定部门规章，并组织实施和监督检查。

（2）拟订人力资源市场发展规划和人力资源流动政策，建立统一规范的人力资源市场，促进人力资源合理流动、有效配置。

（3）负责促进就业工作，拟订统筹城乡的就业发展规划和政策，完善公共就业服务体系，拟订就业援助制度，完善职业资格制度，统筹建立面向城乡劳动者的职业培训制度，牵头拟订高校毕业生就业政策，会同有关部门拟订高技能人才、农村实用人才培养和激励政策。

（4）统筹建立覆盖城乡的社会保障体系。统筹拟定城乡社会保险及其补充保险政策和标准，组织拟订全国统一的社会保险关系转续办法和基础养老金全国统筹办法，统筹拟订机关企事业单位基本养老保险政策并逐步提高基金统筹层次。会同有关部门拟订社会保险及其补充保险基金管理和监督制度，编制全国社会保险基金预决算草案，参与制定全国社会保障基金投资政策。

（5）负责就业、失业、社会保险基金预测预警和信息引导，拟订应对预案，实施预防、调节和控制，保持就业形势稳定和社会保险基金总体收支平衡。

（6）会同有关部门拟订机关、事业单位人员工资收入分配政策，建立机关企事业单位人员工资正常增长和支付保障机制，拟订机关企事业单位人员福利和离退休政策。

（7）会同有关部门指导事业单位人事制度改革，拟定事业单位人员和机关工勤人员管理政策，参与人才管理工作，制定专业技术人员管理和继续教育政策，牵头推进深化职称制度改革工作，健全博士后管理制度，负责高层次专业技术人才选拔和培养工作，拟订吸引国（境）外专家、留学人员来华（回国）工作或定居政策。

（8）会同有关部门拟定军队转业干部安置政策和安置计划，负责军队转业干部教育培训工作，组织拟订部分企业军队转业干部解困和稳定政策，负责自主择业军队转业干部管理服务工作。

（9）负责行政机关公务员综合管理，拟订有关人员调配政策和特殊人员安置政策，会同有关部门拟定国家荣誉制度和政府奖励制度。

（10）会同有关部门拟订农民工工作综合性政策和规划，推动农民工相关政策的落实，协调解决重点难点问题，维护农民工合法权益。

（11）统筹拟订劳动、人事争议调节仲裁制度和劳动关系政策，完善劳动关系协调机制，制定消除非法使用童工政策和女工、未成年工的特殊劳动保护政策，组织实施劳动监察，协调劳动者维权工作，依法查处重大案件。

（12）负责本部和国家公务员局国际交流与合作工作，制定派往国际组织职员管理制度。

（13）承办国务院交办的其他事项。

上述各项职责，其中第（1）、（3）、（4）、（5）、（10）、（11）项都是与社会保险及其基金管理有关的职责。

根据上述职责，国办发 [2008] 68 号文件规定，人力资源和社会保障部设办公厅、政策研究司、规划财务司、法规司、就业促进司、人力资源市场司、专业技术人员管理司、事业单位人事管理司、劳动关系司、工资福利司、农民工工作司、国际合作司（港澳台办公室）等 23 个职能司局和机关党委、离退休干部局。其中，行使社会保险及其基金管理职责的内设机构有养老保险司、失业保险司、医疗保险司、工伤保险司、农村社会保险司、社会保险基金监督司、劳动监察局、农民工工作司等。

各省（自治区、直辖市）、地（市）、县（市）政府也相应设立人力资源和社会保障厅（局），承担辖区内的社会保险事务及其基金管理是其重要职责之一。可见，各级人力资源和社会保障部门是社会保险基金的主要行政管理机构。

（二）社会保险基金的经办机构

社会保险基金的经办机构就是社会保险的业务执行机构，具体办理包括基金筹集、支付等在内的社会保险各项业务，属于非营利性质的事业单位。我国中央、省、市、县分别设立隶属于政府社会保障行政管理部门的、非营利性的社会保险经办机构，全国现有工作人员十万余人。

原劳动和社会保障部下设的事业单位中设有社会保险事业管理中心，它是中央级社会保险经办机构。根据 2008 年 7 月 31 日人力资源和社会保障部新闻发言人在人力资源和社会保障部组建后的第一次新闻发布会上的发言：“部属事业单位的调整改革，将在调查研究、充分论证的基础上，再作进一步研究”和相关信息获知，截至 2008 年 9 月初，新组建的人力资源和社会保障部，部属事业单位的调整改革尚未进行。原部属事业单位仍保留原来职责，正常运行。因而，当前，中央级社会保险经办机构仍是隶属于人力资源和社会保障部的全国社会保险事业管理中心；各级地方社会保险经办机构是隶属于当地人力资源和社会保障行政部门的事业单位，名称尚不统一，大部分地方称为社会保险基金管理中心或社会保险事业管理局，少数地方称社会（劳动）保险公司，如吉林省社会保险公司、山西省社会劳动保险公司、沈阳市社会保险总公司等都是当地的社会保险经办机构。

全国社会保险事业管理中心的主要职责包括以下几个方面。

（1）拟定社会保险经办机构进行社会保险登记、审核社会保险缴费申报、开展社会保险费征缴以及办理社会保险关系建立、中断、转移、接续和终止工作的办事程序与操作规范并组织实施。

（2）拟定社会保险经办机构管理社会保险缴费记录、档案和个人账户的业务工作规范并组织实施。

（3）在人力资源和社会保障部的统一组织下，汇总编制全国养老、失业、医疗、工伤、生育保险基金的年度、季度、月度财务报告，指导社会保险经办机构执行社会保险基金财务、会计制度。

（4）拟定社会保险基金统筹与调剂的具体办法，指导社会保险经办机构管理、存储、划拨社会保险基金。

（5）制定社会保险社会化管理规范，指导社会保险经办机构的社会保险社会化管理工作和做好离退休人员的社会化服务。

（6）在人力资源和社会保障部的统一组织下，承担全国社会保险信息与统计数据的采集、整理、分析及管理工作，参与全国社会保险信息系统规划建设工作。

（7）拟定社会保险基金稽核制度并组织实施，指导社会保险经办机构建立健全防范瞒报少缴社会保险费和虚报冒领社会保险待遇的工作制度。

（8）按照人力资源和社会保障部的统一规定，拟定社会保险经办机构工作人员任职资格、上岗标准、业务培训规划、考核规范和内部自律制度并组织实施。

（9）在人力资源和社会保障部的统一组织下，参与社会保险宣传工作，主办《中国社会保障》杂志。

10. 在人力资源和社会保障部的统一管理下，开展社会保险经办事务的国际交流与合作，组织社会保险经办机构的涉外技术合作、人才交流和专业培训。

各级地方社会保险经办机构接受上级和同级劳动和社会保障部门的行政管理，同时接受全国社会保险事业管理中心和上级社会保险经办机构的业务指导，具体负责经办当地社会保险业务和基金管理，并指导下级社会保险经办机构的工作。其主要职责是：贯彻执行有关社会保险政策法规；办理社会保险参保登记；核定社会保险费征收基数和标准；收缴社会保险费；记录缴费；管理个人账户；确认并支付待遇；转移社会保险关系；管理社会保险基金；管理和维护社会保险参保信息资料；提供社会保险查询等。

近年来，我国社会保险经办机构不断提高服务水平和工作效率，设立了业务办事公开大厅，业务办理逐步实现了“一站式”服务，有些地方还推出了社会保险业务网上办理的新模式，社会保险经办机构已经成为一个服务于广大参保单位和参保个人的服务窗口。

（三）社会保险基金的监督机构

我国社会保险基金的监督机构由四部分组成。

1. 行政监督。涉及的机构有：政府劳动与社会保障部门、税务部门、财政部门、银行。

劳动和社会保障部门负责审核社会保险经办机构编报的社会保险基金收支计划和决算草案，加强对社会保险基金管理情况的监督检查。财政部门代表政府对社会保险基金行使监督职责，负责有关财务会计制度的制定和贯彻落实，监督检查社会保险基金财政专户的核算，审核社会保险经办机构用款计划和结余基金的安排，审核、汇总基金预算和决算，拨付社会保险经办机构的经费。银行负责按照社会保险经办机构或税务部门开出的托收凭证，以及经财政部门审核同意的社会保险经办机构用款计划及时划款，并加强对社会保险基金收支的监督。

2．审计监督。涉及的机构有：国家审计机关、社会保险经办机构的内部审计组织。审计部门依法对企业职工社会保险基金收入户、支出户和社会保障基金财政专户收支结余情况进行审计，并对其内部审计工作予以指导和监督，依法处理其违法行为。上级社会保险经办机构对下级社会保险经办机构基金管理情况（包括社会保障基金财政专户资金）进行审计和监督。

3．社会监督。一方面，由政府及其有关职能部门代表、工会代表、缴费单位代表、被保险人代表和有关专家代表组成的社会保障基金监督委员会。主要职责是统筹、协调、指导社会保险基金监督部门对社会保险基金管理和经办机构的监督工作；依法组织对社会保险基金征收、支付、结余和运营等情况的监督检查，或委托中介机构进行审计调查；组织协调社会保险基金管理使用中的重大违法违纪案件调查；公布社会保险基金管理和监督情况等。社会保障基金监督委员会下设办公室，办公室设在劳动保障厅（局）或审计厅（局），经费由财政安排。另一方面，发挥群众监督作用。社会保险部门实行公开办事制度，并提供个人账户有关信息和社会保险的咨询、查询服务，被保险人可以对单位参保情况进行监督，也可以对社会保险经办机构进行监督。为把群众监督落到实处，各地社会保险行政部门和经办机构还设立了社会保险监督举报电话并向社会公布，一些地方还建立了社会保险义务监督员队伍，定期或不定期开展检查监督活动。

4．内部控制。社会保险经办机构设有内部审计机构和专职审计人员，进行内部审计。社会保险基金内部审计的范围包括各项社会保险基金的筹集、支付和结余；社会保险经办机构经费的收入、支出、结余；社会保险经办机构对基金的管理情况及内部制度等与基金有关的事项。社会保险经办机构内部还设有稽核部门，具体承办社会保险稽核工作，即依法对社会保险费缴纳情况和社会保险待遇领取情况进行核查，以确保社会保险费应收尽收，维护参保人员的合法权益。社会保险稽核采取日常稽核、重点稽核和举报稽核等方式进行。社会保险经办机构通常制订日常稽核工作计划，根据工作计划定期实施日常稽核，对特定的对象和内容还可以进行重点稽核，对于不按规定缴纳社会保险费的行为，任何单位和个人有权举报，社会保险经办机构都应及时受理举报并进行稽核。

全方位的基金监督机制有利于促进我国社会保险事业的健康发展。目前，全国各省区市劳动和社会保障行政部门均建立了社会保障基金监督机构，各省区市建立了省级政府社会保障监督委员会，初步建立起以行政监督为主，财政、审计、金融等专门监督，社会监督和基金管理机构内部控制相结合的基金监督组织体系。监管范围包括各项社会保险基金、企业年金和补充医疗保险基金、全国社会保障基金和财政专项补助资金。监管对象包括基金征收机构、发放机构、经办和管理机构。监管内容主要是建立和完善基金管理和监督政策法规，规范基金收支、管理、投资运营行为；建立基金管理运营机构市场准入制度；对基金收支管理政策执行情况、基金资产质量进行监管，确保基金安全。

我国目前这种社会保险基金管理机构模式虽然对于资金的筹集和发放有方便之处，但是这样的管理和监督风险也很大。由于涉及的管理层级、管理部门和管理人员众多，加上各地的工作人员素质参差不齐，任何一个环节的监管漏洞都可能危及社会保险基金的安全。而且，由于各地都设立专门的机构管理社会保险基金，管理成本也居高不下。据统计，我国社保基金的管理成本为 3%，而国际上一般在 1%左右，美国加州的社保基金管理成本则只有 0.16%。因此，如果将社保基金集中到中央或者省级政府管理，不仅可以减少管理环节和成本，提高管理人员素质和社保基金的管理效益，也有利于降低监督成本和难度。

（四）全国社会保障基金理事会

2000 年 8 月，党中央、国务院决定建立“全国社会保障基金”，同时设立“全国社会保障基金理事会”，负责管理运营全国社会保障基金。

全国社会保障基金（以下简称全国社保基金）是中央政府集中的社会保障资金，是国家重要的战略储备，主要用于弥补今后人口老龄化高峰时期的社会保障需要。根据 2001 年 12 月 13 日公布的《全国社会保障基金投资管理暂行办法》规定，全国社会保障基金的来源包括：中央财政预算拨款、国有股减持划入资金、经国务院批准的以其他方式筹集的资金、投资收益、股权资产。

全国社会保障基金理事会（以下简称社保基金会），法定英文名称为 National Council for Social Security Fund，PRC（缩写为 SSF）。是负责管理运营全国社会保障基金的独立法人机构，是国务院直属正部级事业单位，2000 年 11 月成立，经费实行财政全额预算拨款。

1．社保基金会的组织架构

社保基金会在借鉴国际养老金管理机构经验的基础上，设置了如图 6-1 所示的内部组织架构。

理事大会由理事长、副理事长、理事组成，是社保基金会的最高权力机构，主要负责基金的重大战略决策和社保基金会的重大事宜决策。理事长、副理事长由国务院任命，理事由国务院聘任。理事长是社保基金会的法定代表人和最高负责人。

投资决策委员会、风险管理委员会和专家评审委员会为社保基金会非常设机构。

投资决策委员会由全国社会保障基金理事会领导、有关部门负责人以及理事会专业人员组成。投资决策委员会根据理事大会审定的投资方针，通过年度会议、季度会议或临时会议的方式进行投资决策。

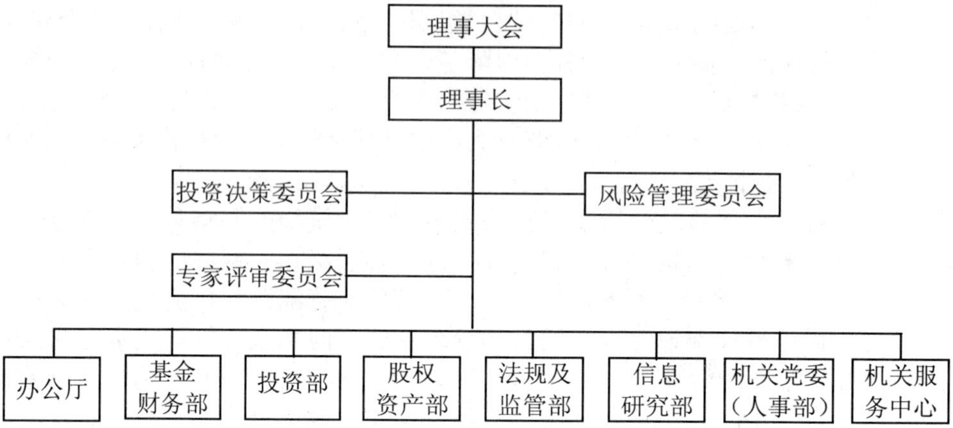

图 6-1　社保基金会组织架构图[①]

风险管理委员会由全国社会保障基金理事会领导、有关部门负责人以及理事会专业人员组成，也可外聘专家进行咨询。风险管理委员会通过年度会议、季度会议、临时会议的方式进行风险管理。

专家评审委员会由全国社会保障基金理事会的专业人员和所聘请的理事会以外的有关专家以及社会独立人士组成，负责评审外部投资管理人和托管人。全国社会保障基金理事会根据专家评审结果确定外部投资管理人和托管人。

全国社会保障基金理事会现设 8 个常设职能部门，分别是办公厅（外事部）、基金财务部、投资部、股权资产部、法规及监管部、信息研究部、机关党委（人事部）、机关服务中心。

2．社保基金会的主要职责

（1）受托管理全国社会保障基金、个人账户中央财政补助资金和原行业统筹企业基本养老社会保险基金等。

（2）制定基金的投资经营策略并组织实施。

（3）选择并委托基金投资管理人、托管人，对基金委托资产进行投资运作和托管，对投资运作和托管情况进行检查；在规定的范围内对基金资产进行直接投资运作。

（4）负责基金的财务管理与会计核算，定期编制会计报表，起草财务会计报告。

（5）定期向社会公布基金的资产、收益、现金流量等财务情况。

（6）根据财政部、人力资源和社会保障部共同下达的指令和确定的方式拨出资金。

（7）承办国务院交办的其他事项。

3．社保基金会管理的基金

根据国务院和财政部、人力资源和社会保障部的规定，社保基金会受托管理以下基金。

① 2006 年全国社保基金年度报告．全国社会保障基金理事会网站．

（1）全国社会保障基金，是社保基金会管理的主要资金。（2）个人账户中央财政补助资金。逐步做实个人账户是近年来党中央、国务院针对养老保障制度实施的一项重大改革措施。中央和地方都很重视，投入了很大的财力支持这项工作。个人账户中央财政补助资金自2006年12月20日起已交由全国社会保障基金理事会委托投资运营。目前已与社保基金会签署委托投资管理合同的有9个试点省（市、自治区），分别是天津市、山西省、吉林省、黑龙江省、山东省、河南省、湖北省、湖南省和新疆维吾尔自治区。委托资产并入全国社保基金统一投资运营，委托期限最短为5年；社保基金会承诺较优惠的收益率，免收管理运营费用，相关费用由中央财政预算核拨。（3）原行业统筹企业基本养老社会保险基金，是社保基金会受财政部、人力资源和社会保障部委托管理的原行业统筹企业基本养老保险资金及其收益。

二、社会保险基金管理环节

社会保险基金的管理包括基金征集管理、基金支付管理、基金财务管理、基金投资运营管理等环节。

（一）社会保险基金的征收管理

社会保险基金是实施社会保险制度的物质基础，只有将社会保险基金按时足额征集起来，才能保障社会保险待遇的支付。因此，社会保险基金的征收管理是社会保险基金管理的首要环节。1999年1月国务院颁布的《社会保险费征缴暂行条例》，对社会保险费的征收范围、征收方式、征收机构、征收程序、征收监督和处罚等作出了规定。

1．征收范围和对象

《社会保险费征缴暂行条例》规定，基本养老保险费的征缴范围包括：国有企业、城镇集体企业、外商投资企业、城镇私营企业和其他城镇企业及其职工，实行企业化管理的事业单位及其职工。基本医疗保险费的征缴范围包括：国有企业、城镇集体企业、外商投资企业、城镇私营企业和其他城镇企业及其职工，国家机关及其工作人员，事业单位及其职工，民办非企业单位及其职工，社会团体及其专职人员。失业保险费的征缴范围包括：国有企业、城镇集体企业、外商投资企业、城镇私营企业和其他城镇企业及其职工，事业单位及其职工。

省、自治区、直辖市人民政府根据当地的实际情况，可以规定将城镇个体工商户纳入基本养老保险、基本医疗保险的范围，并可以规定将社会团体及其专职人员、民办非企业单位及其职工以及有雇工的城镇个体工商户及其雇工纳入失业保险的范围。

2．征收机构和征收方式

根据《社会保险费征缴暂行条例》的规定，社会保险费实行三项社会保险费集中、统一征收。目前，很多地方已经实现了“五险合一”，即五项社会保险费统一征收，简化了征收程序，提高了办事效率，也降低了征收成本。征收机构由省、治区、直辖市人民政府规定，可以由税务机关征收，也可以由劳动保障行政部门设立的社会保险经办机构征收。

3．征收程序

社会保险费的征收程序包括以下几个方面。

（1）社会保险登记。缴费单位应当自成立之日起 30 日内，持营业执照或者登记证书等有关证件到当地社会保险经办机构申请办理社会保险登记。社会保险经办机构审核后，发给社会保险登记证件。缴费单位的社会保险登记事项发生变更或者缴费单位依法终止的，应当自变更或者终止之日起 30 日内，到社会保险经办机构办理变更或者注销社会保险登记手续。

（2）社会保险缴费申报和核定。缴费单位必须按月向社会保险经办机构申报应缴纳的社会保险费数额，经社会保险经办机构核定后，在规定的期限内缴纳社会保险费。缴费单位不按规定申报应缴纳的社会保险费数额的，由社会保险经办机构暂按该单位上月缴费数额110%确定应缴数额；没有上月缴费数额的，由社会保险经办机构暂按该单位的经营状况、职工人数等有关情况确定应缴数额。缴费单位补办申报手续并按核定数额缴纳社会保险费后，由社会保险经办机构按照规定结算。

（3）缴纳社会保险费。缴费单位和缴费个人应当以货币的形式全额缴纳社会保险费。缴费个人应当缴纳的社会保险费，由所在单位从其本人的工资中代扣代缴。社会保险费不得减免。缴费单位未按规定缴纳和代扣代缴社会保险费的，由劳动保障行政部门或者税务机关责令限期缴纳；逾期仍不缴纳的，除补缴欠缴数额外，从欠缴之日起，按日加收 0.2%的滞纳金。滞纳金并入社会保险基金。

（4）社会保险费的存储。征收的社会保险费存入财政部门在国有商业银行开设的社会保障基金财政专户。社会保险基金按照不同险种的统筹范围，分别建立基金账户，各项社会保险基金分别单独核算。

（5）建立社会保险费缴费记录。社会保险经办机构应当建立缴费记录，其中基本养老保险、基本医疗保险还要按照规定记录个人账户，社会保险经办机构负责保存缴费记录，并保证其完整、安全。社会保险经办机构至少每年向缴费个人发送一次基本养老保险、基本医疗保险个人账户通知单。缴费单位、缴费个人有权按照规定查询缴费记录。

4．征收监督

（1）对缴费单位的监督。缴费单位应当每年向本单位的职工公布本单位全年社会保险的费缴纳情况，接受职工监督。劳动保障行政部门或者税务机关依法对单位的缴费情况进行检查。任何组织和个人对有关社会保险费征缴的违法行为有权举报，劳动保障行政部门或者税务机关对举报应当及时调查，按照规定处理，并为举报人保密。

（2）对社会保险经办机构的监督。社会保险经办机构应当定期向社会公告社会保险费征收情况，接受社会监督。社会保险基金实行收支两条线管理，由财政部门、审计部门依法对社会保险基金的收支和管理情况进行监督。

5．违反缴费规定的处罚

缴费单位未按规定办理社会保险登记、变更登记或注销登记，或未按规定申报应缴纳社会保险费数额的，由劳动保障行政部门责令限期改正；情节严重的，处1000元以上5000元以下罚款；情节特别严重的，处5000元以上10000元以下罚款。缴费单位违反有关财务、会计、统计的法律、行政法规和国家有关规定，伪造、变造、故意毁灭有关账册、材料，或者不设账册，致使社会保险费缴费基数无法确定的，除依照有关法律、行政法规的规定给予行政处罚、纪律处分、刑事处罚外，依照规定征缴，迟延缴纳的每日加收0.2%的滞纳金，并对直接负责的主管人员和其他直接责任人员处5000元以上20000元以下罚款。

6．缴费基数

社会保险缴费基数是参保单位和参保人员缴纳社会保险费的依据，同时也是计算参保人员享受社会保险待遇的重要依据。

应缴社会保险费＝社会保险缴费基数×缴费比例

目前，我国社会保险各险种（养老、医疗、失业、工伤、生育）采用统一的缴费基数。

职工个人以本人上年度月平均工资为本年度月缴费基数，参保单位以本单位全部参保职工月缴费基数之和作为单位的月缴费基数。缴费基数设定上下限，当职工上年月平均工资收入低于上年当地职工月平均工资60%时，以上年当地职工月平均工资的60%作为缴费基数；职工本人上年月平均工资高于上年当地职工月平均工资300%的，以上年当地职工月平均工资的300%作为缴纳社会保险费的基数，超过300%的部分，不作为缴纳社会保险费的基数，也不作为计发社会保险待遇的基数。

新就业职工（包括研究生、大学生、大中专毕业生等）、复员转业军人以起薪当月工资收入作为缴费基数；从第二年起，按上一年实发工资的月平均工资作为缴费基数。单位派出的长期脱产学习人员、经批准请长假的职工、医疗期内长期病休6个月以上的职工、休育儿假的职工保留工资关系的，以脱产或请假的上年月平均工资作为缴费基数。单位派到境外、国外工作的职工，按本人出境（国）上年在本单位领取的月平均工资作为缴费基数；次年的缴费工资基数按上年本单位平均工资增长率进行调整。失业后再就业的职工，以再就业起薪当月的工资收入作为缴费基数；从第二年起，按上一年实发月平均工资作为缴费基数。

工资总额的确定是缴费基数确定的基础。国家统计局1990年发布的《关于工资总额组成的规定》对工资总额的规定是：工资总额是指各单位在一定时期内直接支付给本单位全部职工的劳动报酬总额。工资总额由下列六个部分组成：（1）计时工资；（2）计件工资；（3）奖金；（4）津贴和补贴；（5）加班加点工资；（6）特殊情况下支付的工资。在该规定中，确定的可以不列入工资总额的范围是：（1）根据国务院发布的有关规定颁发的发明创造奖、自然科学奖、科学技术进步奖和支付的合理化建议和技术改进奖以及支付给运动员、教练员的奖金；（2）有关劳动保险和职工福利方面的各项费用；（3）有关离休、退休、退职人员待遇的各项支出；（4）劳动保护的各项支出；（5）稿费、讲课费及其他专门工作报酬；（6）出差伙食补助费、误餐补助、调动工作的旅费和安家费；（7）对自带工具、牲畜来企业工作职工所支付的工具、牲畜等的补偿费用；（8）实行租赁经营单位的承租人的风险性补偿收入；（9）对购买本企业股票和债券的职工所支付的股息（包括股金分红）和利息；（10）劳动合同制职工解除劳动合同时由企业支付的医疗补助费、生活补助费等；（11）因录用临时工而在工资以外向提供劳动力单位支付的手续费或管理费；（12)支付给家庭工人的加工费和按加工订货办法支付给承包单位的发包费用；（13)支付给参加企业劳动的在校学生的补贴；（14）计划生育独生子女补贴。

以上规定对有关工资总额的组成部分和不列入工资总额部分作了详细明确的规定，是具体计算工资总额的法定依据。

针对用人单位工资发放形式的多种化，职工在确定缴费基数时应注意以下几个方面：

（1）单位从职工工资中直接代扣代缴的各项社会保险费、住房公积金等，应纳入缴费基数；

（2）单位以现金或银行存款形式支付给职工个人的交通补贴、电话补贴、误餐补贴、过节费以及支付高温、高空、井下、有毒有害等特殊岗位的津贴，应纳入缴费基数；

（3）单位通过税后利润提成或分红的办法支付给职工个人的工资，应纳入缴费基数；

（4）实行底薪制的职工，根据营业额或经营业绩提成取得的收入，应纳入缴费基数；

（5）实行业务承包或费用包干，单位不再报销差旅费用的职工，其承包收入中的60%应纳入缴费基数。

【例 1】 北京市某职工 A 在 2001 年的月平均工资为 600 元，职工 B 在 2001 年的月平均工资为 6000 元。北京市 2001 年的职工月平均工资为 1508 元，请确定职工 A、B 在 2002 年的基本医疗保险月缴费工资基数，并说明理由。

职工 A 在 2002 年的基本医疗保险月缴费工资基数应当是 1508×60% = 904.8（元）。因为职工 A 的 2001 年月平均工资为 600 元，低于北京市职工月平均工资的 60%，根据规定，当职工上年月平均工资收入低于上年当地职工月平均工资 60%时，以上年当地职工月平均工资的 60%作为缴费基数。

职工 B 在 2002 年的基本医疗保险月缴费工资基数应当是 1508×300% = 4524（元）。因为职工 B 在 2001 年的月平均工资为 6000 元，高于北京市 2001 年的职工月平均工资的 300%，根据规定，职工本人上年月平均工资高于上年当地职工月平均工资 300%的，以上年当地职工月平均工资的 300%作为缴纳社会保险费的基数。

【例 2】 某企业有 A、B、C 三位员工，具体情况如下：A 是退伍军人，2003 年 1 月到该企业上班，该月的工资标准是 1200 元；B 因病在 2002 年请病假 8 个月，病假工资为每月 300 元，2001 年和 2002 年其他各月的工资标准是 700 元，2003 年 1 月开始上班，该月的工资计发标准是 800 元；C 在 2002 年各月的工资标准是 2000 元，2003 年 1 月被派往国外工作，国外的薪水是每月 800 美元。已知 2002 年当地职工月平均工资是 1251 元。请根据以上背景资料，确定 2003 年 A、B、C 三位员工的养老保险缴费工资基数。

A 员工的养老保险缴费工资基数是 1200 元。因为根据规定，退伍军人以起薪当月工资收入作为缴费基数。

B 员工的养老保险缴费工资基数是 700 元。因为根据规定，医疗期内长期病休 6 个月以上的职工，以请假的上年月平均工资作为缴费基数。

C 员工的养老保险缴费工资基数是 2000 元。因为根据规定，单位派到国外工作的职工，按本人出国上年在本单位领取的月平均工资作为缴费基数。

（二）社会保险基金的支付管理

社会保险基金的支付是指按照社会保险制度规定的享受条件、待遇标准和支付方式，由社会保险经办机构将保险金支付给参保人，以保证他们的基本生活之需。

1．支付条件

所谓支付条件，是指参保人达到什么样的条件时，可以从社会保险基金中得到经济补偿。以我国基本养老保险为例，当职工达到国家规定的退休年龄：男年满 60 周岁、女职工年满 50 周岁，女干部年满 55 周岁；依法参加基本养老保险并按规定缴纳养老保险费且个人缴费年限（含视同缴费年限）满 15 年以上，才能按月领取基本养老金。又如，失业人员享受失业保险金的条件是：按照规定参加失业保险，所在单位和本人已按照规定履行缴费义务已满 1 年的；非因本人意愿中断就业的；已办理失业登记，并有求职要求的。

为确保被保险人能够及时、准确地享受社会保险待遇，必须做好社会保险待遇发放的审核工作，根据 1997 年印发的《社会保险业务管理程序》的规定，社会保险基金经办机构的社会保险待遇审核工作应按下列程序进行。

（1）制定各项《社会保险待遇审批表》，单位在申报职工享受养老、医疗、工伤、生育保险待遇时，业务人员应指导单位按要求填写《社会保险待遇审批表》，并要求提供相关的证明。

（2）根据单位填报的《社会保险待遇审批表》及有关证明，结合缴费记录处理环节所提供的单位和职工基础档案资料，依据社会保险有关法规、政策，逐项予以审查、核准。

（3）对申请享受医疗保险待遇人员，需审核其出具的医院有关证明和费用结算手续；对申请享受工伤保险待遇的人员，需审核其出具的当地劳动行政部门认定的工伤通知书及劳动鉴定机构提供的伤残鉴定结论证明；对申请享受生育保险待遇人员，需审核其出具的生育指标证明及医院证明；对申请享受养老保险待遇人员的审核办法，按国家有关规定执行。

（4）对需一次性支付待遇的人员，需审核单位及职工填写的《社会保险待遇一次性支付审批表》。

（5）根据有关政策，对享受社会保险待遇人员待遇标准的调整予以审核认定。

（6）为确保职工应享受的社会保险待遇准确无误，设专人对审查核准的《社会保险待遇审批表》及相关证明进行复核，认定无误后，方可转入下一个环节办理。

（7）根据各单位所报材料，结合单位和职工基础资料，业务人员应随时建立离退休（职）人员档案、职工医疗保险档案、工伤职工档案，死亡离退休（职）人员及工伤人员遗属档案，并定期调查离退休（职）人员及享受遗属津贴人员现状，定期审核、调整其应享受的待遇标准。

（8）对取得医疗保险定点服务资格的医院、药店等医疗服务机构执行医疗保险政策的有关情况进行监督检查，适时提出改进管理及调整医疗服务机构的意见。

（9）负责接待和办理单位及有关人员关于享受社会保险待遇问题的来信、来访与咨询事宜。

2．支付标准

符合社会保险基金支付条件的人应享受多少经济补偿，由社会保险基金的支付标准确定。确定社会保险基金的支付标准应当考虑如下因素。

（1）国家的经济发展水平。一国社会保险待遇水平必须与该国的经济发展水平相适应。西方福利国家提供全方位、高水平的社会保障，也出现了一系列的危机，表现为高社会福利和社会保险开支的增长幅度快于同期经济增长幅度，政府财政赤字增长，财政陷入困难，经济增长缓慢。高工资、高福利、高税收，雇主雇用劳动力成本不断上升，企业尽量少雇人，影响了劳动力就业。高福利也降低了失业者失业期间寻找工作的积极性，导致失业严重。福利国家的政府官僚机构扩大，机构臃肿，政府权力集中，运转不灵活，办事效率低。福利国家的高福利及平均化使人们产生对社会和政府的信赖，造成“奖懒罚勤”的效果，劳动力成本上升，国际竞争力下降。所以，近年来，西方福利国家也在着手进行改革。我国不能走西方发达国家高福利和覆盖全民的老路，而应当着眼于低水平起步，提供基本保障，先覆盖部分劳动者并逐步扩大覆盖范围。

（2）坚持公平与效率相结合的原则。公平是社会保险的本质和核心，效率是社会保险制度正常运行的物质保证。效率的下降会造成或加重社会保险制度的实施困难；过分追求公平特别是高保障水平的公平会导致严重的负面效果：一方面形成领取社会保险的惰性；另一方面国家的财政负担加重，政府通过高税收弥补社会保险赤字，导致资本和技术外流，抑制经济发展。超越经济发展水平的社会保险制度即使公平，也难以长期有效地实施。如果片面地追求效率而忽视公平，财富分配的极大不公则可能引发社会动荡，经济发展也会面临动力不足的问题。因此社会保险制度既要坚持公平，也要体现效率，寻求公平与效率的统一。

（3）建立社会保险支付标准随生产力发展和物价变动的调整机制。该机制必须有较大的灵活性，调整的幅度必须适当，尤其要防止标准的过快提高，因为社会保险待遇具有增长刚性，一旦提高，很难下降。

（4）调整社会保险待遇的结构，实行多层次的社会保险。根据多层次社会保险体系的构想，我国的基本养老社会保险、基本医疗社会保险的给付标准都应当控制在基本保障水平，同时建立补充保险和个人自愿保险。基本养老社会保险的替代率应逐步降到60%左右，基本医疗社会保险对支付起点和支付最高限额都应作出适当的规定。

3．支付方式

社会保险待遇的支付方式，因社会保险的种类不同而有所区别。

基本养老社会保险金主要采取社会化发放的办法进行支付。养老金社会化发放是社会保险经办机构直接委托银行、邮局和社区服务组织发放养老金的一种形式。基本形式是社会保险经办机构在国有商业银行或邮局为企业离退休人员建立基本养老金账户，按月将规定项目内的应付养老金划入该账户，离退休人员能够按时凭养老金专用储蓄存折到银行领取养老金。对于有特殊困难而不能到银行、邮局领取养老金的离退休人员，社会保险经办机构可直接或委托社区服务组织送发养老金。实行养老金社会化发放的根本目的是确保基本养老金按时足额发放，以这种发放形式支付养老金，不再受企业经济效益好坏和市场经营风险的影响，有利于维护离退休人员的合法权益和保障其基本生活。同时，养老金实行社会化发放，对于减轻企业社会保障事务性负担、净化企业职能、为企业平等参与市场竞争创造条件，也为建立独立于企业之外的社会保障体系打下良好的基础。

基本医疗保险金的支付方式尚没有具体的、固定的模式。目前大多为结算方式，实际存在按服务项目、按病种、按人头等多种结算方式，也有到社会保险经办机构报销的方式。

失业保险金的支付方式主要有两种：由社会保险经办机构直接发放和委托银行发放。目前各地已逐步实现社会化发放，其具体做法是由社会保险经办机构为失业人员开具领取失业保险金的单证，失业人员凭单证到指定银行领取。

（三）社会保险基金的财务管理

社会保险基金财务管理是指社会保险经办机构对社会保险基金的筹集、运营、分配、支付及其财务进行管理的总称。1999年7月1日起，我国执行统一的《社会保险基金财务制度》和《社会保险基金会计制度》，是我国社会保险基金财务管理的主要法规依据。该制度适用于基本养老社会保险基金、失业社会保险基金、基本医疗社会保险基金的财务管理。到2000年，我国工伤社会保险基金和生育社会保险基金的财务管理也参照以上财务制度执行。

1．社会保险基金财务管理的任务和基本要求

社会保险基金财务管理的任务是：认真贯彻执行国家有关法律、法规和方针、政策，依法筹集和使用基金；建立健全财务管理制度，努力做好基金的计划、控制、核算、分析和考核工作，并如实反映基金收支状况；严格遵守财经纪律，加强监督和检查，确保基金的安全。

社会保险基金财务管理的基本要求是：社会保险基金纳入单独的社会保障基金财政专户，实行收支两条线管理，专款专用，任何地区、部门、单位和个人均不得挤占、挪用，也不得用于平衡财政预算；社会保险基金实行统一管理，各险种包括机构、人员、财务管理要求、财务政策、财务报告的体制等方面都要统一；按险种分别建账，分账核算，专款专用，自求平衡，不得相互挤占和调剂。

2．社会保险基金预算管理

社会保险基金预算是指社会保险经办机构根据社会保险制度的实施计划和任务编制的、经规定程序审批的年度基金财务收支计划。

社会保险基金预算编制的原则：一是政策性原则，编制社会保险基金预算要正确体现和贯彻国家有关社会保险制度的方针、政策和规章制度；二是合理性原则，编制社会保险基金预算时要依据充分真实的资料和收支规律，考虑社会保险费支付的刚性规律因素等，进行合理预算，力求各项数据的真实合理；三是完整性原则，社会保险基金预算编制过程

中，要尽可能全面考虑可能影响预算执行的因素，使预算不仅形式完整，内容也要完整，真正具有依据性；四是独立性原则，各项社会保险基金收支及节余单独编制预算，社会保险基金具有专用性，在编制预算时，要严格按照各项社会保险基金支出范围编制，防止出现挪用和浪费社会保险基金的现象发生。

社会保险基金预算管理包含以下内容。

（1）基金预算的编制。年度终了前，经办机构应按照财政部门规定的表式、时间和编制要求，根据本年度预算执行情况和下年度基金收支预测，编制下年度基金预算草案。

（2）基金预算的审批。经办机构编制的年度基金预算草案，由劳动保障部门审核汇总并报财政部门审核，经同级政府批准后，由财政部门及时向劳动保障部门批复执行，并报上级财政和劳动保障部门备案。

（3）基金预算的执行。经办机构要严格按批准的预算执行，并认真分析基金的收支情况，定期向同级财政和劳动保障部门报告预算执行情况。财政和劳动保障部门应逐级汇总上报预算执行情况，并加强基金监控，发现问题应立即采取措施解决。

（4）基金预算的调整。遇特殊情况需要调整预算时，经办机构要编制预算调整方案，由劳动保障部门报财政部门审核，经同级政府批准后，由财政部门及时向劳动保障部门批复执行，并报上级财政和劳动保障部门备案。

3．社会保险基金的收支两条线管理

社会保险基金的收支两条线是指社会保险基金的收支手续和款项的收支由不同的部门负责，以杜绝坐支社会保险基金的现象发生。过去相当长的时期，社会保险经办机构自收自支，这种自收自支的机制称为社会保险基金的“一条线”管理，由于缺少约束机制，出现了一些问题。为了加强对社会保险基金的管理和监督，建立科学、有效的管理和监督机制，明确有关部门的职责，国家颁布了一系列社会保险基金财务会计制度，其中一个重大举措就是社会保险基金实行收支两条线管理。

社会保险基金收支两条线管理包括以下主要内容。

（1）社会保险经办机构和财政部门在国有商业银行分别开设社会保险基金收入户（以下简称“收入户”）、社会保险基金财政专户（以下简称“财政专户”）和社会保险基金支出户（以下简称“支出户”）三个专用基金账户。

“收入户”是实行经办机构征收社会保险费的地区，由社会保险经办机构在同级财政和劳动保障部门共同认定的国有商业银行开设。该账户的主要用途是：暂存社会保险基金各项收入。社会保险基金收入包括：社会保险费收入、利息收入、财政补贴收入、转移收入、上级补助收入、下级上解收入、其他收入。社会保险费收入是指缴费单位和缴费个人按缴费基数的一定比例分别缴纳的基本养老保险费、失业保险费、基本医疗保险费等。利息收入是指用社会保险基金购买国家债券或存入银行所取得的利息收入。财政补贴收入是指同级财政给予基金的补贴。转移收入是指保险对象跨统筹地区流动而划入的基金收入。上级补助收入是指下级经办机构接受上级经办机构拨付的补助收入。下级上解收入是指上级经办机构接受下级经办机构上解的基金收入。其他收入是指滞纳金及其他经财政部门核准的收入。上述基金收入项目按规定分别形成基本养老社会保险基金、失业社会保险基金和基本医疗社会保险基金等。“收入户”基金按期全部划转社会保险基金财政专户，月末应无余额。收入户只收不支。

实行税务机关征收社会保险费的地区，不设收入户。

“财政专户”由财政部门在同级财政和劳动保障部门共同认定的国有商业银行开设。该账户的主要用途是：接收社会保险经办机构“收入户”划入的基金；接收国债到期的本息、该账户资金形成的利息收入及支出户转入的利息收入等；接收财政补贴收入；接收上级财政专户划拨或下级财政专户上解的基金；划拨购买国家债券的资金；根据社会保险经办机构的用款计划向社会保险经办机构支出户拨付基金；向上级或下级财政专户划拨基金。

“支出户”由社会保险经办机构在同级财政、劳动保障部门共同认定的国有商业银行开设。该账户的主要用途是：接收财政专户拨入的基金；暂存1～2个月的基金支付周转金；暂存银行支付该账户的利息；拨付各项社会保险待遇；划拨该账户资金利息收入到财政专户；支付银行手续费等与社会保险有关的其他必要支出；上解上级社会保险经办机构调剂基金或下拨下级社会保险经办机构调剂基金。支出户除接受财政专户拨付的基金及该账户的利息收入外，不得发生其他收入业务。该账户原则上只支不收。

（2）规定了社会保险基金的征收程序。

由社会保险经办机构直接征收时，征收程序如下。

① 银行根据社会保险经办机构开出的托收凭证，将企业和职工应缴纳的各项社会保险费从企业基本账户分别划入各项社会保险基金收入户。

② 社会保险经办机构按月将收入户资金全部缴存财政专户。缴存时，须填制银行制发的进账单或划款凭证（一式多联），并填写收入项目和具体金额。各有关部门或机构凭该凭证记账。未按规定执行的，财政部门委托各开户银行于月末将全部基金收入划入财政专户。

由税务机关负责征收时，征收程序如下。

① 社会保险经办机构需要向税务机关提供有关企业和职工个人缴费的基本数据。

② 税务机关根据上述数据向企业开出各项社会保险费征收凭证。

③ 银行根据税务机关开出的凭证，将企业和职工应缴纳的各项社会保险费从企业基本账户直接缴存入财政专户，或者通过国库归集后再定期转入财政专户。

（3）规定了社会保险基金的支出程序。

① 社会保险经办机构根据财政部门核定的基金年度预算及月度收支计划，按月向同级财政部门提出用款计划，填写财政部门统一印制的用款申请书，并注明支出项目，加盖本单位用款专用章，在规定的时间内报送同级财政部门。

② 经财政部门审核后，及时将基金从财政专户拨到社会保险经办机构的支出账户。

③ 社会保险经办机构收到财政部门拨款后按照规定用途使用。

（4）明确和规范了有关部门职责范围。

劳动保障行政部门代表政府对社会保险基金行使管理职责。社会保险经办机构受委托具体负责基金的管理业务，包括基金预算和决算的编制、基金的征缴和发放、基金的会计核算、职工个人账户记录与管理、基金结余额的安排等工作。财政部门代表政府对基金行使监督职责，负责有关财务会计制度的制定和贯彻落实，监督检查社会保险基金财政专户的核算，审核社会保险经办机构用款计划和结余基金的安排，审核、汇总基金预算和决算，拨付社会保险经办机构的经费。银行负责按社会保险经办机构或税务机关开出的托收凭证以及经财政部门同意的社会保险机构用款计划及时拨款，并加强对社会保险基金收支的监督。审计部门依法对社会保险基金收支进行审计，行使审计监督职责。

4．社会保险基金结余管理[①]

基金结余是指基金收支相抵后的期末余额。社会保险基金结余除根据财政部门和劳动保障部门商定的、最高不超过国家规定预留的支付费用外（基本养老社会保险基金结余额预留相当于 2 个月的支付费用，其他基金根据国家有关规定并结合当地实际情况确定），全部用于购买国家发行的特种定向债券和其他种类的国家债券。任何地区、部门、单位和个人不得动用基金结余进行其他任何形式的直接或间接投资。基金当年入不敷出时，按下列顺序解决：动用历年滚存结余中的存款；转让或提前变现用基金购买的国家债券；建立了基金调剂金的地区，由上级经办机构调剂；由同级财政部门给予适当支持；在财政给予支持的同时，根据需要按国务院有关规定报批后调整缴费比例。

5．社会保险基金资产与负债管理

资产包括基金运行过程中形成的现金、银行存款（含收入户存款、财政专户存款、支出户存款）、债券投资、暂付款项等。经办机构和税务机关应认真做好现金的保管、押运、管理工作，建立健全现金的内部控制制度。现金的收付和管理要严格遵守国务院发布的《现金管理暂行条例》。经办机构应及时办理基金存储手续，按月和开户银行对账，同时，要做到经办机构、税务机关、财政部门定期相互对账，保证账账、账款相符。用基金购买的国家债券应视同货币资金，由财政部门和劳动保障部门委托开户银行代为妥善保管，确保账实相符。暂付款项应定期清理，及时收回。

负债是指基金运行过程中形成的各种借入款项和暂收款项等。借入款项是指社会保险经办机构基金周转发生困难时，临时向银行、财政和上级有关部门借用的款项。暂收款项是指社会保险经办机构在开展社会保险业务过程中发生的属于社会保险收入之外的暂收款项，如缴费单位多缴的社会保险费以及不能确定性质的其他资金。借入款项和暂收款项应定期清理，及时偿付。因债权人等特殊原因确实无法偿付的，经财政部门批准后并入基金的其他收入。

6．社会保险基金决算管理

年度终了后，经办机构应根据财政部门规定的表式、时间和要求编制年度基金财务报

① 这里的基金结余管理规则不适用于全国社会保障基金理事会管理的基金.

告。财务报告包括资产负债表、收支表、有关附表以及财务情况说明书。财务情况说明书主要说明和分析基金的财务收支及管理情况，对本期或下期财务状况发生重大影响的事项，以及其他需要说明的事项。经办机构可以根据业务工作需要增加基金当年结余率、社会保险费实际收缴率等有关财务分析指标。编制年度基金财务报告必须做到数字真实、计算准确、手续完备、内容完整、报送及时。

经办机构编制的年度基金财务报告应在规定期限内经劳动保障部门审核并汇总，报同级财政部门审核后，由同级人民政府批准，批准后的年度基金财务报告为基金决算。

财政部门应逐级上报审核汇总的本级决算和下一级决算。各省、自治区、直辖市财政厅（局）将本级决算和下一级财政部门报送的决算审核汇总后报财政部，由财政部审核汇总后报国务院。

（四）社会保险基金的投资运营管理

详见本章第三节“社会保险基金投资运营的方式与管理”的相关内容。

第二节　社会保险基金投资运营的意义和原则

社会保险基金的投资运营是指社会保险基金管理机构或其委托的投资机构，将积累或暂时闲置的部分社会保险基金直接或间接投入国家法律或政策许可的金融资产或实物资产，以获取收益，实现基金保值增值的过程。社会保险基金的投资运营收益是社会保险基金的资金来源之一。

一、社会保险基金投资运营的意义

（一）社会保险基金投资运营的可能性

1. 社会保险基金的性质决定了其投资运营的可能性。社会保险基金有相当大一部分暂时闲置，具有备用性和实用性的特点。一定数量的资金处于暂时闲置不用的状态，产生了社会保险基金收入和支付在时间上的差异性，为投资提供了时间上的可能性。

2. 社会保险基金的筹资模式决定了其投资运营的可能性。无论采用完全积累式或部分积累式的筹资模式，经过一段时期的积累，各国的社会保险基金都有了一定的规模，为其投资运营奠定了资金基础。

（二）社会保险基金投资运营的必要性

1. 从基金筹集模式看社会保险基金投资运营的必要性。完全积累模式的基金受通货膨胀的影响最大，必须保证积累基金的保值增值；部分积累模式筹集的基金也存在此问题。社会保险基金的投资运营是积累式基金筹集方式的客观要求。

2．从人口老龄化看社会保险基金投资运营的必要性。国际公认一个国家60岁以上人口比重达到10%或65岁以上人口占总人口的7%时即为老龄化国家，2000年我国60岁以上老年人口已达1.3亿人，占总人口的10%以上，我国已经进入人口老龄化时代；2025年60岁以上老年人口将达2.8亿人，占总人口的18.40%；2050年将达4亿人，占总人口的1/4以上。据“中国养老社会保险基金测算与管理”的研究报告表明：未来25年中国社会统筹基金总缺口将达1.8万亿元，年均717亿元。我国人口老龄化浪潮来势迅猛，而养老社会保险基金积累又严重不足，只有合理地投资运营养老社会保险基金，才能缓解养老社会保险基金危机，迎接人口老龄化挑战。

3．从通货膨胀看社会保险基金投资运营的必要性。通货膨胀一方面将造成社会保险基金本身的贬值，另一方面会导致社会保险基金支出的增加。这是因为人们的生活费用支出必将随通货膨胀而增加，靠社会保险金生活的人们需要领取更多的保险金才能维持生计。要抵消通货膨胀的上述影响，又不过分增加社会保险缴费方的负担，重要的选择就是加强社会保险基金的投资运营，争取投资受益率高于通货膨胀率，使基金保值增值。

4．从参保人员分享经济发展成果看社会保险基金投资运营的必要性。参保人员分享经济发展成果，意味着社会保险待遇水平必须随经济的增长和物价水平的提高而相应调整。随着生活水平的提高，社会保险待遇支出呈迅速上升态势，而且社会保险水平呈刚性增长。这就要求社会保险基金具有强大的支撑能力。由于依靠提高费率增加社会保险收入具有很大的局限性，因此，要在不增加国家、企业和劳动者负担的前提下合理调整社会保险待遇，就必须对社会保险基金进行投资运营。

（三）社会保险基金投资运营的意义

1．社会保险基金投资运营有利于社会保险基金的保值增值。社会保险基金投资运营的根本目的是保值增值。保值即保持资金的原有价值量，使其购买力不至于下降。增值则要求通过对资金的合理投资运营，不断增加原有价值量，使其购买力增加。物价总体水平上升和货币相对贬值条件下，社会保险基金购买力要保持不变，在供款既定时，则要求社会保险基金进行有效的投资运营，且投资的收益与物价总水平保持同步增长，要增值则要求投资收益率超过物价的增长水平。只有通过投资获得收益并将这些收益充实到基金中去，才能抵御通货膨胀的冲击，使社会保险基金保值增值，增强社会保险给付的能力。

2．社会保险基金的投资可以减轻国家、用人单位和个人的负担。基金保值增值，受益人的利益就不会因时间推移而受损。如无法保值增值，受益人的利益将会受到损害，社会保险制度将面临入不敷出的财政危机。社会保险基金投资运营将保障受益人的利益，保障整个制度的平稳运行。

3．社会保险基金的投资运营可以促进经济的发展。根据哈罗德-多马模型，一国的经济增长速度取决于该国社会储蓄率和投资效率两个因素。当社会储蓄率为一定时，社会保险与经济增长的关系取决于社会保险基金保值增值的程度。保险基金投资社会再生产过程，实现增值，带来社会总生产的增长，从而加速经济发展。相反，如不能增值，即使社会储蓄率提高了，也可能导致社会经济增长速度下降。

二、社会保险基金投资运营的原则

社会保险基金本身的特殊性决定了社会保险基金的投资运营必须贯彻以下几个基本原则。

（一）安全性原则

即必须保证投资本金及时、足额收回。社会保险基金是为了帮助劳动者抵御风险的基金，或者说，是劳动者的“保命钱”和“救命钱”，因此，安全性是社会保险基金投资的首要原则。在市场中，高风险往往与高利润相联系，低风险往往与低利润相联系。社会保险基金应当在安全的条件下尽量追求高回报，在安全与高利润发生冲突时，要选择安全。由于我国正处于社会保险制度的改革探索时期，很多制度还有待完善，基金投资的安全问题十分突出。为此，必须根据基金性质与收益需要，预测可控风险和收益标准，严格按照标准、程序进行基金投资运营。

（二）收益性原则

即在确保基金安全的前提下，力求获得一定的收益。这是社会保险基金保值增值的基本要求，也是社会保险基金投资的目的。社会保险基金投资不能为追求高额利润而冒很大的风险，但也不能为了投资安全而不考虑收益，而是要在安全性原则的前提下，设法获得理想的投资收益。只有当基金投资收益率高于通货膨胀率时，基金才能真正实现增值。社会保险基金是一种可以长期投资的基金，在经济正常发展的条件下，基金是不断扩大的，所以，保险基金的投资应追求长期收益的项目，而不是短期收益项目。在同等风险、同等收益的情况下，社会保险基金应选择长期稳定的收益项目。

（三）流动性原则

流动性是指社会保险基金将投资资产转变为现金的难易程度和速度。社会保险基金投资的流动性原则要求投资的基金在不发生损失或资产转让成本低于资金拆借成本的条件下可以随时变现，以满足随时可能支付的需要。基金作为具有专项用途的资金，主要用于支付与社会保险待遇有关的费用，必须切实保证能够及时支付。为此，基金投资时应有妥善的计划、精确的计算，根据各种保险金支付需要，确定变现的额度和资金融通的灵活性。如果投资冻结于某个项目的固定用途而不能变现，就无法应付支付的需要，势必影响社会保险的正常运行。

社会保险基金投资的安全性、收益性、流动性原则三者之间相辅相成，既有一定的一致性，又存在一定的矛盾。一致性体现在：流动性是保证安全性的必要手段，而安全性则是收益性的基础，追求利润最大化又是安全性和流动性的最大目标。社会保险基金的性质和用途决定了其在投资原则的安排上要遵循以下排列顺序：安全性、收益性、流动性，即在确保基金安全的基础上提高基金的收益率，并保证基金具有一定的流动性。

第三节　社会保险基金投资运营的方式与管理

社会保险基金的投资运营是指社会保险基金管理机构或其委托的投资机构，将积累或暂时闲置的部分社会保险基金直接或间接投入国家法律或政策许可的金融资产或实物资产，以获取收益，实现基金保值增值的过程。社会保险基金的投资运营收益是社会保险基金的资金来源之一。社会保险基金的投资运营方式主要有以下几种。

一、储蓄存款方式

这是最常见、最简单的投资方式，而且一般认为这种投资是相对无风险的。其特点是：操作简单，可以根据存期长短、利率高低来选择最佳的存款组合；资金流动性好，银行活期存款可随时存取，短期定期存款方式也比较灵活，因此除期限较长的存款外，银行存款几乎具有完全的流动性；几乎没有风险，但也正因为如此，这种投资的收益率较低；在币值稳定的情况下，可以做到保值增值，如果通货膨胀、币值不稳定，这种投资手段则很难使基金保值增值。这种投资方式只宜作为社会保险基金短期投资工具，以满足流动性需要，投资比例不宜过高。

二、贷款方式

贷款也称放款，指放款人以一定的利率和必须归还为条件，直接向资金需求者提供资金的投资业务。社会保险基金贷款可以委托金融机构进行，也可由社会保险基金管理机构自行发放贷款。

社会保险基金的主要贷款方式是委托金融机构进行的住房抵押贷款。委托金融机构贷款的优点是：能把握基金投资对象，有一定的权威性，能保证贷出的资金安全回收，贷款利率较高。如委托国有商业银行发放安居房按揭贷款。这样做的好处：一是安全度与银行定期存款相同；二是有利于促进消费信贷，扩大内需；三是有利于增加百姓的社会福利保障，加强社会稳定；四是由于安居房按揭贷款质量很好，有利于银行资产质量的优化，增加银行的收益和派生存款。抵押贷款一方面由于借方有财产抵押而风险比较小，另一方面收益相对较高，因而可作为社会保险基金投资的一种方式。

社会保险基金还可选择通过银团贷款[①]的形式参与国家基础设施建设和重点开发项

① 银团贷款是从双边贷款发展而来的融资方式，又称辛迪加贷款，就是银行联合其他银行或非银行金融子机构，对资金需求巨大的客户，采取同一贷款协议，按照商定的相同期限和利率等条件向该客户提供资金的方式。银团贷款又具体分为直接银团贷款和间接银团贷款。直接银团贷款是指银团各成员行委托代理行向借款人发放、回收和统一管理的贷款；间接银团贷款指牵头银行直接向借款人发放贷款，然后由牵头银行将贷款份额转售给成员行，全部贷款的管理权由牵头行负责。

目。国家基础设施项目融资一般有项目建成后的稳定的收入现金流及政府税收担保，因而风险较小，而且项目运行时间长，一般情况下回报率也较高。新加坡的公积金就大量投资机场、港口、电力、通讯等基础设施。日本的国民年金和厚生年金也被委托投资于高速公路、住宅和农业等基础设施。

三、不动产投资

不动产投资是指投资购买土地、房产，并从中获取收益的投资形式。投资不动产，直接取得经营权以获取收益，也是社会保险基金投资的一种方式。

不动产投资的特点是投资期限较长，一旦投资项目选择准确就可能获得长期、稳定且较高的收益回报。但专业性较强，因而管理成本较高，且流动性弱，单项投资占用资金亦较大，房地产市场受经济周期波动的影响，存在着潜在风险。因此，有些国家对房地产投资在社会保险基金投资中的比重有严格限制，多数国家社会保险基金用于不动产投资的比重都比较低。

由于不动产投资风险较大、周期较长、必须对宏观经济的长期走势作出准确判断，在不动产价格远低于其价值时，运用少部分可长期积累的社会保险基金予以购入，立足长远投资。

四、有价证券投资

有价证券是指具有一定券面金额，代表股本所有权或债权的凭证。证券投资可以分为债券、股票、证券投资基金三大类。

（一）债券

债券是发行人依照法定程序发行，并按约定还本付息的一种有价证券。债券是社会保险基金投资有价证券的一条重要途径。目前我国债券市场上的主要品种有以下几种。

1. 政府债券是中央和地方政府为筹措资金而发行的债券。由中央政府发行的债券称为国债，国债有国家信誉作保证，风险度为零，利率也比同期银行存款高，免除利息所得税，因此被认为是目前债券市场上流动性最佳、风险最低的债券，也称“金边债券”。从债券形式看，我国发行的国债又可分为无记名（实物）国债、凭证式国债和记账式国债三种。无记名（实物）国债是一种实物债券，以实物券的形式记录债权，面值不等，不记名，不挂失，可上市流通；凭证式国债是一种国家储蓄债，通过银行发行，可挂失，以“凭证式国债收款凭证”记录债权，不能上市流通；记账式国债以记账形式记录债权，通过采用无纸化形式发行和交易，可以记名、挂失。2000 年 5 月，最后一期无记名国债到期兑付，标志着该类国债在中国国债市场上全面退出，此后国债发行全部采取凭证式和记账式。目前，记账式国债在银行间债券市场、交易所债券市场和商业银行柜台市场均可流通。

2．金融债券是由银行和非银行金融机构发行的债券。我国目前的金融债券主要由国家开发银行、进出口银行等政策性银行发行的政策性金融债券。目前，政策性金融债券均在银行间债券市场发行和交易。金融债券的信用度也较高，收益率比政府债券要高。

3．企业债券是企业依照法定程序发行，约定在一定期限内还本付息的债券。我国债券市场上的企业债券可分为普通企业债券和可转换（公司）债券两类，其中可转换债券是指在一定条件下能够转换成为公司股票的企业债券，一般为上市公司发行。目前，普通企业债券均在中央国债登记结算公司发行登记，发行后可申请到证券交易所上市交易；可转换债券在证券交易所发行并上市。企业债券票面利率更高，风险也比政府债券高，存在信用风险。

上述划分方法是最常见的按发行人类型划分的，而我国的债券种类按其不同特性还有多种划分方法。如按付息方式不同可划分为零息债券和附息债券；按利率确定方式不同可划分为固定利率债券和浮动利率债券；按偿还期限不同可划分为短期、中期和长期债券等。

债券的特点之一，也是最大特点就是期限较长，利率稳定，即使在经济萎缩时期，也能提供固定利率的收益；特点之二是债券投资比较安全，在所有债券中又以国债最为安全，几乎没有任何违约风险；特点之三是债券具有较强的变现能力，流动性较好，一般债券均可通过市场随时变现。但债券也有明显的缺陷：可能遭受通货膨胀的侵蚀，蒙受贬值风险；同时也面临利率波动等市场风险；如果市场利率提高，债券价格则可能下跌。

在各种债券投资中，社会保险基金应当首选国家债券。我国政府对于国家基础设施和重点开发项目可考虑发行面对社会保险基金的定向国债。这样不仅有利于满足国家发展过程中资金短缺的问题，满足产业政策要求；对社会保险基金而言，在满足基金安全性的前提下，不失为获得较高收益的一条途径。其次，可以考虑购买副省级城市以上的地方政府债券，如地方重点建设项目债券等。此项投资有副省级以上的地方政府信誉作保证，风险度较低，但比国债略有风险，而且收益率一般也都与国债接近，亦高于同期银行存款。但是，对购买企业债券则要慎之又慎，因为在转轨时期，企业具备在市场经济中的适应能力有一个过程，经营的压力较大，风险也较大，应慎重选择、适当考虑、严格控制。

（二）股票

股票是股份公司为筹集资金而发行给股东作为持股凭证并借以取得股息和红利的一种有价证券。每股股票都代表股东对企业拥有一个基本单位的所有权。股票是股份公司资本的构成部分，可以转让、买卖或作价抵押，是金融市场上主要的、长期的信用工具。

股票分类标准较多，按股票形式可分为记名股票和不记名股票；按有无面值可分为有面值股票和无面值股票；按股东享有权利差别分为普通股和优先股，优先股一般不享有表决权，但可优先分配股利或公司剩余财产。

股票投资具有以下特点。

1．稳定性。股票是一种没有偿还期限的有价证券，投资人一旦认购了股票之后，就不能向股份公司要求退股，只能在股票市场上进行转让。而且只要股份公司还存在，它所发行的股票就存在、有效，股份公司没有偿还投资人投资的义务。

2．权责性。股票持有者具有参与股份公司盈利分配和承担有限责任的权利和义务。根据《公司法》的规定，股票的持有者就是股份有限公司的股东，他有权或通过其代理人出席股东大会、选举董事会并参与公司的经营决策。股东权力的大小，取决于占有股票的多少。持有股票的股东一般有参加公司股东大会的权利，具有投票权，在某种意义上亦可看做是参与经营权；股东亦有参与公司的盈利分配的权利，可称之为利益分配权。股东可凭其持有的股份向股份公司领取股息，并拥有索偿权和责任权。在公司解散或破产时，股东需向公司承担有限责任，股东要按其所持有的股份比例对债权人承担清偿债务的有限责任。在债权人的债务清偿后，优先股和普通股的股东对剩余资产亦可按其所持有股份的比例向公司请求清偿（即索偿），但优先股股东要优先于普通股，普通股只有在优先股索偿后如仍有剩余资产时，才具有追索清偿的权利。

3．收益性。收益性是指股票持有人有权按照公司章程从公司领取股息和红利，获取投资收益，还可以利用股票买卖获得差价收入。股票收益的大小主要取决于公司的经营状况和盈利水平。

4．风险性。任何一项投资的风险和收益都是并存的，股票的风险主要来源于股票价格的波动。股票价格要受到诸如公司经营状况、宏观经济政策、市场供求关系、大众心理等多种因素的影响，因此，股票投资是一种高风险的投资活动。

5．流通性。股票的流通是指股票可以在股票市场上随时转让，进行买卖，也可以继承、赠与、抵押，但不能退股。无记名股票的转让只要把股票交付会给受让人，即可达到转让的法律效果；记名股票转让则要在卖出人签章背书后才可转让。所以，股票亦是一种具有颇强流通性的流动资产。正是由于股票具有颇强的流通性，才使股票成为一种重要的融资工具而不断发展。

社会保险基金进行股票投资的优点在于可转让，方式灵活，能够享有股东所具有的多项权利，能够获得较高的投资收益和资本利润，从而能够抵制通货膨胀对资产贬值的影响。国外的经验表明，股票资产投资收益是养老金账户投资收益的主要来源，股票的长期实际收益率高达14%以上。股票资产配置可以有效地维持实际购买力水平，实现保值增值的目标。股票投资的缺点在于股票价格的变动往往难以准确预测，风险较高，其安全性低于其他有价证券。因此，多数国家都允许社会保险基金投资于股票市场，但都限制投资股票的比例。

我国社会保险基金进入国内股票市场，这是风险最大，而且回报也可能最多的投资领域。由于上海、深圳股票市场上市公司已超过1000家，各个上市公司总资产规模、净资产规模、资产负债率、资本结构、市盈率差异很大，因此，如何确定投资方向和股票市场的投资组合，成为对投资者的管理水平、分析判断能力和金融技巧应用能力的考验。受托营运社保基金的金融机构能否在竞争中生存和发展，较大程度上要看他们在资本市场中的运作情况。如果运作情况达不到良好状态，则可能被取消受托资格，不再允许其营运社保基金。

（三）证券投资基金

证券投资基金是一种利益共享、风险共担的集合证券投资方式，它是通过发售基金单位，集中投资者的资金形成独立财产，由基金托管人托管，由基金管理人管理和运用资金，从事股票、债券等金融工具投资，基金持有人持有，按其所持份额享受收益和承担风险。

世界各国和地区对证券投资基金的称谓也不尽相同。如美国将证券投资基金称为“共同基金”；英国和我国的香港特别行政区称为“单位信托基金”；日本和我国的台湾地区则称之为“证券投资信托基金”。

证券投资基金具有以下特征。

1．集合投资。证券投资基金是一种集合投资方式，即通过向投资人发行基金份额或基金单位，能够在短期内募集大量的资金用于投资。同时，在投资过程中，能够发挥资金集中的优势，有利于降低投资成本，获取投资的规模效益。

2．专业管理，或称专家管理。即证券投资基金是通过监管机构认可的专业化的投资管理机构来进行管理和运作的。这类机构由具有专门资格的专家团队组成。专业管理还表现在：证券市场中的各类证券信息由专业人员进行收集、分析；各种证券组合方案由专业人员进行研究、模拟和调整；分散投资风险的措施由专业人员进行计算、测试等。

3．组合投资，分散风险。证券投资基金有特定的投资目标、投资范围、投资组合和投资限制。证券投资基金在投资过程中通过科学的投资组合和投资限制，实行分散化投资，这将有利于实现资产组合的多样化，并通过不同资产和不同投资证券的相互补充，达到降低投资风险和提高收益的目的。

4．制衡机制。证券投资基金在运作中实行制衡机制，即投资人拥有所有权、管理人运作基金资产、托管人保管基金资产。这种三方当事人之间相互监督、相互制约的机制，能够有效地规范基金运作，保护投资人的权益。

5．利益共享、风险共担。证券投资基金实行“利益共享、风险共担”，即投资人根据其持有基金单位或份额的多少，分配基金投资的收益或承担基金投资风险。

证券投资基金有以下几种主要类型。

1．根据投资基金规模和基金存续期限，可分为封闭式基金和开放式基金。封闭式基金是指事先确定发行总额和存续期限，在存续期内基金单位总数不变，基金上市后投资者可以通过证券市场买卖的一种基金类型。开放式基金是指基金发行总额不固定，基金单位总数随时增减，没有固定的存续期限，投资者可以按基金的报价在规定的营业场所申购或赎回基金单位的一种基金类型。

2．根据基金组织形态的不同，可分为契约型基金和公司型基金。公司型基金是指通过发行基金的方式筹集资金，组成公司，投资于股票、债券等有价证券的基金的类型。契约型基金，又称信托型基金，是基于一定的信托关系而成立的基金类型。一般由基金管理公司、基金托管机构和投资者（受益人）三方通过信托投资契约而建立。

3. 从基金的募集方式划分，可分为公募基金和私募基金。公募基金的募集对象不固定，监管机构实行严格的审核或核准制，允许公开宣传，向投资人以多种方式推介。私募基金的募集对象是固定的，监管机构实行备案制，不允许公开宣传，向投资者以多种方式进行推介。

4. 根据基金的投资方向划分，可分为股票基金、债券基金、货币市场基金和混合型基金。股票基金是以股票为主要投资对象的基金。通过专家管理和组合多样化投资，股票基金能够在一定程度上分散风险，但股票基金的风险在所有基金产品中仍是最高的，适合风险承受能力较高的投资者的需要。货币市场基金是指主要投资于大额可转让定期存单、银行承兑汇票、商业本票等货币市场工具的证券投资基金。具有低风险、低收益、高流动性、低费用等特征。货币市场基金有准储蓄之称，可作为银行存款的良好替代品和现金管理的工具。债券基金主要以各类债券为主要投资对象，风险高于货币市场基金，低于股票基金。债券基金通过国债、企业债等债券的投资获得稳定的利息收入，具有低风险和稳定收益的特征，适合风险承受能力较低的稳健型投资者的需要。混合型基金是指投资于股票、债券以及货币市场工具的基金，且不符合股票型基金和债券型基金的分类标准。根据股票、债券投资比例以及投资策略的不同，混合型基金又可以分为偏股型基金、偏债型基金、配置型基金等多种类型。

证券投资基金与股票、债券并称为有价证券市场中的三大品种，但它们却有差别。

1. 反映的关系不同。股票反映的是一种产权关系；债券反映的是债权人和债务人之间的借贷关系；证券投资基金反映的却是一种信托关系。

2. 影响价格的主要因素不同。在宏观经济、政治环境大致相同的情况下，股票的价格主要受市场供求关系、上市公司经营状况等因素的影响；债券的价格主要受市场存款利率的影响。证券投资基金的价格主要受市场供求关系或基金资产净值的影响。其中，封闭式基金的价格主要受市场供求关系的影响；开放式基金的价格则主要取决于基金单位净值的大小。

3. 投资收益与风险大小不同。通常情况下，股票的收益是不确定的；债券的收益是确定的；证券投资基金的收益虽然也不确定，但其特点决定了其收益要高于债券。另外，在风险程度上，按照理论推测和以往的投资实践，股票投资的风险大于基金，基金投资的风险则大于债券。

4. 投资回收期和方式不同。股票投资是无期限的，如要回收，只能在证券交易市场上按市场价格变现；债券投资有一定的期限，期满后可收回本息；投资基金中的封闭式基金可以在市场上变现，存续期满后，投资人可按持有的基金份额分享相应的剩余资产；开放式基金没有存续期限，投资人可以随时向基金管理人要求赎回。

随着世界各国信托投资业务的发展，国际资本流动的速度也越来越快，投资基金已经成为社会保险基金投资的一个重要工具。但目前我国的资本市场仍不发达，系统性风险较高，市场投机气氛过重，社会保险基金直接入市存在较大风险。为此，我们可以选择“间接入市”的方式，即通过购买投资基金的形式将社会保险基金交给专业性的资产管理公司进行投资理财。与直接投资股票相比，证券投资基金是分散投资，通过科学的投资组合，可以较高程度地回避非系统性风险。另外，证券投资基金可以在交易所交易或随时申购、赎回，容易变现，具有很好的流动性，从而在依托专业化的组合投资和高素质的专家理财的基础上，获得良好的市场回报。在美国，保险基金大量投资于基金市场，成为保险基金有效增值的投资工具，我国可引以为鉴。

五、我国社会保险基金投资运营的方式与管理

我国社会保险基金中可用来进行投资运作的主要有三部分：一是基本社会保险基金，二是企业年金基金，三是全国社会保障基金。

到目前为止，我国地方管理的基本社会保险基金只允许存入银行、购买国债，不能进行其他的投资运营。但是，随着基本养老保险个人账户做实、进行实账运作和个人账户基金规模的增大，个人账户的投资运营必然提到议事日程。我国个人账户资金将效仿企业年金的运作方式，委托专业机构进行资产管理，资金投资工具将适当拓宽，债券市场和股票市场都将成为新的投资渠道。

企业年金基金是指根据依法制订的企业年金计划筹集的资金及其投资运营收益形成的企业补充养老社会保险基金。根据 2004 年 5 月 1 日开始实施的《企业年金试行办法》和《企业年金基金管理试行办法》的规定，我国企业年金基金实行委托管理，由企业委托企业年金受托人受托管理企业年金，并与受托人签订书面合同。受托人可以委托具有资格的企业年金账户管理机构作为账户管理人，负责管理企业年金账户；可以委托具有资格的投资运营机构作为投资管理人，负责企业年金基金的投资运营；应当选择具有资格的商业银行或专业托管机构作为托管人，负责托管企业年金基金。受托人与账户管理人、投资管理人和托管人以书面合同确定委托关系。企业年金基金的投资比基本养老社会保险基金要灵活，投资范围包括银行存款、国债和其他具有良好流动性的金融产品，包括短期债券回购、信用等级在投资级[①]以上的金融债和企业债、可转换债、投资性保险产品、证券投资基金、股票等。为了控制风险，企业年金基金的各项投资，按市场价计算应当符合下列规定：（1）投资银行活期存款、中央银行票据、短期债券回购等流动性产品及货币市场基金的比例，不低于基金净资产的 20%；（2）投资银行定期存款、协议存款、国债、金融债、企业债等固定收益类产品及可转换债、债券基金的比例，不高于基金净资产的 50%，其中，投资国债的比例不低于基金净资产的 20%；（3）投资股票等权益类产品及投资性保险产品、股票基金的比例，不高于基金净资产的 30%，其中，投资股票的比例不高于基金净资产的 20%。

---

① 按照国际通行的评级标准，信用等级在 BBB 以上的称为投资级债券，信用等级在 BB 以下的称为投机书机级债券，亦称高收益债券或“垃圾债券”。有些国家甚至规定社会保险基金只能投资于 A 级以上的债券。

全国社会保障基金的投资运营，我国 2001 年颁布的《全国社会保障基金投资管理暂行办法》规定，全国社会保障基金投资的范围限于银行存款、买卖国债和其他具有良好流动性的金融工具，包括上市流通的证券投资基金、股票、信用等级在投资级以上的企业债券、金融债券等有价证券。全国社会保障基金的投资运营有两种方式，即直接投资和委托投资。直接投资范围限于银行存款、在一级市场上购买国债以及实业投资等。其他具有良好流动性的金融工具，包括上市流通的证券投资基金、股票、信用等级在投资级以上的企业债、金融债券等有价证券，需委托全国社保基金管理人管理和运作，并委托全国社保基金托管人托管。截至 2006 年底，全国社保基金资产总额 2827.69 亿元，其中，社保基金会直接投资资产 1771.05 亿元，占 62.63%；委托投资资产 1056.64 亿元，占 37.37%。2006 年全年，基金已实现收益 195.80 亿元，已实现收益率 9.34%；本年度浮动盈利增加额 423.99 亿元，经营业绩 619.79 亿元，以此计算的经营收益率为 29.01%[①]。由此可见，在国家宏观经济环境向好、资本市场活跃的 2006 年，全国社保基金的投资收益非常可观。

可见，利用专业投资管理人的优势委托投资、多元化投资是社会保险基金投资运营的趋势，也是金融市场特别是资本市场发展的必然结果。

第四节　社会保险基金运营监督

通过建立完善的社会保险基金营运监管制度，有利于降低社会保险基金在运营中的风险，实现基金的保值增值，从而保障社会成员的合法权益。从这个意义上讲，科学严格的社会保险基金营运监管是保障社会保险机制健康稳健运行的基础和保障，应当贯穿于社会保险基金运行的全过程。

一、社会保险基金运营监督的内容

社会保险基金运营监督体系应包括对运营机构资格的认定、投资决策监督、运营监督主要指标的设计、不良资产的清收监督等四大内容。

（一）对运营机构资格的认定

社会保险基金为了实现有效、安全的增值，应当主要采用委托投资方式，委托符合条件的金融机构投资，利用金融机构的行业优势、人才优势和管理优势来实现。而对营运机构的选择和资格认定（实行准入制度），就成了社会保险基金营运监督的首要问题。

根据财政部、原劳动和社会保障部 2001 年 12 月 13 日公布的《全国社会保障基金投资管理暂行办法》的规定，全国社保基金理事会直接运作的社保基金的投资范围限于银行存

① 数据来源：2006 年全国社保基金年度报告．全国社会保障基金理事会网站．

款、在一级市场购买国债，其他投资需委托社保基金投资管理人管理和运作，并委托社保基金托管人托管。财政部会同原劳动和社会保障部拟订社保基金管理运作的有关政策，对社保基金的投资运作和托管情况进行监督。中国证券监督管理委员会（以下简称中国证监会)和中国人民银行按照各自的职权对社保基金投资管理人和托管人的经营活动进行监督。

社保基金投资管理人是指依照有关规定取得社保基金投资管理业务资格，根据合同受托运作和管理社保基金的专业性投资管理机构。申请办理社保基金投资管理业务应具备以下条件。（1）在中国注册，经中国证监会批准具有基金管理业务资格的基金管理公司及国务院规定的其他专业性投资管理机构。（2）基金管理公司实收资本不少于 5000 万元人民币，在任何时候都维持不少于 5000 万元人民币的净资产。其他专业性投资管理机构需具备的最低资本规模另行规定。(3)具有 2 年以上的在中国境内从事证券投资管理业务的经验，且管理审慎，信誉较高。具有规范的国际运作经验的机构，其经营时间可不受此款的限制。（4）最近 3 年没有重大的违规行为。（5）具有完善的法人治理结构。（6）有与从事社保基金投资管理业务相适应的专业投资人员。（7）具有完整有效的内部风险控制制度，内设独立的监察稽核部门，并配备足够数量的称职的专业人员。

社保基金投资管理人由全国社保基金理事会确定。申请社保基金投资管理业务，需向理事会提交申请书以及由中国证监会出具的申请人是否满足投资管理人基本条件的意见。理事会成立包括足够数量的独立人士参加的专家评审委员会，参照公开招标的原则对具备条件的社保基金投资管理业务申请人进行评审。评审委员会经投票提出社保基金投资管理人建议名单，报理事会确定。评审办法由理事会制订。评审办法及评审结果报财政部、人力资源和社会保障部、中国证监会备案。

2002 年，南方基金、博时基金、华夏基金、鹏华基金、长盛基金、嘉实基金等 6 家基金管理公司成为首批社保基金境内投资管理人，当年全国社保基金委托投资占基金总资产的比例为 24.4%。2004 年又增加了易方达基金、招商基金、国泰基金、中金公司等 4 家基金管理公司，到目前为止，由已选定的 10 家基金管理公司负责全国社保基金境内投资运营与管理。根据 2006 年 3 月 14 日批准发布的规范社保基金境外投资运作的《全国社保基金境外投资管理暂行规定》，目前已经选定包括联博有限公司、德盛安联资产管理公司、安盛罗森堡投资管理亚太有限公司、贝德莱有限公司、骏利英达资产管理公司、景顺投资管理有限公司、道富环球投资管理有限公司、PIMCO、普信资产管理公司以及瑞银环球资产管理公司和中国国际金融有限公司组成的联合投资团队等 10 家境外投资管理机构，负责全国社保基金境外投资事宜。

社保基金托管人是指按照规定取得社保基金托管业务资格，根据合同安全保管社保基金资产的商业银行。申请办理社保基金托管业务应具备以下条件：（1）设有专门的基金托管部；（2）实收资本不少于 80 亿元；（3）有足够的熟悉托管业务的专职人员；（4）具备安全保管基金全部资产的条件；（5）具备安全、高效的清算、交割能力。

社保基金托管人由全国社保基金理事会确定。申请社保基金托管业务，需向理事会提交申请书以及由中国人民银行批准其从事社保基金托管业务的证明。理事会按照招标原则评选社保基金托管人，评选办法及评选结果报财政部、人力资源和社会保障部、中国人民银行备案。理事会应逐步创造条件采用招标方式确定社保基金托管人。

目前已确定3家社保基金托管人，2002年交通银行和中国银行率先被确定为全国社保基金境内托管行，2007年7月又增加了中国工商银行为全国社保基金第三家境内托管行。

对全部符合上述条件的金融机构，确认其社会保险基金营运与托管资格。准入后，社保基金投资管理人与社保基金托管人须在人事、财务和资产上相互独立，其高级管理人员不得在对方兼任任何职务。社保基金投资管理人的社保基金委托资产管理业务必须与该管理人的其他业务在财务、账户上分开，不得混合操作和核算。社保基金托管人必须为社保基金开设独立的证券账户和资金账户。社保基金投资管理人提取的委托资产管理手续费的年费率不高于社保基金委托资产净值的1.5%。社保基金托管人提取的托管费年费率不高于社保基金托管资产净值的0.25%。对社保基金营运增值部分实行免税优惠政策。同时，社会保险监督机构应对营运机构密切跟踪，一旦发现其有违反金融法规的行为，或有关准入指标下降至不合理程度，又没有合理解释时，应取消其营运资格。

（二）投资决策监督

营运机构获准营运资格后，必须运用现代投资组合理论，结合实际情况，规范营运。在投资决策监督体制上，可采取社保基金营运机构内部控制监督→社保行政监管机构监督→社保监督委员会监督的三个层次的决策监督模式。

三个层次的投资决策监督既密切联系又各自分工，从监管的角度看，一个层次高于一个层次，这样构成确保社会保险基金投资决策科学、规范的有机整体。

1. 社会保险基金托管营运机构的内部控制监督。在受托的金融机构或社保基金管理公司内，建立风险控制决策系统：（1）建立以一级法人制为核心的授权分责制度，变分散、失控的决策系统为统一管理、集中控制、分级负责的决策系统；（2）建立与个人责任密切联系的集体决策制度，由个人专断或无人负责、推诿拖沓的决策系统，转向集中集体智慧、明确决策人责任的决策系统；（3）建立专家论证制度，对重大投资项目，组织有关专家论证，作出可行性分析。

2. 社会保险基金行政机构的监督。在社保行政主管机关内部，成立基金投资决策监督管理机构，集中机构内有关专业的高级管理人员，研究制订投资决策的监督办法和策略，按国家社保基金管理的政策和社保基金监督委员会规定的投资方向以及审定的托管数额，协调各方因素，防范与控制各种风险因素，确保投资营运稳健。要注意，不同险种的保险基金应分开运作，因为险种不同，偿付准备亦不同，从而对时间的要求、操作周期以及相应的投资手段亦有所不同。

3. 社会保险基金监督委员会的监督。社会保险基金监督委员会不仅行使对基金日常收支管理的监督，而且还要行使对基金营运投资决策的监督，因而是最高层次的投资决策的监督。概括地说，应着眼于从宏观经济、产业调整、改革趋势等大的方面去研究投资战略问题，要有大思想、大预见、大决策；应从经济运行的周期和趋势方面，从政策优势方面，从整体上去把握投资营运的方向。社会保险基金监督委员会的主要职责应当是：（1）确定投资方向，应根据国家有关社会保险基金的政策和国际、国内宏观经济趋势以及基金的积累量等情况来决定；（2）根据社保基金行政监督机关调查了解的情况，审批有关金融机构申请托管社保基金的营运资格和托管社保基金的总量；（3）对受托管理社保基金的金融机构实行最高层次的监督，并对违规营运的单位和个人作出处罚决定。

（三）运营监督主要指标的设计

社保基金具有的特殊性质决定了在监督指标设计中，首先要考虑社保基金偿付的需要，同时考虑基金保值增值的要求。对基金营运监督指标的设计，没有先例可循，可从安全性、流动性与收益性三个方面结合起来进行考虑。

1．备付金指标。备付金是指存于国有商业银行用于预备未来短期内支付需求的资金。基本养老保险、基本医疗保险、工伤保险、失业保险等险种基金之和的备付金指标，可设计为不低于前两个月的偿付额，用公式表述为：某险种备付金≥前第一个月偿付总额＋前第二个月偿付总额。当然，银行存款的存期要科学安排。

2．社会保险基金投资营运方向的监管指标。社保基金结存总额扣除各险种备付金之后，可以考虑参与投资营运。这里提到的几个概念可以用公式表述如下：社会保险基金结存总额＝历年各险种基金滚存结余额＋当年征集收入－当年偿付支出＋基金当年各项收益（当前主要是国债、存款等利息收入）。

可参与投资营运的社会保险基金数额＝社会保险基金结存总额－各险种备付金。

对可参与投资营运的社保基金，根据西方国家近百年的经验，结合我国目前的经济走势、经济结构和金融风险的分布来设计监管指标。如可参与投资营运的社保基金购买债券的比例不应低于 40%，而且绝大部分尽可能购买国债，因为国债的风险度为零，其流通性仅次于银行存款，并随时可以到国债市场交易变现，且收益率高于同期银行存款；在基金购买力超过国债供应量的情况下，可以考虑适量购买副省级以上的地方政府债券。购买股票及证券投资基金的最高投资比例不宜超过 30%，投资国家基础设施项目的比例应控制在 20%以内，其他方向的投资比例，按不超过 10%的比例控制。目前，全国社保基金的投资，银行存款和国债投资的比例不得低于 50%。其中，银行存款的比例不得低于 10%。在一家银行的存款不得高于社保基金银行存款总额的 50%。企业债、金融债投资的比例不得高于 10%。证券投资基金、股票投资的比例不得高于 40%。

3．社会保险基金风险监管指标。对社会保险基金备付金选择存放的商业银行以及基金投资营运的各类投资方向的风险监管，可以参考、借鉴、吸取《巴塞尔协议》中有关对世界银行防范金融风险经验的做法。因为《巴塞尔协议》是人类对银行诞生几百年来风险监管经验教训划时代的高度总结，并从此制订了今后全球各国银行通用的风险监管标准；它不仅对银行本身，也对各行各业的风险监管极具启发性。其重点之一是资产风险的评级经验。我们可根据社会保险基金的投资组合，分类建立风险等级制度。

目前，我国社保基金投资管理人按当年收取的社保基金委托资产管理手续费的20%提取社保基金投资管理风险准备金，专项用于弥补社保基金投资的亏损。社保基金投资管理风险准备金在托管银行专户存储，余额达到社保基金委托管理资产净值的10%时可不再提取。理事会按社保基金净收益的20%提取一般风险准备金，专项用于弥补社保基金投资发生重大亏损时社保基金投资管理人所提管理风险准备金不足以弥补的亏损。一般风险准备金余额达到社保基金资产净值的20%时可不再提取。

4．社会保险基金资产收益率。原则上，社保基金通过投资运作，其资产收益率最低要达到3年期银行存款利率水平或者3年期国债利率水平，使社保基金整体有效增值，以最大限度地满足社会保险的需要。否则，就失去了营运增值的最初意义。当然，国家对银行存款利率和国债利率也会根据国内外经济形势的发展而调整，这项监管指标则亦应随之调整。

（四）不良资产的清收监督

社保基金投资营运必然会受到各种风险因素的影响，在一定时期内不可避免地会形成少量不良资产。因此，对风险资产实行清收监督就成了社保基金化解风险因素的一个必要的组成部分。

1．社保基金托管金融机构的清收工作

（1）建立统一协调、相互配套的不良资产清收体系。该体系由风险资产清收小组负责，聘请法律顾问及有关职能部门组成，对不良资产统一管理，具体组织协调和清收。

（2）建立严格、完善的诉讼时效管理制度。要将所有不良资产在一发生逾期时就纳入诉讼管理中，建立诉讼时效管理台账和档案，定期与不定期相结合，上报关于不良资产追踪情况的报告。在准备转入法律程序时，要建立完整的诉讼档案，直到依法清收完毕后，再统一归档存放。

（3）建立清收岗位责任制。要将清收任务层层分解，落实到人，明确责权，以此为据建立相应的奖惩制度。

2．社保基金行政主管部门的清收监督

（1）建立对托管机构社保基金不良资产量化考核的清收监管指标体系。包括不良资产清收率、已结案诉讼执行率、资金回收率等指标。

（2）对不良资产居高不下，给基金安全造成一定危害的社保基金受托机构要取消其受托资格。

（3）对形成坏账的不良资产，应按一定的审批权限和程序，及时核销。

二、国际社会保险基金运营监管的经验①

从发达国家和地区的经验来看，社保基金的运营监管突出体现在三个方面。

---

① 王伟．社保基金监管的国际经验．学习时报网站．

（一）建立专门的社保基金监管机制

在社保基金的监管中，专门的基金监管组织有利于提高行政监管部门决策的科学性、民主化和透明度。在社会保险制度比较发达的国家，在完善健全的社会保险法制基础上，普遍建立了社会保险基金专门监管机制，如英国的职业养老保险委员会、荷兰的社会保险委员会、澳大利亚的保险与养老金管理委员会等。在建立了此类独立性较强的政府监管组织后，就可以有针对性地对基金监管中的重要问题进行专业化的管理。如美国、英国、日本等国家通过编制和执行社会保障基金专项预算，对社保基金的运行进行有效的宏观监控；美国的社会保障基金托管委员会根据《社会保障法》的规定，对社保基金实施全面管理，并在每年的 4 月 1 日之前向国会呈交年度报告，对基金运营情况进行评估或预测等。

值得注意的是，为了提高社保基金的监督和管理效率，吸引社会公众参与基金管理的积极性，减少官僚主义和浪费行为，很多国家还实行国家监管和社会监管相结合的机制。如法国除了设立政府的监管组织外，还在基金的监管方面实行社会化经营和分散管理。重大的问题由法国政府和议会来决定，基金的管理权则交由具有法人资格的自治团体实施；英国政府为了加强对英国的职业养老金计划进行监管，还引进专业仲裁者，对受托管理人的不当行为进行有效的约束。建立了申诉机制，鼓励基金管理成员直接将自己的意见或者不满反映给监管机构。类似这样官民结合的专门机制可以作为政府监管的重要补充。

（二）加强投资运营监管

为了实现社保基金的保值增值，市场经济国家和地区都规定社保基金可以在资本市场中进行投资。在基金的投资过程中，一方面要考虑尽可能提高投资收益率，另一方面则要有效分散投资风险，确保资金安全。由于社保基金的特殊性，各国把其投资安全放在首位，对投资品种、投资比例都有严格的限制，目的是在控制好投资风险的前提下提高投资收益。如在德国养老基金的资产组合中，证券、房地产和外国资产的比例分别不能超过 20%、5% 和 4%；法国补充性养老基金的资产中必须有 50%投资于政府债券；美国联邦社保基金投资只能投资于美国政府对其本息均予以担保的"孳息型有价证券"，不允许其进入股票市场、委托投资以及房地产开发等。为了确保基金能够获得更高的收益，有的国家还建立了最低收益担保制度，要求社保基金的投资收益率达到一定的水平。如智利规定养老基金的投资收益率必须高于全部基金平均收益的 50%，瑞士养老金的名义投资收益率必须高于 4%。

在社保基金营运管理的模式上则存在不同的做法。以美国、新加坡为代表的国家是由政府部门直接负责社保基金的营运管理，这种模式的特点是社保基金实现了集中统一管理，交易成本低，但也存在管理效率低下、制度的运行缺乏透明度等不足。考虑到国家直接负责社保基金的营运管理存在的弊端，以智利、英国、荷兰为代表的国家力图在基金管理中引入竞争机制，即政府委托多家民营管理公司按市场法则运作和投资社保基金，这种做法透明度高，政府对基金的管理和营运的监督力度比较强。

（三）加强外部约束

由于社保基金的运营效果关系到人民的切身利益，所以必须加强相关的外部制约。通过建立由立法机关、行政、财政、审计和其他外部监督构成的监督机制，就形成了一个相互监督的良好机制，加大了个人或机构挪用、侵占社保基金的难度，保证了社保基金的安全运行。主要的做法主要有以下几种。

1．建立信息披露制度。在很多国家和地区都建立了完善的社保基金的信息披露制度，定期向社会公布社保基金的收支情况、投资状况、收益情况以及其他财务数据等，这就可以将社保基金的运营纳入社会公众和监督机构的双重监督之下，防范社保基金运营中的违法违规行为。如美国政府定期发布财政报告与基金使用状况的公告，任何公民都可以登录相关的网站获得信息。

2．注重发挥专业机构的监督作用，有的国家通过精算、会计、审计、律师和风险评级等中介机构对基金的运营予以专业化的评价。通过专业机构对社保基金运行效果的评价甚至对基金管理人实施相应的法律约束，降低了社会公众和社保基金管理机构在信息方面的不对称现象，有利于推动基金管理人内控制度和治理结构的完善。如在法国，社会事务监察所负责监察管理社保基金的运行情况，政府机构也可随时派人对基金的实施情况进行监督检查。

3. 加大对违法行为的打击力度。这主要是指国家有关机关通过对违法行为的制裁来维护社保基金的安全运行。如英国职业养老金监管局有广泛的监管权力，包括对不当行为进行民事处罚，或者申请法院禁令，防止任何挪用计划资产的行为等；美国除了采取事前监管的手段，杜绝资金被非法挪用外，在必要时，法院还可以根据《美国联邦刑法典》对侵占养老金与福利基金的违法者予以刑事处罚。

【关键概念】

社会保险基金的管理　全国社会保障基金　收支两条线管理　收入户
支出户　财政专户　证券投资基金　股票　债券　不动产投资
社保基金　投资管理人　社保基金托管人

【本章习题】

一、思考题

1．什么是社会保险？
2．社会保险基金的投资营运的原则有哪些？
3．社会保险基金投资营运有哪些方式？
4．如何实现社会保险基金的保值和增值？
5．如何对社会保险基金的营运实施有效监督？

二、实训题

实训题目：社会保险基金的管理与投资运用。

实训目的：

1. 加强对我国现阶段社会保险基金管理和基金运用中存在的问题的认识，思考进一步完善社会保险基金管理和基金运用的对策。

2. 掌握我国社会保险基金管理和基金运用制度。

3. 掌握我国社会保险基金征收管理中的缴费基数、工资总额的核定。

实训内容：

1. 按照现行做法，我国社保基金的收支以统筹地区为单位。统筹地区所在地的劳动保障或者税务部门的经办机构负责社会保险费的征收（全国来看，劳动保障部门负责征收的统筹地区大概占 50%，另 50%由税务部门负责征收）。这些征收上来的资金按规定存入当地的国有商业银行。2006 年养老、失业、医疗、工伤和生育 5 项社会保险基金的结余额预计应当在 8000 亿元。数额庞大的社会保险基金余额并没有集中存放，而是分别存储在 1000 多家统筹地区在当地开设的银行账户中。国有商业银行属于代管机构，对社保基金的使用去向和保值增值等没有直接责任，也没有直接干预的权力。尽管现行制度规定，社保基金的使用由财政部门监督，但由于缺少独立的基金管理主体，导致各类社会保险经办机构事实上既管账又管钱，正如“会计和出纳由同一个人完成”一样，存在制度上的安全隐患。

如何将分散在各地的社保基金管好用好，是当前面临的巨大挑战。试就这一问题进行讨论分析，并提出解决对策。

2. 长沙某企业有 A、B、C 三位员工，有关情况如下：

A 是刚毕业的大学生，2007 年 1 月到该企业上班，该月的工资标准是 1400 元。

B 在 2006 年各月的工资标准是 6300 元，2007 年 1 月被派往国外工作，国外的薪水是每月 1000 美元。

C 因病在 2006 年请病假 8 个月，病假工资为每月 300 元，2005 年和 2006 年其他各月的工资标准是 800 元；2007 年 1 月开始上班，该月的工资计发标准是 1000 元。

已知 2006 年长沙市职工月平均工资是 2051 元，最低工资标准为 600 元。

请根据以上背景资料，确定 2007 年 A、B、C 三位员工的养老保险缴费工资基数。

3. 某厂销售科小刘说：“我的工作大部分时间在外面跑，每月也有不少的出差伙食补助费，不知这些补贴算不算我的工资收入？”。假如你是该企业社会保险经办人员，请对该问题予以解答。

4. 刘先生是某公司的员工，该公司对员工的工资分配实行结构工资形式，即将工资分解成基础工资、奖金、津贴、补贴等几部分，根据具体考核计算每月工资。由于企业生产经营随着市场情况不断调整变化，刘先生的每月工资收入变化也较大。为了确定社会保险费的缴费基数，公司与刘先生约定：以基础工资的标准作为缴纳社会保险费的基数。刘先生虽然对公司的说法有异议，但为了能够在公司长期工作下去，因此也就同意了公司的做法。于是，公司就按双方约定的数额为刘先生缴纳社会保险费。3 年后，公司在合同终止时通知刘先生不再续订劳动合同，刘先生对公司不再续用自己感到失望。在办理离职手续时，刘先生向公司提出了社会保险费缴费基数与自己工资收入不符的问题，希望公司予以解决。公司表示双方对社会保险费缴费基数已有约定，公司按约定为刘先生缴费不存在问题，对刘先生的要求予以拒绝。于是双方发生争议。刘先生认为，自己在公司工作多年，公司没有按自己的实得收入为其缴纳社会保险费，违反了国家的有关规定，要求公司补缴未足额缴纳社会保险费的差额部分。公司认为，公司因生产经营状况有变化而与员工约定缴费基数，公司严格按约定的缴费基数缴纳社会保险费，因此不同意刘先生的要求。

究竟此案该如何处理，请运用有关知识进行评析。

【参考文献】

[1] 林义．社会保险基金管理[M]．北京：中国劳动社会保障出版社，2002．
[2] 邓大松．社会保险[M]．北京：中国劳动社会保障出版社，2002．
[3] 郭士征．社会保障学[M]．上海：上海财经大学出版社，2004．
[4] 郑功成．社会保障学[M]．北京：中国劳动社会保障出版社，2005．
[5] 费梅苹．社会保障概论[M]．上海：华东理工大学出版社，2005．
[6] 张左己．领导干部社会保障知识读本[M]．北京：中国劳动社会保障出版社，2002．
[7] 褚福灵．社会保障职位模拟教程[M]．北京：中国人民大学出版社，2003．

第七章　城镇养老社会保险

【学习目标】

1. 掌握养老社会保险的基本概念。
2. 了解养老社会保险的意义、原则、基金的筹集等重要问题。
3. 掌握当前养老社会保险改革发展的趋势、内容。
4. 掌握基本养老社会保险的操作方法、审批程序和企业补充养老保险的基本做法。

☺ 导入案例

小唐大学毕业后进了一家外企，成了众人羡慕的“白领”。老板给的工资很高，小唐也很满意，但是老板没有为她办理养老保险。小唐很想参加养老保险，便跟老板说了。老板也搞不清楚，他说，在中国好像只有国有企业职工才要求参加养老保险，我们外企的福利保险都很好，社会保险就不用参加吧。于是让小唐自己去找一些法律依据，如果中国的法律有规定，那么就给他们办理。小唐于是来到劳动保障局咨询，劳动保障局的同志给小唐找到相关的法律，并给小唐所在的公司打了电话，督促公司给员工办理养老保险。

按时足额缴纳养老保险费，这不仅是我国法律的规定，也是国际上的惯例。1997 年 7 月国务院《关于建立统一的企业职工基本养老保险制度的决定》（国发[1997]26 号）规定，基本养老保险制度要逐步扩大到城镇所有企业及其职工。1999 年，国务院发布的《社会保险费征缴暂行条例》（中华人民共和国国务院令第 259 号）第 3 条更是明确规定，基本养老保险费的征缴范围为：国有企业、城镇集体企业、外商投资企业、城镇私营企业和其他城镇企业及其职工，实行企业化管理的事业单位。小唐所在用人单位虽然是外企，但也是属于中华人民共和国境内的企业；按照有关属地管理的原则，应该执行中华人民共和国法律法规，故也应该依法为职工办理养老保险登记，而不是只有国有企业才有要求参加养老保险。

本案例涉及的是不同性质企业的养老保险关系处理的问题。首先应该把握的一条就是，只要是中华人民共和国境内的企业，都应该受到中华人民共和国法律的调整，而不论企业的性质如何。不论是国企，还是外企、私营企业都应该遵守中国的法律，为员工办理社会保险。如果外企或者私营企业没有为其所聘用的职工办理社会保险，职工可以向劳动保障部门反映，依法维护自己的合法权益。

[资料来源：社会保险案例选（内部教材）]

第一节　养老社会保险概述

一、养老社会保险的概念

养老社会保险是指劳动者为预防年老不能再从事劳动时的生活有保障，在法律规定的劳动时间内缴纳部分保险金，在他们年老丧失劳动能力离开工作岗位后，有权从国家或有关保险机构中申请领取养老金的社会保险制度。根据这一概念，其含义为：

（1）它是由国家制定有关的强制性法令来实施的；

（2）享受对象必须是年老、伤残丧失劳动能力的劳动者；

（3）在危险发生之前，保险机构必须首先储存一部分基金，用于支付退休金；

（4）对老年人提供稳定的基本生活保障；

（5）投保人必须按月缴纳保险费，直至被保险人达到规定的退休年龄时止；

（6）保险的项目一般包括基本退休费、护理费、配偶和未成年子女及其他供养直系亲属补贴、超缴保费期间增发额、超龄退休补贴等。

二、养老社会保险的意义

1．建立养老社会保险是维护《宪法》和法律赋予公民的基本权利。我国的《宪法》规定，公民在年老、疾病或者丧失劳动能力的情况下，有从国家和社会获得物资帮助的权利。《劳动法》也规定劳动者在年老退休时有依法享受社会保险待遇的权利。因此，建立统一的养老社会保险制度，就能使一切劳动者平等地享受《宪法》和《劳动法》赋予公民的这一基本权利。

2．建立养老社会保险有利于我国用工制度的改革。随着劳动制度的改革，劳动力在不同企业、不同所有制之间流动将日趋频繁，职工一生可能在多种所有制经济单位工作。建立养老社会保险，就能够从根本上改变原来那种劳动力都涌向全民所有制企事业单位的现象。

3．统一的养老社会保险制度与市场经济是相适应的。两者相互促进、相互依赖。市场经济需要劳动力合理流动，保证劳动力的合理流动需要打破地区、部门之间的封锁、割据现象，淡化户籍管理制度，废除干部终身制，做到职工能上能下、能工能干，最终在全国范围内建立一个统一的劳动力市场。统一的社会保险制度的建立是为市场经济的正常运行创造良好的社会环境。统一的社会保险制度的实施范围要求打破不同所有制、不同产业、不同的用工制度的界限，并相应统一规定投保人的资格、险种、项目设计、保费提取比例、给付标准及管理机构设置等，以免严重的待遇差别阻碍劳动力的流动而使市场遭到分割。其原因就在于养老保险待遇的高低与收入分配一样，对劳动力资源的组合也起一定的导向作用。人们在担风险与高收入之间进行比较和选择时，虽然有些风险大，但高收入和高福利又促使人们愿意去承担风险。改革开放之后，不仅要求全国有统一的劳动力市场，而且要求有世界性的劳动力市场，相应还应做好与国际市场之间的养老保险制度的相互衔接。

4．统一的养老社会保险制度有利于转变人们的就业观念。长期以来人们形成这样一种观念，即“一全民，二集体，没有着落干个体”，原因在于个体没有解决老有所养的问题。统一养老社会保险制度，有利于人们就业观念的转变，广开就业门路，促进各种经济成分的繁荣发展。

5．统一养老社会保险的建立有利于改变人们“养子防老”、“多子多福”的陈旧观念，促进计划生育基本国策的落实。

6．改革国家机关、事业单位干部的养老社会保险制度，使养老社会保险制度全国趋于一致。

三、养老社会保险的原则

建立养老社会保险应遵循以下几个原则。

1．养老社会保险的保障水平要与我国生产力水平及各方面的承受能力相适应。我国是发展中国家，经济实力还比较薄弱，人口多，老年人比重大，老龄化的速度比资本主义国家快。这样的国情决定了只能在低水平之上为数量众多的老年人提供社会保障，并在社会生产力发展水平提高的基础上，在不同的所有制之间逐步建立起形式多样的养老形式。因此，要建立合理的保障水平。

2．权利与义务相统一。享受养老社会保险的受益者，并不是毫无条件或不负担任何社会责任的人都可以享受的（当然对丧失劳动能力者是例外的，因为他们属于社会救济的范围）。其前提条件是为社会尽义务，参加了社会生产劳动，为国家作了贡献和交纳了保险费。凡达到法定年龄，不论其实际劳动能力降低如何，国家一方面通过法律解除他们的劳动义务，另一方面又要在法律上保证他们获得物质帮助的权利，这就是养老社会保险中权利和义务对等原则的含义。

3．自我保障与社会互助相结合。要求从观念上树立自我保障意识，解除“福利保障”的观念，把自我保障融入社会保险机制，在自我储存的基础上发挥社会互助、互济的作用。

4．公平与效率相结合。公平要有利于效率的提高。在市场经济条件下，只有在保护竞争、提高效率的前提下，才能为公平的社会分配提供足够的物质基础，否则只是低收入水平公平，不仅影响了效率，而且最终影响了公平的实现。这就要求单位之间养老保险费用负担要大体公平，养老保险待遇的差距应小于初次分配的差距，要求养老社会保险发挥促进、提高效率的激励功能，其待遇既要保障退休人员的基本生活，又要与个人对社会的贡献挂钩，以激励职工的劳动积极性。

5．养老待遇要体现老年人分享社会经济发展成果的精神。从人类的繁衍发展和劳动力再生产角度看，社会成员之间由于世代关系，下辈人在婴幼年时期享受了上辈人的劳动成果，上辈人在不能劳动时，同样也应分享下辈人的劳动所得，世世代代往返下去，成为人类社会赖以生存和延续的必要条件。

6．管理法制化。政策制定要统一，政策要分开，管理服务要社会化。

第二节　养老社会保险基金筹集

一、养老社会保险基金筹集原则

1. 养老社会保险水平要与生产力发展水平及各方面的承受能力相适应。合理确定企业职工养老社会保险基金的计提比例和待遇支付标准。要根据实际支出规模，充分考虑国家、企业、个人的承受能力，实行“以支定收”的原则。

2．对筹集到的资金实行“略有结余，留有部分积累”的原则。这种筹资模式和原则不仅符合我国的基本国情，也是建立良性循环的国家基本养老社会保险机制的客观要求。采用“略有结余，留有部分积累”筹资模式，既能照顾到现阶段国家、企业和个人的实际承受能力，又可以对未来人口老龄化所形成的养老退休高峰的压力给予考虑，不仅有利于实现养老社会保险在代与代之间的均衡负担，而且又能避免很多矛盾。因而，国家基本养老社会保险基金的筹集必须实行“以支定收，略有结余，留有部分积累”的原则。

二、养老社会保险基金筹集的范围

养老社会保险基金筹集的范围主要是指地域范围和征收养老社会保险基金的对象范围。根据社会保险的性质，养老社会保险基金的筹集地域范围尽可能大一些，以利于实现大数定理指导下的横向平衡调剂，分散养老风险。从世界各国的情况看，凡是采取社会保险税方式的，都是在社会性的大范围统筹基金，有收入者均需照章纳税，然后从国库中以特别基金拨款形成养老总基金；凡是采取社会保险费形式的，一般是在省、市、县范围内统筹基金，直接由社会保险管理机构向统筹对象进行收缴。

养老社会保险基金筹集的对象范围主要是指法定的缴费成员的身份条件，如所在部门、行业、职业、收入状况等。目前，世界各国对于基金收缴的对象范围有两种做法：一种是不分身份条件，凡法定范围成员一律统一纳费，统筹调剂使用；二是按同一地域范围内不同成员的身份条件单独纳费，各自使用，如国家公务员、个体劳动者、军人、大学生等。

我国养老社会保险基金是企业职工实行社会统筹，主要对象是国有企业、集体企业及其职工。根据1995年发布的《基本养老保险覆盖计划》，各地在1997—1999年，将覆盖面逐步扩大到城镇各类企业，包括国有企业、集体企业、外商投资企业、华侨和台港澳投资企业、联营企业、股份企业、私营企业。从劳动者的身份上看，应扩大到城镇各类企业的全部劳动者，包括固定工、劳动合同制职工（含农民合同工）、订立劳动合同的临时工以及各类企业的离退休人员。进入 2000 年以后，我国养老社会保险基金筹集的对象范围已扩大为城镇各类企业及其职工、离退休人员，以及城镇个体经济从业人员、自由职业者等。具体包括：国有、集体、股份制、股份合作制、联营、合作、私营等城镇各类企业及其全部职工（含一个月以上临时用工），"三资"企业的中方职工，在城镇工商注册登记的个体工商户及其帮工，民营非企业单位及从业人员，城镇自由职业者等。机关事业的临时工也应参加企业职工基本养老社会保险并交纳保险费。

三、养老社会保险基金来源

各国的养老保险一般都是由不同层次的制度构成的，主要有基本保险、企业补充社会保险和个人储蓄性保险三个层次，其基金来源是有区别的。在基本保险即由国家主办的养老保险层次上，基金有国家、企业和劳动者个人三个来源，主要是由后两者的缴费形成，企业和个人在总的基金需求上，一般又有两种负担办法：一是各缴一半，均等负担；二是差别性缴费，往往是企业负担高于个人，但也有少数国家是相反的状况。至于国家负担的形式也有两种：一是直接的财政拨款；二是在税收和利率上给予倾斜性优惠。此外，养老保险积累起来的基金的投资运营收入和利息收入也日益成为基本养老基金的一个重要来源。

我国基本养老社会保险基金的来源为三个渠道。

1．来源于企业和职工个人缴纳的基本养老保险费

这是基本养老社会保险基金收入的主要部分和基础部分。其中，企业缴纳的基本养老保险费是指按本企业职工工资总额的一定比例，向社会保险经办机构缴纳的用于养老社会保险的款项，这一项费用缴费的具体比例由社会保险经办机构根据本地经济发展水平以及一般企业的承受能力，综合平衡后提出，经同级财政部门审核后，由省、自治区、直辖市人民政府确定。

职工个人缴纳的基本养老保险费是指按职工本人缴费工资的一定比例缴纳的用于养老社会保险的款项。这里所称的职工本人缴费工资是指根据有关规定应纳入缴纳基本养老保险费范围的职工工资总额。职工个人基本养老保险费的缴费比例也是由社会保险机构根据本地的经济发展状况，以及一般企业的承受能力，综合平衡后计算得出，经同级财政部门审核后，由政府予以确定。

2．来源于由基本养老社会保险基金的运用或运营而增值出的基金收入

它包括基本养老社会保险基金利息收入、上级补助收入、下级上解收入、转移收入等。其中，基本养老社会保险基金利息收入是指基金购买国家债券或存入银行所取得的利息收入。由于养老社会保险基金在银行设有专户，有利息收入。结余或积累的养老社会保险基金按规定可以存入银行或购买国家债券，也会产生一定的利息收益，这些利息收益也被视为基本养老社会保险基金的一部分来源。上级补助收入指社会保险经办机构收到的上级社会保险经办机构拨付的基本养老社会保险基金收入。下级上解收入是指社会保险经办机构收到的下

级社会保险经办机构上解的基本养老社会保险基金收入，上级社会保险经办机构可以根据有关规定要求下级社会保险经办机构上解一部分基本养老社会保险基金收入。转移收入是指企业职工在不同统筹范围调动而划入的基本养老社会保险基金收入。目前，我国养老社会保险基金一般按市县级统筹，另外有 13 个省、直辖市、自治区实行了省级统筹。总体而言，目前，在我国基本养老社会保险基金运营而增值的这部分收入占整个基本养老社会保险基金总额的比重不大。目前的增值手段、方法还无法代表真正的基本养老社会保险基金运营、增值的内涵，有待进一步推进改革，切实使之运营、增值，以补充基本养老基金的缺口。

3．来源于政府的财政补贴类收入

财政补贴是指同级财政给予基本养老社会保险基金的补贴。随着我国市场经济体制逐步完善和建立独立于企业、事业之外的社会保障体系的形成和完善，各级政府将加大财政收入对社会保障事业的投入，包括对企业职工养老保险的投入，以保障基本养老金的按时足额发放和整个社会保障制度运行的中远期资金需求。在国家财政给予养老社会保险基金上述“明补”的同时，国家还通过税前列支方式对养老社会保险基金进行了大量的“暗补”。企业缴纳基本养老保险费实行税前列支和职工个人缴纳的基本养老保险费不计提个人所得税，实际上就相当于国家承担了一部分，也属于财政补贴的一种方式。

4．来源于其他收入

这是指滞纳金及财政部门核准的其他收入。滞纳金是指因企业拖欠基本养老保险费而按规定收取的费用，一般按拖欠金额的一定比例计算。目前，有些企业因各种原因变相拖欠或不缴基本养老保险费，因此规定上缴滞纳金是必要的。滞纳金按性质可以归入第二类收入。经财政部门核准的其他收入由财政部规定。

四、养老社会保险基金筹集模式

养老社会保险基金的筹集有四种方式。

1. 现付模式。这是用现役劳动者缴纳的养老费支付退休劳动者的养老待遇，当年提取，当年支付完毕，费率需每年不断调整。此种方式的实施需要一种人口增长稳定、新增劳动力与退休人口相对平衡的大环境。但在人口结构变化较大、老龄化速度较快的环境下，实施难度较大。

2．积累模式。即所谓“先提后用”。就是以劳动者全部在业期间逐期提取储存的养老保险费，形成积累基金，在退休后用于每月支付的退休金。采取这种基金筹集方式，需要有生产发展稳定、物价变动比较平稳的长期环境，以便采取措施使积累基金能够做到保值增值。往往是养老社会保险制度实施之初，或是劳动者就业初始开始实施此种筹资方式。

3. 部分积累式。这是将现收现付与积累式有机结合而形成的一种养老社会保险基金筹集模式。根据不同的保险建制原则，部分积累可以有两种解释：一种是将现收现付用于目前已经退休职工的待遇给付；另一种是积累部分用于弥补今后可能出现的收支逆差。部分积累模式可以比较好地将现收现付和积累式的优点集中在一起，保证基金收支的平衡。但也需注意避免二者本身的不足，如积累部分的基金贬值等。

4.“以支定收，略有结余，留有部分积累”的方式。我国养老社会保险基金目前采用的是“以支定收，略有结余，留有部分积累”的筹资原则，主要是以现收现付方式解决已退休职工的养老社会保险待遇给付；另一种是积累部分主要来自近几年参加工作的劳动合同制工人以及原有职工的个人缴费。根据国务院 1995 年颁布的改革方案，基本养老社会保险实行社会统筹与个人账户相结合的“部分积累”模式，即企业缴纳的养老保险费中的一部分用于现收现付，承担已退休无个人账户人员的退休金开支，以及有个人账户但不够支出需要者的平衡调剂。企业缴费中的另一部分和个人缴费的全部均计入个人账户，形成积累，用于有个人账户职工退休后的养老金支付。

五、养老社会保险基金提缴方式

国外采用社会保险税的方式者，一般是以个人的平均工资收入作为缴税的基数，按照一定的百分比向税务部门上缴社会保险税，然后再由国家或地方财政以特别基金的名义拨付给社会保险管理机构，专款专用。根据保险费提取方式的具体变化，费率也会有所不同。

我国目前的养老社会保险基金是采取社会保险费的方式筹集的，由社会保险机构直接收缴。各地现行的提取办法归纳起来有以下五种。

1. 按照用人单位全部工资总额或标准工资总额的一定比例提取。提取比例有同一比例和不同比例两种确定办法。其中，同一比例即“一步到位”的办法，它不考虑用人单位原有的退休费用负担状况，统筹范围内所有单位按相同的比例缴纳保险费。不同比例的办法则是“分步到位”，即统筹范围内原有退休费用负担不同的用人单位，暂按不同的比例缴纳保险费，逐步向同一比例过渡。这种办法主要是考虑到原来负担较轻的用人单位不至于很快增加大量的基金负担，有利于平稳地过渡。

2. 按照在职职工与退休职工两者人数之和计算的人均应缴费用绝对额计提。具体计算办法：一是用计划期养老保险的需求总额除以应缴费人数，求出人均标准缴费数额；二是先将按比例应计提的费用总额换算为人均绝对数，再按应缴费人数计提。

3. 按工资总额和退休费两个基数计提。具体办法有两种：一是以统筹范围内的退休费实际开支与工资总额之和作为基数，按一定的比例提取；二是按工资总额和实际退休费开支两个基数，分别按一定的比例提取再相加。这类办法和上述第一种办法中的“不同比例法”有类似之处，即都将企业原有退休负担因素纳入了计提过程，可以在一定程度上缓解新老企业在基金负担上的矛盾，也是一种过渡性办法。

4. 按照劳动者个人工资收入的一定百分比计提养老社会保险基金。具体做法：一是按照国家明文规定的工资总额口径计算出个人工资收入总额，以此为基数按一定的比例计提；二是按照当地保险管理机关规定的“缴费工资总额”口径计算出个人缴费的基数，然后再按规定比例计提。

5. 按照绝对额方式计提个人应缴养老保险费。具体做法：一是按个人收入的不同阶段，分别提缴不同的绝对额；二是不论个人收入多少，一律按相同绝对额提缴。

根据国家劳动部门颁布的改革规划，养老保险费的计提办法分两步改革到位：第一步是将原来按企业工资总额和离退休费用总额两个基数分别计征养老保险费者，改为按企业工资总额一个基数统一计征；第二步是在第一步的基础上，逐步改为按本企业职工缴费工资总额计征。职工个人缴费一律以上一年度本人月平均工资作为基数。关于养老保险费的计提比例，今后各类所有制企业一律实行统一的缴费比例，即新纳入统筹范围的企业直接按统一比例缴费，原来在不同所有制企业间按不同比例缴费的地区，应采取每年增减若干百分点的办法，逐步向统一比例并轨。

六、个人账户的设置与管理

（一）个人账户的建立

关于个人账户的建立，根据国务院颁布的《企业职工养老保险制度改革方案》的规定，应由社会保险经办机构按照国家技术监督局发布的社会保障号码（国家标准 GB11643—1989）或者居民身份证号码，为参加基本养老社会保险的人员建立基本养老保险个人账户，终身不变。企业和个人缴纳的养老保险费按规定的比例数额由所在企业逐月计入个人账户，社会保险机构定期审核。个人账户连同职工养老保险手册一并交本人保管。个人账户中还应记录企业和个人的缴费工资基数以及缴纳比例。职工退休时按照养老保险手册和个人账户中的记录数据计发养老金。

关于个人账户中储存额的利息计算，国务院颁布的两个实行方案中有不同的做法：一是按照银行居民定期存款利率并参考当地上一年度职工平均工资增长率确定；二是按照养老社会保险基金营运的实际收益计算。两者的共同之处是都要实现基金的保值增值，并适当体现分享社会发展成果。不同之处在于前者的保值增值主要取决于银行利率是否合理，后者取决于基金转投运营的经济效益。前者较稳妥但保值作用较小，后者保值作用较大但有一定的风险。

为了适应劳动用工制度改革，促进职工合理流动，改革方案中还规定，职工在同一地区变换工作单位，个人账户不动；在不同地区之间变换工作单位时，个人账户及其全部储存额可随同划转。职工由于各种原因停止工作，或是失业期间间断缴纳保险费者，个人账户给予保留，储存额连续计息，间断期前后的缴费年限累计计算。

（二）个人账户的记入比例

个人账户的记入比例为个人缴费工资基数的 11%，其中包括个人缴费的全部和社会保险基金经办机构从企业缴费中划转记入的部分。个人缴费比例 1997 年为不低于本人缴费工资基数的 4%。从 1998 年起，每两年个人缴费提高 1%，企业划转部分相应减少 1%，最终达到个人缴费为本人缴费工资基数的 8%，企业划转部分相应减少到个人缴费工资基数的

3%。有条件的地区和工资增长较快的年份，个人缴费比例提高的速度可以适当加快。

根据统一养老社会保险制度的规定，各地个人账户记账比例低于或高于本人缴费工资基数 11%的，要向统一制度并轨，从 1997 年起，个人账户记账比例应全部按本人缴费工资基数的 11%记入。

个人账户的储存额按“养老社会保险基金记账利率”（以下简称“记账利率”）计算利息。记账利率由省、自治区、直辖市劳动部门会同有关部门参考银行存款利率和职工工资增长率确定并每年公布。

（三）个人账户的管理

（1）参加基本养老社会保险的单位按照各级社会保险基金经办机构的要求，到当地社会保险基金经办机构办理基本养老社会保险参保手续，并按要求填报《参加基本养老保险单位登记表》、《参加基本养老保险人员缴费情况表》、《参加基本养老保险人员变化情况表》。

（2）社会保险基金经办机构根据单位申报情况，将数据输入微机管理，同时相应建立参保单位缴费记录、职工基本养老保险个人账户数据库。并根据《参加基本养老保险人员变化情况表》，相应核定调整单位和职工个人缴费工资基数。

（3）对因各种原因不能按时足额缴纳基本养老保险费的单位或个人，视为欠缴。欠缴月份无论全额欠缴还是部分欠缴，均暂不记入个人账户，待单位或个人按规定补齐欠缴金额后，方可补记入个人账户。

职工所在企业欠缴养老保险费用期间，职工个人可以继续缴纳养老保险费用，其足额缴纳的费用计入个人账户，待企业足额补缴所欠养老保险费及其利息后，前述欠缴期方可计算为职工实际缴费年限。

出现欠缴情况后，以后缴费采用滚动分配法记账，即缴费先冲抵以前欠缴费用及利息后，剩余部分作为当月缴费。

（4）社会保险基金经办机构在缴费年度结束后，应对职工个人账户进行结算，包括当年缴费额、实际缴费月数、当年利息率、历年缴费累计结转本息储存额等。利息按劳动部门每年公布的记账利率计算。

社会保险基金经办机构在缴费年度结束后，应根据《职工基本养老保险个人账户》的记录，为每个参保职工打印《职工基本养老保险个人账户对账单》，发给职工本人，由职工审核签字后，依年粘贴在《职工养老保险手册》中妥善保存。

（5）职工由于各种原因而中断工作的，不缴纳基本养老保险费用，也不计算缴费年限，其个人账户由原经办机构予以保留。职工调动或中断工作前后个人账户的储存额可以累计计算，不间断计息。

（6）职工在职死亡或正常退休后，其个人账户缴费情况停止记录，予以封存。

（7）个人账户储存额除另有规定外，不能挪作他用，也不得提前支取。

（四）个人账户的转移

职工调转工作，其个人账户应随同转移。职工在同一统筹范围内流动时，只转移基本养老保险关系和个人账户，不转移基金。职工若跨统筹范围流动时，应同时转移基本养老保险关系和个人账户及其基金。职工转出时，调出地社会保险基金经办机构应填写《参加基本养老保险人员转移情况表》，即转移单。

职工转入时，调入地的社会保险基金经办机构应依据转出地区提供的《参加基本养老保险人员转移情况表》和《职工基本养老保险个人账户》等资料，并结合本地基本养老社会保险办法，为职工续建个人账户，其转来的基金全部记入职工个人账户中累计个人缴费部分。

对年中调转职工，调转当年的记账额，调出地区只转本金不转当年应记利息，职工调体转后，由调入地区对职工调转当年记账额一并计息。基金转移时，不得从转移额中扣除管理费。基本养老社会保险基金个人账户金额转移计算起始时间，按个人账户的建立的有关规定执行。

（五）个人账户的使用方法

1. 按基本养老社会保险办法办理正常退休的职工，其个人账户养老金，按职工退休时个人账户中个人缴费本息储存额占全部储存额的比例，分别由个人账户中个人缴费部分和企业划转部分列支。

2. 职工符合正常退休条件退休后去国外、境外定居的，其个人账户养老金支付，由该出境（国）者定居地公证机关出具生存证明，国内由其指定人按月代领，或按其要求折算成外币定期寄达本人，兑币费用及国际邮资由本人负担。

3. 当职工个人缴费年限（含税同缴费年限）不满15年而达到法定退休年龄时，退休后不享受基本养老金待遇，其个人账户全部储存额一次性支付本人，同时终止养老保险关系。出现上述情况时，职工所在单位应及时向社会保险基金经办机构填报《个人账户一次性支付审批表》。社会保险基金经办机构同时终止养老保险关系，并封存其个人账户档案。

七、基本养老社会保险基金的财政专户管理

《国务院关于养老保险基金的财政专户管理》规定，以政府信誉建立的社会保险基金，收入金额纳入同级财政专户，支出按计划规定用途专款专用，不得挪作他用，实行收支两条线管理。

基本养老社会保险基金的财政专户在银行设立，实行对基本养老社会保险基金筹集与使用分别管理的办法，称为收支两条线管理。

社会保险经办机构将基本养老社会保险基金纳入财政专户的方法具体有两种。

1. 社会保险经办机构在银行设立“基本养老社会保险基金收入过渡户”

这种基金收入过渡户只是一种过渡性账户，它除了向社会保险基金财政专户拨付基本养老社会保险基金外，只收不支。养老社会保险基金收入过渡户设立后，企业和职工个人缴纳的基本养老保险费应存入企业开户银行户头，社会保险经办机构再向银行开出养老保险费托收凭证，要求企业开户银行按月代为扣缴，并划入基本养老社会保险基金收入过渡

户。企业开户银行再按社会保险经办机构的要求，按一定期限将收入过渡户内的全部资金划入同级财政部门在银行设立的社会保险基金财政专户，由财政部门对基本养老社会保险基金进行财政管理和监督。

2．直接将基本养老保险费划入相关的财政专户

具体做法是：企业和职工个人缴纳的基本养老保险费由企业存入企业开户银行户头，社会保险经办机构向此开户银行开出养老保险费托收凭证，银行直接把存入企业开户银行企业账户的基本养老保险费划入同级社会保险基金财政专户，而不必经过基本养老保险费收入过渡户中转。

企业缴纳的养老保险费由企业按企业职工工资总额定期划入其开户银行账户，个人缴纳的基本养老保险费由企业发放工资时代为扣缴，与企业缴纳的养老保险费一并划入企业开户银行账户。

企业保险经办机构按照政府核定的缴费比例及时、足额收缴基本养老保险费，对于不能及时、足额上缴基本养老保险费的企业，要根据社会保险经办机构有关规定缴纳滞纳金。

社会保险经办机构征收的基本养老保险费，必须按照财政部门规定的时间及时划入财政部门在银行开设的财政专户，不得拖欠、截留和坐收坐支，逾期未划的，由银行从社会保险经办机构有关资金账户中直接划入财政专户。

财政部门要建立健全基本养老社会保险基金的票据管理和监督制度，社会保险经办机构向企业和职工个人收缴基本养老保险费时，必须按照隶属关系使用中央或省级财政部门统一印制或监督的专用票据，不得在票据使用上弄虚作假。

第三节　养老社会保险给付条件

一、养老社会保险给付条件确定的理论问题

（一）退休年龄条件确定的理论

1．正确确定退休年龄的意义

正确确定退休年龄的意义主要表现在以下两个方面。

（1）正确确定退休年龄可以保证劳动者在年老丧失工作能力，退出劳动领域并失去正常的工资收入时，能够得到及时、有效的基本生活保障。如果退休年龄规定过高，将有可能迫使相当数量的劳动者在真正丧失劳动能力后仍不得不参加社会经济活动，继续承担法定的劳动义务，而得不到退休金保障。

（2）有利于充分、合理地利用劳动资源。在一个国家劳动起点年龄一定的情况下，退休年龄确定的早晚直接影响到劳动年龄人口的规模和有效利用。显然，如果退休年龄规定得过早，

可能迫使一部分有劳动能力者过早退出劳动领域，从而失去大批有丰富经验的劳动者，同时还要为这些并非真正得年老丧失劳动能力的人提供巨额保险费用，无形中增加了社会的负担；如果退休年龄规定得过晚，又会影响到新成长劳动力的就业，不利于劳动队伍的正常更替。

2．影响退休年龄变化的主要因素

一个国家退休年龄的变化是受多方面因素影响的。政府确定退休年龄时，主要考虑的因素有七个方面。

（1）人口的平均预期寿命。平均寿命长者，退休年龄相对较晚；反之，相对较早。

（2）经济活动人口的老龄化程度，即一个国家40～59岁之间的经济活动人口，占总经济活动人口（16～59岁）的比例，用公式表示为：

$$L=(J_{40\sim59})\div(J_{16\sim59})\times100\%$$

上述公式中：L为经济活动人口的老龄化程度；$J_{40\sim59}$为40岁到59岁间经济活动人口的数量；$J_{16\sim59}$为16岁到59岁间，即一个国家经济活动人口总量。凡经济活动人口老龄化程度提高者，由于劳动力资源供应趋于紧张，所以退休年龄相对推迟；反之，则相对提前。

（3）劳动适龄人口的就业率。就业率较高者，表明劳动力供求关系平稳，就业岗位较充裕，甚至求大于供，则退休年龄相对较晚；反之，相对较早。

（4）劳动者平均受教育年限的延长是社会发展的普遍规律。由于在教育上的投入普遍增加，成本上升，因此就业年限会有所延长，影响到退休年龄相对推迟。

（5）社会劳动生产率的变化。当其他条件不变时，社会劳动率的提高会使退休保险得到比较充足的经费来源，扩大制度容量，影响到退休年龄的推迟。当社会劳动生产率偏低，或长期未见提高时，退休年龄的修订应持慎重态度。

（6）职业的性质。不同职业对人的身体健康影响和要求会有较大的区别，因此在不同的劳动环境下，以及一些特定的劳动岗位上，退休年龄的规定应有区别。按照我国的现行办法，对于从事井下、高温、高空、特别繁重体力劳动及其他有害身体健康工作的劳动者，可以提前5年办理退休手续。对于一定级别以上的高级干部，一定职称以上的高级专家，在报经主管部门批准后，也可适当推迟退休。国外的退休年龄规定中，也都有对从事有毒、有害健康等特殊工作的雇员实行特别优惠的条款，一般是允许其提前退休并享受全额退休金待遇。

（7）养老保险制度的分配思想。在实行自助型养老保险的制度中，退休年龄相对较迟，以利于个人储蓄或积累更多的投保金额；反之，在普遍型养老保险制度中，强调均等分配，福利性调节，则退休年龄相对较早。

（二）退休工龄和个人缴费年限确定的理论问题

1．正确确定退休工龄或个人缴费的意义

主要表现在它是以权利与义务基本对等原则为依据的。从我国的养老保险历史看，过去几十年个人不直接缴纳保险费而由企业直接代缴，因此一直是以连续工龄作为退休待遇的享受条件之一。20世纪80年代中期我国开始试行个人缴纳养老保险费制度，并从1992

年起普遍推行，与之相适应，我国的退休工龄条件也在逐步被缴费年限所替代。所谓“缴费年限”，是指劳动者从本人就业初始年算起，每年需按期足额缴纳一定周数（或月数）的养老保险费，方可计为一个缴费年限。就业期间如有间断，缴费年限可以合并计算。相比较而言，退休年龄只是决定退休保险待遇的一般条件，而退休工龄或缴费年限才是决定该种待遇高低的主要条件。

2．确定退休工龄或缴费年限时应考虑的主要因素

在资格条件上，主要是明确可以享受退休金待遇的起码年限以及每增加单位数量的工龄和缴费年限应增付的退休金数额，应考虑以下主要因素。

（1）退休年龄的变化。当退休年龄有变时，应视其原因而决定退休工龄或缴费年限的变化。如当平均寿命不变时，如因劳动起点年龄推迟而导致退休年龄推迟时，则工龄或缴费年限可不变甚至降低，因为此时平均领取退休待遇的时间实际上是缩短了。

（2）不同养老保险筹资模式的选择。在现收现付模式下，退休工龄或缴费年限的起码标准取决于养老社会保险基金的整体负担能力，负担能力强者，工龄或缴费年限较低；反之，则较高。在预筹模式下，考虑到必须实行个人缴费及个人账户制度，所以退休工龄或缴费年限主要取决于退休劳动者的平均寿命、在业期间、工资增长率、费率等各种因素。如平均寿命长者，工龄或缴费年限的起点应高一些。

（3）保障基本生活需要的收入水平界定。即考虑或测算出退休金的替代率（退休金占在职平均工资收入的百分比）以多少为宜。在每缴费一年给付的百分比不变时，替代率界定越高者，退休工龄或缴费年限的起点就越高；反之，则较低。

3．退休工龄或缴费年限确定的方式

退休工龄或缴费年限确定的方式主要有以下六种。

（1）只规定缴纳保险费的年限一种条件，符合起码缴费年限者，可享领基本数额，每增加缴费一年再增付一定的百分比。

（2）只规定退休工龄（或累计工作年限）一种条件，符合起码工龄者可享领基本数额，工龄每增加一年或一个档次，退休待遇相应递增。

（3）工龄和缴费年限双重规定，同时符合条件才能领取全额养老金。

（4）无工龄或缴费年限规定，只需达到法定退休年龄，即可一次或分期领取养老金。此方式仅见于实行“公积金”式的强制储蓄制度者。

（5）无工龄或缴费年限规定，凡本国公民或在本国居住满一定年限者，达到法定退休年龄时均可享受领取养老金待遇。个别情况下，个人甚至无须从工作岗位退休，即可享受领取养老金待遇。

我国现行的规定是退休工龄条件和缴纳保险费年限条件并存。由于各地养老社会保险制度改革进程及选择方案上的区别，所以目前所有不同的条件规定分别适用于不同身份条件的劳动者，即“老人老办法，中人中办法，新人新办法”。对于新的改革方案实施前已退休者，原按退休工龄确定的待遇不再重新计算；对于改革方案实施较短时间内（一般 3 年

内）退休者，现行规定是在按退休工龄计发同时，再按缴费年限确定相应的增发退休金；对于改革方案实施后较长时间（一般 3 年以上）退休者，可将原有工龄一律视为缴费年限，并以此确定退休待遇。根据国务院有关规定，退休工龄或缴费年限的最低起点是 10 年。随着我国养老社会保险制度改革的不断深入发展，缴纳保险费年限条件在基本养老社会保险制度层次上将逐步完全地取代退休工龄条件。

二、国外养老社会保险的给付条件

享受老年社会保险的资格与条件，一般与一个国家所实行的老年社会保险的类型有关，也与老年社会保险的基本原则有关。世界上绝大多数国家的老年保险给付条件都是复合型的，即必须同时符合两个或两个以上的资格条件才可享受老年社会保险金。老年保险金的给付的基本条件通常包括：被保险人必须达到规定的退休年龄；被保险人必须交一定期限的保险费或服务满一定年限；给付与服务年限无关，而规定被保险人必须是永久居民或本国公民或在国内居住一定时间。这三个条件并非全要满足，不同的国家侧重不同，因而在各方面的要求也不尽相同。

1．年龄条件

领取老年保险金的年龄，目前各国的规定并不一致，这与各国规定的退休年龄有关。1952 年和 1967 年国际劳工大会通过的有关公约规定，开始领取养老金的年龄不得超过 65 岁，或由国家有关当局确定。

关于退休年龄，无论在西方资本主义国家还是在中国，有的学者主张实行强制性退休或鼓励早退休，有的学者则反对强制性退休或提前退休。

支持强制性退休或鼓励早退休的观点认为：（1）强制退休是真正人道的决定；（2）老年职工早退休，有利于青年就业和新生力量的培养和提升；（3）老年人早退休，有利于改变劳动力的年龄结构，减少生产费用；（4）实行强制性退休，有利于老职工角色的顺利转变。

反对强制性退休或提前退休的观点认为：（1）现有劳动人口将难以养活日益增长的老龄人口；（2）日益增长的养老社会保险基金造成国家财政负担加重；（3）强制性退休会因失去有技术、有经验的劳动力，影响社会生产率的提高，进而损害经济发展；（4）强制性退休抹杀了人们之间的差异；（5）提前退休会造成一部分老年人的生活贫困。

从各国养老保险的实践来看，发达国家确定的退休年龄要高一些，而发展中国家相对要低一些。表 7-1 是世界银行对部分国家退休年龄的统计结果。

表 7-1 世界银行对部分国家退休年龄的统计结果

发达国家	性别	退休年龄	发展中国家	性别	退休年龄
瑞士	男	65	阿根廷	男	60
	女	62		女	50
丹麦	男	67	赞比亚	男	50
	女	62		女	50

（续表）

发达国家	性别	退休年龄	发展中国家	性别	退休年龄
英国	男 女	65 60	捷克共和国	男 女	60 55
德国	男 女	65 65	智利	男 女	65 60
法国	男 女	60 60	斯里兰卡	男 女	55 50
意大利	男 女	65 60	中国	男 女	60 55
美国	男 女	65 65	印度	男 女	55 55
加拿大	男 女	65 65	乌干达	男 女	60 55
瑞典	男 女	65 65	卢旺达	男 女	55 53
奥地利	男 女	65 60	波兰	男 女	65 60

资料来源：世界银行．防止老龄危机[M]．北京：中国财政经济出版社，1996 年。

对于从事艰苦劳动和有害身体健康工作以及因病致残的人，很多国家还作出了可以提前 5 年左右退休的规定。也有一些国家规定了弹性退休年龄，即在正常退休年龄的 3～5 年前后，可以提前或推迟退休，提前退休的领取减额退休金，推迟退休的领取增额退休金。

世界各国的退休年龄并不是一成不变的，有些国家往往因政治上或经济上的原因而修改原有的关于退休年龄的规定。但有一种趋势却是较为明显的，即世界各国对退休年龄的规定有提高的趋势。新加坡的退休年龄，在 1993 年从 55 岁提高到 65 岁，现在又计划提高到 67 岁。日本直到 20 世纪 80 年代，退休年龄一直界定在 55 岁，男女一样。1985 年，日本政府宣布，男女退休年龄一律向后推延到 60 岁。英国政府将制订计划，把妇女领取养老金的年龄从 60 岁推迟到 65 岁，和男性的退休年龄一样。美国在 20 世纪 30 年代将退休年龄定为 65 岁，进入 20 世纪 70 年代，政府颁布《反年龄歧视法》，明文规定 70 岁以前参加经济活动不准有年龄歧视，除此之外还宣布取消强制退休制，1983 年美国国会通过了一项法案，打算从 2000 年开始，逐步提高退休年龄，到 2027 年，将可领取全额年金的退休年龄，由现在的 65 岁逐步提高到 67 岁。退休年龄提高趋势之所以会出现，主要有以下几方面的原因。

首先，人口的平均预期寿命的延长。许多国家规定的退休年龄都是刚刚推出养老保险制度时的产物，至今已有几十年甚至更长的历史。但是，随着人类社会的进步，特别是医疗技术的进步和生活水平的提高，人均寿命越来越长，健康状况越来越好，能够从事劳动的时间也越来越长，因而退休年龄提高是个不可避免的趋势。

其次，人们接受教育年限的延长。随着各国中等教育的普及和高等教育的发展，劳动者接受教育的年限越来越长，劳动者实际工作的年龄下限后移，劳动者的科学文化素质越来越高，如果仍然沿袭过去的退休年龄，他们能够实际工作的年限就会相应缩短，必将使整个社会浪费掉一大批宝贵的劳动力资源。因而，随着受教育时间的延长和劳动年龄的后移，提高退休年龄也是一个必然趋势。

再次，缓解劳动力短缺的矛盾。发达国家由于人口出生率降低，死亡率下降，人口老龄化日趋严重，劳动力短缺的矛盾日益突出。虽然由于科学技术的发展促进了生产的机械化和自动化，减少了对劳动力的需求，但是并没有从根本上解决劳动力短缺的问题，特别是由于人口出生率的降低，未来进入劳动年龄的人口还会相对减少，各国政府势必会考虑提高退休年龄。

最后，缓解养老金入不敷出的困境。日本是当前世界上人均寿命最长的国家，据 1994 年日本厚生省公布，日本男人的平均寿命为 76.25 岁，女人的平均寿命为 82.51 岁。再过 30 年，老人（65 岁以上）的百分比将增加一倍多，根据厚生省的计算，由于雇员的养老金保险费现在大约是工资的 12. 4%，每 5 年将以 2.2%的速度增长，到 2020 年，如果领取养老金年仍为 60 岁，保险费将占到工资的 31.5%，如果将退休年龄提高到 65 岁，保险费将降到 26.1%。因此，厚生省要求将雇员领取养老金的年龄从 60 岁提高到 65 岁。美国学者伊丽莎白•L•迈耶和巴巴拉•拉伊尔•托里在《老龄经济学——退休的前景》一书中也作出了如下表述：如果退休年龄为 65 岁，2025 年时的抚养负担就将几乎减轻一半。如果在 21 世纪每个人都在 68～70 岁的某个年龄退休，就能消除每个人在 62 岁退休时所加重的抚养负担。

2．老年社会保险金给付的合格期

除了年龄条件之外，老年社会保险金给付还有缴费、就业（工龄）和居住年限等合格期的规定。关于合格期的规定，各国很不一致，1952 年和 1967 年国际劳工大会通过的公约规定，受保护者在享受养老补助金以前，即已具有合格期的条件，这种合格期应是缴纳保险费或就业 30 年，或居住 20 年。具体到各国，主要有以下几种类型。

（1）按参加社会保险的年限和交纳保险金的年限规定合格期。采用这种类型的国家有法国、德国和美国等。德国规定享受领取养老金的条件为年满 63 岁、投保 35 年或年满 65 岁、投保 15 年；法国规定享受领取养老金条件为年满 60 岁、投保满 37.5 年，如果未达到 37.5 年，则减发养老金。意大利规定被保险人若已缴纳保险费满 35 年时，则无论退休与否，均可开始享受领取养老金。

（2）按工龄规定合格期。采用此种类型的主要是前苏联、东欧国家和改革前的中国。多数国家规定男性 25 年工龄，女性 20 年工龄。如前苏联规定的享受领取养老金的条件为：男年满 60 岁、工龄满 25 年，女年满 55 岁、工龄 20 年。

（3）按居住年限规定合格期。采用此种类型的国家有新西兰、加拿大、冰岛、瑞士、瑞典、丹麦等国。如新西兰规定被保险人须年满 65 岁，并在最近的 20 年内居住本国境内者，方有权领取养老金；冰岛则规定被保险人须年满 56 岁，并从 16～66 岁的 50 年内，曾在国内居住满3年者，才有领养老金的资格。

3．老年保险给付条件的发展趋势

从世界各国的实际情况中，我们可以看出老年保险给付条件有三个发展趋势。

（1）男女被保险人退休年龄相等化是近年各国发展的趋势。虽然有一些国家规定女性的退休年龄较男性一般提前5岁，但半数以上国家则规定，被保险人不分性别领取养老金的给付年龄皆属相同。

（2）平均退休年龄下降，领取养老金的年龄提前是目前的一般趋势。如最早实施老年社会保险的德国开始规定领取养老金的年龄是70岁，1961年改为65岁。英国起初实行不缴纳保险费的雇员养老保险时，规定年满70岁方可给付，后来改变了缴费规定，同时降低领取年金的年龄为65岁。1935年美国28个州实施养老保险，关于退休年龄，70岁的有14个州，68岁的有1个州，65岁的有13个州，不足50%。后来，颁布《美国社会保障法》则统一规定为65岁。1956年和1961年，美国国会先后又规定女职工和男职工可以在62岁后退休。目前，美国实际平均退休年龄只有61岁，半数以上退休人员不足65岁。

（3）提高退休金是未来老年保险的发展趋势。因为随着世界经济的发展及各国人口的老化，人力资源会成为严重的社会问题。平均退休年龄一直下降的美国，最近将法定退休年龄提高到67岁，而退休年金的给付也相应提高。

三、我国离退休制度和养老社会保险的给付条件

（一）我国离退休制度的条件

1．离休条件

（1）老干部离休条件。

原劳动人事部劳人老[1982]10号《贯彻国务院关于老干部离职休养规定中具体问题处理意见》规定，可以享受离休待遇的老干部是指：1949年9月30日前参加中国共产党所领导的革命军队；在解放区参加工作并脱产享受供给制待遇的；在敌占区从事地下革命工作的，在东北和个别老解放区，1948年底以前享受当地人民政府制定的薪金制待遇的干部，也可以享受离休待遇。

国务院国发[1982]62号《国务院关于老干部离职休养制度的几项规定》中规定：老干部的离休年龄为中央、国家机关的部长、副部长、省市自治区党委第一书记、书记、副书记和省市自治区人民政府省长、市长、主席、副省长、副市长、副主席及相当职务的干部，正职年满65周岁，副职年满60周岁；中央国家机关的司局长、副司局长，省市自治区常委部长、副部长和省市自治区人民政府厅局长、副厅局长、地委书记、副书记和行政公署专员及相当职务的干部年满60周岁；其他干部男年满60周岁，女满55周岁。身体不能坚持正常工作的，可提前离休；确因工作需要，身体又能坚持正常工作的，经任免机关批准，可适当推迟。

（2）新中国成立前参加工作现在是工人的离休条件。

原劳动人事部劳人老[1983]34号《关于贯彻执行我部劳人老[1983]20号文件中一些具

体问题的答复》规定：新中国成立前参加革命工作并享受供给制待遇（或从事地下革命工作）和 1948 年底以前享受当地人民政府制定的薪金待遇的干部，现在是工人的，具备下列条件者，方可办理离休：

① 新中国成立前在我党领导下提拔脱产干部的；

② 当干部的时间必须长于当工人的时间（在处理这个问题时，新中国成立前从事地下革命工作的时间可视为干部工作年限与新中国成立后当干部的时间合并计算）；

③ 属于因犯错误、受处分而安排当工人的。

2．高级专家的离退休条件

国务院国发[1983]141 号《国务院关于高级专家离退休若干问题的暂行规定》中规定：本规定所称高级专家，是指正副教授、正副研究员、高级工程师、高级农艺师、正副主任医师、正副编审、正副译审、正副研究馆员、高级经济师、高级统计师、高级会计师、特级记者、高级记者、高级工艺美术师以及文艺六级以上的专家。

高级专家离退休年龄，一般应按国家统一规定执行。对其中少数高级专家，确因工作需要，身体能坚持正常工作，征得本人同意，经下述机关批准，其离退休年龄可以适当延长。副教授、副研究员以及相当这一职称的高级专家，经所在单位报请上一级主管机关批准，可以适当延长离退休年龄，但最长不超过 65 周岁。

教授、研究员以及相当这一职称的高级专家，经所在单位报请省、市、自治区人民政府或中央、国家机关的部委批准，可以延长离退休年龄，但最长不超过 70 周岁。

学术上造诣高深，在国内外有重大影响的杰出高级专家，经国务院批准，可以暂缓离退休，继续从事研究或著述工作。

3．公务员的退休条件

公务员退休条件的基本构成包括年龄、工作年限和身体状况，退休方式包括法定退休和自愿退休两种。

法定退休是指公务员达到最高任职年龄或丧失工作能力时，必须退休。国家公务员按规定符合下列条件之一的，应当退休：（1）男年满 60 周岁、女年满 55 周岁的；（2）因工致残，完全丧失工作能力的。法定退休条件主要是坚持公务员退休的法律效力和普遍约束力，着重强调公务员应严格履行义务，也就是说，公务员一旦达到法定的最高退休条件应当退休。

自愿退休是指公务员虽不到最高任职年龄，如符合一定条件，也可以退休：（1）男年满 55 周岁、女年满 50 周岁，且工作年限满 20 年的；（2）工作年限满 30 年的。符合上述条件之一的，本人提出要求，经任免机关批准，可以自愿退休。自愿退休条件主要强调了公务员的权利，且尊重本人的愿望，也就是说，公务员在为社会服务了一定的年限后，就可以根据自己的身体和工作情况，有选择提前退休的权利，从而更好地保障了公务员的权益。

4．事业单位工作人员的退休条件

在 1978 年颁布的《国务院关于安置老弱病残干部的暂行办法》（国发[1978]104 号）中，对群众团体、事业单位的干部退休条件是这样规定的：

（1）男年满 60 周岁，女年满 55 周岁，参加革命工作年限满 10 年的；

（2）男年满 50 周岁，女年满 45 周岁，参加革命工作年限满 10 年，经过医院证明完全丧失工作能力的；

（3）因工致残，经过医院证明完全丧失工作能力的。

（二）养老社会保险的给付条件

1．达到法定退休年龄

国务院国发[1978]104 号《国务院关于工人退休、退职的暂行办法》规定如下。

全民所有制企业和事业单位、党政机关、群众团体的工人，符合下列条件之一的应该退休：

（1）男年满 60 周岁，女年满 50 周岁，连续工龄满 10 年的；

（2）从事井下、高空、特别繁重体力劳动或者其他有害身体健康的工作，男年满 55 周岁，女年满 45 周岁，连续工龄满 10 年的；

（3）年龄提早的条件：① 男年满 50 周岁，女年满 45 周岁，连续工龄满 10 年，由医院证明，并经劳动鉴定委员会确认，完全丧失劳动能力的；② 因工致残，由医院证明，并经劳动鉴定委员会确认，完全丧失劳动能力的；③ 患 2、3 期矽肺病离职休养的工人，如果本人自愿，也可以退休。退休费按本人标准工资的 90%发给，并享受原单位的矽肺病人在离职休养期间的待遇。不具备退休条件，由医院证明，并经劳动鉴定委员会确认，完全丧失劳动能力的工人，应该退职。

2．达到缴费年限

根据我国《国务院关于建立统一的企业职工基本养老保险制度的决定》（国发[1997]26 号）的规定，领取养老社会保险金不仅要符合法定的年龄条件，而且还要符合缴费 15 年以上的规定年限。对于不满 15 年而达到法定退休年龄时，退休后不享受基本养老金待遇，其个人账户全部储存额一次性支付本人，同时终止养老保险关系。

第四节 养老社会保险给付标准

一、国外养老社会保险给付标准

实际上世界各国老年社会保险的给付标准十分复杂，极不统一，大体上可以分为五种标准。

1．统一报酬比例。即年金与工资收入成正比。年金的计算以最近几年平均工资的一定比例来计算。如德国的计算公式：老年年金＝缴纳保险费的年限×1.5%×评定工资。其中 1.5%是可调的，如对于延迟退休者，国家会适当调高比例；评定工资即工人实际收入与全国平均工资比例乘以统一计算基数，而统一计算基数则由国家规定，一般相当于近三年的平均收入。如甲 1981 年 65 岁退休，当年统一计算基数为 22787 马克，个人毛收入与社会平均毛收入的比例为 134.5%，缴费 40 年，那么，甲应得年金为 40×1.5%×22787×134.5%＝18389.11 马克。除了德国，中东、非洲的一些国家如伊朗、沙特、埃及、象牙海岸、几内亚也采用这一方法。

2．基本比例加补充比例。即平均工资收入的一定百分比率为基本给付率，然后超过最低投保年限一年另加一定比例。如墨西哥以近 250 周平均缴费的 35%为基本平均给付，缴费超过 500 周，每年加 1.5%～25%。

3．倒比例法。即工资越高，规定比例越低；工资越低，比例越高，从而实现了养老社会保险基金的垂直再分配。美国是实行倒比例法的典型，该国首先计算出被保险人一生的平均工资值，以此作为计算基数，然后将平均工资分为高、中、低三段，高段工资的按 15%计算，中段工资的采用 32%，而低段工资的适用 40%。按照这三个比例计算出的老年年金，大体上高收入者可获得 24%，中层收入者可获得 43%，而低收入者则高达 72%。一般认为，倒比例法比较充分地体现了老年年金的各项原则。

4．全国居民按照统一数额给付。澳大利亚、新西兰、荷兰、挪威和瑞士采用这种办法。如在新西兰夫妻二人每周给付 220.28 新元，单身则给付 133.83 新元，给付额度随生活费指数调整。

5．在统一数额的基础上，附加报酬比例。该类型的国家有加拿大、法国、英国、日本、瑞典。瑞典规定，所有居住在瑞典、年满 65 岁的公民均可享受基本年金，年金的数额，单身为基数（最低生活费，由政府规定）的 96%，夫妇为基数的 157%。以 1960 年开始增长补充年金。凡投保 3 年，就业满 30 年的退休者，增发工资收入的 65%；就业年限不满 30 年的，每少工作一年减 1/30；而在 70 岁以前延迟退休者，每延迟一个月，可增发 0.6%。

这五项标准中，前三项是以工资为基础，按照一定的比例计算。这是传统的老年年金计算办法，目前世界大多数国家采用这种方式。这种方式强调“工资”的作用，即强调工龄或服务年限的长短、缴纳保险费工资的多少，实际上即是强调被保险人对社会的贡献，鼓励他们积极工作。后两项标准是以生活费为基础来计算年金，有人称之为“均一制”年金，一般通行于普遍社会保险国家。

二、我国离退休制度和养老社会保险的给付标准

（一）我国离退休制度的退休金计发标准

1．离休干部的退休金计发标准

（1）离休费及福利待遇。

国务院国发[1980]253 号《国务院关于老干部离职休养的暂行规定》规定如下。

干部离休后，原标准工资（含保留工资）照发，福利待遇不变。其他各项生活待遇，

都与所在地区同级在职干部一样对待，并切实给予保证。医疗、住房、用车、生活品供应等方面，应当优先照顾。

因工致残饮食起居需要人扶助的离休干部，一般可发给不超过当地普通机械行业二级工标准工资的护理费。由于瘫痪等原因，生活长期不能自理的，可酌情发给护理费。需要购置病残工具而本人有困难的，酌情补助。

（2）离休生活补贴标准。

国务院国发[1982]62 号《国务院关于老干部离职休养制度的几项规定》规定如下。老干部离休后基本政治待遇不变，生活待遇略为从优。1921 年 7 月 1 日到 1949 年 9 月 30 日各个革命时期参加革命工作的老干部，离休后原工资照发。1937 年 7 月 6 日以前参加革命工作的老干部，按本人离休前标准工资每年增发 2 个月的工资，作为生活补贴。1937 年 7 月 7 日到 1942 年 12 月 31 日参加革命工作的老干部，按本人离休前标准工资，每年增发一个半月的工资，作为生活补贴。1943 年 1 月 1 日到 1945 年 9 月 2 日参加革命工作的老干部，按本人离休前标准工资，每年增发 1 个月的工资，作为生活补贴。1945 年 9 月 3 日到 1949 年 9 月 30 日参加革命工作的老干部，不增发生活补贴。

2．高级专家离退休的退休金计发标准

国务院国发[1983]41 号《关于高级专家退休若干问题的暂行规定》和国务院国发[1986]26 号《关于高级专家退休问题的补充规定》规定，高级专家离休、退休的待遇，按国家统一规定办理。符合以下情况的，退休费标准可以适当提高。

（1）有重大贡献的高级专家，经省、市、自治区人民政府或中央、国家机关的部委批准，其退休费标准可以酌情提高 5%～15%，提高标准后的退休费，不得超过本人原标准工资。

（2）新中国成立后从国外或者从香港、澳门、台湾地区回来定居工作的高级专家，其退休费均按新中国成立后参加革命工作退休干部的最高标准发给，其中有重大贡献的，再按规定提高退休费。凡新中国成立前从事专业技术工作，1986 年已满 60 周岁，并于 1983 年 9 月 1 日前已获得相当于副教授以上职称的老科学家、老教授、老专家（含新中国成立前在国外工作，新中国成立后回国的），在他们退休后，仍可保留原已获得的称号，他们的退休费按其原工资的 100%发给。对于过去已经办了退休手续，符合上述条件的，也同样对待；领取原工资的 100%。退休的时间，自 1986 年 2 月起计算。

3．公务员的退休金计发标准

我国的公务员退休金给付的原则是：工龄长短同退休金额的多少成正比，对有特殊贡献者待遇还可以酌情提高。具体计发办法是按照 1993 年 12 月国务院办公厅印发的《机关工作人员工资制度改革实施办法》的有关规定执行的，即实行职级工资制后离退休的人员，在新的养老保险制度建立前，离退休费暂按下列办法计发：（1）离休人员的离休费，按本人原基本工资全额计发；（2）退休人员的退休费，基础工资和工龄工资按本人原标准的全额计发，职务工资和级别工资按本人原标准的一定比例计发。其中，工作满

35 年的，职务工资、级别工资两项之和按 88%计发；工作满 30 年不满 35 年的，职务工资、级别工资两项之和按 82%计发；工作满 20 年不满 30 年的，职务工资、级别工资两项之和按 75%计发。

国家公务员退休后，退休当月的工资照发，从批准退休的第二个月起停发工资，每月按规定标准发给退休金，直至去世的次月为止。

1993 年机关事业单位工资制度改革后，对公务员退休金计发办法和标准都作了较大改革，主要包括以下几个方面。（1）将原来按全部工资打折扣的退休金计发办法，改为按职务工资和级别工资打折扣。这样，保证公务员基本生活的基础工资，体现他们年功、资历的工龄工资全额发给，这样比较合理，有利于调动公务员的积极性。（2）突出年功贡献。公务员退休金中按基础工资、工龄工资全额计发的部分，已在很大程度上体现了年功的因素，但还很难全面反映年资与贡献的关系。为培养公务员的敬业精神，充分体现功绩原则，吸引和鼓励优秀人才致力于国家机关工作，退休金计发采取按不同的年资和年段，累进确定系数，逐步提高的办法。（3）建立物价补偿和分享社会发展成果的机制。过去，干部退休后没有正常的增加收入的机制，受物价上涨的影响，生活水平下降。为使公务员退休后保持相应的生活水准，以后在在职公务员调整工资标准时，退休公务员按本地区相同职级公务员调整工资标准的幅度，相应增加退休金。

4．事业单位工作人员的退休金计发标准

按照 1993 年 12 月国务院印发的《事业单位工作人员工资制度改革实施办法》，1993 年工资改革后离退休的人员，在事业单位新的养老保险制度建立前，离退休费按如下办法计发。（1）离休人员的离休费，按本人职务工资与津贴之和全额计发。（2）退休人员的退休费，按本人职务（技术等级）工资与津贴之和的一定比例计发。其中，退休时工作满 35 年的，退休费按 90%计发；工作满 30 年不满 35 年的，按 85%计发；工作满 20 年不满 30 年的，按 80%计发。离退休费的计发基数为本人离退休当月的职务（技术等级）工资和工资构成比例所规定的津贴两项之和（退休费按规定相应打折扣）。

（二）我国养老社会保险的给付标准

由于我国在 20 世纪 90 年代前基本上实行的是“单位退休制度”和叫做“单位保险制度”，之后才逐步过渡到养老社会保险制度，所以在给付标准上，现在就出现“三法并列”，即“新人新办法”、“老人老制度”、“中人过渡制度”。

1．“新人新办法”

根据《国务院关于建立统一的企业职工基本养老保险制度的决定》（国发[1997]26 号）的规定，在该文件实施后参加工作的职工，个人缴费年限累计满 15 年的，退休后按月发给基本养老金。基本养老金由基础养老金和个人账户养老金两部分组成。退休时基础养老金月标准为省、自治区、直辖市上年度职工月平均工资的 20%，个人账户养老金标准为本人账户储存额除以 120。个人缴费累计不满 15 年的，退休后不享受基础养老金待遇，其个人账户储存额一次性支付给本人。

2．“老人老制度”

本决定实施前已经离退休的人员，仍按国家原来的规定发给养老金，同时执行养老金调整办法。

3．“中人过渡制度”

以上“新人”和“老人”的养老金计发都比较简单，复杂的主要是“中人”。下面对“中人”的养老金计发标准问题加以较为详细的论述。

（1）“中人”概念的由来。

“中人”以及“老人”和“新人”等是近年来养老社会保险制度改革中引入个人账户以后出现的新概念。“统账结合”的实行，为每位企业的在职人员设立了一个终身不变的个人账户，以后参加工作的人员也要相应建立一个个人账户。对于新参加工作的人员而言，由于其参加工作一开始就有个人账户，就开始记录其个人账户储存额，因而在退休后其个人账户累计储存额除以 120，即是该职工退休时的个人账户养老金。换句话说，对“统账结合”以后参加工作的人员来讲，其退休时的养老金可以直接用统一制度的养老金计发办法加以计算，不考虑其他的因素，因此将这部分人称为“新人”。而对“统账结合”之前参加工作、之后退休的人员来说，由于其“统账结合”之前的工作年限没有建立个人账户，因此其退休时个人账户全部储存额没有体现其“统账结合”之前的劳动贡献情况，因而其退休时个人账户养老金不能简单地用个人账户储存额除以 120，也就是说对这部分人不能简单地套用统一制度的计发办法计发其退休时的养老金，而要采取一种过渡的办法。对这部分“统账结合”之前参加工作、之后退休的职工，习惯上称为“中人”。所谓“老人”，实际上是“中人”的一种，其概念最早见于上海的方案，它的含义是“实行个人账户之前参加工作，之后 3 年内退休的职工”，与此相对应，上海将“实行个人账户 3 年之后退休的职工”称为“中人”。《国务院关于深化企业职工养老保险制度改革的通知》（国发[1995]6 号）规定的办法一也是这样划分的。之所以这样划分，主要是考虑实行个人账户后 3 年内退休的职工其个人账户储存额太少，在采用账户放大法（或“系数法”）的情况下，用它去放大、推断职工一生的劳动贡献误差太大，故实行了 3 年“缓冲期”。由于现在计算“中人”过渡性养老金时，大多数地区不采用账户放大法或系数法，加之一些地方个人账户实行时间已超过 3 年，故“老人”的概念在实际操作中已很少出现，习惯上可统一称为“中人”。

（2）“中人”界定的标准。

统一制度后，在如何界定“中人”的范围问题上，目前有两种说法：一种说法是以“实施统一制度”为标准，实施统一制度之前参加工作、之后退休的职工称之为“中人”；另一种说法是以“统账结合”为标准，即一个地区“中人”的范围是以该地区首次实行个人账户的时间来划分。上述两种划分方法都有一定的道理，但都不全面。前一种划分在时间上比较统一，都以“实施统一制度”为准，则全国均应以实施统一制度的时间作为划分“中人”的界限。但这种划分却与实际情况相悖，实际上 1998 年之前全国大部分地区都实行了个人账户，其中又有大部分地区（主要是实行办法一和办法三的地区）都对“中人”作了界定，现在要求重新界定势必给实际操作带来被动，职工本人也难以理解。后一种划分基本与实际情况相符，但却不适用于原来实行办法二的地区，因为这些地区的个人账户在整个过渡期都小于 11%（即实行个人账户后，不能用个人账户储存额去推算账户折算的劳动贡献），且记账比例由小到大具有不确定性，因而在统一制度之前不存在所谓“中人”的概念。

界定“中人”的原则应该是既与实际情况相符，又与统一制度相衔接。按照这一原则，界定“中人”的标准应该是：与统一制度的养老金计发办法（新办法）相比较，若统一制度之前的计发办法（老办法）的个人账户的比例，大于或基本等于新办法中的个人账户比例，则原办法之前参加工作、之后退休的职工即称之为“中人”；若原办法的个人账户比例小于新办法中的个人账户比例，则“中人”的范围应是“统一制度之前参加工作、之后退休的职工”。按上述划分标准，可以说，原实行办法一和办法三的地区，其“中人”的范围是以当地实行“统账结合”的办法之日为界限；原实行办法二的地区，其“中人”的范围则是以实施统一制度之日为界限。

（3）“中人”养老金的一般结构和计发办法。

由前面的介绍可知，“中人”具有一定的特殊性，因而其养老金的计发要实行有别于“新人”的计发办法。

所谓“中人”养老金的一般结构，指不同办法并轨后按要求制订“中人”过渡办法，按统一结构进行养老金计发。

实际工作中“中人”养老金的计发可采取两种办法。

① 设立过渡性养老金方式。

即“中人”养老金的结构除基础养老金、个人账户养老金外，另设一块过渡性养老金。用公式表示：

“中人”养老金＝基础养老金＋个人账户养老金＋过渡性养老金

其中过渡性养老金包括两个方面。

一是对职工未建立个人账户的年份，设置系数为 1.0%～1.4%的过渡性养老金。这部分养老金是对“中人”统一制度（或“统账结合”）之前的工作年限没有实行个人账户，其退休时个人账户全部储存额中没有体现这段劳动年限劳动贡献的补偿。计算公式为：

过渡性养老金＝指数化月平均缴费工资×系数×未建立个人账户的年限

其中，1.0%是考虑到一些地方（如北京）的实际情况而提出的系数下限；1.4%是考虑与《国务院关于深化企业职工养老保险制度改革的通知》（国发[1995]6 号）相一致，为系数的上限。这里所说的“未建立个人账户的年限”，包括个人账户比例不超过 5%的地区建立个人账户的年限。按全国平均系数为 1.3%、未建立个人账户年限为 35 年计算，过渡性养老金的替代率为 45.5%，加上基础养老金 20%，替代率可达到 65%左右。

二是在按上述办法设置了过渡性养老金后待遇仍然偏低、无法实现平稳过渡的地区，可考虑再增加一块过渡性调节金（可能高于、等于、低于原有补贴）予以解决，具体数额由各地实际测算后确定。

这个“中人”过渡办法，主要考虑了两个方面的因素：一是与现行待遇水平相衔接，使同类人员比较时，后退休者比先退休者的养老金绝对额不减少，以实现按新办法领取养老金的人数不少于 2/3 的目标；二是过渡性养老金要随着个人账户积累年限和储存额的增加而相应减少，通过若干年的过渡自然取消，从而实现养老金水平与目标水平的平稳对接。

按上述过渡办法计算的“中人”养老金有以下转换和衰减功能。一是 11%的个人账户每增加一年，相当于养老金替代率增加 1.1%。若过渡系数为 1.3%，则随着职工个人账户年限的增加，过渡性养老金每年可衰减 0.2%。二是随着工资的增长，以绝对额形式设置的过渡性调节金（一般相当于工资的 15%左右）相当工资的比重可逐年衰减。若以工资增长 10%估算，每年可衰减 0.7%～1.4%。因此，随着个人账户年限的增加，过渡性养老金和调节金的替代率将逐年衰减，直至取消。

鉴于各地开展基本养老社会保险基金计发办法改革的时间不同，具体办法各异，因此，原劳动部在提出主导性过渡办法的同时，又允许少数地区根据“中人”过渡的基本要求和本地的实际情况具体确定过渡办法。

② 个人账户放大方式。

即“中人”养老金由基础养老金和放大后的个人账户养老金两部分组成。用公式表示：

“中人”养老金＝基础养老金＋个人账户储存额×系数＋120

其中，个人账户储存额的含义同前述；系数可以是一个系数，也可以是多个系数，一般由基本系数和过渡系数等组成。基本系数是将建立账户后的储存额放大为全部工作年限，等于全部缴费年限除以建账年限；过渡系数依据工作年限的长短和工资水平的高低，参考本地现时水平确定，以使按统一制度计发的养老金水平与现行办法相衔接。

从前几年的实践看，采用账户放大法鲜有成功范例，主要是因为现行工资和养老金水平千差万别，用一个或两个系数很难包容这种差别；若系数太多则易失去通用性和规范性。因而只有少数地区采用这种方式。

第五节　企业补充养老保险

一、企业补充养老保险的性质

传统社会保障遇到严重的财政危机，都在寻求改革之际，建立企业补充养老保险有重要意义，这也是世界银行倡导的三个支柱模式的重要支柱之一。建立企业补充养老保险有利于分清保险的责任、减轻政府负担、适应人口老龄化高峰的到来；有利于解决传统制度将主要责任集中于国家的弊端，使制度更灵活，并赋有一定的激励机制，有利于企业吸引和留住优秀人才，增强企业的凝聚力。有利于积累大量基金用于经济建设，抑制消费过快增长。

补充养老保险是基本养老社会保险的补充和辅助，虽属于社会保险的范畴，但与国家统一实施的基本养老社会保险既有联系，又有区别。其联系主要体现在两种养老保险的政策和水平上，区别主要体现在两种养老保险的层次和功能上。因而，补充养老保险既不能由企业完全自愿，又不能由国家强制实施，而应该由国家规定实施政策（包括优惠政策和补充水平等）和实施条件，企业达到规定条件的，可以实行；企业经济条件好时可以多补充，经济条件差时可以少补充或暂不补充；不符合条件的，则不允许实行。

企业补充养老保险具有半强制性，之所以其有一定的强制性，原因如下。一是国际经验的借鉴，如美国、德国、法国、瑞士等都通过颁布其企业补充养老保险法的形式来保护雇员享受补充养老保险的合法权益。二是由于国内企业、职工的短期行为、短视心理会造成一些企业不愿意举办补充养老保险，这在公有制企业和私营企业都可能发生。在公有制企业，由于企业的短期行为，致使企业在收入分配上注重满足职工现期收入增长的要求，以调动职工实现当前经济目标的积极性。而企业补充养老保险的效应主要不是现期的而是一种中长期效应，对于当前调动职工积极性的作用比较弱，也不直接反映企业现任领导的政绩。这种长短期效应的差别性促使企业宁肯多发奖金、多提工资而不愿为职工提供补充养老保险。一部分企业职工也会有类似的短视心理，认为“搞补充养老保险是十几年甚至几十年之后的事，毕竟不如现在增加收入好。企业和职工的这些短期行为和短视心理是阻碍发展企业补充养老保险的因素。至于私营企业由于目前企业补充养老保险所需费用是从利润开支，因而私营业主会想方设法拒绝为职工提供补充养老保险。这就有必要由国家以立法的形式，通过规定实施补充条件，强制符合条件的企业为其职工提供补充养老保险。否则，当企业的短期行为与养老保险的长期目标发生矛盾时，将无法制约企业服从长期目标，因此，发展企业补充养老保险必须有相应的立法与政策指导推进。

二、建立企业补充养老保险的原则

建立企业补充养老保险制度，应遵循以下几项基本原则。

（1）坚持自愿的原则，其费率档次应由企业根据自身的经济承受能力确定，企业经济条件好时可以多补充，经济条件差时可以少补充或暂不补充。

（2）普遍性原则。即所有参加了基本养老保险社会统筹的城镇各类企业都可以建立企业补充养老保险制度，为其员工提供企业补充养老保险。其中，外商投资企业应仅限于中方员工。必须指出的是，普遍性原则的实质只是一种资格或可能，并不意味着企业必须建立，能否建立还要看企业的实际经济能力和诸项条件。

（3）企业的补充养老保险可以实行与职工个人储蓄性养老保险挂钩的办法，如企业可以为员工缴 2/3 的费用，员工本人缴 1/3 的费用，以增强员工的参与感、自我保障意识和企业的凝聚力。

（4）企业补充养老保险的待遇水平应与基本养老社会保险水平通盘考虑、确定，不宜脱离基本养老社会保险水平而定得过高。

三、建立企业补充养老保险的基本条件

虽然，建立企业补充养老保险制度具有普遍性原则，但这并不意味着所有的企业都必须能够建立起这种制度。企业建立补充养老保险是需要具备一定条件的，企业只有具备了一定的条件，才有资格和能力建立这种制度。

根据我国企业的现实情况，企业建立补充养老保险至少应具备以下四个基本条件。

1. 必须是已参加了基本养老社会保险社会统筹，并能按时足额缴纳基本养老保险费的企业。参加基本养老社会保险这一条件是企业建立补充养老保险的前提，也是国际惯例。基本养老社会保险在多层次养老保险体系中起着主导作用，因此，确保基本养老社会保险基金的形成是实施补充保险的先决条件。按时足额缴纳基本养老保险费就是满足这一先决条件的具体化。此外，基本养老社会保险还制约着补充保险的最高补充水平，只有在基本养老社会保险的水平确定之后，才能确定补充保险的最高水平。

2. 企业必须具有一定的经济承受能力。这是建立补充养老保险最重要或最根本的条件。所谓具有一定的经济承受能力，包括了两层含义。一是在补充养老保险资金不允许进入成本的情况下，企业能够用自有资金为本企业职工支付补充养老保险所需资金。自有资金少时则只能少补充或暂不补充。二是在补充养老保险资金允许有条件地进入成本的情况下，进入成本的补充养老保险资金能够被企业消化，不至于影响企业的产品竞争能力。因此，微利企业是不具备建立企业补充养老保险的条件的，企业的经济承受能力和经济效益状况决定着企业是否具备建立补充养老保险的条件以及补充水平的高低。

3. 企业必须做到依法履行纳税义务。依法纳税体现着国家与企业之间的分配关系。国家征税、企业纳税所形成的税收关系是以国家为主体的分配关系，税收代表着国家的整体利益。企业补充养老保险主要体现企业与职工之间的分配关系，代表着局部利益。整体利益制约着局部利益，是获得局部利益的前提条件。企业只有在依法履行纳税义务，确保国家整体利益实现的前提下，才能进行内部分配，为职工提供补充性保险。

4. 企业内部职工代表大会和工会组织或集体谈判制度比较健全，民主管理基础较好。这是企业补充养老保险建立和顺利实施的保证条件。企业补充养老保险涉及职工的切身利益，其制度的建立又非常复杂，如补充的范围水平、新老职工之间以及与已退休人员之间如何做到平衡过渡等。制订和处理这方面的问题必须谨慎、周密、充分论证。我国目前尚无企业补充养老保险法规，这就更需要有企业自我约束、自我监督和自我发展机制，制订切合实际的补充养老保险办法，真正起到增强企业凝聚力的作用。

四、企业补充养老保险的主要内容

1. 实施企业补充养老保险的资金渠道

在国外，大多数实行企业补充养老保险的国家，企业缴纳的补充养老保险资金是在所得税前列支的，在开支规模上一般没有列支的“上限”规定。这主要是因为，在私有制经

济中，企业主从最终的自身利益出发，不可能将补充养老保险的水平定得过高，因而国家不必考虑要规定一个“上限”。我国与西方市场经济国家不同，公有制经济在国民经济活动中占主导地位，因此，如何做到既发挥补充养老保险的积极作用，又能防止超越经济能力而追求过高水平的补充保险是一项十分重要的宏观经济政策。从资金渠道看，1991 年国务院《关于企业职工养老保险制度改革的决定》规定，企业补充养老保险的资金从“企业自有资金中的奖励、福利基金内提取”，1995 年国务院《关于深化企业职工养老保险制度改革的通知》规定，企业“根据本单位经济效益情况，为职工建立补充养老保险”。从近几年的实践看，用企业自有资金解决企业补充养老保险的资金是可行的，因为企业留利中有可供企业用做自主分配的“奖励基金”和部分“福利基金”，企业建立该制度有一定的积极性。从 1993 年 7 月 1 日起正式实施的新的财会制度取消了企业留利的“奖励基金”和“福利基金”科目，原来规定的企业补充保险资金列支渠道无法落实。若规定从企业的工资储备金中列支，企业则没有积极性。另外，应该看到，当前企业之间尚不具备平等竞争的环境与条件，企业的营利水平并不确切地反映其经营状况。因此，对企业补充养老保险的资金渠道问题重新进行规定，使之规范化、法制化是一个十分必要和迫切的任务。

建立企业补充养老保险制度是为了弥补基本养老社会保险的中长期水平的不断下降，实现整个养老保障制度的调整目标，从总体上并没有增加退休者的养老待遇水平，因此，国家应在税收上给予优惠、大力提倡和政策引导。如规定企业补充保险资金可进成本，或免交企业所得税等。为防止国有资产流失，国家可以通过测算，规定一个每年可以从税前列支的工资总额幅度的百分比，超过一定幅度则不允许进入成本。当前，至少应该允许企业每年从应纳税额中列支一部分，在征所得税时，再按同口径调整应征所得税的基数。这样规定，加上其他如个人缴费、从企业工资储备金中列支一部分等，则企业补充养老保险制度会加快其发展速度。

国家为大力发展企业补充养老保险，除了要在资金来源上采取具体的优惠政策鼓励、引导外，还必须对企业补充养老社会保险基金的投资运营给予相应的优惠政策，如存款实行特优利率、投资实行盈利优先和安全保护等。企业补充养老社会保险基金储存时间长，积累数额庞大，通货膨胀有可能对其产生重大影响，要保持补充养老社会保险基金的购买力，就必须确保其保值增值，使其在不断的运营中增值，为未来的养老金支付提供稳定、可靠的资金后盾。

2．企业补充养老保险的补充水平

企业补充养老保险的补充水平由多种因素决定，其中最主要的有以下三个因素。

（1）企业的经济实力、资金来源的多寡是决定补充待遇水平的首要因素。企业经济效益好，资金来源多，补充水平就高；反之，补充水平就低。

（2）基本养老社会保险的替代率决定着补充养老保险金的最高界限。这也是企业补充养老保险的原则之一，即企业补充养老保险的补充及待遇水平应与其基本养老社会保险水平结合通盘考虑确定，补充保险水平只能在最高界限之内浮动，并且须低于基本养老金，否则就不称其为补充。目前，企业补充养老保险最高应不超过本企业职工工资总额的10%，或补充待遇的替代率不超过20%。这样，中长期的基本养老社会保险加企业补充养老保险的目标替代率可维持在80%左右。若补充保险水平过高，一则会使企业之间、不同类型的人员之间退休收入差距过大；二则将来会使财富过多地集中于老年人，不利于刺激生产。在我国发展企业补充保险还缺乏规范的法律、政策和经验，企业补充养老保险相关政策有待于在实践中进一步发展和完善。

（3）补充养老保险水平还由现时的养老金水平所制约。由于现时的养老金水平是在一定时期内由各种因素促成的，反映着退休人员的既得利益。新的多层次养老保险制度的水平，其基本养老金的水平调整很大程度上要靠补充养老保险的配合。

在确定补充水平时，为贯彻公平与效率相结合的原则，企业可按职工距退休年限的长短、贡献大小、岗位类别、职务高低等因素综合考虑，分档次确定不同的比例。

3．企业补充养老保险的补充方法

从目前已有的经验看，实施企业补充养老保险的方法大体有三种。

（1）基值补充法。试行补充养老保险的大多数企业是采用此法的。该方法企业为职工按月记入个人账户的补充养老社会保险基金，是以当年企业补充养老社会保险基金的月人均基本值为基数，再按工龄长短、贡献大小、岗位类别等所规定的系数加以调整而计算的。

（2）工资比例法。为职工按月记入个人账户的补充保险金，是按职工本人一定时期实得工资总额的一定比例记入职工补充保险个人账户的一种方法。

（3）绝对额分配法。这种方法是企业将每年用于补充养老保险的数额按参加工作时间、职务或贡献大小，划分若干档次，每个档次对应补充一定标准的保险金额。

在具体确定企业补充养老保险的水平和方法时应注意以下两个问题。

（1）在选择补充方法时必须实事求是地与本企业的实际情况相结合，有的适用基值补充法较好，有的用工资比例法较好，而有的则用绝对额分配法较好。在补充方法的选择上，要广泛听取企业各方面的意见，与企业内部分配特点相适应。

（2）在具体的补充水平上要避免待遇水平高低过分悬殊。因为补充保险水平是职工退休以后才发生作用的，主要目的是为了弥补或提高职工退休后的生活水平，属于再分配范畴。因而具体到企业每位职工的补充水平上，不能像工资分配（初次分配）一样突出效率原则而使职工间差距显著，而应更多地兼顾公平。若补充水平差别过大，则可能好事变成坏事，挫伤部分职工的积极性。

4．企业补充养老保险的经办形式

具备建立企业补充养老保险条件的企业可以选择不同的保险机构或不同的经办形式为本企业的职工建立补充养老保险。从国外实行补充养老保险国家的一般经验看，经办补充养老保险的形式主要有以下四种。

（1）直接保险形式。即企业主为其雇员直接向有关的保险机构投保，当雇员符合领取养老金条件时，直接到该保险机构领取补充养老社会保险基金的方式。

（2）直接承诺形式。即由企业主直接向雇员承诺雇员退休后可以付给一定数额的养老金的方式。

（3）由企业或同行业内部自行设立专门机构，自己经办本企业（行业）的补充养老保险业务的方式。包括业务管理、基金保值增值及补充保险金的提取和发放。实力比较雄厚的大企业（行业）可采取这种形式。

（4）共同基金形式。即企业主向有关的共同基金或投资基金公司直接投保。这种方式还有一定的探索性。

由于我国正处在建立补充养老保险制度的初期，一些经办形式还处于探索、实践过程之中，相对而言还不够规范和安全，因此，可采用“直接保险形式”作为主要的经办形式，以保护职工的利益。

5. 企业补充养老社会保险基金的支付和转移

在职工达到离退休年龄或协议双方约定的其他可支付条件时，经办机构应按企业为职工本人提供的补充养老社会保险基金本金，连同利息一次或按月发给个人。

职工或离退休人员死亡后，死者遗属可凭死亡证明到经办机构一次性领取尚未领取的或结余的补充养老金及其利息。

职工劳动合同期满后转入其他企业或经批准调动工作的，可凭企业证明，申请办理补充养老社会保险基金的转移手续。原单位和新单位的补充养老社会保险基金可合并计算。

因升学、参军、待业原因离开生产（工作）岗位的职工，其补充养老社会保险基金暂由原经办机构管理，继续保留社会保险关系，待重新参加补充养老保险时，再予转移并连续登记，达到退休年龄时，合并支付给本人。

职工辞职，或被开除、被判刑、被劳动教养，或有其他违反劳动合同行为而离开生产（工作）岗位的，其补充养老社会保险基金依据职工与企业之间的协议处理。

第六节　养老保障的其他补充形式

一、个人储蓄性养老保险

职工个人储蓄性养老保险是我国多层次养老保险体系的一个组成部分，是由职工自愿参加、自愿选择经办机构的一种补充保险形式。

由社会保险管理机构经办的职工个人储蓄性养老保险，由劳动行政部门制订具体办法，职工个人根据自己的工资收入情况，按劳动部门的规定缴纳个人储蓄性养老保险费，记入当地社会保险管理机构在有关银行开设的养老保险个人账户，并按高于同期城乡居民的储蓄存款利率计息，以提倡和鼓励职工个人参加储蓄性养老保险，所得利息记入个人账户，本息一并归职工个人所有。职工达到法定退休年龄经批准退休后，凭个人账户将储蓄性养老社会保险基金一次总付或分次支付给本人。职工跨地区流动，个人账户的储蓄性养老社会保险基金应随之转移。职工未到退休年龄而死亡，记入个人账户的储蓄性养老社会保险基金应由其法定继承人继承。

实行职工个人储蓄性养老保险的目的，在于扩大养老保险经费的来源，多渠道筹集养老社会保险基金，减轻国家和企业的负担。有利于消除长期形成的保险费用完全由国家“包下来”的观念，增强职工的“自我保障”意识和参与社会保险的主动性，同时也能够促进职工对社会保险工作实行广泛的监督。

二、商业性人寿保险

人寿保险是以被保险人的生存或死亡为保险标的的人身保险业务。人寿保险的基本原理是以投保人向保险机构缴纳一定量的保险费，保险机构依靠金融市场运营，使所交保险费增值，并于被保险人在约定的保险期内死亡或生存到一定年龄时，由保险人向被保险人给付一定的保险金的经济活动。由此可见，人寿保险实际上是运用市场机制，对人的生命、老年风险提供经济保障的重要方式。

自第二次世界大战后，世界保险业得到了飞速的发展，保险业已在众多国家的经济发展中起到了举足轻重的作用。作为人寿保险，在许多国家中都发挥了对老年风险保障的重要作用。我国的人身保险、人寿保险在近些年也开始日益受到政府的重视，保险的业务量正在迅速增加，在发挥其防范风险，解决国家社会保障的不足，发展多层次的社会保障制度中正在发挥着越来越重要的作用。探索有效运用商业保险的作用，补充社会保障的不足将是我国社会保障和商业保险发展共同的课题。

三、互助性补充保险

这一补充形式是由工会组织发起和组织的。1992 年 7 月 6 日全国总工会发布的《关于工会举办职工互助补充保险》的意见和 1996 年 11 月 26 日全国总工会发布的《中国职工互助补充保险试行办法》是中国职工开展的自愿参加的，以职工个人筹集资金为主的群众性互济性保险，是对国家法定社会保险的一种补充。

这种职工互助补充保险的具体形式比较多，它们共同的目的是为了在建立社会主义市经济体制过程中，适应劳动制度改革的需要，增强社会抵御风险的“第二道防线”，为保证职工的生活和健康发挥作用。如河北省唐山市总工会发起建立了《职工互助补充保险》，旨在补充国家基本保险待遇水平的不足，对职工的劳动风险损失给予更多的补偿。目前，该市已有 38 万职工参加了工会举办的养老、医疗、工亡抚恤、应急济难等 9 种互助补充保险，初步形成了国家基本保险以外的职工互助补充保险体系。

我国不少地区和部门的工会组织还举办了劳模特别补充养老保险，这也是补充保险的一种形式。如1994年重庆市将劳动模范的优异待遇与社会保险结合起来，决定对市级以上劳模实行特别补充养老保险。此项保险是由重庆市总工会和太平洋保险公司重庆分公司专设的，获此项保险的人员包括：该市机关、企业、事业单位在职的新中国成立以来获全国“五一劳动奖章”荣誉称号的；获全国、省、部级劳动模范、先进生产（工作）者荣誉称号的；获市劳动模范荣誉称号的人员。上述人员所在单位为投保人。该项保险按劳模、先进生产（工作）者的不同荣誉称号规定不同的投保标准。

四、城乡最低生活保障

城乡最低生活保障是对于城乡社区老人中无收入者或低于规定的最低生活标准者给予的社会救济，也可以说是社区老人的最后一道保障线、生存线、生命线。目前，这项工作按照民政部“应保尽保”的精神，基本上把城市社区的社会救济对象全部纳入了保障范围。但是要真正把这项工作作为社区老人生活的最后一道保障线，在进行这项工作时还必须注意以下问题。

（1）与人们直接相关的基本生活物质的价格是一种动态变化的东西，制约着人们基本生活水平的因素是多种的。因此，要经常注意这些变化的因素，要及时地调整低保标准，否则，就失去了最后一道保障的意义。

（2）享受低保救济的社区老人也是动态的，特别是对于一些再就业的老人来说更是如此。因此，我们要经常注意那些再就业的社区老人的生活收入的变化，一旦他们失业，落入低保救济线以下，就应及时把他们纳入低保救济范围，保障其基本生活。

（3）对于享受低保救济的社区老人，特别是一些孤寡老人，还要有其他的配套措施，给予更多的关心和照顾。除了享受低保救济之外，还应在社区福利方面、社区福利性服务方面给予多方面的帮助。

五、家庭保障和再就业保障

家庭保障是指直系血亲对家庭老人的保障。它是我国传统的一种保障，在今天进入市场经济阶段以后，无论是从法律还是从道德的角度来说，仍然值得提倡和强调，而且还要以法律来保证实施。根据我国的《宪法》和《婚姻法》规定，直系血亲的子女辈、（外）孙子女辈对自己的父母、（外）祖父母有赡养的义务。因此，对于那些不赡养家庭老人的人，应依法加以惩处。但是对于孤寡老人来说，家庭保障是缺项，这就需要别的保障网络来补充和加强。

家庭赡养老年人的作用还与一个国家的文化模式、民族习俗有关。如日本是一个工业化、城市化、经济发展水平都很高的国家，但日本家庭赡养、照料老年人的作用仍然发挥得很好。目前，对家庭的作用不能一概否定，对发达国家如此，对于经济欠发达的国家更是如此。

家庭养老可以说是补充养老保险的一种有效形式。中国是一个13亿多人口的大国，目前正处于社会主义初级阶段，经济发展水平低，人均收入少。“老有所养”是老年人生活中头等重要的问题。从近年来我国60岁以上老年人口抽样调查资料中可以看出，中国城市老年人的主要经济来源有三个。第一是养老金。享受养老金的人数，男性占75.5%，女性占53.8%。第二是子女供养。享受子女供养的人数，男性占5.2%，女性占36.9%。第三是劳动收入。靠劳动收入的人数，男性占19.3%，女性占9.3%。这说明，城市老年人的生活，除了靠国家的养老金外，相当一部分人，尤其是女性的生活还要靠子女供养。

再就业保障是一种老人自己保障自己、自己养活自己的自助性保障。目前，在国外对于这种保障方式也大力积极提倡和鼓励。对于老人的再就业除了提供服务，还应给予政策性的鼓励，如对其收入免除个人所得税等。

第七节　农民工养老社会保险的探索

一、农民工的养老问题

什么是农民工？顾名思义是指兼具农民和工人身份的劳动者。随着我国经济社会的发展和城镇化的推进，大批农民离开土地，进入城镇务工，就成为农民工。根据近年来国家统计局农调队每年都要对全国农村住户和行政村进行的抽样调查结果表明，农民工已成为社会一个庞大的群体，2003年其数量为1.1亿，比2002年增长8.6%；2004年为1.2亿，比2003年增长3.8%。但是，由于户籍制度的限制，他们游离在城市和农村的边缘，得不到基本的身份认同，长期以来被无情地拒之于社会保障的大门之外。从失业保障方面看，城市居民在失业期间有失业补助，而农民工却没有，他们在失业期间多是靠积蓄，或向他人借钱维持生计，也有一部分人不得不重回农村老家。从医疗方面看，很多农民工生病以后仗着年轻、身体好，硬挺着而不去医院看病；遇到不得不看的病，绝大部分也只能是自费，用工单位通常在不得已的情形下只垫付很小一部分的费用。从住房方面看，农民工是无法享受福利分房或在政府提供补贴的情形下购买商品房的。他们一般都合伙租住于城乡结合部的农居点，建筑工人往往住在工地附近的工棚里。农民工居住点大都拥挤不堪，采光和通风条件较差，通常是城市的卫生死角。养老社会保险对于他们来说是可想而不可即的。

农民工缺乏养老社会保险，究其原因主要在于以下几个方面。

1．农民工在城镇的边缘性社会地位是其根本原因。正处在转型加速期的中国社会仍带有明显的二元特征，附着了太多利益的户口仍在发挥着作用。没有城镇户口就不能平等地享受到城镇居民的最低生活保障待遇；不是城镇职工就不能平等地享受养老、医疗、失业等社会保险待遇（尽管这种体制具有过渡性），正是这些结构性的制度安排使农民工处于城市社会的底层而成为边缘群体，也正是这种边缘性的社会地位使其难以享受社会保障权益。

2．社会保险立法不健全，政府及社会重视程度不够。我国尽管在 1998 年以来就建立了城镇职工养老、医疗保险的相关法律，但关于农民工的社会保险问题没有相应的立法。由于缺乏相应的法律保障，使他们的养老社会保险工作难以实现强制性原则。同时，很多城市把眼光着眼于地区利益，为解决城市居民就业问题，对农民工频频设卡，不重视、不解决农民工的就业问题，更不用说他们的社会保险问题了。部分民营企业、个体工商户业主对社会保险缺乏正确的认识，错误地认为参保是加重企业负担，瞒报应参保人数。

3．农民工自身社会保险意识较差。这在一定程度上缓释了问题的紧迫性。农民工对于用人单位和自身参保持无所谓的态度，其理由主要有：缴纳保险费减少了现金收入；担心将来社会保险没有“保障”；怕失去工作机会而不敢向用人单位争取社会保障权利等。

4．一些思想观念客观上阻碍了农民工养老社会保险问题的解决。这些观点认为目前建立农民工社会保险的时机不成熟；农民工仍与土地保持着一定的权属关系，土地可以做其生存保障的兜底性载体；农民工流动性强，农民工在跨省、跨县市流动就业时，也因为各地的标准不统一而使社会保险转移的实践可操作性很差等。

5．资金问题也是农民工养老社会保险迟迟没有提上日程的客观原因之一。近几年，国家和政府集中精力与财力加强城镇社会保障改革与建设，以确保经济体制改革的顺利进行，但是城镇职工养老保险、失业保险等仍旧陷入资金困境。随着下岗人员的增多以及企业的继续裁员，领取失业保险金的人越来越多，支出呈现明显的上升趋势。当城镇社会保障制度运行受到资金限制时，若再将庞大的农民工群体考虑在制度范围内，必然要面临更为严重的资金困难。

二、建立农民工养老社会保险制度的重要意义

解决农民工的养老问题是全面建设小康社会的需要。全面建设小康社会的宏伟目标最艰巨的任务在农村，温家宝总理在十届全国人大二次会议上作政府工作报告时强调，解决农业、农村和农民问题是我们全部工作的重中之重。解决“三农问题”的一个主要措施就是把农村剩余劳动力从土地中解放出来，向非农产业和城镇转移。由于当前农业收入增长缓慢，农民工希望在城市中通过非农产业劳动增加收入，因此他们与城镇居民一样也面临老、病、残、失业等相同的风险。如果我们没有建立与其风险相适应的农民工社会保险制度，迫于生计，进城农民就无法摆脱对土地的天然眷恋，那么在每人都拥有一份土地的情形下，农业的规模化、机械化和现代化将遥遥无期。从长远的角度看，这不利于实现全面建设小康社会。

解决农民工的养老问题是实现社会公平、维护城市社会稳定的需要。市场根据经济效益向生产要素供给者提供报酬，要促使经济效益增长，就必须使报酬有差别，这种差别不仅是客观的，并且差别本身是经济运行的动力。但这种差别必须有一个度，就是不能危害社会公

平，即经济效益得兼顾公平。农民工对促进城市经济增长、拉动内需作出很大的贡献，同时又转移了大量农村剩余劳动力，逐渐缩小了城乡差距。可以说，农民工已深化成一种强大的改革力量，推动了中国以社会主义市场经济为目标模式的改革不断深入和发展，提高了市场经济运行的总效率。但我们也要看到，几乎所有的农民工被排斥在城市的社会保险体系之外。另外，农民工容易在遇到生活风险时铤而走险，成为城市社会稳定的一大隐患。究其原因，在城市遭受到“非国民待遇”，特别是社会保险的严重滞后乃至缺失是诱发他们的思想和行为失范的根源。农民工从事着苦、累、脏、险职业或工种，但他们却处于都市的“边缘化”生存状态，这往往容易使农民工萌生对城市文明和城里人的反感情绪，这种情绪从积累到宣泄则构成了城市不稳定的诱因。因此，把农民工纳入养老、工伤、医疗、失业等为内容的社会保险体系，给予农民工正当的社会认可和人文关怀，不仅有利于兼顾经济效率与社会公平，还可以从一定程度上减少社会动荡的因素，维护社会的稳定运行。

3．解决农民工的养老问题是提高我国城市化水平的需要。城市化是指一国在工业化进程中，人口、产业（或资本）不断从农村向城市集聚，城市数量越来越多，城市人口越来越多的过程。我国的城市化进程在二元社会结构的影响下，在改革开放前的二十多年时间里一直停滞不前，严重滞后于工业化进程，呈现出“工业国家，农村社会”的特征。改革开放以来，中国城市化处于快速发展期。城市化水平从 1990 年的 18.96%提高到 2000 年的 36.1%，但与发达国家的城市化水平仍相差甚远。城市化滞后引起或加剧了我国经济社会发展中的一些突出问题。如农民收入过低和增长乏力、就业压力大等，在很大程度上均与城市化滞后有关。而提高城市化水平最重要的实际措施之一就是建立面向农民工的养老社会保险制度。但由于种种原因他们至今尚未被纳入城市社会保障体系之中，加上其他因素，致使农民工仍然处于流动状态，从而严重阻碍了我国城市化水平的进一步提高。有关专家预计，到 2010 年及 21 世纪中叶我国城市化水平将分别达到 45%和 65%。如果没有建立农民工养老社会保险制度，这些目标是很难顺利实现的。

4．解决农民工的养老问题是社会保障制度改革的长期目标的需要。由于客观条件的制约，我国社会保障制度的覆盖面还相当狭窄，这很难体现我国的社会主义制度的优越性。因此，要与我国的社会主义制度相适应，就必须建立城乡统一的、一元化的，包括养老社会保险在内的社会保障制度，这是我国社会保障制度改革的长期的发展目标。此目标虽然在短时间内难以实现，但近期多元化的社会保障制度安排可作为一种过渡。因此，我们不能忽视农民工这一日益庞大的社会群体的养老问题，考虑把农民工纳入社会保障体系也是必要的。从长远来看，既能减少未来社会保障制度改革的阻力与成本，又不会扭曲迈向城乡一元化社会保障目标的路径。

三、建立农民工养老社会保险制度的基本思路

1．尽早制定农民工养老社会保险的独立法律或法规。现行的社会保险法规政策体系

中，至今没有一部综合的关于农民工社会保障的全国性专门法律或规章，对于农民工社会保险的规定也很少且很笼统。1991 年，国务院颁布的《全民所有制企业招用农民合同制工人的规定》，对农民工社会保险作了一些较为具体的规定，却不完整；1999 年，国务院发布试行了《社会保障费征缴暂行条例》，首次将非公有制企业职工和外来劳动力纳入养老保险统筹。这是各省市迄今为止已出台的所有有关条例和办法中针对农民工内容最全面的社会保障条例。其中，明确规定农民工可以享受老年补贴、住院医疗费报销、工伤补偿或意外补偿等几项补贴。由于这些法规和规章竞争力的层次较低，很难保障农民工的权益。此外，很多地方则还没有出台相关无偏见的地方性法规或规章来规范农民工的社会保障问题。

2. 建立灵活多类的社会统筹账户。各地方立法机关依据当地企业的经济状况制订一定时期内农民工养老社会保险实施办法，根据企业规模和招收农民工的数量将企业所要交的农民工社会养老社会保险基金总额分为若干级别，强制企业对照级别标准按季度及时缴费，以税前缴纳为优惠。企业的状况由其法定代表人或其授权人到养老保险机构缴费时登记，登记结果公开，任何组织和公民都可以查阅。不如实登记而少交或者拒绝登记与缴费的企业，一经查出，不仅要按当时情况补交，而且要负法律责任。同时，赋予养老保险机构和工会监督权，赋予它们对企业所登记的情况的季度间差异及其他情况提出怀疑、申请法律执行部门调查的权利，允许它们在证据充分时可以直接向人民法院起诉无正当理由而少交、漏交农民工养老金的企业。

国家养老保险机构将所有企业缴纳的农民工养老社会保险基金汇合统筹，从中抽取一定比例的保险金，平均注入当前本地区的每一按时缴费的农民工养老社会保险个人账户，不妨称个人账户中的这部分基金为基本养老社会保险基金。另一部分基金采用先收现付的支付方式，平均打入当前已经领取养老社会保险基金的农民工的统筹账户。两部分基金的比例由地方立法机关根据老年农民工的社会生活保障需求而定。当地区差异逐渐减少时，企业缴费标准和企业缴费分配比例将逐渐实现全国的统一，并最终达到现收现付部分的全国统筹。当前因为不存在普遍的农民工养老问题，所以现收现付部分可以用来救济当前城市中的少数中老年农民工，如煤矿、建筑等高强度职业的 40 岁或 45 岁以上的农民工。有关部门宣传救济条件后对符合条件的人员进行登记，设立农民工养老救济账户，按时发给救济金。这符合现收现付模式实现代际统筹的目标，也有利于农民工养老社会保险制度的建设获得更普遍的支持。从当前参加农民工养老社会保险的人员开始领取养老金时开始，新缴纳的统筹基金停止救济功能，为可以领养老金的农民工建立社会统筹账户，平均发放。农民工中途停交养老保险费不影响其获得统筹账户，回农村或者又进城务工的人员，可以根据其务工时间和缴费年限的比例获得相同比例的社会统筹养老金。

3. 以自愿原则为前提吸引农民工建立个人永久性账户。农民工可以凭借身份证和工作证明在务工城市建立个人永久性（与身份证一致）账户，并可随时查询。由于劳动合同的签订事实上阻碍了农民工获得保险的权利，所以应该放宽条件，只要农民工能证明其工作状态即可。个人账户记录农民工的个人缴费和每一季度的（农民工养老保险社会统筹基金中的）基本保险金的总和，以及全部积累基金的增值部分。个人账户信息实现全国联网，农民工可以在联网上更改住所等信息，可以依据工作转换证明实现养老保险关系的地区间转接，获得新工作所在地区该季度的社会统筹基本养老社会保险基金。积累基金逐步实现全国统一管理，由社保基金理事会负责存储与投资。个人账户的最后地域归属决定该账户所有者获得社会统筹账户的地方。社会养老保险机构有义务通知账户所有人到其最近的机构或代理银行领取社会统筹账户。

农民工的缴费标准和比例应当根据公平与效率的原则，在法律精神指导下确定与更改，标准是根据平均工资、最低工资还是最低生活保障由地方立法机关决定，并由其授权机关提供科学的数据。农民工个人投保采取自愿原则，缴费由其自行到保险机构缴纳，不参加的视为自动放弃来自社会统筹的基本养老金和社会统筹账户。这将极大地提高农民工参与投保的积极性。农民工和企业分开交纳，若规定一个季度交纳一次，那么农民工第一个月末交，企业第二个月末交。这样，农民工的投保资料可以帮助保险机构核对企业的缴费状况，而且保险机构可以因此申请有关部门调查漏交、少交企业。农民工个人缴纳保险金无上限，滞交后可以在规定时间内补交。农转非或者回农村的农民工都不需要结束或者更改账户信息。前者和企业之间在缴纳金额上的争议可以在相关法律框架内协商解决。后者仍然可以自行缴纳继续参加保险，如果连续两个季度不能出示工作证明或不再按规定缴费（滞交超过一定期限），将不能再分摊基本养老金，但若不退保则可以获得社会统筹账户和一定比例的基金；如果退保，农民工可以一次性取回个人账户所有积累资金及其增值部分，不过也就因此不能获得社会统筹账号，重新申请参加时防止一人多个账户，仍然采取与身份证挂钩策略，实为延续，但保险年限从最近一次申请时算起，这样可以从一定程度上防止农民工无故退保取出基金；同时允许部分农民工在能出示灾难、疾病、特困等情况的证据或相关机关的证明时，不退保而取出账户中的大部分基金急用。养老金可以在任一社会养老保险机构或其代理点分期领取。

4．实行基金积累模式和现收现付模式相结合。

（1）完全基金积累制度的设计能适应人口老龄化，增强农民工防御养老风险的意识和能力。当前城镇职工难以建立积累制度是因为从现收现付模式向基金积累模式转换的成本过大无法承受，而农民工养老社会保险不存在这个问题，所以应该抓住机会尽早开始农民工的养老金积累，否则老龄化时代来临时，社会难以承受，农民工的养老状况将严重引起社会的不稳定。

（2）现收现付制度的存在缓解了当前发展经济的背景下公平与效率的矛盾。我国企业和农民工的承受能力现在都还有限，所以农民工投保的低起点、无上限规定是必须的，企业统筹养老金的也只能低起点，只能逐步提高和逐步纳入社会养老保险体系。现收现付式制度等于让未来的企业借钱给现在的企业发展经济，并且满足了当前人们对社会公平的需求，也保证了未来农民工公平地获得养老保险待遇，这是由发展中国家的国情决定的。

（3）积累模式和现收现付模式的结合有利于促进未来我国养老保险制度的统一发展。

一方面随着企业和农民工收入的增加，个人账户和社会统筹的养老金都将与城镇居民越来越靠近，并最终可以实现社会统筹的合二为一，为农村户口工人和城镇户口工人的待遇差异的消失开具证明；另一方面，转回农业部门的农民工保持民工社会养老保险账户，为农民积累模式社会养老制度的建立提供了参照。同时，当农业现代化逐渐实现、国家逐渐富裕时，农民退休制度和农民养老社会保险基金的现收现付式社会统筹制度也将逐步建立，到一定阶段便可以实现两种养老保险制度的结合，为城乡劳动力一体化彻底扫清障碍。

第八节　我国养老社会保险的深化改革

一、当前养老社会保险存在的问题

1．政出多门，管理分散

改革是对既有利益格局的调整，没有多部门的共同参与是很难推进的。然而，如果决策权力不能集中，管理体制过分分散，改革成效就必然会大打折扣，因为分散的决策会造成最终的改革方案莫衷一是或者成为杂烩，分割的管理则可能使改革动力相互抵消。在以往的养老保险乃至整个社会保障制度改革中，这种局面不幸多次出现。一般而言，对养老保险制度改革的讨论应当充分，但改革方案的设计却需要集中，只有这样才能明确制度设计部门的责任，并确保新的改革方案在实施中具有权威性。

2．历史包袱沉重，新旧交接不顺

现有的离退休人员及改革前参加工作的中年职工并没有任何养老基金的积累，在退休养老保险由现收现付制转向特殊的部分积累（部分现收现付＋部分完全积累）条件下，这种隐藏在代际转移支付背后的历史债务便迅速显性化，并需要有合理的消化途径。

3．缺乏强有力的法律处罚手段，养老保险费征缴困难

目前，我国的一些地区还处于计划经济向社会主义市场经济的转轨过渡中，在一些老工业基地和中西部地区，企业的生产经营出现困难，养老保险费征缴难是一个突出的问题。据有关部门统计，截至1999年底，全国的企业欠缴养老保险费共383亿元，其中欠费1000万元以上的大户有200余家，严重削弱了社会保险基金的支撑能力，加重了中央和地方财政的负担，对确保养老金按时足额发放、维护社会稳定产生了不利影响。对一些不自觉缴费的单位，主要靠社会保险经办机构多次上门催缴，即使这样，有的企业也故意欠费，有钱不缴。一些企业欠费数额巨大，有的企业隐瞒缴费基数，影响了养老社会保险基金的收入。

4．省级统筹还不完善

近年来，全国各省、自治区、直辖市加强了省级统筹工作，通过省级调剂，在增强基

金的抗风险能力、保障离退休人员基本生活、深化养老保险改革、加强基金管理等方面都取得了明显成效。但除北京、上海、天津三市实现了统一制度、统一待遇标准、统一管理、统一基金调剂和经办机构垂直管理外，其他的省、区在覆盖范围、缴费标准、基金管理、组织管理等方面的做法还不规范。主要问题表现在：一是基本养老保险统筹项目不统一，有的省统一了省级统筹项目，有的省还没有统一统筹项目，即使在统一了全省统筹项目的省份，一些地（市）还有自己规定的统筹项目；二是省级统筹的层次还比较低，大部分省还没有实现养老保险管理和基金调剂的统一，有的省只是建立了省级调剂金，但调剂力度不大，难以确保困难地市县的养老金发放；三是覆盖面参差不齐，一些省级统筹地区职工参加养老保险的比例还不够高，有的省养老保险的覆盖范围还只限于国有企业，集体企业、私营企业、个体企业没有或少量参加进来；四是由于地方利益的影响，省级统筹的强制性、规范化不够，出现一些地区拒缴或少缴省级调剂金现象，使省级集中资金困难，形不成规模，发挥不出有效的调剂功能；五是许多省在缴费基数、企业和个人缴费比例、基金管理等方面存在较大差异；六是大部分省经办机构的管理体制不顺，不能够实行垂直管理，没有形成全省范围的业务管理、人事管理规范化、制度化。因此，如何推进省级统筹的规范化进程是当前深化养老保险制度面临的一项重要任务。

5．保险费率过高，单位负担太重

仅从养老保险看，1995 年我国养老保险费就已达到工资总额的 20.76%，1996 年高达 23%，近年来基本上也维持了这一较高水平；按国际劳工组织的规定，企业负担保险费率不能超过企业工资总额的 20%～25%的警戒线。目前，一些老工业基地老年职工所占比例大，养老负担较重，保险费率已经接近或超过 30%，仍然入不敷出；相当部分地区不仅个人账户全被透支，就连过去实行现收现付时略有结余的积累基金也都花光了。

由于保险费的绝大部分由单位承担，造成单位负担过重，已参保的单位设法少交费或拖欠交费。经营状况较好，养老负担较轻的三资企业、民营企业不愿参保，这就造成养老金收缴率呈逐年下降趋势，统筹面也难以扩大。实际收缴率的下降，统筹面的局限，又使当期收支不能平衡，只有进一步提高企业的供款率，而更高的供款率只能造成更低的收缴率。加上退休人员比例快速增长，养老金收支矛盾不断加剧，单位面临更为沉重的负担。

据有关部门对企业人工成本的抽样调查，1998 年全国制造业企业所缴纳的社会保险费用占其人工成本的 17.40％，人工成本总额相当于成本费用总额的 12.9%。企业参加社会保险增加其总成本约 2.24 个百分点，而当年我国企业的销售收入净利润率只有 4%左右，相当比例的企业净利润率低于 2%，如果严格执行社会保险费的征缴，相当一批企业的利润几乎就会被社会保险吃掉。

6．社会保险体系的覆盖面较窄，收难抵支

社会保障制度建设不仅面临过高缴费率与企业负担过重的压力，更突出的问题是进一步扩大覆盖面越来越难。养老、医疗和失业三项保险，在多数地区仅企业缴费就已经达到工资总额的 30%左右，个人三项保险缴费合计也在工资额的 10%左右。由于过高的缴费率大大影响企业的人工成本及赢利水平，致使很多企业以各种方式逃避参保。目前来看，除一些已参保企业拖欠、逃避交纳保险费外，一些经营状况较好，老年职工比例较小的企业不愿承担额外的养老负担，设法少交费或不交费，部分三资企业、民营企业面对高额的保险费，也纷纷退出社会统筹。

据统计，2003 年末，全国参加基本养老社会保险的人数为 15506 万人，而同期全国城镇从业人员数量为 25639 万人，参保人数只有目标人口的 60%。

自 20 世纪 90 年代后期以来，全国养老社会保险基金收入在个人账户“空账运行”的情况下仍然收不抵支，且年度赤字规模一直扩大，自 1998 年我国首次出现基本养老社会保险收支赤字后，到 1999 年个人账户空账已累积近千亿元。近几年，“空账运行”的个人账户还在以每年名义积累 500 亿元左右的速度增加，而同时，社会保障资金收支只有在每年获得各级政府超过 500 亿财政补贴后才能勉强平衡。

建构社会养老保障制度的最初目标是以基金积累制取代现收现付制，以应付人口老龄化的压力，而现行的模式实际上已难以实现这一目标。按国家统计局资料，早在 2000 年，我国老龄人口为 1.33 亿，占总人口的 10.5%，就进入了“老年型人口”的社会；2030 年老年人口将达 3.1 亿人，占总人口的 20.42%，届时退休人员相当于在职人员的 40%以上。据世界银行研究报告预测，到 2010 年，我国养老保险统筹费率将达 25%，2030 年将上升到 48%，远远超过了国际公认的 20%～25%的警戒线。在目前统筹费率为 20%的情况下，就出现了企业负担过重，基金收不抵支的现象，到未来要承受 40%以上的统筹费率，筹资与支付的资金缺口会越来越巨大，老年人口按时足额领取养老金的权益就难以得到保障。

二、养老社会保险深化改革的思路

1．明确政府在养老社会保险中的责任

从国外来看，大多数国家的政府在养老社会保险中承担了无可推卸的直接责任，那么在我国也当然如此。

政府负责的重点在于基本养老社会保险制度，其中，普惠式的国民养老保险无疑应当由政府承担起全部责任，它通过国税的方式来解决资金供给问题，并采取现收现付（即实现年度平衡）的财务机制；在差别性的职业养老保险中，应当努力追求自我平衡（不是年度平衡，而是长期或者周期平衡，如以二代人或 40 年左右为一个周期），政府承担的是对公务人员的（雇主）缴费责任，承担这一养老保险制度的管理与运行成本拨款责任，保证这一养老金获得最低回报率的责任，政府对这两种养老金承担责任是基本养老社会保险制度安全、可靠的根本保证。

政府对基本养老社会保险制度承担直接责任，并不意味着对其他层次的养老保障没有责任。如在家庭或自我保障层次，政府就可以通过相应的政策措施来维护家庭稳定并放大其承担养老责任的能力，如台北市将 2002 年定为“珍爱家庭年”，并通过家庭减压政策、家庭健康政策、家庭扩展政策、家庭安心政策、家庭互助政策、家庭脱贫政策、家庭服务政策和家庭补助政策等来补充或扩充家庭保障的不足，就受到了市民的欢迎。在单位负责的老年保障层次（即补充性养老保险或企业年金），应当取决于单位的发展战略与劳动力市场竞争的需要，但如果政府认为值得鼓励，可以通过适度的税收优惠等政策来加以引导；在市场提供的老年保障层次，则主要取决于市场供求关系与市场竞争，政府可以通过创造公平的竞争环境和规范市场竞争行为来发挥市场主体的主动性和积极性。

2．将统账结合模式发展成普惠式国民养老保险与差别性职业养老保险

在充分肯定统账结合模式养老保险制度具有创新性的同时，有必要认识到这种制度还存在着调整与发展的必要。首先是在现行制度结构中，社会统筹与个人账户因统账一体造成职责不清进而导致统筹账户透支个人账户基金已经使制度变形，因而自 2001 年 7 月 1 日在辽宁进行的新一轮改革试点已经走向统账分离——社会统筹基金与个人账户基金分账管理；其次，现行统账结合模式作为一个层次的制度安排，要求整体推进，而劳动就业格局却发生了前所未有的变化，非正规就业人数逐年大幅增长，这种格局造成现行统账结合模式要么难以推进，要么成本高昂。可见，已经流行的非正规就业是现行统账结合模式的养老保险制度必须应对的新的并且是长久的挑战；再次，这种制度虽然现阶段只覆盖拥有城镇户口的劳动者，却不能将农村劳动者尤其是已经非农化的农村劳动者排斥在外，城乡劳动者不仅在解除养老后顾之忧方面的需求日益趋同，而且必然要求享受同等的养老保障权益。因此，目前的统账结合模式养老保险制度还需要进一步调整才能适应经济社会发展的需要和劳动者对解除养老后顾之忧的需要。

有鉴于此，主张在现有基础上，将统账结合中社会统筹部分与个人账户部分分解并发展成为普惠式国民养老金与差别性职业养老金，辽宁省试点中的社会统筹基金与个人账户基金分账管理已经为这种制度调整创造条件。如果作这样一种调整，则既能解决现行制度所遇到的问题，亦能适应经济社会发展尤其是劳动就业格局发展变化的需要。

在这种制度架构中，普惠式的国民养老保险覆盖所有正规就业与非正规就业劳动者，它以国税为基础，采取现收现付财务机制，显著地体现出国家责任和社会公平属性，最终目标是发展成为全民化养老保险制度。差别性的职业养老保险因为主要是雇主与劳动者分担缴费责任，从而主要面向所有正规就业劳动者，但不排斥非正规就业劳动者参加，它以按照工资的一定比例强制征缴养老保险费为基础，采取个人账户式的完全积累财务机制，体现雇主责任与劳动者个人责任的结合，同时也是效率与公平的结合。

毫无疑问，在现阶段，政府的工作重心应当是基本养老社会保险制度的构建与完善，即在统账结合模式的基础上，促使其向普惠式的国民养老金与差别性的职业养老金发展。而补充性养老金（企业年金）显然还不是目前整个养老保险制度构建与发展的重点所在，它应当在已经搭建的基本养老社会保险制度平台上发展。如果在缺乏统一的基本养老社会保险制度的条件下过分推进补充养老保险（企业年金）等的发展，必然导致制度构建中的混乱。西方国家的所谓先有补充养老保险（企业或职业年金），然后才有公共养老金的做法

并不适用于中国，因为中国确实是先有公共养老金制度并已经实施了数十年，况且基本养老社会保险确实充当着整个社会化养老保险体系的基础。

在统账结合模式向普惠式国民养老金与差别性职业养老金组合模式的发展过程中，重要的是明确正规就业与非正规就业的界限，以及重新确定有关各方的责任尤其是缴费负担。

3．统一决策，理顺管理体制

在基本养老社会保险制度的确立与发展进程中，有必要吸取以往改革中分散决策与管理权限分割并导致诸多不良后遗症的教训。

一般而言，养老社会保险制度应当由立法机关在广泛讨论的前提下通过相应的立法来确立，国家立法机关是这一制度的最高决策者。但在立法规范的条件下，对养老社会保险具体政策进行修订与完善的责任却应由养老社会保险主管部门来承担；在没有法律规范的条件下，基本养老社会保险改革方案的设计亦应由养老社会保险主管部门负主要责任，多部门可以参与协商，但决策的权力却不能分散；否则，必然会出现混乱并导致政策权威受损的局面。

在管理体制方面，虽然1998年对职能部门的分工已经明确，但并不等于管理体制已经完全理顺。养老社会保险主管部门的权力实际上受到其他部门的极大牵制，因此，有必要进一步理顺养老社会保险制度的管理体制。基于基本养老社会保险制度统一性的要求，必须确保养老社会保险主管部门管理的权威性。

强调统一决策、权威管理，并不是排斥部门之间的协调与合作，而是为了明确各部门的职责与权限。唯有如此，各部门的职权与责任才能统一，养老社会保险主管部门也才能真正地承担起养老社会保险制度改革与发展进程中的成败责任，并促使其积极、主动、审慎地对养老社会保险社会制度的改革与发展负责，而这恰恰是这一制度健康发展的组织保证。

4．解决好历史旧账问题

养老社会保险之所以成为整个社会保障制度中的主体项目，原因在于它是一种积累型保险制度，其目的不仅是为了解除劳动者的后顾之忧，而且直接为市场竞争环境的公平化和劳动力市场的一体化服务，从而需要保持地区间费率负担水平的公平并尽可能提高统筹层次。目前省级统筹难推开，各地费率高低差距大，地区之间利益矛盾加剧，部分地区出现养老金支付危机，以及部分地区个人账户空账运转等，这并非是新制度造成的，而是在新旧养老社会保险制度转型、中国计划经济时代中老年职工缺乏养老金积累而形成的历史欠账造成的。因此，对历史欠账进行明算账，同时进行责任分解、多途径补偿，客观上已经成为新型养老社会保险制度得以建立并实现良性运行的至关重要的条件。

一方面，国家应当通过对中老年职工养老金历史欠账的精算，尽快查清需要补偿多少钱才能真正完成制度的转型。为此，一是确定需要补偿的对象群体，限定为国有单位职工，包括已经离退休的职工、即将退休的职工、退休养老社会保险制度改革前已工作的职工，由此计算出需要补偿的职工人数；二是确定补偿的基本政策，在明确划定补偿时点的条件下，可以对已经离退休或即将退休的职工实行全额补偿，对新制度实施前参加工作的其他职工，则根据工龄长短扣除已经缴费的年限进行不同的补偿；三是确定补偿标准，其依据包括现有离退休待遇水平（计算不变数）、现有的缴费水平、人均领取退休金年限及其他相关因素（如待遇水平随着经济发展而提升、养老金的保值增值等），按年度或按职工个人计算出所需补偿额度，最终形成这种历史欠账的理论总额度。

另一方面，根据国家、企业和个人分担的原则，采取按责分账的办法来解决上述历史欠账。尽管由国家单方面对中老年职工的养老金进行补偿在理论上具有合理性，但在实践中又几乎不具有现实性。因此，由国家、企业和个人共同分担历史欠账并按照一定的比例对责任进行分解，是较为理性的、可行的政策方案。

主张明算账、细分账，并非是近年内立即清偿全部养老金的历史债务，而是在明确负担、分清责任的基础上，准确把握新制度良性运行所需要的现实成本及其地区、行业分布差异，让各级政府、企业和职工个人明了各自的责任，并通过有计划的、稳妥的、多管齐下的方案来化解；同时，还可以让部分老工业城市和国有企业的负担有所减轻，使劳动者对基本养老社会保险制度树立起足够的信心。

5．实行广覆盖要与制度多元化相结合

中国的基本养老社会保险制度要由现行的统账结合模式走向普惠式国民养老社会保险与差别性职业养老社会保险组合，还有一个过程。

在这个过程中，不断扩大基本养老社会保险制度的覆盖面已经作为国家社会保险改革进程中的一项既定政策，并且已在全国各地推行；但从各地的实践来看，扩大覆盖面的工作首先遭遇的就是费率偏高的障碍，尤其是随着非正规就业人数的增加和失业率的持续上升，更使扩大覆盖面的工作不容乐观。对此，不应怀疑基本养老社会保险制度广覆盖的政策取向，因为这既是世界性潮流，也是中国经济改革与社会发展进步使然；应该考虑的是采取什么样的制度安排来推进基本养老社会保险广覆盖。

经过近 20 年的改革，尤其是在市场经济体制逐渐得到确立并带来经济结构与社会阶层结构的巨大变化的条件下，如果简单地将传统养老保障全面直接转制成一元化的基本养老社会保险制度，其成本之高、阻力之大都将前所未有。如在城镇，公务员是否一定要与企业职工采取统一的养老社会保险制度，还尚未取得共识；非正规就业劳动者急剧增加，是否能够被覆盖进来，还是一个疑问；个体私营企业或者小型、微型企业等的雇员队伍年轻，但用同样的制度去要求，也会因现阶段较高的缴费率而使其成本剧升，从而必然导致其裁减雇员数量、加剧失业现象的不良后果；流动状态的农民工在部分城市已经被纳入养老社会保险体系，但实践效果并不理想；乡村则因乡村劳动力的急剧分化和大规模的非农化、职工化，其养老保障社会化问题亦不可能被继续忽略。可见，基本养老社会保险制度所面对的绝对不只是有城市户口并在正规国有单位就业的职工，而是包括公务员队伍、日益壮大的非国有单位职工群体、非正规就业群体和已经或正在职工化的乡村劳动者群体，以及乡村老年人口；面对规模如此巨大、层次如此分明的不同保障对象群体，在现阶段要想用一元化的基本养老社会保险制度来覆盖全体职工，在相当长的时期内都是不可能的。因此，尽管一元化的基本养老社会保险制度安排更具公平性、更易操作，但现实条件却决定了基本养老社会保险制度在现阶段必须跳出制度一元化或单一化的圈子，多元化的养老社会保险制度并存也是一个必经过程。

6．建立独立的养老基金管理系统，探索与资本市场结合的方式与途径

由于养老社会保险是积累性保障项目，基金的管理与保值增值便构成了整个养老社会保险制度中十分重要的内容，因此，对养老社会保险基金需要采取既审慎又积极、既封闭又开放的管理政策。

一方面，应当对养老社会保险基金实行单独管理。根据社会保险项目的属性，各项目所筹资金只能用于该项目，在采用基金制的条件下，养老社会保险更是整个社会保险制度中唯一需要长期积累的项目，它追求的是长期收支平衡；而失业社会保险基金、工伤社会保险基金、医疗社会保险基金等则以追求周期平衡或即期平衡为目标；同时，养老社会保险一般要求实行省级乃至全国范围内的统筹，目的在于确保这种保险能够适应劳动力的自由流动，为建立统一的劳动力市场并实现劳动力资源的优化配置服务，而其他的保险项目却并非一定要如此。可见，对养老社会保险基金实行单独管理在理论上是必要的，在实践中则是可行的。目前的全国社会保障基金理事会因并未将基本养老社会保险所筹基金纳入进去，从而并不能替代单独的养老社会保险基金管理系统。因此，国家应当建立社会专门的养老社会保险社会基金管理组织，可以设置中央与省（直辖市、自治区）两级养老社会保险基金管理机构，分担管理责任。如将人力资源和社会保障部所属的社会保险事业管理中心明确为中央一级的养老社会保险基金管理组织，或改称国家养老社会保险基金管理中心等，专管中央一级养老社会保险基金；在省一级同时建立相应的养老社会保险基金管理组织，一方面作为中央养老社会保险基金管理组织的直属机构，另一方面作为省一级的社会保险基金管理组织，发挥双重作用。

另一方面，养老社会保险基金通过投资运营来实现保值增值的目标在国际上是一个必然趋势，中国也不可避免地要走这一道路，否则，就完全没有必要将现收现付式的养老社会保险改革成社会统筹与个人账户相结合模式（这是一种部分现收现付＋部分完全积累模式，而非国际上流行的部分积累）或基金制。在目前基金规模不大、基金运营管理机制不健全、资本市场不成熟等现实条件下，采取以购买国债为主的政策具有合理性，但也有必要探索与资本市场结合的方式与途径。在这方面，国家可以采取有偿运营额度限制的方式开展养老社会保险基金投资试点，为今后养老社会保险基金的商业营运提供示范。

值得强调的是，养老社会保险基金要与资本市场有机结合，社会保险行政管理部门与基金管理机构要与投资主管部门及投资机构加强沟通与协作，但也应当保持自主性和独立性，因为养老社会保险基金作为最重要的社会保障公共后备基金，安全性的维护仍然是摆在首位的任务，也是社会保险管理部门的基本职责。因此，不能轻信证券机构的诱导，而要在理性、稳健之中掌握并使用投资工具。

7．加强养老社会保险费的征缴，多渠道筹集养老社会保险基金

（1）严格依法征缴。党的十五届四中全会《决定》明确提出，要强化社会保险费的征缴，提高收缴率，清理追缴企业拖欠的社会保险费。《社会保险费征缴暂行条例》（以下简称《条例》）对包括养老社会保险费在内的社会保险费征缴制度和程序、监督检查和法律责任等作出了明确的法律规定。社会保险经办机构和承担社会保险费征缴工作的税务部门，要加强征缴工作的力度，依法做到应收尽收。

针对一些企业故意拖欠和拒绝缴纳社会保险费的行为，为了增强社会保险费征缴的强制性，《条例》明确规定了相应的法律责任和处罚措施，包括责令限期改正、罚款、加收滞纳金、纪律处分、申请法院强制征缴等，为社会保险费征缴提供了强有力的法律手段。

在贯彻执行《条例》时，各地要立即取消一切“协议缴费”和企业自提保险费、自支保险金的“封闭运行”方式，逐步改变基金收缴的差额缴拨做法，实行用人单位全额缴纳社会保险费、社会保险机构全额支付社会保险金的全额缴拨方式。同时，实行基金收与支分开的收支两条线办法，逐步实现社会保险金规范化管理。

（2）清理企业欠费。要结合《社会保险费征缴暂行条例》的贯彻执行，大力清理追缴企业过去欠缴的养老社会保险费，指导欠费企业制订补缴计划，督促按期执行。审计机关要加强对社会保险基金和重点欠费企业的专项审计，对故意欠缴社会保险费和违规动用社会保险基金的单位和个人要依法追究责任，并向社会曝光。为了强化养老社会保险费收缴，清理企业欠费，原劳动和社会保障部、国家经贸委、财政部下发了《关于清理收回企业欠缴社会保险费有关问题的通知》（劳社部发[1999]36 号），提出了清理追缴企业拖欠的社会保险费的相应措施：

① 建立清欠目标责任制。对长期欠缴社会保险费的企业，要逐户审核，建立专门的欠费记录，并进行动态跟踪。对生产正常运行、工资能够正常发放的欠费企业，要逐户制订补缴计划，在 2000 年底前基本补清欠缴的社会保险费。要层层建立目标责任制，把清欠责任落实到有关机构和人员，并根据指标完成情况进行年终考评和奖罚。

② 加大执法检查力度，严格依法清欠。对有资金能力但未完成补缴任务的企业，依法作出行政处理决定，责令其补缴社会保险费；拒不补缴的，依照《社会保险费征缴暂行条例》第 26 条和最高人民法院《关于人民法院执法工作若干问题的规定（试行）》第 2 条第 2 款，向人民法院申请强制执行。

③ 改进服务，规范管理。各级社会保险经办机构要积极做好企业社会保险登记、申报缴费、建立缴费记录等工作。严禁任何形式的“协议缴费”和以物抵费，不得以承兑汇票或其他形式缴费。要通过定期发布基本养老社会保险个人账户通知书等形式，使广大职工关心缴费情况，督促用人单位按时足额缴费。

④ 解决好兼并、破产等企业的欠费问题。企业实行兼并的，对于不再保留法人资格的被兼并企业，其欠缴的社会保险费由兼并方负责补缴。企业被拍卖、出售或实行租赁的，其欠费不得免除。破产企业欠费按《中华人民共和国民事诉讼法》、《中华人民共和国企业

破产法（试行）》和国务院有关规定，在资产变现收入中予以清偿。

⑤ 各有关部门要密切配合，共同完成清欠任务。对经查实有缴费能力但不按规定缴费的企业，除按征缴条例的规定予以处罚外，还应采取行政措施：劳动保障行政部门通过新闻媒体向社会公布；证券监督管理机构不予批准企业上市；企业领导人员管理部门将国有企业缴费情况纳入企业领导人业绩考核的重要内容，对不依法缴费的国有企业的法定代表人、总会计师除不能晋级、评选先进和获得年终奖金，不得出国考察和购买小汽车外，还要给予警告直至给予撤职处分；工商行政管理部门不予核准其独资、参股设立新企业，不予核准设立分支机构及增加经营范围。

（3）集中征收。针对目前我国社会保险费征缴由多个机构单项征收，给用人单位造成繁重的事务负担的情况，养老、失业、医疗三项社会保险费要集中、统一征收，以减轻缴费单位的事务负担，降低管理成本，提高社会保险费征收机构的效率。社会保险费的具体征收机构由省、自治区、直辖市人民政府确定，可以由税务机关征收，也可以由社会保险经办机构征收。但在一个省、自治区、直辖市范围内，社会保险费只能由一种机构征收。统一征收的社会保险费，按养老、失业、医疗等保险项目实行分账管理，统一纳入社会保险财政专户，确保养老金发放。由于三项保险实施范围不同、缴费基数不同、管理层次和办法不同，因此要注意解决登记、申报、缴费、管理方面的衔接问题。各级劳动保障部门要在保证业务工作正常进行的同时，对原有的征缴机构在职能、人员等方面作出相应调整，以尽快实现统一征收的工作目标。

社会保险费征收机构要严格实行社会保险基金收支两条线管理，保证专款专用，严禁发生新的挤占挪用。对已被挤占挪用的基金要尽快收回。

（4）多渠道筹集养老社会保险基金。为适应人口老龄形势的要求，现在就必须开始扩大养老社会保险基金的来源，采取变现部分国有资产、合理调整财政支出结构等多种措施，增加投入，增强养老社会保险基金的支付能力。

由于经济发展的不平衡，一些地方企业经营出现困难，省级统筹调剂力度不够，养老社会保险基金入不敷出，不仅对部分离退休人员的基本养老金没有做到按时足额发放，而且还有一些历史欠账。为此，一方面要加大省级统筹基金的调剂力度，确保困难地区基本养老金的按时足额发放，同时，各级政府都要多渠道筹措资金，使养老社会保险基金不留缺口。各级财政部门要按照国务院的要求，提高财政预算中社会保障支出的比例，确保资金及时足额拨付到位。对于预算超收的财力应主要用于补充社会保障基金。

中央财政已经对困难地区的原行业统筹及军工企业基本养老社会保险基金缺口给予了补助，同时，对困难地区的地方养老社会保险基金缺口也给予了补助。为了支持地方养老社会保险体系建设，国家已经将征收的利息税用于社会保障事业，同时，也正在研究变现部分国有资产、通过证券市场筹措资金、开征遗产税、发行社会保障长期债券和彩票等多种渠道筹措社会保障资金，确保企业离退休人员基本养老金的发放。

2000 年 9 月，国务院决定建立“全国社会保障基金”，并成立了全国社会保障基金理事会，负责各类社会保障基金（包括养老社会保险基金）的筹集、监管和保值增值工作。这是国家加强社会保障基金投入和管理的一项重要措施，将对养老社会保险体系建设产生深远的影响。

8．严格控制提前退休，减轻保险基金压力

对于企业职工的退休年龄，国家一直有基本的法规规定和严格的要求。但是，1998年，一些企业，特别是一些原行业统筹企业违反国家规定为职工办理了提前退休。有的职工也利用假证明或更改出生时间等办法要求办理提前退休。这种错误的做法侵犯了职工的合法权益，加重了养老社会保险基金的负担，干扰了养老社会保险制度改革的推行，也对劳动力市场形成了很大冲击，不利于企业的长远发展和社会稳定，必须坚决制止。1999年国务院办公厅《关于进一步做好国有企业下岗职工基本生活保障和企业离退休人员养老金发放工作有关问题的通知》（国办发[1999]10号）提出，要“坚决制止和纠正违反国家规定提前退休的行为”，并要求对1998年1月1日以后办理提前退休的人员区别情况作出处理：1999年底之前达到国家规定退休年龄等条件的，已办理的退休手续有效，继续由社会保险经办机构支付养老金；1999年底仍未达到国家退休年龄等条件的，已办理的退休手续无效，由企业统筹安排。

9．进一步完善省级调剂制度，全面推行基本养老金社会化发放

（1）进一步完善省级调剂制度。1998年8月，《国务院关于实行企业职工基本养老保险省级统筹和行业统筹移交地方管理有关问题的通知》（国发[1998]28号）中，对省级调剂提出了明确要求：“1998年底以前，各省、自治区、直辖市要实行企业职工基本养老社会保险省级统筹，建立基本养老社会保险基金省级调剂机制，调剂金的比例以保证省、区、市范围内企业离退休人员基本养老金的按时足额发放为原则。”

建立和完善省级统筹，要处理好目前和长远的关系，循序渐进，逐步提高。第一步的目标和任务是，各省、自治区、直辖市要实行企业职工基本养老社会保险省级统筹，建立基本养老社会保险基金省级调剂机制，调剂金的比例以保证省（区、市）范围内企业离退休人员基本养老社会保险基金的按时足额发放为原则。目前实行基本养老社会保险基金差额缴拨的地区，要改变基金结算方式，对企业和职工个人全额征收基本养老社会保险费，对企业离退休人员全额支付基本养老金。在此基础上，第二步的目标和任务是，在省、自治区、直辖市范围内，要基本实现统一企业缴纳基本养老社会保险费比例，统一管理和调度使用基本养老社会保险基金，统一企业职工基本养老社会保险统筹项目和待遇计发标准。只有这样，才能真正确保基本养老社会保险基金的按时足额发放，并为今后的进一步提高统筹层次打下扎实基础。

（2）加快养老金社会化发放进程。基本养老社会保险体系必须独立于企业和事业单位之外。企业和事业单位只依法缴纳养老社会保险费，不再承担发放基本养老社会保险基金和管理离退休人员的日常事务。实现养老社会保险管理和服务的社会化是建立独立于企业和事业单位之外的养老社会保险体系的关键。养老社会保险对象要与企业事业单位脱钩，由社区组织统一管理，基本养老社会保险基金实行社会化发放。原劳动和社会保障部在《关

于加快实行养老金社会化发放的通知》（劳社部发[2000]9 号）中要求全面推行养老金社会化发放，即各级社会保险经办机构将充分利用银行、邮局等社会服务机构网点分布广泛、服务设施完善的优势，委托其发放养老金，对于居住偏远和有特殊困难不能到社会服务机构领取养老金的离退休人员，社会保险机构可直接向他们发放养老金，彻底改变由企业代发养老金的传统做法。力争到 2000 年底，全国 80%以上的企业离退休人员实现由社会服务机构发放养老金。对原行业统筹移交地方管理企业、军工企业和实行破产关闭企业的退休人员、所有企业离休人员的养老金将首先实行社会化发放。各地要大力拓展和深化社区服务，积极开展企业离退休人员、下岗职工等人员的社会福利和社会救助服务，建立健全社会保险经办机构等社会保障社会化服务网络。

10．合理确定基本养老社会保险待遇水平，完善社会统筹与个人账户相结合的办法

（1）基本养老社会保险待遇水平必须与我国的经济发展水平以及各方面的承受能力相适应。基本养老社会保险主要是确保职工退休后的基本生活，水平不宜太高，否则企业和国家都难以承担，会影响到国民经济发展和企业的竞争力。更高层次的养老社会保险需求应通过补充养老社会保险和商业保险来解决。因此，必须以基本养老社会保险制度为核心，建立多层次的养老社会保险制度。

控制基本养老社会保险待遇水平与建立多层次的养老社会保险制度是相互对应、有机协调的，只有建立多层次的养老社会保险制度，职工的养老社会保险待遇才不会挤向基本养老社会保险这个“独木桥”。而建立多层次养老社会保险制度的关键是建立和发展企业补充养老社会保险制度。目前，我国企业职工补充养老社会保险的发展很不充分，法规政策还不完善，对于补充养老社会保险费用是否能列入企业成本尚未有全国性规定。国际上的通行做法是，补充保险费列入人工成本。因此，明确补充养老社会保险费用的一定额度进入成本，享受免税的优惠政策，是发展补充养老社会保险的关键。

（2）进一步完善社会统筹与个人账户相结合的办法。国家关于基本养老社会保险实行社会统筹与个人账户相结合的基本原则是明确的，今后重点是要研究制订出适合中国国情的社会统筹与个人账户相结合的办法。要采取变现部分国有资产、加大各级政府财政投入等多种渠道筹集资金，逐步做实个人账户，形成个人账户积累基金的保值增值，长远保障未来的养老金支付问题。

社会统筹与个人账户相结合是我国养老社会保险制度的重要特点，其目的是建立一种强有力的激励机制。由于个人账户资金直接与职工本人退休后的待遇挂钩，调动了职工个人缴费的积极性，职工工作贡献大、收入高，记入账户的资金就多，有利于促进职工勤奋工作，多作贡献；也有利于形成职工督促企业缴费和企业、职工督促社会保险经办机构加强基金管理的约束机制。特别是通过个人账户对账单的发放，职工能很快发现本企业不缴、少缴、漏缴养老社会保险费的情况，从而督促企业缴费，并促使社会保险经办机构加强基金管理，实现保值增值。建立基本养老社会保险个人账户后，职工流动、就业间断或工资变化后，其在不同时期、不同单位储存的养老社会保险基金都可以在个人账户中累计相加，

这也有利于劳动力的流动和统一的劳动力市场建设。

【关键概念】

基本养老社会保险　农民工养老社会保险　保险基金　企业补充养老社会保险　家庭养老保障　个人账户

【本章习题】

一、思考题

1．什么是养老社会保险？

2．什么是企业补充养老社会保险？

3．养老社会保险的基金来源有哪些？

4．开展养老社会保险的基本原则有哪些？

5．我国养老社会保险给付条件有哪些？

6．为什么要实行企业补充养老社会保险？

7．家庭养老保障有何作用？

8．国外养老社会保险制度对建立我国新型的养老社会保险有何借鉴意义？

二、实训题

实训题目：模拟计算三种人应领取的养老社会保险金。

实训目的：

1．加强对现阶段基本养老社会保险制度“老人老制度，中人过渡制度，新人新办法”复杂性的认识。

2．掌握基本养老社会管理系统。

3．掌握基本养老社会保险金的发放程序和计算方法。

实训内容：

1．赵某是湖南长沙某国企的职工，1962 年 4 月参加工作，1997 年退休，退休时月工资 800 元。请计算：赵一退休后每月应领取多少养老金，为什么？

2．王某 1950 年 5 月 1 日出生，是上海市某国企的职工，1975 年参加工作。1998 年参加养老社会保险，建立个人账户，每月缴纳保险费 38 元（月工资 700 元，费率 5.5%）。预计王某将于 2010 年退休。请计算：王某退休后每月应领取多少养老金，为什么？

3．张某 1977 年 8 月 1 日出生，2000 年正值 23 岁时大学毕业，招聘进入北京某股份制企业，从事车间技术员工作，月工资 1000 元。当年参加养老社会保险，建立个人账户，每月缴纳保险费 44 元（费率 5.5%）。预计张某将于 2037 年退休。请计算：张某退休后每月应领取多少养老金，为什么？

说明：社会平均月工资、个人账户积累年复利以及养老金计算标准可上网查询。

【参考文献】

[1] 焦凯平．养老问题[M]．北京：中国劳动社会保障出版社，2004．

[2] 何平．社会保障概论[M]．北京：中国劳动社会保障出版社，2001．

[3] 金双秋．中国社会保险概要（内部资料），1998．

[4] 候文若．社会保险[M]．北京：中国劳动社会保障出版社，2005．

[5] 郑功成．中国社会保障制度变迁与评估[M]．北京：中国人民大学出版社，2002．

第八章 城镇工伤社会保险

【学习目标】

1. 了解城镇工伤社会保险的实施意义。
2. 熟悉工伤认定的条件和认定程序。
3. 熟悉伤残等级的认定标准。
4. 掌握工伤社会保险待遇给付的基本条件。
5. 掌握工伤社会保险待遇给付的具体标准。
6. 了解工伤预防与工伤康复基本理论。
7. 运用所学相关知识探讨农民工的权益保护。
8. 运用所学相关知识探讨我国的工伤社会保险制度的完善。

☺ 导入案例

工伤社会保险是伴随着工业化过程发展成长的。世界上最早的现代意义上的工伤社会保险立法是1884年德国的《工人伤害补偿法》；而德国的工伤社会保险制度，也被认为是世界上最好的“模式”之一。

早期的工伤社会保险主要侧重于工伤补偿，即劳动者因工导致伤残、职业病或者死亡时，对劳动者本人或其供养亲属给予经济补偿或提供物质帮助。随着社会文明的发展，工业化程度不断提高，社会物质的不断丰富，以及人们生活质量的不断提升，一些国家工伤社会保险的功能不断得以扩充和延伸——为了减少工伤和职业病的发生，工伤预防的功能日益受到重视和强化；为了使受伤害劳动者尽快恢复劳动能力，促进其尽快重返社会，各国的工伤社会保险又增加了大量的康复内容。工伤预防—工伤赔偿—工伤康复三位一体，构成了现代工伤社会保险的制度框架。

我国的《工伤保险条例》是在总结了我国工伤社会保险制度改革的成功经验，吸取了世界上一些国家工伤社会保险制度的先进理念，根据中国现实国情制定的，初步勾勒出了我国工伤预防—工伤赔偿—工伤康复三位一体的现代工伤社会保险制度框架。实施四年来，我国工伤社会保险制度建设取得了积极进展。据统计，截止2007年底，全国参加工伤社会保险的职工人数已经突破1亿，达到1.2亿。在短短四年时间内参保人数过亿，除了各级主管部门的努力外，还说明这个制度本身具有较强的吸引力，基本上得到了职工、企业和社会的认可。

与市场经济国家相比，我国的工伤社会保险制度还处于初级阶段，工伤社会保险立法水平还有待于进一步提高，整个制度体系也有待于进一步健全和完善。目前，当务之急是理顺体制，整合管理资源，发挥整体优势，提升保险水平。

2007年10月召开的党的十七大报告中明确提出要“加快推进以改善民生为重点的社会建设”，指出“社会建设与人民幸福安康息息相关。必须在经济发展的基础上，更加注重社会建设，着力保障和改善民生，推进社会体制改革，扩大公共服务，完善社会管理，促进社会公平正义，努力使全体人民学有所教、劳有所得、病有所医、老有所养、住有所居，推动社会和谐建设”，并在报告中明确指出加快建立覆盖城乡居民的社会保障体系，保障人民基本生活；提出要完善工伤社会保险制度等社会保障制度。这为我国工伤社会保险制度的发展指明了方向。我们有理由相信，随着社会的不断发展，我国工业化、城镇化的不断加快，工伤社会保险将越来越受到政府和社会的重视和关注，各项法律政策将不断健全和完善；工伤社会保险制度建设，将在新的历史起点上跃上新的高度。

（资料来源：中国社会保险学会，人力资源与社会保障部工伤社会保险司，周永波）

第一节　工伤社会保险概述

一、工伤社会保险的概念

工伤社会保险也称职业伤害保险，是指劳动者在生产劳动和其他工作过程中遭受意外伤害或因长期接触有毒有害因素引起的职业病伤害后，由国家或社会上给予负伤、致残和死亡者生前供养亲属提供必要的物质保障制度。实行工伤社会保险制度，对于维护劳动者的基本权益，保持社会稳定，促进经济发展与社会进步都具有十分重要的意义。

劳动者在生产劳动过程中由于生产工具的使用不当，或劳动条件和劳动环境等因素，尤其是机器的使用和化学工业的发展以及先进科学的广泛应用，在工业化、城市化步伐的加快，交通、建筑等工业的高速发展的同时，不可避免地给劳动者增加了职业伤害的危险。据国家有关统计资料表明，我国“八五”期间，各类事故死亡人数共计46万多人。年均工伤和职业病造成的经济损失达348亿元。

从国内外的实践经验来看，对所有劳动者实行工伤社会保险制度，加强工伤事故预防和职业病的防治，妥善处理职业伤害事故的善后工作，对维护社会公平和社会稳定发挥着重要作用。

二、工伤社会保险的意义

实行工伤社会保险保障了因工作遭受事故伤害或者患职业病的职工获得及时和必要的医疗救治、医疗期间的生活以及伤残抚恤和遗属抚恤，在一定程度上解除了职工的后顾之忧。工伤待遇优厚于其他的社会保险待遇，体现了工伤补偿以及国家和用人单位对职工奉献精神的尊重，有利于增强职工为公奉献的责任心，提高他们的工作和生产积极性。

实行工伤社会保险有利于促进工伤预防、职业康复和安全生产，保护和发展社会生产力。工伤社会保险与用人单位改善劳动条件、防病防伤、安全教育、职业康复等工作相结合，能有效提高职工的安全意识，防止或减少伤亡事故，保护职工的健康和安全，同时分散用人单位的工伤风险，减少经济损失。

实行工伤社会保险保障了受伤害职工的合法权益，有利于妥善处理事故和恢复正常生产经营，维护社会安定。我国是一个幅员辽阔、经济技术较为落后的社会主义国家，随着我国市场经济的发展，生产领域不断扩大，劳动者队伍急剧增加，工伤事故和职业病的发生可能会出现增加的趋势。因此，实行并不断完善工伤社会保险制度对于我国经济的发展和社会的稳定具有特别重要的现实意义。

三、工伤社会保险的原则

1．无责任补偿原则，又称无过失补偿原则。是指劳动者在各种伤害事故中只要不是受害者本人故意行为所致，就应该按照规定标准对其进行伤害赔偿。只要事故发生，不论雇主或雇员是否存在过错，无论责任在谁，原则上，受害者都可以受到赔偿，即无过错赔偿。它包含两层意义：一是无论事故伤害或者职业伤害责任属于用人单位或者其他人或者遭受事故伤害的本人，受伤者应得到必要的补偿；二是这种补偿责任不完全是由用人单位承担，而是应由国家法定的社会保险经办机构来承担。基于上述情况，一些国家在建立工伤社会保险制度时，摒弃了民法中的损害赔偿举证责任，确立了无过错赔偿原则。一旦发生意外，实行补偿不追究过失，无条件的进行经济补偿。但是，不追究个人的责任并不意味不追究事故责任，相反，对于发生的事故必须认真调查，分析事故原因，查明事故责任，吸取教训。

2．风险分担、互助互济原则。这是社会保险制度基本原则，也是工伤社会保险的一个重要特点。建立工伤社会保险制度，首先是要通过法律、法规强制征收保险费，建立工伤社会保险基金，采取互助互济的办法分担风险。其次是在工伤待遇分配上，国家责成社会保险经办机构对费用实行再分配，这种基金的分配使用包括人员之间、地区之间、行业之间的调剂。它减少了部分企业、行业因伤亡事故、职业病的负担，从而缓解了社会矛盾。

3．个人不缴费原则。工伤社会保险费用由用人单位缴纳，职工个人不缴纳任何费用，这是工伤社会保险与养老社会保险、医疗社会保险、失业社会保险的区别之处。由于劳动者在生产中创造社会财富的同时，也可能付出鲜血甚至生命，所以用人单位负担缴费、社会保险经办机构负担补偿费用，在各国已形成共识。

4．区别因工和非因工原则。在制定工伤社会保险制度、发放工伤待遇时，应确定因工和非因工负伤的界限。职业伤害与工作或职业病有直接关系，医疗康复、伤残补偿、死亡抚恤待遇均比其他保险的水平高，只要是工伤，待遇上不受年龄、性别、缴费期限的限制。因病或非因工伤亡，与劳动者本人职业无关的事故补偿，许多国家规定的待遇水平比工伤待遇低得多。

5. 补偿与预防、康复相结合原则。为保障工伤职工的合法权益，维护、增进和恢复劳动者的身体健康，必须把单纯的经济补偿和医疗康复以及工伤预防有机结合起来。工伤社会保险最直接的任务是经济补偿，保障伤残职工和遗属的基本生活。同时要做好事故预防和医疗康复，保障职工的安全与健康。但这并不是唯一的任务。从长远看，预防、补偿、康复三者结合起来，形成一条龙的社会化服务体系，是我国工伤社会保险发展的必然趋势。这样做有利于安全生产和事故防范，减少工伤事故和职业病的发生，能够获得最大的社会效益。

6. 集中管理原则。工伤社会保险是社会保险制度的一部分，无论从基金的管理、事故的调查，还是医疗鉴定，由专门、统一的非盈利的机构管理是各国普遍遵循的原则。一般有三种管理模式：一是职业伤害保险管理独立于其他的社会保险制度，基金独立管理使用；二是独立设置，但在行政管理、政策制定同属一个社会保险管理机构；三是工伤社会保险制度包括在社会保险制度之中。

7. 一次性补偿与长期补偿相结合原则。对因工部分或完全丧失劳动能力，或是因工死亡的职工，职工和遗属在得到补偿时，社会保险经办机构应支付一次性补偿金，作为对伤害者“精神”上的安慰。此外，对供养的遗属根据人数要长期支付抚恤金，直到他们失去供养条件为止。这种补偿原则已被世界上越来越多的国家所接受。

8. 确定伤残和职业病等级原则。为了区别不同的伤残和职业病状况，发放不同标准的待遇，各国在制定工伤社会保险制度时，都制定了伤残和职业病等级。并通过专门的鉴定机构和人员对事故伤害和职业伤害的职工受害程度予以确定。

9. 直接经济损失与间接经济损失相区别的原则。直接经济损失是指职工发生工伤事故后，个人所受的经济损失与职工的直接经济收入相关，即职工的工资收入。直接经济收入直接影响本人及其供养的直系亲属的生活，也直接影响劳动力的再生产，因此，必须给予及时的、较优待的补偿。间接经济损失是指职工直接收入以外的其他经济收入的损失，包括兼职收入、业余收入等。这部分收入不是人人都有，是不固定的额外收入，因此，这一部分收入不列入工伤社会保险的经济补偿范畴。

第二节　工伤社会保险基金的筹集

一、工伤社会保险基金筹集的原则

（一）以支定收、收支平衡、留有储备原则

工伤社会保险基金是工伤社会保险制度的物质基础，要想为丧失劳动能力的伤残职工及其供养的亲属提供基本生活保障，就必须满足这方面的实际开支需求。所以，工伤社会

保险基金筹集的总的原则就是“以支定收、收支平衡”。即根据当年决算实际支付工伤社会保险费用总额为依据来确定下一年度工伤社会保险基金的总额，并使两者始终保持大体上的平衡关系。“以支定收、收支平衡”也是其他的社会保险基金筹集必须遵循的基本原则。但是在工伤社会保险基金筹集中应当提取一定比例的风险储备金，用于统筹地区重大事故的工伤待遇支付。

（二）兼顾公平与效率原则

工伤社会保险基金的筹集与其他的社会保险基金筹集一样，要保证社会经济运行的效率性，不能对社会经济的发展造成障碍。要兼顾促进社会公平和生产效率两个方面，实现收入和财富分配的更加平等。筹资水平要合理，兼顾国家、用人单位和个人的利益。工伤社会保险基金全部由用人单位缴纳工伤社会保险费，职工个人不缴费。按照保险的原则，一方面是同一层面上的人们向社会保险机构缴纳保险费或向政府纳税，另一方面则是将现金转移给那些因为社会风险而陷入困境的人们，工伤职工虽然本人不缴费，但是，体现统筹地区范围不同行业、不同职业、不同经济形式之间的互相共济。这正是社会保险的基本功能作用要求，也体现了分配上的公平性。

但是如果保险费实行同一费率，对于不同风险的企业是不公平的。所以，工伤社会保险实行差别费率办法。即根据不同行业的工伤风险程度确定行业差别费率，形成工伤社会保险对工伤事故预防、促进安全生产的激励机制。

二、工伤社会保险基金筹集的方式

工伤社会保险基金是由企业或雇主缴纳，雇员不承担义务。我国的工伤社会保险基金由企业按照职工工资总额的一定比例缴纳，工伤社会保险费根据各行业的伤亡事故风险和职业危害程度实行差别费率，危险性越大的企业和职业，缴纳费率越高。行业工伤风险类别和差别费率标准，由当地劳动行政部门根据死亡事故和职业病的统计及统筹费用进行测算。该费率一般 5 年左右调整一次。

工伤社会保险基金由下列专项构成。

1．企业缴纳的工伤社会保险费。即工伤社会保险的缴费主体（一般是单位）按缴费基数的一定比例所缴交的费用。该项费用是工伤社会保险基金的主要来源。

2．工伤社会保险费滞纳金。是指工伤社会保险的缴费主体在规定时间无正当理由拒不缴交工伤社会保险费用而进行的一种惩罚性补偿。

3．工伤社会保险基金的利息。是指用工伤社会保险基金购买国家债券或存入银行所取得的利息收入。

4．法律、法规规定的其他资金。即除上述费用以外，其他的经财政部门核准的收入。

工伤社会保险基金按以支定收、收支平衡的原则统一筹集，存入银行开设的工伤社会保险基金账户，专款专用，任何单位和个人不得挪用和挤占。企业缴纳的工伤社会保险费按国家规定的渠道列支，企业的开户银行按规定代为扣缴。

三、工伤社会保险费率的确定

建立工伤社会保险基金应充分考虑企业负担保险费的承受能力，以免使企业因缴纳工伤社会保险费而被迫提高产品成本，从而使企业的利润和竞争能力受影响。在这个前提下，要对不同企业、不同行业及作业风险率和工伤频率不同的企业和行业征收不同比例的工伤社会保险费。

由于在不同的企业和行业，生产操作要求不同，作业环境不同，地理布局不同，机器设备新旧不同，工人熟练程度和操作经验不同，因而发生工伤事故的频率也各不相同。一般在建筑、煤炭、矿山井下、冶炼、机械、化工等行业工伤事故和职业病发生的频率较大；相反，在农业、商业、生活服务业工伤事故和职业病发生的频率要小得多。很明显，在不同企业和行业发生工伤风险的频率各不相同，如果规定统一的职业伤害保险费缴纳比例，就会损害工伤频率小的企业，使其不关心安全生产，而工伤频率大的企业也会忽视减少工伤风险的问题。其结果必然损坏了广大劳动者的切身利益，人身安全更无保障。由此看来，工伤社会保险费率，即工伤社会保险提取比率应当按照生产作业的危险程度和工伤风险率来确定才是正确合理的。

根据目前的情况来看，工伤社会保险与工伤预防相结合是工伤社会保险改革的主要指导思想，也是工伤社会保险费用社会统筹的特征之一。其主要措施是建立差别费率和浮动费率的机制，以此减少工伤事故和职业病的发生，从而推动安全生产工作，有利于保护劳动者在生产和工作环境中的安全和健康，减少经济损失，降低工伤社会保险费用支出。

1．工伤社会保险差别费率

工伤社会保险差别费率是指征收工伤社会保险费用按照国民经济各行业的伤亡事故风险和职业危害程度实行不同的收费率。差别费率每 5 年调整一次，按各行业安全卫生状况实行定期调整，高风险时多收费，低风险时少收费，这是符合市场经济运行规律、促进安全生产的机制。一般来说，差别费率是以行业之间的风险差别计算的，不同的行业有不同的费率。根据伤亡事故和职业病统计确定行业工伤风险类别，然后确定基金缴费率：一类为采矿、建筑、化工等；二类为冶炼、机械、交通运输；三类为纺织、轻工、电子；四类为商饮、服务、金融。差别费率低的行业可按不超过工资总额的 1%缴纳，高的可达 3%左右，中间可以设定若干档次。

2．工伤社会保险浮动费率

工伤社会保险浮动费率是指实施工伤社会保险费用统筹后对每个企业上年度的安全卫生状况和工伤社会保险费用的支出情况进行评估。根据评估结果在行业差别费用的基础上，适当提高或者降低费率。浮动费率每年调整一次，调整幅度为本行业标准费率的 5%～40%。

从各国的实际情况看，工伤社会保险费率在确定的过程中通常应注意以下问题。

（1）费率确定的基本原则。工伤社会保险费费率的确定应把握以下原则。一是以支定收、收支平衡，实行现收现付制，也就是当期征缴的工伤社会保险费用于支付当期的各项工伤社会保险待遇及其他的合法支出。工伤社会保险费费率的确定应该保证各项工伤社会保险待遇及各项合法项目的支出，同时又不使基金有过多的积累。二是实行行业差别费率。为了使用人单位的缴费与所属行业风险挂钩，《工伤保险条例》在总结我国的实践经验和借鉴国际通行做法的基础上，确定了工伤社会保险费实行行业差别费率的制度，根据不同行业的工伤社会保险费使用、工伤发生率等情况，确定不同类别行业的费率，并且在同一行业内设定不同的费率档次。风险程度高的行业，费率相应高，反之则低。三是实行费率浮动机制。行业的差别费率及费率档次确定后，根据每个用人单位上一轮工伤社会保险费的使用、工伤发生率等情况，由统筹地区经办工伤社会保险的社会保险经办机构确定其在所属行业的不同费率档次中适用哪一个档次的费率。用人单位在同行业的工伤社会保险工作做得好，其具体适用的费率档次就低，反之，就有可能调高其适用的费率档次。

（2）费率确定的方法。工伤社会保险费率的确定需要先根据不同行业的工伤风险程度确定行业的差别费率，再根据工伤社会保险费使用、工伤发生率等情况在每个行业内确定若干费率档次。

（3）费率确定部门。行业差别费率及行业内费率档次由国务院劳动保障行政部门会同国务院财政部门、卫生行政部门、安全生产监督管理部门制订，报国务院批准后公布施行。

（4）用人单位费率档次确定。由统筹地区经办机构根据用人单位工伤社会保险费使用、工伤发生率等情况，适用所属行业内相应的费率档次确定单位缴费费率。

（5）国务院劳动保障行政部门应当定期了解全国各统筹地区工伤社会保险基金收支情况，及时会同国务院财政部门、卫生行政部门、安全生产监督管理部门提出调整行业差别费率及行业内费率档次的方案，报国务院批准后公布施行。

第三节 工伤社会保险给付的条件

一、工伤鉴定的机构

工伤鉴定是在申请工伤鉴定的职工被认定为工伤的基础上，在其医疗终结或医疗期满之后，由县以上劳动鉴定委员会对其进行的评定伤残等级的行为。

广义的工伤鉴定包括劳动能力鉴定和致残等级鉴定。狭义的工伤鉴定指致残等级鉴定。

劳动能力鉴定也称劳动鉴定，是指劳动者在生产工作中因种种原因造成劳动能力不同程度的损害，致使劳动者在部分、大部分或完全丧失劳动能力时，有关部门在医学方面对其作出的鉴别和评定。通常情况下，我国的劳动能力鉴定工作只负责因工伤或因病而导致的劳动能力鉴定问题。

致残等级鉴定也称工伤评残，是劳动鉴定委员会在劳动能力鉴定技术小组认为工伤职工丧失劳动能力，需要评残的基础上，依据《职工工伤和职业病致残程度鉴定》，对因工负伤或患职业病的职工伤残后丧失劳动能力的程度和依赖护理的程度作出的判别和评定，一共有 10 个级别。

劳动鉴定机构的组织形式一般为“劳动鉴定委员会”，在有的中小型企业称为“劳动鉴定小组”。到目前为止，全国所有的市县基本上都建立了劳动鉴定委员会，有 20 多个省、自治区、直辖市建立了省级劳动鉴定委员会。县以上劳动鉴定委员会一般由劳动、卫生、人事等行政管理部门和工会的主管领导组成。少数地方还吸收物价、民政等部门的同志和大医院的院长参加。劳动鉴定委员会的主任大都由劳动行政部门的主管领导担任或由市、县的政府负责人担任。

省、市、县三个层次的劳动鉴定委员的职责的范围各有不同，大体划分如下。

1．省（自治区、直辖市）级劳动鉴定委员会的职责范围。

（1）贯彻落实国家有关劳动鉴定工作的政策、法规和规章。

（2）制定本地区劳动鉴定工作的规章制度。

（3）对全省各级劳动鉴定组织的工作进行业务指导。

（4）处理全省各地、市呈报的劳动鉴定的疑难、争议案件。

2．地（市）级劳动鉴定委员会的职责范围。

（1）贯彻落实上级有关劳动鉴定工作的政策、法规和规章。

（2）制定本级劳动鉴定的工作制度。

（3）对下级劳动鉴定工作进行业务指导。

（4）实行地（市）退休费用社会统筹的，对于因工因病致残退休的职工，进行完全丧失劳动能力鉴定和审批。

（5）处理各县（县级市）或企业劳动鉴定委员会呈报的劳动鉴定的疑难、争议案件。

3．县（县级市）劳动鉴定委员会的职责范围。

（1）贯彻落实上级有关劳动鉴定的政策、法规和规章。

（2）制定本级劳动鉴定的工作制度。

（3）对于县所属单位的劳动鉴定工作进行业务指导。

（4）按有关规定对需要进行劳动鉴定的本县所属单位的职工进行劳动鉴定。

4．企业劳动鉴定委员会（小组）的职责范围。

（1）贯彻执行上级有关劳动鉴定的政策、法规和规章。

（2）收集、整理、保存职工伤亡事故、职业病的有关资料，建立健全职工健康档案和工伤档案。

（3）准备上报所需材料，做好劳动鉴定案件的上报工作。

（4）协助企业做好伤、病、残职工的管理工作。

二、工伤鉴定的程序

职工在工伤医疗期间内治愈或者伤情处于相对稳定状态，或者医疗期满仍不能工作的，应当进行劳动能力鉴定，评定伤残等级并定期复查伤残状况。工伤鉴定的程序如下。

（1）由工伤职工所在单位填写《劳动鉴定申请表》，申请劳动鉴定。特殊情况下，职工可直接申请。

（2）提供历次病、伤、残医院治疗的原始病历，属因工伤残的，需持工伤事故调查报告及有关材料；属职业病的，需持卫生部门授权的职业病防治所（院）提供的诊断资料；属精神病的，需持精神病院的诊断资料；其他情况的，需持有说服力的证明等报劳动鉴定委员会。

（3）劳动鉴定委员会应认真审定申请及附件材料，对资料不全或情况不明的不予受理。

（4）对符合条件的，统一安排鉴定，并把鉴定的时间、地点、人员提前通知企业及有关人员。

（5）劳动鉴定委员会应当委托符合条件的医疗卫生机构或者聘请有鉴定资格的医生组成专家组对被鉴定人员进行丧失劳动能力的医学诊断。

（6）专家组对伤残、病残职工的状况，写出定性、定量的诊断意见，由劳动鉴定委员会确定伤病或伤残等级，并发给等级证明书。劳动鉴定委员会应将鉴定结果及时通知企业和被鉴定的职工。

（7）职工对劳动鉴定委员会作出的鉴定结论不服的，可以向当地的劳动鉴定委员会办公室申请复查；对复查结论不服的，可以向上一级劳动鉴定委员会申请重新鉴定。复查鉴定最终结论由省级劳动鉴定机构作出。

工伤职工及其家属因申报工伤与用人单位发生争议的，按照劳动争议的有关规定办理；与劳动行政部门或工伤社会保险经办机构发生争议的，按照行政复议和行政诉讼的有关法律、法规办理。

三、工伤社会保险的给付条件

（一）工伤的范围

1．职工有下列情形之一的，应当认定为工伤。

（1）在工作时间和工作场所内，因工作原因受到事故伤害的。

（2）工作时间前后在工作场所内，从事与工作有关的预备性或者收尾性工作受到事故伤害的。

（3）在工作时间和工作场所内，因履行工作职责受到暴力等意外伤害的。

（4）患职业病的。

（5）因工外出期间，由于工作原因受到伤害或者发生事故下落不明的。

（6）在上下班途中，受到机动车事故伤害的。

（7）法律、行政法规规定应当认定为工伤的其他情形。

2．职工有下列情形之一的，视同工伤。

（1）在工作时间和工作岗位，突发疾病死亡或者在 48 小时之内经抢救无效死亡的。

（2）在抢险救灾等维护国家利益、公共利益活动中受到伤害的。

（3）职工原在军队服役，因战、因公负伤致残，已取得革命伤残军人证，到用人单位后旧伤复发的。

3．职工有下列情形之一的，不得认定为工伤或者视同工伤。

（1）因犯罪或者违反治安管理伤亡的。

（2）醉酒导致伤亡的。

（3）自残或者自杀的。

（二）工伤社会保险给付的条件

（1）单位已参加工伤社会保险并办理了工伤社会保险卡。

（2）参保单位按时按月足额交纳了工伤社会保险费。

（3）参保缴费后次月发生并经劳动保障部门确认的工伤。

（4）工伤事故发生后 24 小时内由用人单位口头报告并 3 天内送书面报告到市医保中心。

（5）按规定办理了工伤治疗审批手续。

（6）在工伤定点医疗机构就医。

（7）按规定进行了工伤伤残等级鉴定。

（8）在以上条件符合、资料齐全的情况下按规定由用人单位填写《医疗（康复）费用或伤残待遇结算表》。

四、因病或非因工负伤的给付条件

患病或者非因工负伤是每一个劳动者难以避免的客观现象，同时又与用人单位没有直接的关系。但是国家对患病或者非因工负伤，依劳动者在其所在单位工作时间的长短规定了相对合理的医疗期以及相应的医疗待遇。

劳动者患病或者非因工负伤，经劳动鉴定委员会确认不能从事原工作、也不能从事用人单位另行安排的工作而解除劳动合同的，用人单位应按其在本单位的工作年限，每满一年发给相当于 1 个月工资的经济补偿金，同时还应发给不低于 6 个月工资的医疗补助费。患重病和绝症的还应增加医疗补助费，患重病的增加部分不低于医疗补助费的 50%，患绝症的增加部分不低于医疗补助费的100％。

请长病假的职工在医疗期满后，能从事原工作的，可以继续履行劳动合同，医疗期满后仍不能从事原工作也不能从事由单位另行安排的工作的，由劳动鉴定委员会参照工伤与职业病致残程度鉴定标准进行劳动能力鉴定。被鉴定为1级至4级的，应当退出劳动岗位，解除劳动关系，办理因病或非因工负伤退休退职手续，享受相应的退休退职待遇；被鉴定为5级至10级的，用人单位可以解除劳动合同，并按规定支付经济补偿金和医疗补助费。

职工患病或非因工负伤治疗期间，在规定的医疗期间内由企业按有关规定支付其病假工资或疾病救济费，病假工资或疾病救济费可以低于当地最低工资标准支付，但不能低于最低工资标准的80%。

企业职工因患病或非因工负伤，需要停止工作医疗时，根据本人实际参加工作年限和在本单位工作年限，给予3个月到24个月的医疗期：（1）实际工作年限10年以下的，在本单位工作年限5年以下的为3个月，5年以上的为6个月；（2）实际工作年限10年以上的，在本单位工作年限5年以下的为6个月；5年以上10年以下的为9个月；10年以上15年以下的为12个月；15年以上20年以下的为18个月；20年以上的为24个月。

医疗期3个月的按6个月内累计病休时间计算；6个月的按12个月内累计病休时间计算；9个月的按15个月内累计病休时间计算；12个月的按18个月内累计病休时间计算；18个月的按24个月内累计病休时间计算；24个月的按30个月内累计病休时间计算。

五、伤残等级的划分

根据《职工工伤与职业病致残程度鉴定》（GB/T16180—1996），我国把伤残共划分为10个等级，其中符合评残标准1级至4级的为全部丧失劳动能力；5级至6级的为大部分丧失劳动能力；7级至10级的为部分丧失劳动能力，具体标准如下。

1级：器官缺失或完全丧失功能，其他器官不能代偿，存在特殊医疗依赖，生活完全或大部分不能自理者。

2级：器官严重缺损或畸形，有严重功能障碍或并发症，存在特殊医疗依赖，或生活大部分不能自理者。

3级：器官严重缺损或畸形，有严重功能障碍或并发症，存在特殊医疗依赖，或生活部分不能自理者。

4级：器官严重缺损或畸形，有严重功能障碍或并发症，存在特殊医疗依赖，生活可以自理者。

5级：器官大部分缺损或明显畸形，有较重功能障碍或并发症，存在一般医疗依赖，生活能自理。

6级：器官大部缺损或明显畸形，有中等功能障碍或并发症，存在一般医疗依赖，生活能自理者。

7 级：器官大部分缺损或畸形，有轻度功能障碍或并发症，存在一般医疗依赖，生活能自理者。

8 级：器官部分缺损，形态异常，轻度功能障碍，有医疗依赖，生活能自理者。

9 级：器官部分缺损，形态异常，轻度功能障碍，无医疗依赖，生活能自理者。

10 级：器官部分缺损，形态异常，无功能障碍，无医疗依赖，生活能自理者。

与此同时，该标准又根据工伤及职业病可累及每个系统和器官，评残标准应覆盖各主要临床学科的情况，将人体器官系统相近或有联系的临床科学编组，划分为五个部分，即：

（1）神经内科、神经外科、精神科部分；

（2）骨科、整形科、烧伤科部分；

（3）眼科、耳鼻喉科、口腔科部分；

（4）普通外科、胸外科、泌尿生殖科（包括妇科）部分；

（5）职业病内科部分。

“标准”对残情的分级，是以器官缺损、功能障碍、对医疗依赖和护理依赖的程度，并适当考虑一些特殊残情造成的心理障碍或生活质量的损失进行确定的。

器官缺损是工伤的直接后果，是评残标准分级的重要依据，如肢体的缺失、器官的切除等，颅骨缺损，即使无功能障碍，亦属致残。职业病不一定有器官的缺损。工伤后功能障碍的程度与器官缺损的部位及严重程度有关，职业病所致的器官功能障碍与疾病的严重程度有关，是评残标准分级不可缺少的依据。对功能障碍的判定，应以医疗期满后的医疗检查结果为依据。至于每种残情怎样才算医疗终结，则需根据评残对象逐个确定。

医疗依赖是指伤、病致残后，于医疗期满后仍然不能脱离药物或其他医疗手段治疗者。这是评残标准分级不能忽视的问题。如外伤后癫痫不能脱离抗痫剂，糖尿病不能脱离胰岛素治疗等。

护理依赖是指伤、病致残者因生活不能自理需依赖他人护理者，这是评残标准分级必须有的内容。该“标准”的生活自理范围主要包括下列五项：进食；翻身；大小便；穿衣、洗漱；自我移动。护理依赖的程度分为三级。

（1）完全护理依赖，指生活不能自理，上述五项均需护理者。

（2）大部分护理依赖，指生活大部不能自理，上述五项中三项需要护理者。

（3）部分护理依赖，指部分生活不能自理，上述五项中一项需要护理者。

心理障碍是指一些特殊残情，在器官缺损或功能障碍的基础上虽不造成医疗依赖，但却导致心理障碍或减损伤残者的生活质量。这是评定残情时不能遗漏的问题。如面部损伤疤痕毁容等，在评定残情时，应适当考虑这些后果。

残情定级后发给证件。残情定级不实行“终身制”，劳动鉴定委员会必须对工伤致残人员定期进行复查，残情若有变化，等级应做相应的变更。工伤致残人员若要求进行鉴定，劳动鉴定委员会应随时给予鉴定。

伤残等级为确定伤残待遇和安置工伤职工的主要依据。

第四节　工伤社会保险给付的标准

一、完全丧失劳动能力的伤残给付标准

职工因工致残被鉴定为 1 级至 4 级伤残的，保留劳动关系，退出工作岗位，享受以下待遇。

从工伤社会保险基金中按伤残等级支付一次性伤残补助金，标准为：1 级伤残为 24 个月的本人工资，2 级伤残为 22 个月的本人工资，3 级伤残为 20 个月的本人工资，4 级伤残为 18 个月的本人工资。

从工伤社会保险基金中按月支付伤残津贴，标准为：1 级伤残为本人工资的 90%，2 级伤残为本人工资的 85%，3 级伤残为本人工资的 80%，4 级伤残为本人工资的 75%。伤残津贴实际金额低于当地最低工资标准的，由工伤社会保险基金补足差额。

工伤职工达到退休年龄并办理退休手续后，停发伤残津贴，享受基本养老社会保险待遇。基本养老社会保险待遇低于伤残津贴的，由工伤社会保险基金补足差额。

职工因工致残被鉴定为 1 级至 4 级伤残的，由用人单位和职工个人以伤残津贴为基数，缴纳基本医疗保险费。

二、部分丧失劳动能力的伤残给付标准

职工因工致残被鉴定为 5 级、6 级伤残的，享受以下待遇。

从工伤社会保险基金中按伤残等级支付一次性伤残补助金，标准为：5 级伤残为 16 个月的本人工资，6 级伤残为 14 个月的本人工资。

保留与用人单位的劳动关系，由用人单位安排适当的工作。难以安排工作的，由用人单位按月发给伤残津贴，标准为：5 级伤残为本人工资的 70%，6 级伤残为本人工资的 60%，并由用人单位按照规定为其缴纳应缴纳的各项社会保险费。伤残津贴实际金额低于当地最低工资标准的，由用人单位补足差额。

经工伤职工本人提出，该职工可以与用人单位解除或者终止劳动关系，由用人单位支付一次性工伤医疗补助金和伤残就业补助金。具体标准由省、自治区、直辖市人民政府规定。

职工因工致残被鉴定为 7 级至 10 级伤残的，享受以下待遇。

从工伤社会保险基金中按伤残等级支付一次性伤残补助金，标准为：7 级伤残为 12 个月的本人工资，8 级伤残为 10 个月的本人工资，9 级伤残为 8 个月的本人工资，10 级伤残为 6 个月的本人工资。

劳动合同期满终止，或者职工本人提出解除劳动合同的，由用人单位支付一次性工伤医疗补助金和伤残就业补助金。具体标准由省、自治区、直辖市人民政府规定。

三、职业病伤残给付标准

1．职业病医疗待遇

享受范围：治疗职业病，包括医疗期满后继续治疗。

报销和补助标准：挂号费、住院费、医疗费、药费、就医路费等医疗费用全额报销；住院伙食补助费按因公出差伙食补助标准补助2/3；转院要外地治疗的旅途中，按因公出差标准报销交通费、食宿费。该费用列入统筹项目，但由于该费用支出金额较大，医疗统筹管理经验不足，统筹办法由各地实施。尚未参加统筹的由各单位支付。

2．工伤津贴待遇

待遇标准：工伤津贴是工伤医疗期间生活津贴，标准为工伤职工或职业病患者确诊前12个月内平均月工资收入，这项待遇目前由企业支付。

享受时间：在治疗职业病停工休息的医疗期内发给。工伤医疗期是指职工负伤或者患职业病停止工作接受治疗和领取工伤津贴的期限。一般为1～24个月，最长为36个月。具体执行长短，要有治疗职业病的合同医院提出意见，经当地劳动鉴定委员会确认。医疗期满应进行评残，停发工伤津贴。评残后，大多数人返回工作岗位领取工资，少数人全残可领取伤残抚恤金。

3．伤残抚恤金

享受范围：发给因公致残全部丧失劳动能力并退出生产工作岗位（即办理退休）的工伤职工。因工致残大部分丧失劳动能力时在企业难以安排工作且本人自愿的，也应享受伤残抚恤金。

待遇标准：1级伤残每月发给本人工资的90%，2级为85%，3级为80%，4级为75%，5级和6级为70%。这项待遇列入统筹。但5级和6级70%的伤残抚恤金，由企业支付。

调整办法：根据上年度职工平均工资增长的一定比例每年调整一次，具体办法由各地确定。到达退休年龄时，继续领取伤残抚恤金，如果退休金标准高于伤残抚恤金，应就高不就低，补足差额。

4．护理费

享受范围：发给因工全残并符合护理依赖条件的职业病患者。

待遇标准：护理1级按月发给当地上年度职工平均工资的50%，2级按月发给当地上年度职工平均工资的40%，3级按月发给当地上年度职工平均工资的30%。各地应根据职工平均工资的变动而定期调整。

5．残废辅助器具费

配置条件：职工因日常生活或辅助生产劳动需要，必须安装假肢、假眼、镶牙和配置代步车等辅助器具的，由指定医院提出意见并经过批准后购买。

报销标准：按国内普及性标准报销，超支自理。该费用列入统筹项目。

6．异地安家补助费

享受条件：全残退休后身边无人照顾，需要搬家异地居住以得到亲友帮助者。

报销标准：一次补助当地上年度职工月平均工资6个月。同时报销旅途车船、旅馆费、行李搬运费和伙食补助费，按本单位因工出差标准补助，这项费用由用人单位支付。

7．一次性伤残补助金

享受范围：因工致残被评定等级的，即按国家评残标准评为1～10级者。

待遇标准：1级为伤残职工本人工资24个月，2级为22个月，3级为20个月，4级为18个月，5级为16个月，6级为14个月，7级为12个月，8级为10个月，9级为8个月，10级为6个月。一次性发给，该费用为统筹项目。

8．丧葬补助金

因工死亡范围：工伤事故或职业中毒直接死亡，工伤或职业病医疗期间死亡，工伤或职业病旧伤旧病复发死亡，因工外出或在抢险救灾中失踪并经人民法院宣告死亡的，以及被评定为1～4级并享受伤残抚恤金的期间因病死亡的，都称为因工死亡并发给丧葬补助金。

丧葬补助金标准：按当地上年度职工月平均工资6个月标准，一次性发给。该项费用为统筹项目。

9．供养亲属抚恤金

享受范围：由死者生前提供主要生活来源的亲属。

待遇标准：配偶每月为当地上年度职工月平均工资的40%，子女和其他供养亲属每人每月为30%，孤寡老人或者孤儿每人再加发10%。抚恤金总额不超过上年度当地职工月均工资。该费用为统筹项目。

10．一次性死亡补助金

享受范围：与供养亲属抚恤金相同，一般为死亡职工配偶、父母、子女。

待遇标准：按当地职工上年度职工月平均工资48个月至60个月的标准一次性发给。48个月工资是最低标准，60个月工资是选择性标准，由各地根据实际情况确定。该费用为统筹项目。

以上各项待遇中的工资基数问题。（1）以本人工资收入为基数计发工伤津贴、伤残抚恤金、一次性伤残补助金。本人工资收入按职工患病前12个月的平均工资计算。为了保障低工资职业病患者的待遇和适当限制高工资职业病患者的待遇，《企业职工工伤保险试行办法》规定，本人工资收入低于当地上年度职工平均工资75%的，以75%为计发基数，高于上年度职工平均工资300%的，以300%为计发基数。（2）以当地职工平均工资为基数计发丧葬补助金、供养亲属抚恤金、一次死亡补助金和护理费、异地安家补助费。

四、死亡给付标准

职工因工死亡，其直系亲属按照下列规定从工伤社会保险基金领取丧葬补助金、供养亲属抚恤金和一次性工亡补助金。

（一）丧葬补助金

标准为 6 个月的统筹地区上年度职工月平均工资。

（二）供养亲属抚恤金

（1）按职工本人工资的一定比例发给由因工死亡职工生前提供主要生活来源、无劳动能力的亲属。

（2）标准为配偶每月 40%，其他亲属每人每月 30%，孤寡老人或者孤儿每人每月在上述标准的基础上增加 10%。

（3）核定的各供养亲属的抚恤金之和不应高于因工死亡职工生前的工资。

（4）供养亲属的范围。

① 职工的配偶、子女、父母、祖父母、外祖父母、孙子女、外孙子女、兄弟姐妹；

② 子女，包括婚生子女、非婚生子女、养子女和有抚养关系的继子女，其中，婚生子女、非 婚生子女包括遗腹子女；

③ 父母，包括生父母、养父母和有抚养关系的继父母；

④ 兄弟姐妹，包括同父母的兄弟姐妹、同父异母或者同母异父的兄弟姐妹、养兄弟姐妹、有抚养关系的继兄弟姐妹。

（5）申请供养亲属抚恤金的条件。

依靠因工死亡职工生前提供主要生活来源，并有下列情形之一：

① 完全丧失劳动能力的；

② 工亡职工配偶男年满 60 周岁、女年满 55 周岁的；

③ 工亡职工父母男年满 60 周岁、女年满 55 周岁的；

④ 工亡职工子女未满 18 周岁的；

⑤ 工亡职工父母均已死亡，其祖父、外祖父年满 60 周岁，祖母、外祖母年满 55 周岁的；

⑥ 工亡职工子女已经死亡或完全丧失劳动能力，其孙子女、外孙子女未满 18 周岁的；

⑦ 工亡职工父母均已死亡或完全丧失劳动能力，其兄弟姐妹未满 18 周岁的。

（6）停止享受抚恤金待遇的情形。

① 年满 18 周岁且未完全丧失劳动能力的；

② 就业或参军的；

③ 工亡职工配偶再婚的；

④ 被他人或组织收养的；

⑤ 死亡的。

（三）一次性工亡补助金

1．标准

为 48 个月至 60 个月的统筹地区上年度职工月平均工资。具体标准由统筹地区的人民政府根据当地的经济、社会发展状况规定，报省、自治区、直辖市人民政府备案。

2．要求

（1）伤残职工停工留薪期内因工伤导致死亡的，其直系亲属享受规定的丧葬补助金、供养亲属抚恤金、一次性工亡补助金待遇；

（2）1 级至 4 级伤残职工在停工留薪期满后死亡的，其直系亲属可以享受丧葬补助金、供养亲属抚恤金的待遇。

第五节 工 伤 预 防

一、工伤成因

事故是指由于物质或自然的原因而发生，并导致人员死亡、伤害、疾病或财产损失的偶然、突发性事件。处理工伤事故是社会保障部门的一项重要工作，要预防工作事故的发生，就必须对工伤事故发生的原因进行深入的调查分析并制订出相应的对策。

（一）工人违规操作

工人在生产过程中违反有关的操作规程是造成工伤事故发生的一个重要原因。那么是什么原因令工人出现违规操作的呢？一是工人的岗前培训工作不到位。一般而言，企业都有对员工进行岗前培训，但是大部分太过简单、流于形式。有些复杂的操作需要经过长时间的培训才可以独立完成的，但有些企业为了“增产”，只对工人进行 30 分钟到 1 小时的简单培训就让工人上岗，那么不熟悉操作的工人就容易发生工伤。二是企业对机器设备没有制订完善的操作规程，甚至没有机器操作规程。这样就造成了部分工人（特别是新手）操作机器时完全按自己的个人意愿去进行，就容易发生违规操作事件，工伤事故也就随之而来。三是缺少严格的监督机制。由于没有对工人的生产过程进行严格的监控，工人就容易出现违规操作，从而导致工伤事故的发生。

（二）工人思想麻痹大意或精神不集中

工人出现思想麻痹大意主要是对安全生产认识不够，自我保护的意识不强。究其原因除了工人本身的素质不高和知识水平低下外，企业对安全生产方面的宣传教育不足是主要原因。除此以外，还有工人在生产过程中出现精神不集中的现象。产生这一现象的主要原因有两方面。一是企业的加班时间过长，造成工人过度疲倦。在长时间工作中，工人容易出现疲劳，精神就会分散，注意力就不够集中，发生工伤事故的几率就很大。二是工人本身不注意休息，造成精神分散。

（三）机器设备发生故障

机器故障是造成工伤事故发生的最主要原因，机器设备发生故障主要由两方面的原因造成。一是机器设备过于陈旧，机件老化损坏容易发生问题。有些企业为了节约成本，很多机器设备已经是到了退休“年龄”，有些甚至是“老态龙钟”了，仍然在“奋斗”不息，最终结果就是损人不利己，机器坏掉了，工人又受伤了。二是对机器设备的维护不够。相当一部分企业从生产成本的角度考虑，对机器设备进行维护基本上是等到出现问题时才进行抢修。三是机器故障发生后没有采取适当的防护措施避免同类事故的发生。

（四）意外事件的发生

由于意外而造成工伤事故的几率虽然比较低，但是也不容忽视。意外事故的发生主要原因在于企业管理体制不够完善，出现管理混乱和违规现象时就会发生工伤事故。如货物堆放过高、杂物阻塞通道或搭建违章建筑等都会有可能造成工伤事故，特别是违章建筑出现火灾或倒塌时，就有可能发生群死群伤的重大伤亡事故。

综上所述，绝大多数伤亡事故是可以预防和避免的，许多工伤事故存在着一定的人为因素。所以，必须把重视安全生产、预防事故发生摆在第一位，要常抓不懈。

二、工伤预防措施

预防伤亡事故的具体措施，主要包括以下几个方面。

（一）加强安全生产的宣传和教育

这应从两方面进行。一是政府与社会保障、劳动管理、安全生产监督等部门要联合起来，加强对企业的教育，加大安全生产的宣传力度。让企业与投资者重视安全生产、重视生命，在创造经济效益的同时，把工人的生命安全放在重要位置上。二是要各部门与企业联合起来加强对工人的安全生产意识教育，这方面的工作要以企业为主，有关职能部门只是起到监督和协助的作用。只有工人对安全生产有充分的认识和了解，才会自觉地去遵守有关的规章制度，珍惜自己宝贵的身体和生命。

要真正把企业工伤问题解决好，单靠社会保障部门是难于实现的，因为工伤事件涉及的不仅是工伤支付问题，还有劳资纠纷、投资者意向等方面，所以只有在政府的支持下，各部门和企业各方面的共同配合，才能把安全生产的宣传教育工作落实搞好。只有社会保障意识、安全生产意识、劳动法规意识深入人心，才能引起企业和工人对安全生产的重视，才能更好地避免工伤事故的发生。

（二）建立完善的监督管理体制

目前，绝大多数企业都设有安全生产责任人和安全主任，但只是形式上的设置，根本没有起到真正的管理监督作用。今后，除要求企业必须给予安全生产负责人一定的权力，真正发挥有关人员的作用外，各部门特别是社会保障和劳动管理部门还应该要建立一套完善的监督机制，要有一批专门检查人员对企业的生产方式、程序进行跟踪，帮助企业建立完善的安全生产规章和程序，发现问题后要求企业立即进行整改处理，把安全生产隐患消灭在萌芽状态。这样因工人违规操作、机器故障或管理制度不完善等原因造成工伤事故的可能性就会大大减少了。

（三）强化工程技术措施

即对设备、设施、工艺操作等，从职业安全卫生的角度进行计划、设计、检查和保养。新建、改建、扩建工程项目和技术改造工程项目必须具有相应的职业安全卫生设施。新设备、新设施在设计阶段就应该考虑安全问题，并且要随着生产的发展和设备、设施的使用，及时地改进或采取相应的工程技术措施，改善工作条件。

第六节 工伤康复

在我国工伤社会保险中引入康复任务是我国工伤社会保险事业的重要发展，也是我国社会保险注重借鉴国外经验，使我国的工伤社会保险与国际惯例接轨，向现代化迈进的重要措施。

“工伤康复”一词，就一般意义而言，根据世界卫生组织所下的定义是指综合协调地应用医学的、教育的、职业的、社会的和其他一切措施，对残疾者进行治疗、训练和运用一切辅助手段以达到尽可能补偿、提高或者恢复其已丧失或削弱的功能，增强其能力，促进其适应或重新适应社会生活。工伤康复的宗旨是逐步实现在医疗康复的基础上进行职业康复，尽可能恢复工伤职工的职业劳动能力及提高生活质量，使工伤职工尽快重返社会、重返岗位。工伤康复、工伤赔偿和工伤预防构成了工伤社会保险的主要内容，具体包括以下几个方面。

一、医疗康复

医疗康复是康复首要的和最重要的内容之一，也是使残疾者全面康复的基础。凡是在医学上为达到康复的目的而应用的功能诊断、治疗、训练和预防的相关医学技术与科学都称之为医学康复。它的工作内容包括了功能测定和康复治疗两大部分内容。而医学康复所应用的手段包括物理治疗、运动治疗、作业治疗、营养治疗以及语言、康复工程及必要的手术措施等。一般而言，对新发生的工伤，在工伤职工生命体征稳定的情况下，由康复中心对其进行及时的医疗康复治疗，尽可能恢复其受损的身体功能。医疗康复的时间为30～45天。

二、职业康复

职业康复是为残疾者考虑工作和职业问题的有关措施之一。职业康复包括了就业咨询、职业能力测定、就业前的职业教育与训练、就业安置等工作，最终使残疾者能达到从事某项适合本人能力的工作岗位要求。因此，就职业康复而言，不是一个简单的工作安置问题，而是从体能上、心理上启发并训练残疾者对工作与就业岗位的积极心态和正确认识自我的过程。通常是根据全国各地职工的实际情况和体能指标，并充分考虑其个人愿望，由康复中心为工伤职工制订详细职业康复方案，提供职前技巧训练、就业辅导和适应职业环境等职业康复服务，尽可能地促使工伤职工重返社会，重新走上工作岗位。职业康复的时间为30天左右。

三、社会康复

社会康复是使残疾者在完成各项康复的同时为其创造一个必要的社会环境条件。这个社会环境条件包括了文化、经济、社会生活、法律等方面，使残疾者与健全人获得平等的权利以及必要的尊重。

综上所述，康复是一项复杂的社会工程，而且从一定意义上说，康复事业的发展状况是社会进步和社会生活质量的重要指标。

第七节　农民工工伤社会保险的探索

一、农民工工伤风险问题

随着经济的发展，城市内部劳动力欠缺，导致大量农村人口进城务工。从地域上来讲，北京、上海、广东、深圳等地接纳农民工的数量在国内遥遥领先。据调查，农民工最集中的行业主要是在建筑业、制造业，以及服务业中的餐饮、服务、家政、保安等行业。

如此庞大的就业大军长期以来出演的却是城市边缘人物的角色，近乎是保险的“真空人群”，目前农民工问题引起了社会各界的广泛关注，农民工保险亦然。而在实践中，农民工面对各种风险，在维权过程中困难重重，甚至只能自己承担伤害造成的后果，这对原本生活艰难的农民工来说无异于雪上加霜，结果常常是“一人受伤，全家落难”。

事实上，在我国农民工不是一个劳动法律意义上的概念。它包含了计划经济时代的烙印，也夹杂着户籍管理制度的因素。因此，有必要对农民工从法律上进行重新定位，以便从根本上改变农民工的状况，维护农民工的合法权益。首先，应当明确农民工是劳动者。当农民离开土地、进入城镇从事产业工作以后，他们在法律上的定位应当是劳动者，他们与用人单位之间的关系符合劳动关系的一切条件，应当按照《劳动法》的规定确定农民工和用人单位之间的所有权利义务关系。农民工的劳动权益是指在劳动权基础上享有的各种权益，它具体包括农民工的工资报酬、劳动保护、社会保障等各方面的权益。

1．农民工工伤风险类型

农民工在劳动中通常存在以下风险。

（1）伤害风险。农民工就业主要集中于非公有制经济单位，从事的大多是危重工种，如矿山和建筑施工行业。在这些行业，部分用人单位为追求自身利益，不顾农民工的生命安全和健康，导致事故发生率大大增加。在发生的工伤事故中，受伤人员八成以上是农民工。其中绝大部分农民工并没有参加工伤社会保险。

（2）政策风险。虽然现行的劳动保障法律法规和相关政策对劳动者的合法权益作了许多规定，却未能有针对性地对农民工这样的弱势群体给予特殊保护，为他们提供便捷有效的保护措施和手段。2003 年 4 月 27 日国务院第 375 号要求从 2004 年 1 月 1 日开始在全国范围内实施《工伤保险条例》，以保障因工作遭受事故伤害或者患职业病的职工获得医疗救治和经济补偿，促进工伤预防和职业康复，分散用人单位的工伤风险，该条例规定，中华人民共和国境内的各类企业、有雇工的个体工商户应当依照本条例规定参加工伤社会保险，为本单位全部职工或者雇工缴纳工伤社会保险费。该条例第 10 条规定，用人单位应当按时缴纳工伤社会保险费。职工个人不缴纳工伤社会保险费。用人单位缴纳工伤社会保险费的数额为本单位职工工资总额乘以单位缴费费率之积。此后，各地根据《工伤保险条例》的基本精神，结合本地区实际制订了各种实施办法，尽管如此，我国在农民工的保险问题上，现行的《工伤保险条例》在维护农民工权益方面有些还无法落实，仅仅停留在表面上。

（3）信息不能传递的风险。我国现在的基本情况是绝大部分农民工缺乏法律常识和维权意识，甚至平常很少接触到维权的法律知识和法律方法，一旦权益遭受侵害，有的因不知法而放弃维权；有的因未签劳动合同，拿不出维权依据，这样往往使农民工事先不能预见可能的风险而进行自我保护，在遇到权益受损害后往往不知道怎么样用法律武器来维护自己的权益。农民工一旦在劳动中发生意外受伤，则从总承包企业到分包人、转包人，项目承包人和班组长均推卸责任，均否认与农民工形成了劳动关系，都不肯承认自己是农民工的雇主。这样一来，信息无法准确传递，农民工权益的保护也就成了一句空话。

2．农民工工伤风险的特点

（1）工伤者中青年男性占很大比例。这与其主要从事建筑行业有很大关系。而他们发生工伤事故，对其本人来讲，如果落下残疾，不要说在城市里继续打工，就是回家务农都很困难；对其家庭来讲，他们一般是家庭的主要经济支柱，大部分都上有老下有小，发生工伤后，整个家庭就失去了主要经济来源，全家的生活都要受到严重影响。

（2）农民工文化程度普遍较低。这一情况一方面说明用人单位非常有必要对农民工进行劳动技能和机械操作的培训，而实际上这一点并没有做到；另一方面也说明了农民工在发生工伤后并不了解应当怎样维护自己的权利。

（3）工伤主要发生在建筑领域和加工制造业。这两个行业不需要复杂的技术，劳动强度大，基本上没有门槛的限制，对于文化水平较低的青壮年农民工来说，是最容易找到的工作。但由于加工制造和建筑业本身就是危险性较高的行业，加之劳动保护条件简陋及安全制度不健全，所以这两个行业经常发生工伤事故。

（4）安全生产条件差导致工伤案件大量发生。高空坠落和物体打击而发生工伤事故在建筑领域大量存在，这与建筑业的性质是密不可分的。而在被机器伤害的农民工中年轻人占了绝大多数，除了用人单位缺乏必要的安全教育外，年轻人在技术、经验方面的欠缺是事故频发的一个重要原因。除此之外，职业病的比例近年来有逐渐上升的趋势。职业病多发生在一些矿山及环境恶劣的企业，劳动者长期接触一些有毒有害的物质而患病。如长期接触粉尘而得了矽肺；长期在飞机的巨大噪音之下工作造成其听力下降等。

综上所述，改善劳动者的工作环境，加强对特殊行业劳动者的保护尤其是农民工的保护已经迫在眉睫。

二、建立农民工工伤社会保险制度的思路

1. 完善体制和立法，加大监管力度。从政策上来讲，农民工入工伤社会保险如今已没有任何障碍。《劳动法》第 72 条规定，用人单位和劳动者必须依法参加社会保险，缴纳社会保险费。但是，关于跨区域接转问题还存在很多制度上的不足和缺陷，这就需要政府和立法机关加强调研并尽快制定出接转和衔接条文。并且要加大监管力度，对那些拒不执行的单位和个人，均应按制度给予相应的处罚。

2. 加大宣传力度，强化农民工工伤社会保险意识，让农民工不盲目提现。目前，不少农民工对工伤社会保险政策还不太了解，而一些企业主为了逃避和减少费用，根本不向员工宣传甚至进行负面宣传，使得员工对工伤社会保险不抱任何想法，认为那是太遥远的事。

3. 建立全国统一的工伤社会保险体系。为保障农民工异地享受工伤社会保险待遇的实现，切实保障农民工的利益，可考虑设立全国通用的工伤社会保险卡或账户，在让农民工得到实惠的同时，还可以通过建立农民工的工伤社会保险制度来提高企业的劳动力成本，通过内部平衡促进收支平衡。虽然政府不能违背市场规律强制企业来涨工资，但可以强制推行社会保障制度来改善农民工的境况，缓解社会收入差距的拉大，同时也在某种程度上提高出口企业的劳动力成本，使外部不平衡的问题有所缓解。

4. 加强政府的监督管理职能。要切实保障工伤农民工的权利，关键在于使工伤社会保险真正社会化。无论用人单位是否给农民工缴纳工伤社会保险费，一旦农民工发生工伤事故，全部由社保部门先行支付相应的工伤社会保险待遇，然后向用人单位追缴。当然，为保障工伤社会保险基金的安全，社保基金先行支付工伤社会保险待遇后，有权在提高缴费费率后追缴欠缴数额，并从欠缴之日起，按日加收一定比例的滞纳金，欠缴工伤费和滞纳金并入工伤社会保险基金。为防止用人单位逃避责任，追缴的工伤费应高于基金支付给农民工的工伤社会保险待遇。同时，劳动保障部门有权向未参加工伤社会保险的用人单位进行行政处罚。这样不仅提高了效率、降低了维权成本，还理顺了民事赔偿与行政处罚的关系，能使绝大多数工伤农民工真正得到工伤社会保险基金的保障。

第八节　我国工伤社会保险的深化改革

一、当前工伤社会保险存在的问题

1.工伤社会保险的覆盖面过于狭窄。目前实行的工伤社会保险制度只覆盖了各类企业，没有将党政机关、社会团体和非企业化管理的事业单位及个体经济组织列入参保范围。在实际生产、工作中，这些单位同样存在着因工负伤的问题，在处理时就形成了同样是工伤却享受两种不同待遇的情况，不利于各类人员在企业、机关、事业等单位之间的合理流动。而被列入工伤社会保险范围的部分私营、外资、乡镇企业，又以种种理由不参加工伤社会保险，致使工伤社会保险的覆盖面主要集中在国有和集体企业。

2．工伤认定调查取证难。工伤事故发生后，绝大多数企业能够按照政策规定的要求和程序办理。但部分没有参加工伤社会保险的私营、合资企业，往往以职工违章操作为由不为工伤职工申报工伤认定。职工个人申报工伤时，又提供不出有效的证据，这就要靠工伤认定工作人员去调查取证，但工作人员在调查取证中又困难重重。

3．维护职工合法权益还有不到位的地方。在日常工作中，我们经常听到这样的反映，即职工发生工伤事故后，由于企业老板怕花钱，不肯送其到正规医院去救治，致使工伤职工错过救治的最佳时机。另外，由于条件所限，对企业或职工提出劳动能力鉴定时，还不能做到随时申请随时进行鉴定。

4.工伤社会保险基金存在浪费现象。现行的工伤社会保险制度容易造成工伤社会保险基金流失的漏洞，主要有三个环节：一是有些企业上缴工伤社会保险费时，瞒报、少报职工人数；二是有些私营、合资、乡镇小企业，平时不积极参保，一旦发生工伤事故后，就打起自己的“小算盘”，主动要求参加工伤社会保险；三是有些医院见是工伤职工来住院治疗，就大手大脚，小伤小病大用药。

5.工伤社会保险与预防、康复存在着脱节现象。工伤社会保险与工伤预防和工伤康复，三者是相互影响、相辅相成的。但在目前的工伤社会保险工作中，有重工伤认定、待遇支付，轻工伤预防和工伤康复的倾向，工伤社会保险工作只是被动地受理工伤认定、支付伤亡待遇，工伤的预防和康复工作基本上没有开展。

二、工伤社会保险深化改革的思路

1．加大宣传力度，进一步扩大工伤社会保险的覆盖面。扩大工伤社会保险的范围是市场经济发展的客观要求，也是为企业营造机会均等、公平竞争良好环境的有力保障。要想实现真正意义上的扩大工伤社会保险的覆盖面，必须加大对工伤社会保险政策的宣传力度，增强所有企业和广大职工对工伤社会保险制度重要性、必要性的认识，提高工伤社会保险制度的社会知名度，为工伤社会保险制度的深入开展创造良好的社会环境和舆论氛围。

2．加快立法进程，确保工伤职工的合法权益。首先要加快工伤社会保险的立法进程，尽快制定一部较为完整的工伤社会保险法。这是全面推进工伤社会保险工作的关键。其次是要求工伤职工受伤初期所在企业必须全力保障，及时组织有效的抢救、治疗。对由于企业不给及时救治而造成工伤职工不良后果并有确凿证据的，要对企业进行处罚，情节恶劣的要追究企业当事人的法律责任。再次是针对一些企业由于躲避、不配合造成的取证难，使工伤案件久拖不能解决的，应视为一方躲避责任，采取依据单方证据裁定的办法，从而增强工伤事故当事人双方的责任感，降低工伤调查取证中的难度。

3．加强管理，严防工伤社会保险基金的流失。工伤社会保险基金是工伤社会保险制度顺利实施的保障，管好用好基金尤为重要，对容易流失基金的漏洞，要及时予以堵塞。要尽快建立参保职工数据库，以防企业瞒报、少报、冒领现象的发生。对于发生工伤事故后才来参加工伤社会保险、补缴保险费的企业，只能从补缴办理日开始享受待遇。社保机构必须与工伤定点医院建立起和谐融洽又切实可行的制约机制，真正做到病与伤区分、伤与药相符、量与价一致，严格控制使用进口药和单纯营养药，杜绝各个环节上的浪费，确保工伤医疗费用的合理使用。

4．工伤社会保险与工伤预防、康复要相结合。工伤社会保险不能只是单纯补偿，要与工伤预防和工伤康复相结合。目前需要解决的课题，一是建立一套运行体制，使工伤社会保险制度有预防、康复、赔付的整体功能，从而达到减少事故的目的；二是企业的浮动费率要与其安全状况真正挂钩，要以上一年企业的安全状况为依据定期调整，优则下浮，差则上调；三是引入奖励机制，从工伤社会保险基金结余额中计提部分资金，用于奖给为工伤社会保险工作作出突出成绩的先进集体和个人，调动和激励各级工伤社会保险和安全预防人员的积极性、主动性。

【关键概念】

工伤社会保险　　工伤鉴定　　护理依赖　　工伤预防　　工伤康复
农民工工伤社会保险

【本章习题】

一、思考题

1．实行工伤社会保险对维护劳动者权益有何意义？
2．工伤事故认定中如何界定劳动者的工作时间？
3．劳动者遭遇工伤事故后，可能享受到的待遇是什么？
4．在工伤事故中，农民工的合法权益如何才能得到切实保护？

二、实训题

实训题目：结合案例分析工伤的认定、模拟计算工伤社会保险待遇。

实训目的：

1．加强对现阶段工伤认定的认识。

2．掌握工伤社会保险待遇和民事领域的人身侵权赔偿的界限划分。

3．掌握工伤社会保险待遇的内容和计算方法。

实训内容：

1．郭某是某化工厂职工，平时都是乘坐单位的班车上下班。1999 年 9 月 17 日，郭某因送孩子上学未能赶上班车，便乘公共汽车上班，中途换车时被一辆出租车撞倒，左腿受伤，住院治疗 20 多天。事故发生后，经交通部门鉴定，出租车司机对事故负主要责任，并按《道路交通事故处理办法》全额赔偿郭某医疗费、护理费、误工费共计 5988.74 元。郭某出院后，要求所在单位按工伤发给一次性伤残补助金，并支付住院期间工资。而化工厂认为，郭某上班不是单位班车行驶路线，因而不是在上下班的必经路线上，不能享受工伤待遇；即使认定工伤，由于郭某已经获得交通事故损害赔偿，工厂也无须再给郭某工伤赔偿。郭某不服，诉诸社会保险行政管理部门。请根据所学知识为该社会保险行政管理部门出具一份处理意见。

2．申诉人周某从 2002 年 8 月起在被诉人杭州某有限公司工作，2003 年 7 月 21 日，在下班途中被东风货车撞伤，2003 年 11 月被区劳动和社会保障局认定为工伤。2004 年 4 月市劳动鉴定委员会经审定，认定因工致残程度鉴定为 8 级。2004 年 4 月，公安局交警大队因未能达成协议，调解终结。期间，被诉人杭州某有限公司已发放申诉人周某工资至 2004 年 6 月。申诉人周某于 2003 年 1 月至 2004 年 6 月在市社保局参加了工伤社会保险。申诉人周某已于 2003 年 11 月领了受伤补贴 2800 元。申诉人周某申请仲裁，要求被诉人杭州某有限公司支付一次性伤残补助金 31758 元，一次性工伤医疗补助金 12164.25 元，就业补助金 12164.25 元，工伤津贴 31758 元，伙食补助费 960 元，住院护理费 2000 元。

仲裁结果：被诉人杭州某有限公司支付申诉人周某一次性医疗补助金 12433.17 元（21314 元/年÷12 月×7 月）、一次性伤残就业补助金 12433.17 元（21314 元/年÷12 月×7 月），合计 24866.34 元。扣除已支付的 2800 元受伤补贴，应支付 22066.34 元；驳回申诉人周某的其他仲裁请求；本案仲裁费 620 元，由申诉人周某承担 220 元，被诉人杭州某有限公司承担 400 元。请运用有关知识评析此案。

【参考文献】

[1] 郭士征，葛寿昌．中国社会保险的改革与探索[M]．上海：上海财经大学出版社，1998．

[2] 成思危．中国社会保障体系的改革与完善[M]．北京：民主与建设出版社，2000．

[3] 何平．企业改革中的社会保障制度[M]．北京：经济科学出版社，2000．

[4] 张左己．领导干部社会保障知识读本[M]．北京：中国劳动社会保障出版社，2002．

第九章　城镇失业社会保险

【学习目标】

1．了解失业、失业社会保险的基本含义。

2．熟悉失业社会保险基金的来源。

3．熟悉失业社会保险待遇给付的条件和对象。

4．掌握失业社会保险待遇给付标准的计算。

5．熟悉失业产生的原因。

6．熟练运用所学相关知识探讨失业风险的预防措施。

7．掌握我国就业服务保障措施。

8．运用所学的相关知识探讨农民工的权益保护问题。

☺ 导入案例

新中国成立以来，我国失业社会保险制度大致经历了三个阶段。

一、50 年代初的失业救济制度

1950 年 6 月，劳动部经国务院批准发布了《救济失业工人暂行办法》，1952 年 8 月又发布了《关于处理失业工人的办法》，对原《暂行办法》进行了修改和补充。在救济方式上，采取了以工代赈、生产自救、转业训练、动员失业人员还乡生产、移民垦荒和发放失业社会保险金等救济与安置相结合的办法。到 1956 年，基本解决了严重的失业问题，失业救济制度相应结束。由于当时我国不承认社会主义存在失业，使这一政策局限于解决特殊历史条件下的失业问题，局限于消灭失业，而没有使这一政策持续下来。尽管如此，50 年代的失业救济制度为中国失业社会保险制度的建立奠定了基础。

二、80 年代中期失业社会保险制度的建立和 90 年代初的发展

80 年代初，我国开始对传统的计划经济体制进行改革，而改革的中心环节是转换企业经营机制，增强企业活力。为此，政府推出了一系列的改革措施，诸如，在企业中推行劳动合同制，允许辞退违纪职工，试行《破产法》等。失业社会保险制度的建立，正是为了配合这一系列企业改革的顺利进行而出台的。

1986 年 7 月 12 日国务院颁布的《国营企业职工待业保险暂行规定》标志着我国失业社会保险制度的正式建立。

1993 年 4 月，国务院颁布了《国有企业职工待业保险规定》。相比较 1986 年的《国营企业职工待业保险暂行规定》有了如下发展：实施范围从过去国有企业的四种人员扩大到

国有企业七类九种人。

三、失业社会保险制度的最新进展

国务院1999年1月22日第258号令颁布《失业保险条例》。《失业保险条例》与1993年国务院颁布的《国有企业职工待业保险规定》相比。

（1）扩大了失业社会保险覆盖面。

（2）在缴纳失业社会保险费比例上有两个大的变化：一是提高了单位缴纳失业社会保险费的比例；二是单位职工从不缴费改为缴费。《失业社会保险条例》规定，城镇企事业单位职工按照本人工资的1%缴纳失业社会保险费，城镇企事业单位按照本单位职工工资总额的2%缴纳失业社会保险费，这样再加上财政补贴，形成了单位、职工和国家三方共同承担失业社会保险费的制度。

（3）给付标准由依据原来的连续工作年限改革为累计缴费年限。

（4）资格条件由原来的七类人员变革为必须同时具备下列三个条件：

第一，按照规定参加失业社会保险，所在单位和本人已按规定履行缴费义务满1年的；

第二，非因本人意愿中断就业的；

第三，已办理失业登记并有求职要求的。

（资料来源：中国劳动咨询网）

第一节 失业社会保险概述

一、失业社会保险的概念

所谓失业，是指在劳动范围内，有就业能力并且有就业要求的人口没有就业机会的经济现象。而失业社会保险则是指国家通过立法强制实行的，由社会集中建立基金，对因失业而暂时中断生活来源的劳动者提供物质帮助的制度。它是社会保障体系的重要组成部分，是社会保险的主要项目之一。

一般而言，失业社会保险具有以下几个主要特点。一是普遍性。它主要是为了保障有工资收入的劳动者失业后的基本生活而建立的，其覆盖范围包括劳动力队伍中的大部分成员。因此，在确定适用范围时，参保单位应不分部门和行业，不分所有制性质，其职工应不分用工形式，不论家居城镇、农村，解除或终止劳动关系后，只要本人符合条件，都有享受失业社会保险待遇的权利。我国失业社会保险适用范围的变化情况呈逐步扩大的趋势，从国有企业的4种人到国有企业的7类9种人和企业化管理的事业单位职工，再到《失业保险条例》规定的城镇所有企业事业单位及其职工，充分体现了普遍性原则。二是强制性。它是通过国家制定法律、法规来强制实施的。按照规定，在失业社会保险制度覆盖范围内的单位及其职工必须参加失业社会保险并履行缴费义务。根据有关规定，不履行缴费义务的单位和个人都应当承担相应的法律责任。三是互济性。失业社会保险基金主要来源于社会筹集，由单位、个人和国家三方共同负担，缴费比例、缴费方式相对稳定，筹集的失业社会保险费，不分来源渠道，不分缴费单位的性质，全部并入失业社会保险基金，在统筹地区内统一调度使用以发挥互济功能。

二、失业社会保险的意义

失业社会保险是社会保障体系的重要组成部分。建立健全失业社会保险制度是社会主义市场经济发展的必然要求，是保障失业人员基本生活、促进再就业的必由之路，是维护改革发展稳定大局的一项重要工作。

通过对劳动者合理流动和转换职业过程中物质生活的保障和再就业的服务来保证劳动者实现自主择业的权利，从而做到人尽其才、各尽所能，充分调动广大劳动者的积极性、创造性和主动性，推动生产力的发展。

解除了企业调节使用劳动力时的障碍和顾虑，为其充分使用用人自主权创造了条件。

使暂时脱离社会生产又无直接收入的劳动者能够通过失业救济，在维持其基本生活的同时，接受就业再就业服务所提供的各项帮助，为再就业创造条件。

三、失业社会保险的原则

1．坚持广覆盖的原则。失业社会保险应该覆盖到每一个劳动者，覆盖到各类用人单位及其职工，甚至新成长劳动力中尚未实现就业的人员。要实现这一目标，需要有雄厚的物质基础和先进的技术手段的支持。目前我国还不具备条件，需要有一个逐步发展的过程。我国的失业社会保险制度建立以来，根据社会经济的发展，已经几次扩大覆盖范围。从今后的发展看，目前的覆盖范围还有进一步扩大的必要，以实现广覆盖的目标。

2．坚持低水平的原则。保障失业人员的基本生活，这是确立失业社会保险待遇标准的一个基本原则，是由我国目前的经济发展水平所决定的。一方面，我国是发展中国家，政府财力、社会财力都很有限，不可能拿出更多的资金投入失业社会保险，在资金有限的情况下，保障待遇的低水平可以为更多的失业人员提供帮助；另一方面，目前多数地方群众的生活水平还比较低，失业社会保险待遇标准适当保持低水平，可以满足失业人员的基本生活需求，也有利于促进失业人员积极寻找工作，尽快实现再就业。

3．坚持保障基本生活和促进就业双重功能的原则。在我国，保障失业人员的基本生活，目前主要体现在为符合条件的失业人员定期发放失业社会保险金，为领取失业社会保险金期间生病的失业人员支付医疗补助，为领取失业社会保险金期间死亡的失业人员的直系亲属提供丧葬补助和抚恤金。从今后的发展看，还有必要从其他方面来进一步保障失业人员及其家庭的基本生活。有条件时，可以考虑失业人员如何继续参加有关社会保险问题，此外，失业社会保险金还要根据生活水平的变化进行相应的调整。失业社会保险不同于社会救济，不局限于保障基本生活的单一功能，在保障失业人员基本生活的前提下，失业社会保险如何帮助失业人员实现再就业至关重要。因此，它还具有促进就业的功能。主要是通过对失业人员开展就业服务，提供资金补贴来实现，以帮助失业人员重新就业。保障失业人员基本生活、促进就业是我国实施失业社会保险制度的基本宗旨。

4．坚持用人单位、职工和国家共同负担失业社会保险费用原则。失业社会保险基金是失业社会保险制度运行的物质基础。按时足额缴纳失业社会保险费，是劳动者和用人单位必须履行的在社会保险方面的法定义务。用人单位和职工个人分别缴费，财政予以补贴，这种三方负担失业社会保险费用的机制，一方面有利于增强职工的社会保障意识，另一方面，也可以分散压力，不会造成某一方负担过重，影响基金收入。

第二节　失业社会保险基金的筹集

一、国外失业社会保险基金的筹集

失业社会保险起源于欧洲。法国于 1905 年最早建立了失业社会保险，挪威、丹麦两国也分别在 1906 年和 1907 年建立了类似于法国的失业社会保险。当时这几个国家实行的都是非完全强制性失业社会保险。1911 年，英国颁布《国民保险法》，实行强制性失业社会保险，并最终发展成为世界失业社会保险的主流。目前，世界上已有 70 多个国家和地区建立了失业社会保险，其中绝大多数国家和地区实行强制性保险，自愿性保险的范围只限于工会已建立失业社会保险基金的产业。

在基金来源上，通常由雇主和雇员平均分担，也有些国家规定失业社会保险费全部由雇主缴纳。不论实施哪种失业社会保险制度，政府通常都会提供必要的财政支持。

在享受失业社会保险待遇的条件上，一般都规定为：非自愿性失业；缴纳一定期限的失业社会保险费或在受保职业工作一定年限；申请者具有工作能力并愿意寻找工作。对无正当理由而自愿离职的，由于行为不端被解雇的，或因劳资纠纷导致停产而使自己失业的，一般规定要取消其享受资格或降低给付标准，有的还要推迟给付时间。失业社会保险金通常按周支付。大多数国家按失业人员失业前一段时期平均工资的一定百分比计发失业社会保险金，替代率一般为 40%～75%。有些国家则对所有失业人员一律支付等额失业社会保险金。所有的国家对连续领取失业社会保险金的时间都有一定限制，多数定为 13～36 周，具体时间还要由缴费或参保期限决定，在某些情况下可适当延长。除失业社会保险金外，有些国家还提供失业援助或提供以失业人员家庭经济状况为条件的其他待遇作为补充。如失业人员领取失业社会保险金期满后仍未实现再就业的，若符合一定条件，还可以继续得到其他方面的一些救助。如果失业人员已成家，除发给失业社会保险金外，还要对其配偶及子女加发一定的补助金。在支付失业社会保险金前，通常有几天的等待期。

在管理体制上，多数国家是由政府部门管理，也有些是由自治机构管理，这种自治机构一般由参保人员、雇主和政府三方代表组成。失业社会保险机构与就业服务机构之间经常保持紧密的行政与工作方面的联系，有些国家还将失业社会保险和就业服务合并管理，在基层尤其如此，其目的是为了促进失业人员尽快实现再就业。

在失业社会保险制度的发展过程中，国际劳工组织发挥了积极的作用。国际劳工组织通过公约和建议书的形式，为各国制定失业社会保险政策提供了基本原则和指导性意见，促进了失业社会保险制度的发展。国际劳工组织制定的有关失业社会保险的公约和建议书主要有：1934 年《失业补贴公约》和《失业补贴建议书》、1952 年《社会保障最低标准公约》、1988 年《促进就业和失业保护公约》和《促进就业和失业保护建议书》。

1934 年通过的《失业补贴公约》和《失业补贴建议书》针对当时工业化国家普遍存在的严重失业问题，要求各国建立一种对非自愿性失业者提供失业补贴的制度。公约还对失业社会保险实施的范围、享受失业补贴的资格条件以及补贴标准和给付办法作了规定。1952 年《社会保障最低标准公约》对失业补贴的标准和计算方法作了进一步的规定。20 世纪 70 年代末和 80 年代初，工业化国家普遍进入了一个高通货膨胀和高失业率并存的经济滞胀时期。高标准失业补贴一方面打击了企业家的投资积极性，另一方面造成一些失业者依赖失业社会保险而不愿积极就业的弊端。正是在这种背景下，1988 年国际劳工大会通过了《促进就业和失业保护公约》与《促进就业和失业保护建议书》。这可以被看做是在失业社会保险方面国际劳动立法的一个分水岭。以前的标准侧重为失业者提供生活保障，而新的标准则倡导把失业保护措施同促进就业结合起来。公约要求采取适当的步骤使失业保护制度同就业政策相协调，确保失业保护制度尤其是失业补贴的提供有利于促进充分的、生产性的和自由选择的就业。

二、我国失业社会保险基金的筹集

1．失业社会保险基金的来源渠道主要有四种。

（1）企业缴纳的失业保险费。即失业社会保险的缴费单位按企业职工工资总额这一缴费基数的一定比例所缴交的费用。该项费用是失业社会保险基金的主要来源之一。

（2）失业保险费的利息收入。是指用失业社会保险基金购买国家债券或存入银行所取得的利息收入。

（3）财政补贴。指同级财政部门根据本地区失业社会保险基金的收支情况给予基金的一定数额的补贴。

（4）职工个人缴费。即企业职工按照个人工资总额的一定比例缴交的费用。

此外，其来源还有对失业社会保险基金进行增值的收入，运用生产自救费开展生产自救活动所获的纯收入，以及对未按规定缴纳失业社会保险费的单位进行处罚的滞纳金收入等。

2．失业社会保险基金筹集的原则

（1）以支定收原则。“以支定收、收支平衡”，即根据当年决算实际支付失业保险费用总额为依据来确定下一年度失业社会保险基金的总额，并使两者始终保持大体上的平衡关系。从而保证满足失业社会保险基金使用的需要。

（2）适度性原则。即失业社会保险基金的筹集应确保失业社会保险适度广覆盖、低水平目标的实现。所谓广覆盖，指我国失业社会保险目前的覆盖范围还有待于进一步扩大；所谓低水平，是指要保障失业人员的基本生活。这是确立失业社会保险待遇标准的一个基本原则，是由我国目前的经济发展水平所决定的。

（3）用人单位、职工和国家共同负担费用的原则。失业社会保险基金是失业社会保险制度运行的物质基础。从国际通行的做法看，失业社会保险基金筹集方式主要有两种。一是缴费制。即由用人单位、职工按照工资的一定比例缴纳失业社会保险费，有的国家也采取由用人单位一方缴纳的办法，而国家财政主要承担管理费用和弥补赤字，这是主要模式。二是通过国家税收解决资金。目前，只有少数国家采用这一模式。我国一直采用缴费制，1999 年《失业保险条例》颁布前，由企业单方缴费；《失业保险条例》调整为用人单位和职工个人分别缴费，财政给予补贴。这种三方负担费用的机制，一方面有利于增强职工的社会保险意识；另一方面也可以分散压力，不会造成某一方负担过重，影响基金收入。应当说，这一原则是符合我国国情的，是保证失业社会保险发挥作用的重要前提。

3．失业社会保险基金的筹集标准

城镇企业事业单位按照本单位工资总额的 2%缴纳失业社会保险费。城镇企业事业单位职工按照本人工资的 1%缴纳失业社会保险费。城镇企业事业单位招用的农民合同制工人本人不缴纳失业社会保险费。

第三节　失业社会保险给付的对象与条件

一、失业社会保险给付的对象

1．给付对象的范围

我国 1999 年实施的《失业保险条例》规定，城镇企业事业单位、城镇企业事业单位职工依照本条例的规定缴纳失业社会保险费，城镇企业事业单位招用的农民合同制工人本人不缴纳失业社会保险费。城镇企业事业单位失业人员依照本条例的规定，享受失业社会保险待遇。城镇企业是指国有企业、城镇集体企业、外商投资企业、城镇私营企业以及其他城镇企业。这一规定表明了这样几层含义。

首先，凡是城镇企业，不论其性质、规模，其招用的职工都是失业社会保险对象，含城镇企业事业单位招用的农民合同制工人，但是农民合同制工人不需缴纳保险费。

其次，乡村企业与个体工商户的雇员不能参加失业社会保险，不能享受失业社会保险待遇。

二、失业社会保险给付的条件

根据《失业保险条例》的规定，劳动者享受失业社会保险待遇，首先必须成为失业人员。通常情况下，失业人员应当符合以下特征。

（1）只能是就业转失业的人员，也就是说排除了从来没就业过的人员。

（2）只能是有劳动能力，有就业愿望的人。对于那些已经丧失了劳动能力的人，或者虽然失业但是其属于自愿失业，并且失业之后不再有就业愿望的人不能纳入失业社会保险。无正当理由而擅自离职者，为了谋求更好的职业而离职者都不得享受失业社会保险待遇。

（3）非因本人意愿中断就业的。具体说来包括以下人员：① 终止劳动合同的；② 被用人单位解除劳动合同的；③ 被用人单位开除、除名和辞退的；④ 根据《中华人民共和国劳动法》第 32 条第 2 项、第 3 项即用人单位以暴力、威胁或者非法限制人身自由的手段强迫劳动，用人单位未按照劳动合同约定支付劳动报酬或者提供劳动条件，而与用人单位解除劳动合同的；⑤ 法律、行政法规规定的其他情形。

其次，只能是适龄失业人员。“适龄”含上限与下限，下限一般以各国家或地区规定的最低就业年龄为准，如中国内地为 16 岁，中国的台湾地区为 15 岁；上限则通常以各国家或地区规定的退休年龄为限。按我国的有关规定，正常退休年龄是男 60 岁、女 55 岁。但是现在很多人退休并不一定要到法定年龄，有的可能小于法定退休年龄，有的可能高于法定退休年龄。因此，我国《失业保险条例》规定，凡开始享受养老保险待遇的，不再享受失业社会保险待遇。

第三，只能是依法参加了失业社会保险的人。根据相关规定，必须失业者失业之前所在单位与失业者本人都参加了失业社会保险并缴纳了一定时期的保险费。保险费的缴纳期限最低为 1 年。

经办机构根据失业人员累计缴费时间核定其领取失业社会保险金的期限。失业人员累计缴费时间按照下列原则确定。一是实行个人缴纳失业社会保险费前，按国家规定计算的工龄视同缴费时间，与《失业保险条例》发布后缴纳失业社会保险费的时间合并计算。二是失业人员在领取失业社会保险金的期间重新就业后再次失业的，缴费时间重新计算，其领取失业社会保险金的期限可以与前次失业应领取而尚未领取的失业社会保险金的期限合并计算，但是最长不得超过 24 个月。失业人员在领取失业社会保险金期间重新就业后不满一年再次失业的，可以继续申领其前次失业应领取而尚未领取的失业社会保险金。三是劳动者转换工作的缴费期限应当连续计算。

第四，失业之后要获得失业补偿必须进行专门的失业登记。这有利于国家统筹把握失业与失业社会保险状况，严格控制失业社会保险基金的无限制、无原则地开支。

第五，下列情况下不得享受失业社会保险待遇。

在失业人员有下列情况之一时丧失失业社会保险待遇：

（1）重新就业的；

（2）应征服兵役的；

（3）移居境外的；

（4）享受基本养老社会保险待遇的；

（5）被判刑收监执行或者被劳动教养的；

（6）无正当理由，拒不接受当地人民政府指定的部门或者机构介绍的工作的；

（7）由法律、行政法规规定的其他情形的。

第四节　失业社会保险给付的标准

一、失业社会保险给付的原则

确定失业社会保险待遇的给付标准是失业社会保险待遇的核心环节，直接关系到保障失业人员基本生活和再就业目的的实现。从失业社会保险的实践看，确定待遇给付标准应遵循以下几个原则。

（1）给付标准的上限应低于失业人员在失业前的工资水平。这样做既符合公平的原则，又可以促使失业人员尽快再就业。待遇过高，会增加失业社会保险的负担，又混淆了失业与就业的差别，容易使失业人员产生懒惰和依赖心理，以为可以靠享受失业社会保险生活，不愿意尽快再就业。

（2）给付标准的下限要确保失业人员和由其赡养的人的基本生活需要。失业社会保险金是失业人员的主要收入来源，给付标准的确定要以维护失业人员的基本生活需要、保证劳动力的再生产为原则。

（3）失业社会保险的给付应与失业人员失业前的工作年限、缴费年限和原工资收入相联系，使其符合权利与义务相联系的原则。劳动者失业前有为社会付出劳动、缴纳失业社会保险费的义务，失业后也有获得基本生活保障的权利。

（4）失业社会保险的给付应限制一定的期限。

二、失业社会保险给付的标准

失业社会保险待遇主要包括失业社会保险金、医疗补助金、丧葬补助金、抚恤金等。

1．失业社会保险金。失业社会保险金由失业社会保险经办机构按月发放，失业社会保险金的标准按照低于当地最低工资标准、高于城市居民最低生活保障标准的水平，由省、自治区、直辖市人民政府确定。失业职工领取失业救济金的期限，根据失业职工失业前在企业连续工作的时间确定：失业人员失业前所在单位和本人按照规定累计缴费时间满 1 年不足 5 年的，领取期限最长为 12 个月；累计缴费时间满 5 年不足 10 年的，领取期限最长为 18 个月；累计缴费期间 10 年以上的，领取期限最长为 24 个月。重新就业后，再次失业的缴费时间重新计算，但最长不得超过 24 个月。

2．医疗补助金。失业人员医疗补助金的发放标准，由省级人民政府规定。失业人员在领取失业社会保险金期间死亡的，参照当地对在职职工的规定，对其家属一次性发给丧葬补助金和抚恤金。

3．丧葬补助金。失业人员在领取失业社会保险金期间死亡的，其家属可持失业人员死亡证明、领取人身份证明、与失业人员的关系证明，按规定向经办机构领取一次性丧葬补助金。失业人员当月尚未领取的失业社会保险金可由其家属一并领取。

丧葬补助金的具体标准参照当地对在职职工的规定，对其家属一次性发放。

4．抚恤金。失业人员在领取失业社会保险金期间死亡的，其家属可持失业人员死亡证明、领取人身份证明、与失业人员的关系证明，按规定向经办机构领取其供养配偶、直系亲属的抚恤金。

抚恤金的具体标准参照当地对在职职工的规定，对其家属一次性发放。

第五节　失业风险的预防

一、失业风险

失业产生的原因是多方面的，具体到不同的国家或一个国家的不同经济发展时期，其主导因素并不完全相同。

1．失业的类型

国际上一般把失业划分为五种类型。

（1）摩擦性失业。摩擦性失业是由于求职劳动者与需要提供的岗位之间存在着时间滞差而形成的失业。西方经济学家指出，在劳动市场上，往往由于劳动者缺乏就业机会方面的知识，或由于缺乏迅速移动所必须具备的先决条件，使得就业岗位与寻求就业者不能及时相遇所造成的失业。

（2）季节性失业。季节性失业是由于某些行业受气候变化、社会风俗或购买习惯等因素的影响，使生产对劳动力的需求出现季节性的波动而形成的失业。

（3）技术性失业。技术性失业是由于使用新机器设备和材料，采用新的生产工艺和新的生产管理方式，导致社会局部生产节省劳动力而形成的失业。不过对这种失业西方经济学界后来存在不同的意见和争论。

（4）结构性失业。结构性失业是由于国民经济产业结构的变化及其生产形式和规模的变化，劳动力结构不能与之相适应而导致的失业。

（5）周期性失业。周期性失业是由周期性经济危机对就业产生的影响而形成的失业。这种失业是资本主义经济所有失业类型中最为严重的一种，它是与经济运行周期波动相联系的失业，在经济跌入萧条时期，社会需求锐减，生产普遍停滞或下降，导致对劳动力需求减少而引起的失业。

中国正在由传统的计划经济体制向市场经济体制过渡，市场经济正在逐步确立，市场经济国家存在的 5 种失业形式不同程度的在中国出现。但由于中国城乡就业分割的体制，城乡一体的劳动力市场没有建立，就业体制还具有典型的二元经济的特征，这些都决定中国的失业类型具有其特殊性。这表现在城市的“下岗”和农村的剩余劳动力。

中国传统就业体制的基本特点是统包统配，由国家充当用工的主体和分配主体，这种就业体制把农村劳动力置于就业范围之外，形成城乡分割的就业领域，而且这种就业体制日益僵化，劳动力能进不能出，造成许多单位冗员太多，出现“铁饭碗”、“大锅饭”现象。这种现象越来越普遍和严重，作为用工主体和分配主体的国家把企业作为安置城镇劳动力的主渠道，国家为了维持社会稳定，强制将剩余劳动力“塞入”企业，企业内部积淀了大量富余职工。国有企业在深化改革中形成了大量的下岗工人。

下岗作为国有企业改革中的特有现象，在一定意义上讲就是失业的一种形式。随着改革的深入，将逐步推动下岗职工直接进入劳动力市场就业，使下岗、失业人员逐渐从再就业服务中心或就业服务中心淡化出来，实行下岗和失业的并轨。

农村剩余劳动力是指那些可以从农业部门抽走而不至于影响农业产量的多余劳动人口，即发展中国家传统农业部门那些边际生产率为零的剩余劳动力。由于城乡分割的二元就业体制，城市没有能够成为解决农村剩余劳动力的主渠道，甚至在很长一段时间，把农村作为缓解城市就业的渠道。随着城市劳动就业制度的改革，为农村剩余劳动力向城市流动开辟了更广阔的途径，引发了大规模的劳动力跨区域流动，形成大规模的“民工潮”。民工潮的形成被认为是推力和拉力共同作用的结果，推力是指农村大量过剩劳动力的边际生产力低下，收入甚微，有着向城市流动的内在要求；拉力是指城市第二、第三产业的迅猛发展而创造的就业机会和高收入吸引农民进城。民工潮是中国工业化发展过程中劳动力要素重新配置的表现，符合经济发展的客观规律，利大于弊。

2．失业产生的原因

（1）劳动力供给状况。

影响中国劳动力的基本因素，可以从三个方面阐述，即新增劳动年龄人口、农村剩余劳动力的转移和国有企业冗员的释放。

① 新增劳动年龄人口。中国的人口基数过大，又保持较高的出生率及自然增长率。新增劳动年龄人口的劳动参与率可能会进一步下降。

② 农村剩余劳动力的转移。现代化的过程也是农业人口非农化的过程，即要使农业人口向非农人口的转移，而这种转移就要求城市能为农业人口提供大量的就业机会。

③ 国有企业冗员的释放。长期以来，根据“低工资、高就业”的政策，城镇企业单位需要尽可能多地安置就业，以维持社会稳定。随着改革的深入，使得“在职失业”或“隐性失业”公开化。

（2）劳动力的需求状况。

当前拓展就业的后劲不足。影响劳动力的需求主要有两个因素。

第一，经济增长对劳动力的需求。习惯上我们认为解决就业的根本出路是保持经济的高速增长，诚然解决失业率的根本出路是经济发展，经济发展了才能创造出更多的就业机会。由于巨大的就业压力使其对经济增长速度形成一种倒逼机制，但经济增长对就业的贡献不是无限的，而是随着经济发展模式的不同而不同。

第二，产业结构变动因素。一个国家在由农业国向工业国的转变过程中，产业结构变动表现为：第一产业的比重逐渐下降，第二、第三产业的比重逐渐上升。在工业化的初期，大量劳动力涌入第二产业，在工业化后期，第三产业的劳动力规模迅速扩张，就业人数逐渐超过第二产业。由于第三产业资本有机构成相对较低，等量资本可以吸收更多的劳动力，因而第三产业在解决就业方面有其他产业所不具备的优点。

另外，技术结构和行业结构的变动也会对失业产生一定的影响。技术结构的变动主要体现在资本有机构成的进一步提高。这对解决就业产生十分不利的影响。行业结构对中国就业的影响，主要与加入世界贸易组织有关联。

（3）就业观念。

从劳动力供求关系来看，面对就业岗位供大于求这一状况，客观上存在着就业竞争。对于有限岗位劳动者能否实现就业，主观上就要看下岗、失业人员的就业态度。经近几年市场经济的洗礼，目前多数下岗、失业人员的“竞争意识，找饭碗的意识”有所增强。

二、失业风险的预防措施

针对以上情况，一般说来，失业风险的预防应从以下几个方面入手。

1．建立失业预警制度

建立失业预警制度，形成防范失业风险的预警系统，增强对劳动力市场的宏观调控能力。合理确定失业预警线，可以考虑失业率、长期失业者比例、不充分就业者比例及失业人员的增长幅度、长期失业者增长幅度等因素。各因素所占权数有所不同，构成失业总体状况，如失业总体状况接近或达到预警线就要发出预警；同时各级政府就要及时采取对策措施，启动预案，缓解矛盾，防范更大的经济和社会风险。一般说来，失业监测预警体系应包括以下内容。

（1）失业信息指标体系。首先，需要界定失业、就业的标准。其次，需要进行相关指标的分析与研究，建立比较全面的失业信息指标体系。

（2）失业统计调查体系。失业统计调查体系主要是由失业抽样调查、城镇失业登记调查、劳动力市场景气状况调查和失业状况观察点调查四个方面构成。

（3）失业监测预警模型。失业监测预警模型分为警报模型和预报模型。这一模型是在对失业统计调查和失业信息指标综合分析的基础上，通过合理确定失业警戒线而建立起来的。

（4）失业监测预警领导机构和专家委员会。在市再就业工作领导小组里面设立一个失业监测预警协调机构，负责领导和管理整个失业预警体系，协调市里各有关部门，成员包括市政府研究室、劳动和社会保障局、统计局、计委、经委、工商局、工会、妇联、共青团等。协调机构日常办公机构可以设在市劳动和社会保障局就业处，负责失业监测预警体系的日常运转。

失业监测预警专家委员会主要由经济学、人口学、社会学方面的专家学者；市、区劳动保障部门的代表；市政府研究室、计委、统计、工商等部门的代表；工会、妇联、共青团等人民团体的代表共同组成。专家委员会由失业监测预警领导小组办公室负责召集。

通过以上体系，合理设计出失业监测预警的数学模型，将失业警情分为红色、橙色、黄色和蓝色等不同等级，规定出现失业警情时，要立即向当地政府及上级有关部门报告，提出政策、资金组合性措施建议，以利于政府及时有针对性地采取措施，化解失业风险，维护就业形势和社会稳定。

2．立法禁止不公平的解雇

不公平解雇制度源于英联邦国家的劳动保护制度，指雇主以不正当的理由解雇职员。我国的法律体系中尚未建立起不公平解雇的法律保护制度。但是客观地讲，不公平解雇的情况是依然存在的。不公平解雇的情况既导致了失业人员的增加，同时也不利于劳动者权益的保护。因此，通过加强立法，建立不公平解雇保护制度，既有利于预防和控制失业，同时也有利于劳动者合法权益的保护。

3．加强职业培训，预防和减少失业

参保单位开展转业转岗培训和在职培训，鼓励失业人员自主创业、自谋职业和灵活就业，用促进就业的办法控制和减少失业，不失为一条可操作性强且行之有效的预防失业风险的途径。做好这一工作需做好以下几个方面的工作。

（1）依托街道、社区劳动保障工作平台，对失业人员进行动态管理，跟踪了解其参加就业指导、职业培训、求职、就业等方面的情况，及时提供方便、快捷的就业培训和指导服务。

（2）鼓励和引导有条件的地区逐步实施高中阶段的义务教育，继续执行高校扩大招生的政策，大力发展高级职业教育和培训；对城镇未能继续升学的初、高中毕业生普遍实行劳动预备制度，加强职业教育和培训。在提高劳动者素质的同时，适当延缓当期就业压力。大力组织实施劳动者见习计划，由政府出资对参与见习培训的人和单位给予补贴，鼓励青年失业者增强就业本领，进行就业准备。

（3）对在职人员鼓励其利用业余时间参加各种职业培训，一方面可以使得在职人员巩固已有的劳动技能；另一方面通过学习和培训，还可以掌握更多的新技能、新方法和新技术。既从整体上提高在职人员的综合素质，同时也有利于增强职工个人应对社会风险的能力，预防失业风险的产生。

4．转变就业观念是实现就业、减少失业的关键

在前面我们已提到目前失业者的就业观念不适应市场经济的要求。当前要实现就业观念的转变，一要破除“等、靠、要”思想，自主就业。市场经济条件下的就业将逐步市场化，除对转业军人实行安置外，普通就业者已经面临市场竞争就业。二要破除“等级”和“爱面子”思想，实行反串就业。就业本无贵贱之分，但由于各种差别的存在以及城市世俗文化的影响，使一部分人的虚荣心根深蒂固，总认为自己高人一等，应该干“体面”的工作，往往将自己的就业之门堵死，结果落得并不体面的尴尬局面。在市场经济条件下应该破除地域观念、所有制观念和城乡观念，面对现实，有岗位就应努力争取。三要避免因循守旧，要创造就业。就业者要密切关注社会的发展、行业的兴衰，要留心观察，创造就业。

第六节 建立就业服务体系

一、国外促进就业的做法

各国政府普遍把促进就业作为基本优先目标，安排财政资金投入，实施积极的劳动力市场政策。

1．财政对就业经费的投入有力地促进了就业。经合组织 26 个成员国 1996 年投入促进就业项目的资金占其当年 GDP 的平均比例为 0.9%，同期欧盟成员国平均比例为 1.5%。除中央财政正常年度拨款外，有的国家还针对失业高峰期，采取专项筹款用于促进就业的做法。如英国政府实施的 1998—2002 年的 5 年“新政”促进就业计划，共筹集了 35 亿英镑用于促进就业。

2．积极劳动力市场政策项目经费重点用于补助职业培训和就业服务。据对经合组织美、英、法等 11 个成员国财政资金支持劳动力市场项目分析，资金主要用于五个方面：

职业培训；提供免费公共就业服务或求职援助服务；直接创造就业岗位；对雇用失业人员的企业或自谋职业的个人给予工资或就业补贴；扶持失业者创办微小型企业。总的来看，用于职业培训、公共就业服务和公共工程项目的比重较大，平均比例分别为51%、22%和18%。

3．补贴就业或减免企业税费的方式。英国对雇用25岁以上的长期失业青年6个月以上（其间每周工作30小时以上）的雇主，给予每周750英镑的培训补贴费。对自营就业或找到稳定工作的50岁以上的长期失业者给予直接就业津贴，条件是每周工作30小时以上。有些国家为鼓励企业多雇用人员，采取了减免企业税费等方式。如芬兰为鼓励中小企业多雇用失业人员，对中小企业实行减税4%的优惠政策。

4．发展工学交替教育，切实培养劳动者的劳动技能确保就业。所谓“工学交替教育”，是一种将学校学习和企业实习或做学徒相结合的一种职业教育体制。2006年1月16日，法国总理德维尔潘举行记者会指出，法国小企业参与工学交替教育情况良好，但是，大企业的情形却大为逊色，尽管它们的结构理应更有利于提供数量更多并形式更多样的职业教育培训。他认为，工学交替教育应当成为真正的雇用程序的第一步。在一项职业化合同或者学徒合同结束3个月后，80%的年轻人都能得到一份工作。因此，这是一条有前途的道路，应有助于年轻人更容易地找到一份工作。因此，政府对雇员人数多于250人的企业接纳工学交替学生的指标作出了规定：到2007年1月1日，须达到员工总数的1%；至2008年1月1日，达到2%；而到2009年1月1日，则须达到3%。而且，企业应缴纳的学徒税也将根据企业遵守这一指标的情况进行调整。本届法国政府的既定目标是：到2009年，使学徒人数达到50万人，并从2007年起，每年签署20万份“职业化合同”，试图以此解决法国教育体制中高中或大学生培养与职业准备之间衔接不够的问题。

5．设立“第一次雇用合同”保护劳动者的合法权益。2006年1月16日的记者招待会上，法国总理德维尔潘宣布创设一种“第一次雇用合同（CPE）”，其适用对象为26岁以下的年轻人和雇员人数超过20人的企业；与适用于小企业的新式雇用合同（CNE）一样，“第一次雇用合同”的试用期也为2年，并也规定了相关的“保障”措施。德维尔潘总理强调希望通过这一专门针对年轻人的“第一次雇用合同”，开辟一条直接通向长期合同（CDI）的道路；“第一次雇用合同”属于一种长期合同，可赋予享受失业补贴的权利；失业补贴金由国家负担。如果合同签署者在企业工作4个月后被解雇，除了可得到合同终止津贴外，还能领取两个月每个月金额为460欧元的固定补助金。

“第一次雇用合同”规定的24个月的“雇用转正期”将可根据年轻人在企业中所完成的实习期、短期合同（CDD）或其他可能的工学交替培训期的时间而被相应缩短。与这一新合同相关的其他“保障”措施还包括从进入企业第二个月起即可享受的“个人培训权利”和一项名为“Locapass”（租用派司）的国家补助，通过这一国家补助形式，签署合同的年轻人在租用住房时可享受分期支付押金的权利。

德维尔潘总理认为，这一新设立的合同是一项“重要的社会进步”；而它的使命不是取代现存的其他劳动合同，而是对那些进入劳动市场有实际困难的人提供帮助。它能为在企业中探索一种真正并且安全的职业经历提供保障。

二、我国促进就业的举措

就业是民生之本和安国之策，就业不仅牵动着普通百姓的心，而且关乎社会安定与和谐。随着我国社会主义市场体制的完善，市场在配置生产要素中的作用越发重要。劳动者主要是通过市场寻求就业，市场已成为劳动者就业的主要途径。目前，我国的就业基数巨大，就业形势严峻，仅靠市场并不能满足全民充分就业、和谐就业的需要。何况市场在配置劳动就业过程还存在诸多不足，在促进就业的问题上，必须依靠全社会的力量，才能营造出和谐的社会主义就业环境。正如《促进就业法》第 1 条指出的那样："发展和谐劳动关系，推动经济发展同扩大就业良性互动，实现社会和谐稳定"。这说明在构建和谐社会的大背景下，政府在着力营造和谐的社会主义就业环境。

和谐就业环境的核心是"坚持劳动者自主择业、市场调节就业、政府促进就业的方针，多渠道扩大就业"。和谐就业环境是以市场就业为主途径，发挥政府、市场、企业与劳动者的合力，实现全民充分就业、和谐就业。营造和谐的社会主义就业环境，必须以政府、市场、企业、劳动者四个要素为支点，形成和谐地互动。充分发挥政府宏观指导作用，提高劳动者的自主意识、自立意识，强化企业的社会责任感，最终实现全民充分就业、和谐就业。

1．现阶段我国促进就业的措施

"十五"期间，国家出台了一系列促进就业再就业的政策措施，包括鼓励下岗失业人员自主创业，鼓励企业吸纳就业，开发公益性岗位安置就业困难人员，鼓励大中型国有企业主辅分离、辅业改制分流安置富余人员等，形成了一整套有中国特色的积极就业政策体系，有力地促进了下岗失业人员再就业。据统计，2003—2005 年，共有 1300 多万国有企业下岗失业人员在政策的扶持下实现再就业，其中大龄就业困难人员 300 万人。"十一五"期间，国家继续采取措施大力促进就业再就业，落实各项再就业扶持政策，拓展就业渠道，具体表现在以下几个方面。

（1）鼓励城镇失业人员自谋职业和自主创业。

（2）鼓励企业吸纳城镇失业人员。

（3）对就业困难人员实施再就业援助。

（4）区财政安排预算，建立促进就业专项资金，主要用于社会保险补贴、岗位补贴、小额贷款和贴息、职业技能培训、再就业补贴和职业介绍补贴等专项支出。

（5）完善就业服务体系。在街道（乡镇）和社区建立劳动保障基层工作网络，加强对失业人员的管理和服务；对失业人员提供免费职业指导、职业介绍和再就业培训；建立和完善信息网络，实现全区信息互通。

（6）加强再就业培训，帮助失业人员了解市场就业机制和内涵，提高就业能力、转业能力和创业能力。

（7）加强劳动力市场建设，维护市场秩序，规范用工行为。

（8）完善社会保障体系，提高保障能力。

2．正在征求意见的《就业促进法》草案介绍

在就业形势日益严峻的情况下，国家有必要将促进就业的政策和措施及时上升为法律。正因为如此，全国人大常委会于2007年3月25日公布《就业促进法》草案，向社会各界广泛征求意见。

首先，《就业促进法》从以下四个方面营造社会主义和谐就业环境。

（1）明确政府的责任。政府应当充分发挥宏观调控的职能，不断完善就业政策，大力发展职业教育培训。

（2）充分发挥市场在劳动者就业配置中的主导作用。要健全劳动力市场流通体制，鼓励劳动者按照市场的需要自由地流动。政府要为企业自主用工，劳动者自主择业提供法律保障。加强市场法治化建设，维护用人单位和劳动者的合法权益，政府要为劳资纠纷提供权威的裁决机构。

（3）强化企业的社会责任感。企业应主动承担起自身的责任和对社会的责任，为和谐就业提供良好的微观环境。防止就业歧视，企业要为公平就业承担起一份责任。就业歧视不仅是广大百姓关心的问题，也是党中央、国务院高度关注的问题。《就业促进法》草案规定，劳动者依法享有平等就业和自主择业的权利，劳动者就业，不因民族、种族、性别、宗教信仰、年龄、身体残疾等因素而受歧视。

（4）真正树立劳动者在劳动力市场上就业的主体地位，不断提升劳动者就业、创业与职业转换能力。不同群体劳动者根据自身的状况，有效调整期望值，积极寻求最符合自身的就业岗位。

其次，《就业促进法》草案力促公平就业。在2007年6月24日全国人大常委会会议第二次审议《就业促进法》草案时，设专章对“公平就业”进行了集中规定，主要包括以下内容。

（1）各级人民政府应当创造公平就业的环境，消除就业歧视。

（2）用人单位招用人员和职业中介机构从事职业中介活动，应当提供平等就业机会和公平就业条件，不得歧视求职者。

（3）妇女享有与男子平等的就业权利。用人单位不得以性别为由拒绝录用妇女或者提高对妇女的录用标准。

（4）国家保障残疾人劳动的权利。用人单位招用人员，不得歧视残疾人。

（5）用人单位招用人员时，不得以是传染病病源携带者为由拒绝录用。但是，经医学鉴定传染病病源携带者在治愈前或者排除传染嫌疑前，不得从事法律、行政法规和国务院卫生行政部门规定禁止从事的易使传染病扩散的工作。

（6）农村劳动者进城就业享有与城镇劳动者平等的劳动权利，禁止对农村劳动者进城

就业设置歧视性限制。

第三，从总体来看，《就业促进法》为促进全民充分就业、和谐就业提供了法律保障。但《就业促进法》也存在以下方面的不足。一是对增加促进就业工作的财政投入规定不够具体。促进就业的一个重要方面是要加大投入，目前实施的财政扶持政策力度不够，职业培训补贴、小额担保贷款贴息、军队转业干部安置支出等应作为长期措施在法律中作出规定。二是需要出台具体措施引导、鼓励高校毕业生到基层和国家需要的地区创业。三是没有在法律中体现出对中小企业、劳动密集型产业对吸纳就业的扶持。四是针对就业歧视作出了禁止性的规定，但没有明确相应的法律责任。

三、就业服务体系的基本框架

完善就业服务体系是劳动力市场发展和运行的重要条件，也是社会主义市场经济条件下扩大就业的重要途径。"十一五"规划纲要明确提出："健全就业服务体系，加快建立政府扶助、社会参与的职业技能培训机制。完善对困难地区、困难行业和困难群体的就业援助制度。"要构建以目标责任、市场建设、就业服务、职业培训等为主要内容的多层次、多渠道的就业服务体系，为劳动力市场的健康发展和社会就业创造良好的条件。

1．就业服务体系的基本内容

我国的就业服务体系包含职业介绍、就业训练、失业社会保险和劳动就业服务企业等四项主要内容。

（1）职业介绍。职业介绍的主要任务是：求职登记、企业用工调查与登记、劳务市场信息收集、就业与用工的指导与咨询，以及就业预测预报。

（2）就业训练。就业训练的主要任务是：面对失业青年、妇女和残疾人等开展的就业前训练，失业职工转业训练。

（3）失业社会保险。失业社会保险的主要任务是：失业救济、失业医疗补助、失业职工管理以及对失业职工的再就业给予帮助。

（4）劳动就业服务企业。劳动就业服务企业的主要任务是：在国家资金、税收和就业政策支持和主办单位扶持下，举办各类生产经营网点，直接安置失业人员。

2．完善我国就业服务体系的基本思路

（1）健全就业服务机构，强化服务功能。

首先，健全各类服务机构，明确各自的职责范围。健全服务机构时，不仅要注意建立纵横贯通的服务网络结构，而且要从便于为劳动力需求双方提供服务的需要出发，认真考虑机构设置的布局。以职业介绍机构为例，职业介绍组织是劳动力市场的常设机构，它有政府办的，也有非政府办的。从政府办的职业介绍机构看，现有部分城市的市、区（县）、街道三级职业介绍机构，其结构基本合理，可以逐步向全国各地区推广，但在实践中要注意向区、街道一级的基层工作机构倾斜。另外，为了方便求职者，职业介绍机构一般应设在人口集中、交通便利的公共场所。如日本的职业介绍机构就都设在超级市场或地铁站口，这虽然只是一个很小的细节问题，但却反映出他们的服务意识。

其次，要加强人员配备。在当前就业服务工作亟待加强的情况下，我们可以借鉴国外的做法把个人素质、理论水平、职业修养等较高的公务员配备到职业介绍机构。培养一批既有职业介绍专业知识和技能，又掌握国家就业方针政策，以及能熟练操作现代办公设备的专职工作人员，提高现有职业介绍人员的服务质量和服务效率。

第三，进一步完善服务功能。重点完善公共就业服务机构的政策咨询、职业指导、创业指导、就业信息提供、技能培训、接续社会保险关系等功能。尤其是各个公共服务机构要能够提供求职登记、职业指导、职业介绍、培训申请、鉴定申报、档案管理、社会保险关系“一站式”就业服务。

（2）建立畅通的就业信息发布渠道。通过网络发布、媒体发布等多种形式，建立全方位、多层次、广覆盖的信息发布渠道，充分满足用人单位和劳动者对就业信息的需求。

（3）推进服务规范化和制度化。在英国，职业介绍机构通常都具有鲜明的服务宗旨、周到的服务条件、多种多样的服务内容和高标准的服务规范。我国的职业介绍机构要吸取其他国家的一些先进经验，严格遵守《职业介绍服务规程》，健全工作制度，明确职责范围，不断改进工作作风，规范职业介绍服务，更好地帮助求职人员和用人单位，促进就业。

（4）建立公共就业服务工作平台。在国际上，成熟的市场经济国家，其职业介绍方式多种多样，但是很少采取类似招聘洽谈会这样大规模的方式，多数国家职业介绍机构的主要工作方式是：经常派信息员到企业去，对来登记的求职人员进行分类，然后对供需双方的条件进行分析，将合适的求职者推荐给企业。事实证明，这样的职业介绍方式更有针对性、效果更好。借鉴国际经验，建立健全公共就业服务工作平台，为下岗失业人员提供便捷高效的服务，为就业困难群体采取结对帮扶等形式，提供更有针对性、更加优惠的就业援助和服务。

（5）进一步规范民办职业中介机构，完善劳动力市场建设。针对民办职业中介机构及其活动，进一步制定和完善统一职业介绍服务评估、职业介绍服务标准、职业介绍收费标准、职业介绍从业人员资格、劳动力市场信息网络建设等方面的纪律规范，以制止非法中介行为，保障用人单位和求职者的合法权益，把职业介绍行为纳入规范化的轨道，维护劳动力市场的正常秩序，为劳动力市场的健康发展创造良好的环境。

（6）实现失业社会保险、失业救济、就业培训、职业介绍的一体化。由于失业社会保险、失业救济、职业培训、职业介绍之间没有形成有机的整体，出现了险性就业、就业效果不好、失业救济发放不合理等许多问题。为了有效地解决这些问题，需要逐步实现失业社会保险、失业救济、就业培训、职业介绍的一体化。强化劳动力技能培训，科学编制职业培训规划、完善培训政策，改进培训形式，充分调动劳动者参加职业培训的积极性。

第七节　农民工失业社会保险的探索

一、农民工失业问题

农民工，顾名思义是指兼具农民与工人身份的劳动者，包括在第二、第三产业中的劳动者，其特征是持农村户口但在城市、乡镇企业工作，同时还没有放弃农村土地承包经营权，但以务工所得为主要谋生手段。中国的农民工是计划经济时期城乡二元社会结构的遗留物。农民工由于在身份上的差异，与一般的工人在待遇、社会福利、社会活动权利存在着很大的差异，使得他们成为劳动力市场的弱势群体、城市社会的“边缘人”。随着经济的发展，农民工已经成为城市建设不可或缺的一支重要力量。多少年来，农民工为城市和城市市民等各项服务作出了重要贡献。然而，农民工由于受诸多因素的制约，成为城市中最容易失业的群体之一，具体原因如下。

1．工资水平偏低，生活成本相对较高。农民工与城镇职工相比，处于“低收入、低支出、低生活水平”的“三低”状态，在与周围的居民进行比较时，容易形成极大的心理落差。这一情况直接导致了农民工具有流动性大这一基本特征。

2．整体素质不高，“眼高手低”就业难。农民工平均受教育年数为 10.04 年，大多数缺乏专业技术技能，且不愿意或无经济能力参加收费的培训项目。尽管如此，农民工尤其是新生代农民工对工资的收入、环境要求却越来越高，他们希望能像“城里人”一样体面的工作、体面的生活，并且定居在城里。自身的能力限制了农民工良好愿望的实现。

3．注重短期利益，忽视长期保障。在一些农民工的眼中，外出就业只是“权宜之计”，大多数人未等到法定退休年龄就退出了劳动力市场。因此，农民工比较注重近期内的经济收益，较少考虑工作的稳定性、长期性和未来养老等问题。在劳动合同签订方面，部分农民工因不想受到约束，担心影响自己转换工作而不愿意签订劳动合同。对于农民工来讲，一些保障有如一把“双刃剑”，虽是保障，但也是一种束缚或经济负担。

二、建立农民工失业社会保险制度的思路

（一）现行的失业社会保险制度对农民工参加失业社会保险的规定

根据《失业保险条例》规定，城镇企业事业单位招用的农民合同制工人应该参加失业社会保险，用人单位按规定为农民工缴纳社会保险费，农民合同制工人本人不缴纳失业社会保险费。单位招用的农民合同制工人连续工作满 1 年，本单位并已缴纳失业社会保险费，劳动合同期满未续订或者提前解除劳动合同的，由社会保险经办机构根据其工作时间的长短，对其支付一次性生活补助。补助的办法和标准由省、自治区、直辖市人民政府规定。

享受失业社会保险待遇是农民工群体应该享有的合法权益，这一群体也是失业社会保险扩面工作的重点群体。然而，由于我国对企业失业社会保险费的征缴监察力度不够，加

之农民工群体的流动性比较大，权益意识和谈判能力相对较弱，目前数以亿计的农民工还未能得到有效的失业社会保险保障。

原劳动和社会保障部社会保险研究所所长何平指出，目前，我国农村劳动力外出务工的规模巨大，约有1.2亿人。为保障农民工的合法权益，我国的《失业保险条例》规定，城镇企业事业单位招用的农民合同制工人应当参加失业社会保险。与城镇职工不同的是，农民合同制工人个人不缴费。但从农民工的总量来看，绝大多数未参保。

（二）完善农民工失业社会保险制度的途径

相当一部分农民工处于流动不定的状态，加之其所从事的职业也各具特色，因此在构建农民工社会保障制度时，不应采取一刀切的办法，而应该采取分类分层的保障办法。根据农民工所从事的职业特点及流动程度不同，我们可以将农民工大致分为两类。第一类是有雇主且职业稳定、有固定收入的农民工。此类农民工绝大部分已在城市生活多年，市民化程度较高。第二类是有雇主但职业不稳定、也无固定收入或者无雇主的农民工。此类农民工一般流动性较强，市民化程度较低。对于第一类农民工，其社会保障项目的设置及经费筹集方式均可与城镇居民相同。对于后一类农民工，由于其流动性较强，因此，对他们应采取比较灵活的政策。

农民工从进入城市开始就要登记，缴纳较低的保险费。在确定工作之后，用人单位向专为农民工设立的失业社会保险基金缴费，同时农民工转而缴纳相对较高的失业社会保险费。如果农民工职业稳定、有固定收入达到一定年限，即成为第一类农民工，则可以参加城镇职工失业社会保险，同时将已在农民工专门的失业社会保险基金中享有的份额转入城镇失业社会保险基金中。农民工失业以后，如果在失业社会保险年限内可以由社会保险管理机构按月或按季度统一发放失业社会保险金；如果农民工选择回农村，可以一次性返还基金中可返还的数额。其次，有学者建议由有关部门实施“公共劳动”形式的农民工“失业保障”机制，给他们提供公共劳动机会，同时也将比较散乱的农民工纳入一定管理体系。这种失业保障机制对农民工而言是个很有益的设想，可行性颇高。目前，我国的公共服务很不健全，城市环卫劳力十分有限；然而大量年轻力壮的失业农民工急需寻找工作机会。如果由有关部门组织他们参加公共服务型的劳动，不仅可以解决他们的就业问题，还能发挥“社会安全阀”的特殊保障功能。

第八节　失业社会保险的改革与发展

一、当前失业社会保险存在的问题

失业社会保险作为社会保障的一项重要内容，为构筑以“三条保障线”为核心的社会安全网，促进就业再就业，推动企业改革，维护市场经济的正常运行和社会稳定作出了应有的贡献。但是随着改革的不断深入，我国的失业社会保险制度在运行、管理等方面显露出一些不足。

1. 失业社会保险的覆盖面还比较小。主要表现为以下三个方面。首先，对失业社会保险存在认识偏差，许多单位和职工认为失业社会保险是“一平二调”、“劫富济贫”。其次，失业社会保险制度改革跟不上就业形势变化的需要，传统的以“单位”为服务对象的社会保险体系不能适应新形势下分散化、流动性强的就业格局。最后，事业单位未按照规定全部参加失业社会保险，“漏保”比较严重。

2. 失业社会保险的作用发挥不充分。从目前失业社会保险所发挥的作用看，很多地方还停留在生活保障上，在促进失业人员再就业方面发挥的功能还不够。另外，由于社保经办机构经费紧张，存在挤占挪用职业培训补贴和职业介绍补贴的问题，导致专项用于失业人员培训和职业介绍的经费不足。

3. “非因本人意愿”难以界定。主要有以下三种情况：第一，由于就业不充分、企业处于半停产状态、工资太低等原因，“自愿”解除劳动合同的失业人员按规定不能享受失业社会保险待遇，而这又与设立失业社会保险制度的初衷相悖；第二，一些垄断行业实行“自愿”解除合同、获得高额经济补偿的人员，不应享受失业社会保险待遇，但在具体执行中考虑到社会稳定、行业利益等种种原因，经办机构仍违规为他们发放了失业社会保险金；第三，一般企业买断工龄、给予很低的经济补偿的解除劳动关系的失业人员，由于和企业签订了自愿解除合同的协议而丧失享受失业社会保险待遇的权利。

4. 信息化程度相对落后。失业社会保险政策是集职工参保缴费、失业社会保险待遇申领发放、失业人员转岗培训和再就业于一体的完整制度体系，但由于信息化程度落后，很难实现预定的管理目标，致使不应享受失业社会保险待遇和隐形就业人员领取了失业社会保险金，造成了基金的流失。

二、失业社会保险深化改革的思路

要摆脱失业社会保险面临的困境，当然需要相关部门尤其是劳动部门的主观努力，但在既定的制度下，这种努力的效果毕竟有限，更为重要的还是应针对我国现行失业社会保险制度在失业社会保险的特点上体现不够这一深层次的问题来进行制度创新。失业社会保险制度作为一项通过国家立法强制实行、由社会集中建立基金、为因中断就业而失去工资收入的劳动者提供基本物质帮助的社会保险制度，有其自身的特点。由于它与社会经济联系紧密，是培育完备的劳动力市场的必要条件，是现代企业制度建立的前提，是促进就业和社会稳定的必要措施，故具有直接性、强制性；失业社会保险待遇不是每个缴费人都必然享受的，不失业者将终生不能享受失业社会保险待遇，因而具有互济性；与失业救济不同，享受失业社会保险待遇的人必须履行相应的义务，符合资格条件，所以失业社会保险更强调权利与义务的对应性。

失业社会保险的上述特点，正是我国的失业社会保险制度完善的基础。因为失业社会保险是社会经济发展的重要保证，与经济发展的联系具有直接性，因此失业社会保险的制度创新应该是以政府为创新主体的。在制度创新中要确定政府对资金筹集的最后调节者的责任，要开拓新的筹资渠道；要根据失业社会保险互济性强的特点，建立起资金筹集的激励机制；要根据失业社会保险权利与义务对应的特点，重新界定失业社会保险的责任。为了保证失业社会保险制度进一步改革的顺利进行，体现失业社会保险强制性的特点，还必须在管理体制上进行创新，尤其要加强法制建设。

（一）实行失业社会保险筹资制度创新

1．筹资渠道的创新。由于目前我国的失业社会保险尚处于初级阶段，保险基金没有太多的积累，保障功能还比较弱，但与此同时，由于几十年计划经济造成的企业内部的富余人员又要在短时间进入市场，因此，要解决企业劳动力存量进入市场的问题，必须突出政府在失业社会保险基金筹集中的地位和作用。政府的这种作用主要从两个方面来体现。第一，规定政府是失业社会保险的“最后调节者”，并且明确划分中央政府和地方政府在失业社会保险筹资中的责任。当失业社会保险出现收不抵支时，各级政府应按规定通过财政拨款加以弥补。第二，寻求新的资金来源。从目前的情况来看，以下来源是值得考虑的，如可将部分国有企业的股权划归失业社会保险基金会，以后用股权收益作为部分资金来源。另外，可把部分国家财政对企业的亏损补贴变为失业社会保险金。对濒临破产的企业，国家财政不断注入资金加以扶持是我国的一贯做法。由于国家财政对企业财务缺乏约束力，因此，这样做的结果是，企业就像一个无底洞，资金越丢越多，效益却怎么也上不去，白白浪费了大量资金。如果能从国家财政的企业亏损补贴费中拿出部分资金补充到失业社会保险基金中去，失业社会保险基金的保障功能将大大增强。

2．筹资机制的创新。建立资金筹集的激励机制，充分重视经济手段在失业社会保险基金筹集中的应用。由于失业社会保险不是人人都可以享受的，因此，在我国经济还是不太发达的情况下，物质刺激在资金筹集中具有相当大的作用。激励机制既应包括对缴费者的激励，也应包括对征收者的激励。在对缴费者的激励时主要采取通过一定的方式对按时缴费、并且缴费数量大的企业给予一定程度的返还；对个人也可考虑建立个人账户，将个人交纳的失业社会保险金全部记入个人账户上，个人账户的资金只能在失业和退休期间才可以动用。上述做法旨在减轻每一个缴费单位和个人的经济压力，调动缴费者的积极性。同时还将失业社会保险与养老社会保险有机地结合在一起，有利于应对即将到来的人口老龄化浪潮。

不管是采用失业社会保险税，还是按照现在的管理办法由劳动部门来征收，都应当调动征收者的积极性。为了保证失业社会保险基金的完整、安全，现在已经割断了征收单位的管理经费与征收数额之间的联系，从而征收积极性受到了影响。因此可考虑财政每年在核定经费时，拿出一块与征收数额挂钩。由于失业社会保险金共济性强，征收难度也就自然加大，因此这一措施也就显得尤为重要。

（二）实行失业社会保险支付制度的创新

要遵循权利与义务对等的原则，坚持只有符合享受条件，履行了义务，才能享受相应的待遇。要从两个方面把握上述原则。一方面是严格审核失业社会保险金领取者的资格，尤其要排除隐性就业者。因为如果隐性就业者也领取了失业社会保险金，将加重失业社会保险的支付负担。另一方面是在支付上要灵活和有差别。把促进就业纳入失业社会保险的责任范围，使失业者享受的权利形式更多样化。同时对履行义务的程度不同的失业者给予不同的待遇。总的原则是鼓励职工积极缴纳失业社会保险费，增加资金来源，减轻企业负担。为达到上述目的，可进行以下制度创新。

1. 建立隐性就业者的鉴别机制。由于信息的不对称，使对隐性就业的鉴别非常困难。如何在管理成本不高的前提下寻找有效的鉴别方法，劳动管理部门在实践中进行了许多有益的探索。目前有些地方从以下方面进行界定，规定只要满足以下一个条件的就认定为再就业：（1）办理了执照；（2）重新签订了劳动合同；（3）续办了社会保险的；（4）在外地打工的。当然上述方法也不完全合理，并且牵涉面很广，还有待于在实践中不断完善。

2. 建立贷款基金。对接受安置失业员工就业的企业给予周转金借款，或作为失业人员再就业和从事个体经营的周转金借款；对自谋职业的失业人员，可一次性发放失业社会保险金，作为再就业启动基金。

3. 建立有差别的支付制度。改变目前按固定数额支付失业社会保险金的做法，建立与缴费的数量、时间适当挂钩的多档次的失业社会保险金支付制度。个人缴费的数量越多、时间越长，可享受的失业社会保险待遇就越高。

（三）实行失业社会保险管理体制的创新

在失业社会保险的管理体制方面，应按照政事分开、分工协作、收支两条线的原则来进行制度创新。财政部门负责失业社会保险资金的管理、监督和平衡。劳动部门负责政策的制定和具体行政事务的实施。尤其是为了加强失业社会保险征缴的力度，有必要开征失业社会保险税，用税法将失业社会保险固定下来。税制的设计首先体现税收的一般特征。因此，失业社会保险税的纳税范围应包括所有不同所有制类型的企业事业单位及其劳动者，还有个体工商户。如果纳税人是单位，课税对象应为单位的职工工资总额；如果是个人，纳税则应以个人的工资为课税对象，税率可采取比例税率，与目前失业社会保险收取比例相衔接，单位为2%，个人为1%。从税收的归属来看，失业社会保险税应为中央地方共享税。考虑到地方政府承担主要的社会保障职责，因此，地方财政要得大头。中央财政所掌握的部分，主要用于在全国范围内的调节。但是，失业社会保险税毕竟不是一般的税种，它要体现失业社会保险的特色。与一般税收的无偿性不同，失业社会保险税是需要在一定的条件下返还的，因此，可采用与一般税收不同的征管形式，前面所提出的建立个人账户还是可行的。并且在征税管理中要注意税收、财政、劳动等部门的协调。税务部门负责依法征收，财政部门负责划转和监督，劳动部门负责支付。

开征失业社会保险税，首先有利于对失业社会保险基金进行法制化管理，明确收、用、管的责权，使失业社会保险金能按时征收，依法管理。这是开征失业社会保险税的主要目的。其次，有利于公平负担。不管哪一个地区，哪种所有制企业都按相同的税率征收。再次，有利于资金的统一调度和调剂，发挥政府宏观调控的作用。此外，还有利于降低征缴成本，不必重复建立一支收缴队伍。

【关键概念】

失业　　失业社会保险　　农民工　　以支定收、收支平衡　　摩擦性失业
结构性失业　　周期性失业

【本章习题】

一、思考题

1．目前我国失业社会保险覆盖了哪些劳动者？

2．失业社会保险待遇在何种条件下支付？

3．失业社会保险待遇具体包括哪些内容？

4．失业是如何产生的？

5．如何预防失业？

6．城市的农民工在劳动中如何保护自己的权益？

二、实训题

实训题目：模拟计算失业社会保险金领取的期限、熟悉失业社会保险金发放的条件。

实训目的：

1．加强对我国现行的失业制度的了解。

2．掌握失业社会保险金发放的条件。

3．掌握失业社会保险金领取期限的计算方法。

实训内容：

1．赵某今年 58 岁，1990 年赵某 41 岁时，因连续旷工 15 天被单位除名，赵某失业后，开始领取失业社会保险金。本来按照规定他可以领取 24 个月的失业社会保险金。可刚领了 6 个月，正赶上一家企业招用车工，赵某恰巧是 6 级车工，被招了进去，停止领取失业社会保险金。2007 年 1 月，赵某所在企业因严重污染环境被政府关闭，赵某因此失业。这次，经办机构给老赵核定了 24 个月的失业社会保险金。赵某认为，他应该领取 24 个月再加上次未领取的 18 个月的失业社会保险金。请问，赵某的要求合理吗？

2．原某化工企业职工张某与企业签订有 8 年期限的劳动合同，但劳动合同履行 5 年 4 个月时，因另一企业以出高薪聘用张某，于是张某向企业提出解除劳动合同，正当张某与企业办理有关手续时，新企业又提出不聘用张某了，张某无奈只好将档案关系转回街道，

办理失业手续。张某本以为自己很快就能被新单位录用，可几个月后仍没任何希望，张无奈情况下向街道办事处提出申请失业社会保险金，以维护正常生活。但张某被告之不能享受失业社会保险待遇。请分析张某为什么不能享受失业社会保险待遇。

【参考文献】

[1] 袁志刚．失业经济学[M]．上海：上海三联书店，人民出版社，1997.

[2] 郭士征，葛寿昌．中国社会保险的改革与探索[M]．上海：上海财经大学出版社，1998.

[3] 成思危．中国社会保障体系的改革与完善[M]．北京：民主与建设出版社，2000.

[4] 何平．企业改革中的社会保障制度[M]．北京：经济科学出版社，2000.

[5] 张左己．领导干部社会保障知识读本[M]．北京：中国劳动社会保障出版社，2002.

[6] 王志．中国失业社会保险制度要破三大难题[J].《瞭望》新闻周刊，2007.

[7] 杨勇．中英失业社会保险制度比较分析[J]．兰州大学学报：社会科学版，2006.

第十章　城镇医疗社会保险

【学习目标】

1. 掌握医疗社会保险的基本概念。
2. 了解医疗社会保险的意义、原则、基金的筹集等重要问题。
3. 掌握医疗社会保险的给付、企业补充医疗社会保险和公务员医疗补助的基本做法。
4. 掌握当前医疗社会保险改革发展的趋势、内容。

☺ 导入案例

2008 年 4 月 9 日一大早，家住陕西省鸡西市鸡冠区富强委的关成俭老人，在鸡冠区劳动和社会保障局医保办如数领到了 19200 元医疗费。已参加城镇居民医疗社会保险的关成俭老人于 2008 年 1 月 7 日突发心脏病住院，做心脏支架手术花费 4.3 万元。如今，按照规定如数领到医疗社会保险金的关成俭老人高兴地说:“医疗社会保险真是太好了！”。

2007 年 10 月份，鸡西市被列为全国城镇居民基本医疗社会保险首批试点城市以来，全市现已参加城镇居民医疗社会保险的人数达 19.97 万人，占全市城镇居民总数的 30%。从 2008 年 4 月 9 日起，鸡西市医疗社会保险部门首批向申请报销的 445 名居民发放医疗社会保险费金额达 67.79 余万元。

（资料来源：鸡西新闻网，周军）

第一节　医疗社会保险的概述

一、医疗社会保险的概念

医疗社会保险简称医疗社会保险。关于医疗社会保险（Social Medical Insurance）的概念，国内外有很多不同的表述方式。具有代表性的医疗社会保险的定义主要有以下几种。

（1）医疗社会保险是对国民收入进行分配和再分配，形成专门的消费基金，对劳动者因病医治造成的经济损失给予一定补偿的一种社会保障制度。[①]

---

① 蔡仁华．中国医疗保障制度改革实用全书[M]．北京：中国人事出版社．1997：453．

（2）医疗社会保险是由国家立法，通过强制性社会保险原则，由国家、单位（雇主）和个人集资建立医疗社会保险基金，当个人因病接受了医疗服务时，由社会医疗保险机构提供医疗社会保险费用补偿的一种社会保险制度。①

（3）医疗社会保险是国家、企业对劳动者因为疾病、受伤（非因工受伤）等原因需要去医疗机构进行诊断、检查和治疗时，提供必要的治疗费用和医疗服务的一种社会保险制度。②

从以上不同的表述可以看出，医疗社会保险应具备以下关键要素：

（1）建立医疗社会保险制度是一种政府行为，以政府为最终的责任主体；

（2）建立医疗社会保险制度，保障国民健康是整个社会的责任；

（3）享受医疗社会保险待遇是劳动者的基本权利；

（4）医疗社会保险是国家强制推行的，强制劳动者参加；

（5）医疗社会保险制度提供患病后的治疗费用和收入补偿。

综上所述，医疗社会保险可以定义为：由国家负责建立的，为解决全体公民或所有社会劳动者因为疾病或非因公负伤，丧失劳动能力后的治疗和生活问题提供必要的医疗服务或经济补偿的一种社会保险制度。

二、医疗社会保险的意义

（1）建立医疗社会保险制度，能起到修复劳动力、保障劳动者的身体健康的作用，有利于生产和再生产的正常进行。

众所周知，疾病风险具有普遍性，是每个人都难以回避的。劳动者一旦遭受疾病侵袭，必然导致身体上会遭受痛苦，经济上要遭受损失，而这些最终也会影响生产的顺利进行。为劳动者提供基本的医疗费用和患病期间的生活补助是修复劳动力的基本投入，是劳动力再生产的必要费用，也是劳动成本的一部分。实施医疗社会保险制度，在医疗服务和经济上给予患者帮助，能保证劳动者患病后能够及时得到治疗，尽快恢复身体健康，重新投入到生产劳动中，有利于生产和再生产的顺利进行。

（2）实施医疗社会保险制度，能保障劳动者的基本生活，解除劳动者的后顾之忧，维护社会稳定。

劳动者主要依靠劳动报酬维持本人及其家庭的生活，而健康的身体是劳动者获得劳动报酬的前提条件。劳动者一旦患病，直接导致不能正常的进行工作和劳动，不能劳动就不能通过劳动获得报酬，将面临正常收入减少甚至中断的局面，会给劳动者本人及其家庭的生活带来很大的影响。实施医疗社会保险，一方面，能够使得患病的劳动者及时得到治疗，帮助患病的劳动者尽快地恢复健康，回到工作岗位；另外一方面，能够提供一定的物质帮

① 候文若，孔泾源．社会保险[M]．北京：中国人民大学出版社．2002：369．

② 任正臣．社会保险学[M]．北京：社会科学文献出版社．2001：187．

助，保障劳动者医疗期间的基本生活。这就可以避免劳动者陷入“因病致贫”或“因贫致病”的“贫病交加”困境中，解除了劳动者的后顾之忧，使其能够安心工作。同时，也有助于消除因疾病带来的社会不安定因素，维护社会稳定。

（3）实施医疗社会保险制度，能推进职工医疗保障事业社会化，有利于建立现代企业制度，是推进经济体制改革的重要保证。

医疗社会保险制度是由国家立法，贯彻强制性原则，通过国家、单位和劳动者个人缴纳保险费的方式进行筹资，建立医疗社会保险基金，提供医疗保障。医疗社会保险的高度社会化适应了市场经济体制的要求，改变了过去企业包办社会的局面，减轻了企业的负担，为企业创造一种公平竞争的环境，有利于劳动力的流动，促进国有企业改革和现代企业制度的建立，对社会主义市场经济体制的发展有着极大的促进作用。

（4）实施医疗社会保险制度，有利于合理利用医疗资源，促进医疗卫生事业的良性发展。

医疗社会保险制度的实施，一方面能够培养民众的自我保障意识，增加医疗费用的自我积累，增强自我医疗保障能力，有利于减少医疗费用的浪费，合理有效地利用医疗资源；另一方面可以通过积聚国家、单位和个人的经济能力，积累起丰厚的医疗社会保险基金，有助于发展各类卫生保健事业，加强重大疾病的防治，改善农村医疗卫生条件，促进医疗卫生事业的良性发展。

（5）实施医疗社会保险制度，有利于调节收入差别，体现社会公平，促进社会文明和进步。

医疗社会保险制度作为社会保障制度的重要组成部分，天然具有调节社会公平的功能。医疗社会保险制度通过对医疗社会保险费用的征收和给付来调节收入差别。医疗社会保险费用的负担通常实行同一负担率，高收入高负担、低收入低负担。但医疗社会保险的给付却不取决于缴费负担的高低，而是实行给付平等化原则，根据病情进行相应的给付。可见医疗社会保险制度的实施在一定程度上调节了高收入阶层和低收入阶层的财富分配，同时通过分摊疾病风险，发扬了互助共济精神，营造了良好的社会风尚，有利于社会文明和进步。

三、医疗社会保险的特点

医疗社会保险作为社会保险的一个子项目，除了具有社会保险的强制性、福利性、社会性等基本特征外，由于疾病风险还具有以下特征。

（一）普遍性

医疗社会保险是社会保险各个项目中保障对象最广泛的一个子项目。疾病风险发生率高、具有普遍性特征，是每个人从出生到死亡过程中都不能回避的问题，所以医疗服务是每个人的终生需要。每个社会成员都有权获得医疗保障，都需要国家或社会提供医疗费用和医疗保障。同时，一国国民的健康状况又是直接关系到这个国家发展的重大问题，所以国家发展医疗事业、提高国民健康水平是基本的社会责任和应尽的社会义务。可见，医疗社会保险的保障对象必然是非常广泛的，原则上应覆盖全体国民。

（二）复杂性

医疗社会保险不同于养老社会保险、失业社会保险等社会保险的其他子项目的一个突出地方就是涉及面非常的广泛，除受到政府、企业、劳动者个人的影响外，还受到医疗服务供方和医疗服务过程的影响，所以必须对需求者与供给者的行为进行引导和控制。同时，医疗社会保险既是社会保险中的一个独立的子项目，但同时又与社会保险的其他子项目密切交织在一起，并且很多社会保险的项目的运转离不开医疗社会保险，如工伤社会保险、生育社会保险本身就包含了医疗社会保险的内容。这是其他任何的险种所不具备的特点。

（三）待遇均等性

对于具备享受医疗社会保险资格条件的劳动者而言，其医疗社会保险待遇的获得和医疗服务的享受都是平等的。医疗社会保险待遇的给付主要是根据病情的需要而定，通常与工资水平无关，也与缴费的数目无关。这是医疗社会保险在待遇上与其他险种的不同之处，而通常情况下，其他险种的待遇享受都与工资或者缴费数目直接相关。

（四）保障的服务性

其他的保险项目是以现金支付方式为社会成员提供生活保障的，而医疗社会保险除了对享受医疗社会保险的人补偿医疗费用外，其保障的核心是医疗服务。一般以提供医疗服务为主，包括为社会成员提供免费、低费或部分收费的服务。医疗服务是一种专门性和复杂性程度很高的技术服务，需要运用大量的医疗器械设备和医疗技术，并且依赖于现代医学的发展水平。

（五）给付频率高，费用控制困难

由于疾病危险的发生频率高，这就决定了医疗社会保险是一种短期性、经常性的保险，其给付频率远高于工伤社会保险、生育社会保险和失业社会保险，并且医疗费用因受多种因素的影响，费用变化大，特别是医疗社会保险不同于其他险种的一个特点是除了社会保险机构和被保险人以外，还必须有第三方——医疗机构的参与才能够实施。医疗服务是一门非常专业的服务，必须依赖医疗机构，其提供的服务直接关系到医疗社会保险费用支出的高低。可见，医疗社会保险的涉及面非常广泛，关系错综复杂，医疗社会保险风险的预测和费用的控制是一大难题。

正因为有这些特点，医疗社会保险往往被作为社会保险体系中的一个独特部分，由专门机构单独管理。

四、医疗社会保险的原则

1．强制性原则

医疗社会保险是国家立法强制建立的，所有单位及全体社会劳动者都必须参加。同时，医疗社会保险管理机构也必须接受所有单位和所有符合条件的个人投保，双方都不能有所选择。医疗社会保险费用的缴纳和待遇的给付都是有着明确的立法规定的，医疗社会保险制度的实施必须严格遵循法律规定，不能任意更改。

医疗社会保险的强制性原则确保了全民参保，保证了医疗社会保险制度的投保规模，同时有效地避免了自愿投保所带来的逆选择风险，对医疗社会保险制度的建立和实施都有非常重要的意义。

2．互助共济原则

医疗服务按需（治疗需要）满足，与个人的缴费水平无关，这样的话，医疗社会保险基金的使用就能够从健康者向患病者、年轻人向老年人、大多数人向少数有病有伤的人身上转移来达到医疗社会保险制度在全社会范围内分散疾病风险，减轻患者经济负担的目的。

从某种意义上讲，共济原则是医疗社会保险产生的理论基础，也是区分医疗社会保险和商业医疗社会保险的一个重要标准。

3．三方缴费，合理负担原则

医疗社会保险基金的来源渠道应该是政府、单位和个人三方。保障国民的健康是政府的基本责任和义务，政府对医疗社会保险基金进行财政支持是履行这一义务的最好体现。同时，由政府出面主持医疗社会保险制度，能加快医疗社会保险制度的发展，增强参保国民的信心。对于企业而言，劳动者的身体状况直接关系着企业的正常运营，分担劳动者的医疗费用是维持劳动力的正常成本。对于个人而言，承担一部分缴费义务，能增强自我保障意识，避免滥用、浪费医疗卫生资源。

4．效率和公平统一原则

效率和公平统一原则指的是医疗社会保险既要追求公平，也要兼顾效率。医疗社会保险强调待遇公平，即劳动者在患病后就医和用药等治疗方面的待遇平等，所有的治疗服务和医疗费用补偿都是根据病情作出的，不受缴费金额、劳动者收入、职业和地位的影响。

效率强调的主要是指筹集医疗社会保险基金的效率和节约卫生资源，减少浪费的效率。近年来，由于医疗费用的恶性增长，人们认识到，除了要坚持公平原则外，还要重视医疗社会保险基金筹集、使用以及医疗服务过程中的效率，以减少卫生资源的浪费。实现医疗社会保险待遇的公平仍然要以兼顾效率为原则。

5．基本保障原则

医疗社会保险是以保障人们平等的健康权利为目的的。医疗社会保险是义务保险，是基本保险，保障的是最基本的医疗服务，只能提供对基本医疗服务的费用补偿。基本医疗服务是劳动者必需的，医疗机构能够常规提供的，且是社会保险基金能够支付得起的规定范围内的医疗服务，通常情况下，缴纳的医疗社会保险费用只能维持基本医疗费用支出。

基本医疗服务的标准在不同的国家和地区间，在社会经济水平发展的不同阶段上是各不相同的。医疗社会保险制度中确定的保障水平要与该国或该地区的社会生产力水平相适应，国家财力的大小和社会经济发展水平决定了医疗社会保险的保障程度。

第二节　医疗社会保险基金的筹集

一、国外医疗社会保险基金的筹集

医疗社会保险的资金主要来源于国家、企业和受保人三方。按照医疗社会保险基金筹集方式来划分，目前主要有国家医疗社会保险、社会医疗社会保险、个人储蓄医疗社会保险和商业医疗社会保险等类型。

（一）国家医疗社会保险（即全民免费医疗）

国家医疗社会保险是指国家通过税收筹集医疗社会保险资金，再通过预算分配方式，将由税收形成的医疗社会保险基金有计划地拨给有关部门或直接拨给公立医院。实行这种制度的国家，其卫生机构属国家所有，医务人员由国家支付工资，卫生经费列入国家预算，大多数医疗保健服务实行免费或部分免费。这种模式盛行于西方的福利国家，如英国、加拿大、丹麦、瑞典等，也存在于一些社会主义国家，如前苏联和我国的公费医疗。

英国政府根据贝弗里奇报告，在 1944 年颁布了《国家卫生服务法》，实行国民保健服务制度。1964 年颁布了《国民卫生保健法》，规定只要是英国国民，无论其财产多少，均可免费得到公立医院的治疗，患者只需要交纳挂号费。英国的医疗总费用中，79%来源于政府税收，其他的部分来自社会保险缴费、患者自己负担的医疗费用以及其他收入。其中，社会保险基金部分是由雇主和雇员缴纳的，社会保险费（国民保险金）中用于医疗社会保险开支的部分约占整个医疗费用总开支的 15%；患者自付费用部分约占医疗费用总开支的 4%。此外，来自土地售卖的收入约占医疗总费用的 4%。①

澳大利亚实行的是全民医疗社会保险制度，1973 年颁布的《健康保险法》规定，每个公民都有享受同等机会的医疗社会保险，所有澳大利亚永久居民和公民（包括新西兰公民）均可申请一张医疗卡（Medicare Card），持卡者可免费在私人诊所及公立医院得到医疗服务，实行全民健康保险制度。该国卫生费用占 GDP 的 7.7%，其中 69.9%来自税收，30.1%由私人筹资。

加拿大实行的是全民健康保险制度，以公共筹资为主，政府直接管理医疗社会保险事业。卫生费用占 GDP 的 9.6%，其中 69.9%来自税收，30.1%由私人筹资。加拿大医疗社会保险由政府全面包办，其费用来自国家的整体税收，并在国家的层次上进行再分配，所有公民和移民一视同仁，外国人则需自购医疗社会保险。加拿大政府每年在国民健康和保健上的开支达 520 亿加元，平均每个加拿大人享受 1800 加元的医疗补贴，公费医疗包括各种化验、检查、手术及住院费用。一般的门诊不付费，或者付少量的费用，小病的医疗费用可以找保险公司报销，生大病所有的住院费用，包括伙食费和护理费全部由政府承担。

---

① 候文若，叶子成．城镇职工基本医疗社会保险制度全书[M]．北京：言实出版社，1998：490．

（二）社会医疗社会保险（即统筹医疗经费的医疗社会保险）

这种健康保险制度是通过国家立法对医疗社会保险的各项内容作出规定，强制参加，雇主和雇员个人均需交纳保险费，建立医疗社会保险基金并用于雇主及其家庭成员的医疗保障，国家则采取税前列支的方式提供支持，必要时由国家或地方政府实行财政兜底。①由政府或私人举办，资金由国家、雇主或个人支付。实行这种保险制度的主要是一些发达的资本主义国家。这种制度一般由社会保险机构或企业与医疗机构签订合同并向其支付医疗费用，医疗机构收取费用后，对受保人提供医疗服务。它以社会保险发源地德国为代表。目前，世界上有100多个国家采取这种模式，这种模式是实行医疗社会保险制度的国家中使用最多的一种。

德国的医疗社会保险基金实行社会统筹、互助共济，主要由雇主和雇员缴纳，政府酌情补贴。目前德国的平均缴费率是 13.5%，由雇主和雇员各负担一半。也就是说，雇主支付雇员总工资的 6.75%，而雇员从自己的工资中支付 6.75%。缴费的基数是投保人的毛工资。缴费基础有上限和下限的规定，每年调整一次，超过上限和低于下限的工资都不参加缴费。目前，德国西部的缴费上限是 6375 马克/月，东部是 5250 马克/月，高于这两个数额的工资部分就不再缴费了。同时规定的缴费下限是雇员月收入 620 马克（西部地区）或 520 马克（东部地区），工资低于缴费下限的雇员不缴费，由雇主代缴。②德国的医疗社会保险由联邦公众医疗社会保险机构和类似的 600 多个医疗社会保险机构具体操作，根据相关规定，投保人的妻子、子女如没有职业，可以一起享受待遇。

法国医疗社会保险的基金主要来源于雇主和雇员的缴费以及政府的专项税收（如机动车附加保险费、医药广告费用、酒精和烟草纳税收入）。目前的缴费比例是雇主按雇员年薪的 12.8%缴费，雇员按本人年薪的 3.65%～8.75%缴费。法国医疗社会保险实行基金收支两条线制度，即基金的征收由国家和地方的社会保险和家庭津贴征收联盟负责；医疗保障基金的支出则由国家和地方基金会负责。③

日本的医疗社会保险基金主要来自投保人的缴费，各种医疗社会保险类型的缴费方式和水平各不相同。如中小企业从业人员参加的政府掌管医疗社会保险，保险费按被保险人月平均标准工资的 8.2%的比例从工资中扣除，本人和雇主各负担一半。自营业者和农民参加的国民健康保险中，由于不存在雇佣关系，加入者的保险费以个人缴纳为主，但国家负担医疗费用的一半。在保险费的征收方式上，国民健康保险费由市町村根据法律按纳税方式或保险费方式向被保险人征收。实际上，为了方便征收，90%以上的市町村采取了纳税方式。其中，个人交纳的保险费中，50%根据被保险者的收入和资产多少征收，其余 50%根据被保险者人均数以及家庭平均数征收。组合掌管健康保险的保险费率具体比例由各个

---

① 任正臣．社会保险学[M]．北京：社会科学文献出版社．2001：192．
② 郑内成．社会保障学[M]．北京：中央广播电视大学出版社．2004：220．
③ 仇雨临，孙权菡．医疗社会保险[M]．北京：中国人民大学出版社．2001：79．

组合自主决定，厚生劳动大臣认可。但法律规定，保险费的征收范围应在被保险者月平均标准工资的3%～9.5%。

由于不同行业和地区参保者的性质存在很大的不同，因此各参保者之间的财政状况存在很大的差异。因此，国家在实施补贴时，一般是根据制度的性质，对不同的医疗制度按照法律规定给予不同数额或比例的国库补贴。对老年人、财政基础薄弱的保险者采取了一定的倾斜政策，以减轻参保者的负担，保证参保者财政方面的平衡。如政府掌管健康保险的加入者主要是中小企业的就业者，收入相对较低，国家负担保险支付的13%以及老年人保健统筹金的16.4%。对组合健康保险，因加入者主要是大企业就业者，除特殊情况外，一般不给予国库补贴，只是根据支付费临时补助金制度，对个别财政困难的组合从每年的国家年度预算中给予数量有限的定额补贴（2003 年补贴额为 151 亿日元）。对市町村负责的国民健康保险，因其加入者与其他的制度相比，低收入者和年龄较大者较多，国库补贴也最多。根据法律规定，国库负担国民健康保险 50%的支付费，负担国民健康保险组合支付费的 32%。另外，国库还负担各保险者的部分事务费，即向保险者提供用于保险制度运营所需经费的补贴。总体来看，国库对财力较弱、保险费负担重的国库补贴率较高，以保证医疗社会保险水平和负担的公平性。[①]

（三）个人储蓄医疗社会保险

个人储蓄医疗社会保险制度是强制储蓄保险的一种形式。它通过立法强制个人或者单位和个人共同缴费，以个人名义建立医疗储蓄账户进行资金积累，用于支付个人及其家庭成员医疗费用的医疗社会保险制度。实行这一模式的典型代表是新加坡。

从基金的筹集方式上看，新加坡的医疗社会保险制度是以个人责任为基础，政府负担部分医疗费用的制度。在整个医疗社会保险费用的支出结构中，个人现款付费占 42%，保健储蓄基金占 10%，税收（政府补贴）占 28%，医疗社会保险（商业）占 5%。

新加坡从 1977 年起实行面向全体公民的“保健储蓄”医疗社会保险。“保健储蓄”根据不同年龄确定不同的缴费率。35 岁以下为本人工资总额的 6%，36 岁至 44 岁为 7%，45 岁以上为 8%，均由雇主和雇员各承担一半。交纳的保健储蓄基金可以免缴个人收入所得税，并设有缴费上限，在 1992 年，月薪超过 6000 新元的部分不用缴费，全年缴费的最高限额是 16000 新元。法律规定，保健储蓄基金可以获得平均利息率，最低利率为 2.5%。储蓄账户只限于支付住院费用和少数昂贵的门诊费用，由一家三代（父母、子女、夫妻）共同使用。住院费用是由国家补贴、个人医疗账户支付和个人自付三者承担，而不是全额由个人账户支付。保健储蓄账户虽属个人所有，但有严格的提取限额，超额部分个人自理。住高等级病房，个人自付额相应提高。在雇员退休时，即 55 岁时，可以一次连本带息取走保健储蓄账户上的余款，但必须保存一个最低累计额，以确保年老患病时有足够的储蓄支付住院费。保健储蓄账户的缴纳人去世后，余额以现金的形式还给家属，且无需缴纳遗产税。

① 宋金文．日本医疗社会保险体制的现状及改革[J]．日本学刊，2005，(3)．

（四）商业医疗社会保险

商业医疗社会保险制度是与社会医疗社会保险相对的，它是建立在自愿的基础上，由私营机构组织和管理的一种医疗社会保险制度。商业医疗社会保险制度以美国为代表。

美国健康保险组织分为社会医疗社会保险和私人医疗社会保险。社会医疗社会保险包括了老年人医疗社会保险制度（Medicare）、医疗困难补助制度（Medicaid）、工人补偿系统、少数民族免费医疗等。尽管美国政府举办了以上的社会医疗社会保险，但在整个医疗社会保险体系中并不占有主要地位，它所覆盖的人群范围非常有限。私人医疗社会保险有非营利性健康保险公司、商业保险及预付群体服务三种模式。在美国，80%以上的国家公务员和 74%的私营企业雇员都没有受到社会保险的保护，而是参加了非营利性健康保险公司或商业保险公司的私人医疗社会保险计划。整个美国有 1800 多家商业医疗社会保险组织。

二、我国医疗社会保险基金的筹集

我国的医疗社会保险由城镇职工医疗社会保险和农村合作医疗制度两大块组成，这两大部分的基金筹集情况如下。

城镇职工基本医疗保障采取的是社会统筹与个人账户相结合的形式（简称“统账结合”形式）。具体缴费方法是：基本医疗保障费由用人单位和职工共同缴纳，用人单位缴费率在职工工资总额的 6%左右，职工缴费率一般为本人工资收入的 2%，建立基本医疗保障统筹基金和个人账户。基本医疗社会保险基金由统筹基金和个人账户构成。职工个人缴纳的基本医疗保障费全部计入个人账户。用人单位缴纳的基本医疗保障费分为两部分，一部分用于建立统筹基金，一部分划入个人账户。

新型农村合作医疗是指由政府组织、引导、支持，农民自愿参加，个人、集体和政府多方筹资，以大病统筹为主的农民医疗互助共济制度，采取个人缴费、集体扶持和政府资助的方式筹集资金。这项制度的建立在帮助农民抵御重大疾病风险，减轻农民医疗负担，防止农民因病致贫、因病返贫等方面发挥越来越重要的作用。

新型农村合作医疗制度提供了大病统筹机制，参保的农民以户为单位每人每年交 10 元的保险费存入个人账户，就能得到国家、省、市、县财政共计 40 元的补贴形成社会统筹基金，参保者大病治疗所发生的费用就可以按规定的标准得到补偿。

从 2006 年起，中央财政对中西部地区除市区以外的参加新型农村合作医疗的农民由每人每年补助 10 元提高到 20 元，地方财政也相应增加 10 元。财政确实有困难的省（区、市），可 2006 年、2007 年分别增加 5 元，在两年内落实到位。地方财政增加的合作医疗补助经费应主要由省级财政承担，原则上不由省、市、县按比例平均分摊，不能增加困难县的财政负担。农民个人缴费标准暂不提高。同时，将中西部地区中农业人口占总人口比例高于 70%的市辖区和辽宁、江苏、浙江、福建、山东和广东六省的试点县（市、区）纳入中央财政补助范围。中央财政对辽宁、江苏、浙江、福建、山东和广东省按中西部地区补助标准的一定比例安排补助资金。[①]

据卫生部2004年11月新闻发布会上公布的资料显示，截至2004年6月30日，全国已有30个省、自治区、直辖市在310个县（市）开展了新型农村合作医疗试点，覆盖农业人口9504万人，实际参合农民6899万人，参合率为72.6%。全国共筹集资金30.21亿元，其中，各级财政补助15.01亿元，农民个人缴费10.88亿元，集体和其他社会赞助4.32亿元。截至2007年6月底，已有4194万人次的医药费用得到报销，报销金额13.94亿元，占筹资总额的46.14%，其中，住院医药费用平均有27.25%得到报销。[②]

第三节 医疗社会保险的对象

一、国外医疗社会保险的对象

（一）德国

德国总人口的90%都属于法定医疗社会保险的成员，德国未参加各类形式医疗保障的人群范围一直在缩小，只占总人口的0.3%。

参加法定医疗社会保险的人员主要有以下三类。

1．义务投保人

对于义务投保人来说，保险是一种强制义务，不需征求其本人或雇主的意愿。

（1）取得劳动报酬的雇员和处于职业初始培训期间的雇用人员；

（2）失业人员；

（3）农林业企业主及其参与劳动的家庭成员；

（4）艺术工作者和自由撰稿人；

（5）应参加青少年救援活动以获得就业能力的人员或应参加康复性职业促进措施的人员；

（6）在残疾工厂、盲人工厂、盲人机构或福利院等类似机构工作的残疾人；

（7）在国立高校或受国家认可的高校注册的大学生以及通过第二职业途径谋职的实习生及职业培训生；

（8）退休人员和退休金申请人员。

2．自愿投保人

自愿投保人是相对义务投保人而言的，投保与否取决于个人意愿，但并不是所有人都有权这样做，自愿投保需满足一定的条件。

---

① 卫生部、国家发改委、民政部、财政部、农业部、国家食品药品监管局、国家中医药局文件，《关于加快推进新型农村合作医疗试点工作的通知》，卫农卫发[2006]13号．2006年1月10日．

② 《卫生部介绍农村合作医疗试点进展等情况》．2005年1月12日．来源于中国网．

（1）被免除强制保险义务的人，如果在免除义务之前的5年内至少投保24个月，或者恰在免除义务之前连续投保至少12个月；

（2）初次参加工作其劳动报酬就超过医疗社会保险缴费上限而不负有投保义务的人员；

（3）本人、其父母一方或其配偶在最近5年之内至少有3年时间参加了医疗社会保险的残疾人；

（4）从国外回归后在两个月之内被雇用的雇员。

3．家庭联保人

（1）投保人的配偶和子女连带参保，免交保险费；

（2）以自雇劳动为主的人员，或不得参加医疗社会保险的人员，或依申请免除了医疗社会保险义务的人员不能以家属身份享受家庭联保；

（3）义务投保和自愿投保参加医疗社会保险应优先于家属的连带保险，但大学生、实习生以及通过第二职业教育途径谋职的类似培训生除外；

（4）子女在年满18周岁之前，以家属身份享受家庭联保；[①]

（5）父母有一方未参加法定医疗社会保险且其收入超过医疗社会保险缴费上限，同时也高于投保一方收入时，其子女不能以家属身份享受家庭联保，此子女必须单独投保。

（二）英国

英国实行国民卫生保健体系（NHS），向英国居民（Resident）提供免费或部分免费的医疗服务。英国居民主要指居住在英国的英国公民（持英国护照）和在英连续停留超过6个月的外国人及其家属。英国是国民健康保险制度的创始国，是世界上第一个实行全民医疗的国家。1946年颁布、1948年生效的国民卫生服务法标志着英国国民卫生服务制度的建立。该法的实质是：（1）全方位的医疗服务，把所有的医疗都纳入国民卫生服务；（2）服务对象的普遍性，无论是否为劳动者，无论个人的支付能力，都可同样得到免费服务。

（三）日本

1961年，日本修改了运行35年的《健康保险法》，制定了全民必须参加的《医疗保险法》，要求公平地向全体国民提供医疗服务，目前日本国民医疗社会保险覆盖率为99%，为世界之最。

日本的医疗社会保险制度是全民保险制度。日本国民参加保险者分三大类，每一类约有1/3的国民参加。第一类工会健康保险，参保人员为大企业及政府等工作人员及其抚养的直系亲属，覆盖的国民约占10%。第二类政府管理的健康保险，参保人员为中小企业职员和其抚养的直系亲属，覆盖的国民约占50%。第三类国民健康保险，参保者为独资经营及靠养老金生活者，覆盖的国民约占35%。

（四）美国

美国的社会医疗社会保险的对象包括：

① 子女指医疗社会保险某一投保人抚养的继子、继女或孙子、孙女以及领养的子女.

（1）老年人医疗社会保险制度（Medicare），对象为65岁以上的老年人以及65岁以下的残疾、慢性肾炎的病人，或接受铁路退休计划的救济金的人；

（2）医疗困难补助制度（Medicaid），对象为低收入人群、失业人群、残疾人群；

（3）工人补偿系统，对象为因工伤事故致残与损伤的工人；

（4）少数民族免费医疗，对象为印第安人和阿拉斯加少数民族。

美国是所有西方工业国家之中唯一没有全民建保的国家。与其高度发达的经济水平相对的是，美国的社会医疗社会保险的覆盖率非常的低，在1992年，美国近2.6亿人口中有1.78亿人参加了私人医疗社会保险，只有0.63亿人享受到了公共医疗社会保险（包括医疗补贴和医疗社会保险等项目）的受益。当然，其中也有人是同时参加了私人和公共卫生保险。但仍有0.39亿人没有参加任何卫生保险，这部分人口约占总人口的16%。

二、我国医疗社会保险的对象

（一）我国的城镇职工基本医疗社会保险参保对象和范围

职工基本医疗社会保险的覆盖范围适用于所有的企业、机关、事业单位、社会团体、民办非企业单位及其职工。其中，所有企业按照各类企业的划分，包括国有企业、集体企业、股份合作企业、联营企业、有限责任公司、股份有限公司、私营企业和港、澳、台投资企业以及外商投资企业及其职工。城镇职工基本医疗社会保险包括了城镇所有的用人单位和职工，是目前我国社会保险制度中覆盖范围最广的一种保险制度。

据统计，截至2007年6月底，全国基本医疗社会保险参保人数为11628万人，比2005年底增加726万人。目前参保人员中，在职职工参保人数为8497万人，退休人员参保人数为3131万人，上半年全国基本医疗社会保险基金收入为498亿元。同比增长27.4%，增长幅度较大。

（二）农村合作医疗参保对象和范围

在《国务院办公厅转发卫生部等部门关于建立新型农村合作医疗制度意见的通知（2003）》中就明确规定“新型农村合作医疗制度是由政府组织、引导、支持，农民自愿参加”，即所有的农村人口均包括在这个制度内。

截至2005年底，中国内地开展新型农村合作医疗试点的县市区已达到678个，覆盖农业人口2.3631亿人，参合率为75.6%以上。

第四节　医疗社会保险给付条件和标准

一、医疗社会保险给付的条件

医疗社会保险费用的给付是医疗社会保险制度运行中的一个重要环节。医疗社会保险的给付是指医疗社会保险机构按照事先规定的条件和待遇标准，在被保险人发生疾病后，为其提供医疗服务或对其所花费的医疗费用进行部分或全部的补偿。建立医疗社会保险制度的最终目的就是在必要的时候履行相应的给付责任。医疗社会保险给付涉及保险机构、参保职工和医疗机构等各方利益的敏感环节，其重要性不言而喻。

与养老、工伤、失业保险一样，医疗社会保险给付的条件一般都包括一定的投保期、劳动时间和投保金额的规定，但在具体给付条件上，医疗社会保险有着自己的规定。通常情况下，享受医疗社会保险必须具备的资格条件如下。

（1）被保险人患病前已从事有收入的工作，并且由于患病而不能正常的从事生产劳动，不能获得正常的工资。

（2）被保险人必须依照约定，缴纳一定期限的保险费。如英国规定，受保人必须在生病前一年缴足 50 周保险费，或者在本年内缴足 26 周保险费，才有资格享受疾病补助金。日本规定，1974 年私营企业职工缴纳的保险费为月标准报酬的 7.2%，劳资双方各负担 3.6%，缴纳保险费用才能享受相关待遇。智利规定，受保人必须参加保险半年，并足额缴纳 13 周的保险费才能享受医疗补助金。

（3）受保人必须达到一定的就业期限。如法国规定，受保人必须在患病前的 3 个月内工作满 200 小时或领取最低工资 6 个月。

（4）以发生疾病为唯一条件，即只要被保险人患病，就能获得相应的医疗社会保险待遇，如日本。

（5）以居住期限为条件，即只要居住年限达到一定的标准，又经收入调查符合条件的，都可以享受医疗社会保险待遇。这类情况多发生在福利国家或西方发达国家，如澳大利亚和新西兰等国。

我国的基本医疗社会保险的给付条件如下。

（1）参保单位和个人在缴纳基本医疗社会保险费的次月享受医疗社会保险待遇。

（2）参保单位及其职工中断缴纳基本医疗社会保险费，中断一年以内的，补缴并按规定缴纳滞纳金后方可享受基本医疗社会保险待遇，中断期间发生的医疗费用由基本医疗社会保险基金按规定支付；中断一年以上的，必须缴纳基本医疗社会保险费半年后，方可重新开始享受基本医疗社会保险待遇。

（3）凡属缴费年限（含视同缴费年限）男不满 30 年，女不满 25 年，参加基本医疗社会保险又不满 5 年即退休的人员，必须按退休时的缴费标准补足 5 年方可享受退休人员医疗待遇。参保单位未按规定缴足基本医疗社会保险的，单位缴费划入个人账户资金，按实缴比例划入；单位参保人员次月暂不享受统筹基金支付的医疗社会保险待遇。用人单位终止缴纳基本医疗社会保险费，统筹基金次月起停止支付该单位参保人员的医疗社会保险待遇。享受重病医疗社会保险待遇，必须首先符合基本医疗社会保险规定的待遇享受条件。

二、医疗社会保险给付的原则

（一）给付水平要和一国的生产力发展水平以及各方面的承受能力相适应

实现人人享有全面充分的医疗社会保险是每个国家的政府奋斗的目标。但在现阶段，并不是每个国家的生产力都能达到这个水平的。对于大多数国家而言，医疗社会保险的给付水平不能超越一国生产力发展的阶段。超越了经济基础的医疗社会保险是无法保证待遇的给付的，并且也会使得医疗社会保险基金难以为继。当然，医疗社会保险的给付也不能落后于生产力的发展，不能过低，过低的话也不可能发挥医疗社会保险的保障作用。医疗社会保险的给付水平必须和一国的生产力发展水平以及各方面的承受能力相适应。

（二）医疗社会保险的给付要注重公平和效率相结合

医疗社会保险的给付要体现出公平性。一方面，所有的劳动者都享有医疗社会保险的权利；另外一方面，劳动者实际享受的待遇视其病情而定，与工资水平和缴费数目无关。

当然，讲公平并不是忽略效率。医疗社会保险制度也必须注重效率。一方面，医疗社会保险的给付通常只提供基本的医疗社会保险，避免成为“滋生懒汉的温床”；另外一方面，医疗社会保险的给付本身也必须讲求效率，要做到尽量减少基金的浪费和提高待遇获取的便捷程度。

（三）医疗社会保险的给付要达到既能控制费用又能保证医疗服务质量的双重目的

医疗社会保险的给付是遏制医疗费用过快增长、医疗资源浪费严重的重要一环。在给付过程中，要注重建立对医患双方的制约机制，促进医疗机构深化改革，加强内部管理，提高医疗服务质量和工作效率，遏制浪费。

三、医疗社会保险给付的标准

1998年12月14日发布的《国务院关于建立城镇职工基本医疗保险制度的决定》中提出我国的基本医疗社会保险基金实行社会统筹和个人账户相结合的制度。我国的基本医疗社会保险制度实行社会统筹和个人账户相结合是在总结借鉴国外发展社会保险和个人储蓄性保险的各自利弊的基础上，结合中国国情确立的一种有中国特色的医疗社会保险制度。社会统筹和个人账户相结合的医疗社会保险制度是建立城镇职工基本医疗社会保险制度的核心，它综合借鉴社会统筹和个人账户各自的作用，采取统账结合的基本医疗社会保险制度，将社会保险和储蓄保险两种模式有机地结合起来，实现了“横向”社会共济保障和“纵向”个人自我保障的有机结合，既有利于发挥社会统筹共济性的长处，也有利于发挥个人账户具有激励作用和制约作用的优点。

对符合基本医疗社会保险基金支付范围的医疗费用，我们要区分是属于统筹基金支付范围还是属于个人账户支付范围。统筹基金主要支付大额医疗费用或住院医疗费用，而个人账户主要用于支付小额医疗费用或门诊费用。

（一）统筹基金给付的标准

统筹基金有一个起付标准，就是准予进入统筹基金支付的“门槛”。所谓统筹基金的起付标准，是指在统筹基金支付参保职工医疗费用前，职工个人按规定需先自付一定数额医疗费后，统筹基金才开始按规定的比例给付的标准。假如这个“门槛”定为2000元，那么一个人只有看病在花了2000元以上的费用时才能由统筹基金支付，2000元以下则由职工自己的个人账户支付。统筹基金起伏标准一般控制在当地职工平均工资的10%左右。

统筹基金还有一个最高支付限额，也叫“封顶线”。超过起付标准以上的由统筹基金按比例支付，最高支付到“封顶线”为止。当然，个人也要负担部分医疗费用，“封顶线”以上费用则全部由个人支付或通过参加补充医疗社会保险、商业医疗社会保险等途径解决。假如这个“封顶线”为30000元，那么当一个人发生医疗费用为40000元时，社会保险机构首先要认定这40000元是否属于统筹基金支付范围，如属于，则要先扣去“门槛”以下的医疗费用（假定为2000元），则统筹基金将对38000元按规定比例（假定为90%）支付34200元，但由于有30000元“封顶线”，因此只能给付30000元，剩下的4200元只有自己消化了。统筹最高限额则原则上控制在当地职工年平均工资的4倍左右。

（二）个人账户给付的标准

一般来讲，基本医疗社会保险个人账户主要支付门诊费用或小额医疗费用。具体地看，基本医疗社会保险个人账户支付的医疗费用可包括下列几项：

（1）门（急）诊医疗费用；

（2）到定点零售药店购药的费用；

（3）基本医疗社会保险统筹基金起付标准以下的医疗费用；

（4）统筹基金起付标准以上、最高支付限额以下个人按规定比例支付的医疗费用。

以厦门市为例，根据《厦门市城镇职工基本医疗保险规定》第23条，参保人员发生的门诊医疗费用，先用个人医疗账户支付。个人医疗账户用完后由个人用现金支付社会统筹医疗基金的起付标准：在职参保人员为上年度全市职工平均工资的9%，退休人员为4%。起付标准以上的医疗费用个人按下列规定支付，其余由社会统筹医疗基金支付。

（1）医疗费用不满5000元的部分，在三级医疗机构就医的，个人负担28%；在二级医疗机构就医的，个人负担23%；在一级及一级以下医疗机构就医的，个人负担15%。

（2）医疗费用在5000元至10000元的部分，在三级医疗机构就医的，个人负担15%；在二级医疗机构就医的，个人负担10%；在一级及一级以下医疗机构就医的，个人负担6%。

（3）医疗费用超过10000元的部分，在三级医疗机构就医的，个人负担10%；在二级医疗机构就医的，个人负担7%；在一级及一级以下医疗机构就医的，个人负担4%。

退休人员负担比例为上述在职参保人员个人负担比例的一半。

第五节　基本医疗服务监管

一、基本医疗服务监管的必要性

在严格的经济学意义上，监管是交易合同的一种第三方执行机制，是在市场失效时监管机构根据规则对交易活动的外部干预，这种干预往往是事前的。传统上监管是指市场失效时的政府干预，但现在监管已经被扩展到包括政府行政管理和行业自律在内的多层次的第三方干预。

在任何一个国家中，政府在医疗服务领域都是同时集提供者、付费者和监管者于一身。概括地讲，政府对医疗服务的监管是指“政府运用公共权力制定和实施规则与标准，以约束所有独立运营的医疗服务机构（公共非营利机构、私人营利机构和私人非营利机构），从而确保医疗服务提供的效率和公平”。①

医疗社会保险区别于其他社会保险的一个显著特点是保险经办机构不能直接向参保人提供保险服务，而必须借助医疗机构，由他们来提供相应的医疗服务。这样，在医疗服务领域存在患者、医生、医疗机构、付费机构（政府或保险公司）和医疗服务购买组织等众多利益主体，构成了非常复杂的委托代理或交易关系，可以说医疗社会保险是整个社会保险系统中最为复杂的一个子系统。

医院是医疗服务的提供者，是维系医疗社会保险运转和发展的中心环节。在医疗卫生服务过程中，医、患双方的信息不对称以及患者对医疗知识的匮乏，使患者缺乏对医疗服务的质量和数量进行事先判断的知识和能力，缺乏对医疗服务的提供者所提供服务的质与量是否符合自己病情的准确信息。较高的专业性使医疗服务常常处于垄断地位，很容易导致医疗服务提供者的“过度供给”行为。在市场经济体制下，医院也是独立的经济实体，也不可避免的有追逐利益的一面。根据传统的按服务付费制度，医疗服务提供方提供的服务越多，其获得的收益也就越大，这样必然会鼓励医疗服务提供方提供过多的或昂贵的医疗服务，从而诱发了需求。这就是所谓的医疗服务领域的“萨伊定律”：医疗供给创造医疗需求。同时，由于医疗服务的专业性强，某个医院或医院集团也可能出现医疗服务提供的卖方市场支配力，这都会使医疗服务市场难以形成有效竞争。

对于被保险人而言，作为医疗社会保险的需求方，就诊时医疗费通常都不需要自己支付，而由第三方（即医疗社会保险机构）来支付。这样一方面会使得被保险人忽视疾病的预防，增加疾病发生的概率。另外一方面会刺激被保险人的消费需求，出现过度消费的现象，如小病大养、门诊改为住院等。这种因医疗服务的提供使社会边际成本大于边际收益而形成的过度使用医疗服务资源的道德风险与医疗社会保险的目标相冲突，不利于医疗风险的完全彻底转移。医疗费用不合理增长的现象，严重破坏了医疗社会保险系统的正常运行，影响医疗社会保险机构的成本控制，造成医疗社会保险机构支出的增加，甚至亏损，正常运行难以为继，

① 高世楫，张安，徐兰飞．推进医疗服务体制及改革必须加强监管体系建设[J]．中国发展观察，2006，(1)．

进而导致医疗社会保险市场萎缩。

总之，医疗服务的生产和供给具有复杂的技术经济特征，存在严重的市场失灵，无法完全依靠市场机制实现资源的最优配置。同时，医疗服务又关系到社会公平和正义，基本的健康保障是每个国民应享有的基本权利，也是社会繁荣进步的标志。因而现代国家的政府都必须对医疗服务领域的准入、价格、质量、竞争秩序等内容进行多层次的监管。

二、基本医疗服务可能出现的问题

2000 年，在世界卫生组织对 191 个成员国的卫生总体绩效评估排序中，中国仅列 144 位，可见我国的医疗卫生服务还存在着很多的问题。

（一）基本医疗服务资源总体不足，资源配置不合理

我国的医疗服务资源特别是优质医疗服务资源严重不足是个长期的问题。虽然我国的人口占世界总人口的 22%，但卫生总费用仅占世界总费用的 2%左右。同时，医疗资源过于向城市集中，全国的医疗资源 80%在城市，城市的医疗资源 80%在大医院。在一些大医院，条件、设备、规模、水平与西方一些发达国家的大医院相差无几，而社区和农村承担基本医疗的功能不强，卫生发展严重滞后。群众患小病也要到大医院去排队，导致到大城市大医院看病难；在偏远农村地区看病难现象越来越严重。

（二）医疗机构补偿机制不健全

目前，我国的医疗卫生机构的补偿机制是一种复合补偿模式，即政府差额补助加上业务经营收入，其中以经营收入为主，政府拨款仅占医疗机构支出的 30%左右。多年来，政府投入严重不足，导致公立医院运行机制不合理，存在逐利倾向。在国家财政投入相对不足的情况下，医院通过增加服务手段增加经济收益，以维护运行和发展。这种创收机制，导致政府投入比例逐年下降，群众负担逐年上升，医院公益性质淡化，形成恶性循环。这直接导致医疗机构背离服务方向，偏离社会公益性质，不能很好地承担应有的社会职责。

（三）医疗服务的公平性下降

在公平性方面，不同社会成员医疗卫生需求的实际被满足程度，由于收入差距的扩大而严重地两极分化。富裕社会成员的医疗卫生需求可以得到充分的满足，多数社会成员（包括相当多的农村人口以及部分城市居民）的医疗卫生需求，出于经济原因很难得到满足，贫困阶层则连最基本的医疗卫生服务都享受不到。在 2000 年世界卫生组织对成员国卫生筹资与分配公平性的评估排序中，中国列 188 位，在 191 个成员国中倒数第四。

医疗服务的公平性下降影响了国民的健康，导致了贫困、公众不满情绪增加、社会矛盾尖锐等问题，影响了经济的发展和社会的稳定，产生了非常消极的社会与经济后果。

（四）医疗费用上涨厉害，群众就医困难

我国的医疗机构目前还是医药合一的体制，药品收入占医院总收入的 55%以上，医疗机构销售药品的利润率高达 28%（13%购药折扣＋15%批零差）。巨大的利润形成了医院经

营过度依赖药品收入的局面，造成医疗费用急剧攀升。从 1990—2005 年，全国公立综合医院的门诊费用平均上涨了大约 12 倍、住院费用上涨了约 10 倍，而同期城乡民众的平均收入仅仅上涨了大约 7 倍和 5 倍。特别是主要为农民患者服务的县医院，其门诊和住院平均费用的增长幅度，在过去的 15 年内均远远超过农民收入增长的平均水平。医疗费用的上涨使得城乡居民就医困难，很多患者不堪重负。

（五）政府对医疗市场监管不力

当前，政府有关职能部门对医疗服务缺乏强有力的监管手段，卫生行政部门虽然有一支专门从事卫生监督的力量，但这支力量的素质还不适应医院监管职能，医疗服务监管基本上靠医院自律。卫生系统的行业监管软弱无力，导致医疗服务和药品管理两方面长期得不到有力监督，医疗服务质量和水平都存在很多问题。此外，不少医疗机构法制意识淡薄，医疗服务市场亟待规范。

三、基本医疗服务监管的组织形式

现代监管制度是克服自然垄断、信息不对称、外部性以及解决公平性问题的重要手段之一。相对于行政监督管理体制和命令与控制模式，现代监管体制的本质在于它是一种基于规则的、独立的、专业化监督管理模式，体现了市场经济和法治社会的基本要求。

基于现代监管体制的基本概念，作为公共服务重要组成部分的医疗卫生监管体制的理想制度框架（如图 10-1 所示），至少应该包括以下重要内容。

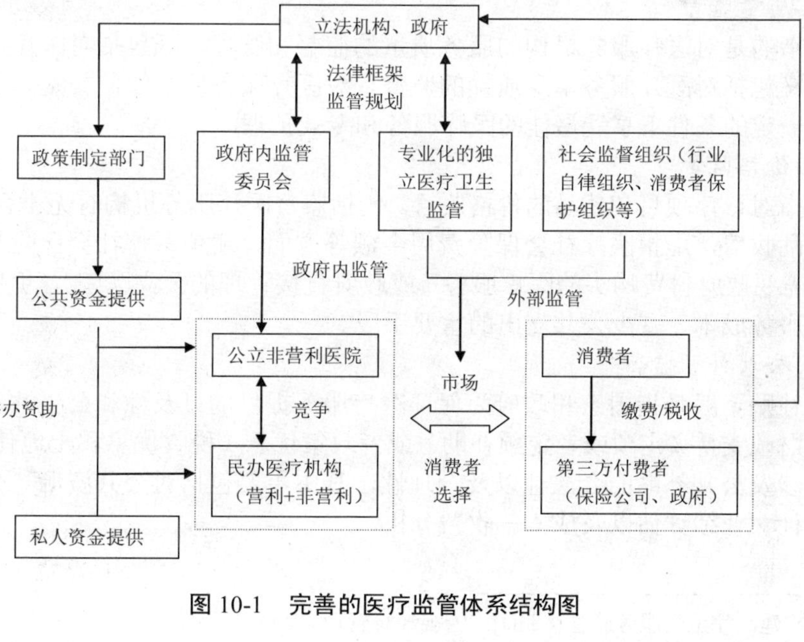

图 10-1　完善的医疗监管体系结构图

由立法机构制定涉及医疗卫生服务监管机构、监管程序、监管规则、监管执行、监管内容以及“监督”监管机构等基本问题的法律框架。

设立独立于政府卫生事业政策制定部门的医疗卫生服务专业监管机构，负责对各种不同性质的医疗卫生服务提供者进行基于规则的统一监管。

在政府部门内部设立独立的公立医院或公共服务机构监管委员会，专门针对使用预算资金、占用公共资源、享受财政补贴的公立医院和其他公共医疗卫生服务机构进行监管。

充分发挥包括公共舆论、医疗卫生行业自律组织、消费者权利保护组织对医疗卫生服务领域的监督作用，形成以专业化监管机构为核心，多层次、多主体参与的、完整的医疗卫生监管体系。①

四、基本医疗服务监管的内容

（一）准入监管

要提高医疗服务行业的门槛，一方面，所有的医师、护士要经过资格考试和认证才能提供医疗服务，另外一方面要提高医疗社会保险的定点医疗机构准入标准，选择符合医疗机构基本标准、医疗机构设置规划、医疗机构管理条例，具有较好的医疗设备和医疗水平，管理规范、社会信誉和服务态度较好的或是具有专项诊疗优势的医疗机构，并且要求医疗机构的管理必须与医疗社会保险机构的管理相衔接。同时，也要制定合理的退出制度，对于一些出现违规操作的医疗服务机构，要坚决取消与其的合作关系。

（二）质量监管

主要指的是对医疗服务机构的服务质量的监督和管理。既包括对医疗设备、药品质量的监督；又包括对医疗服务本身质量的监督。对医疗服务质量的监督是为了对病人负责，并使其在一定的条件下享受最佳的医疗服务和专业护理。

（三）价格监管

主要指对诊疗项目和药品的价格监管。包括监督医疗服务机构有无不合理、违规用药，滥检查、乱收费，虚报医疗社会保险费用金额等方面，避免医疗社会保险基金的流失与浪费。对于需要政府付费购买的医疗服务（或政府直接管理的公立医院），价格监管日益成为控制医疗服务成本、减少公共支出的重要手段。

（四）公共补贴监管

公共补贴一般是指国家和政府为保证医疗服务提供的可及性和公平性，向公立医疗机构提供的财政支持（定项或者定额补助）或者政策优惠（税收优惠和土地使用）。对公共补贴的监管涉及公共补贴的合法性以及合理性，其中主要包括对公共资源（公共资金）使用的绩效审计、业绩评估以及成本—收益分析。

---

① 张安．构建医疗卫生服务监管体制[J]．宏观经济管理，2006，(4)．

（五）不分配利润政策监管

登记为非营利机构的医疗卫生机构必须做到“不能向其控制人分配任何净利润”。因此，不分配利润政策监管主要涉及对非营利性医疗机构财务收支状况、利润分配等方面的监管。[①]

（六）医疗服务市场竞争秩序的监督

主要是避免医疗服务市场的恶性竞争，维护医疗服务市场的良性发展。

第六节　企业补充医疗社会保险

企业补充医疗社会保险是企业在参加基本医疗社会保险的基础上，国家给予政策鼓励，由企业自主主办或参加的一种补充性医疗社会保险形式。由于我国城镇职工基本医疗社会保险制度是按照“保障基本、广泛覆盖、双方负担、统账结合”的原则建立的，在同一统筹地区内基金筹集和待遇给付实行了统一的政策。考虑到一些企业原有医疗待遇较高，如一些中央企业，为保持政策的连续性，保证这部分企业职工的医疗待遇不下降，在参加基本医疗社会保险的同时，鼓励企业建立补充保险来解决基本医疗社会保险支付范围以外的医疗费用，使职工得到更好的医疗保障。显然，补充医疗社会保险是基本医疗社会保险的一种补充形式，也是我国建立多层次医疗保障的重要组成部分之一。

一、企业补充医疗社会保险的前提条件

1. 必须参加基本医疗社会保险，并按时足额缴纳保险费用。

2. 具有一定的经济承受能力。通常情况下，建立企业补充医疗社会保险，仅限于全国性行业组织和全国性国家大型控股公司。具体条件包括：

（1）具有一定资产规模、与所属企业具有紧密的资产关系及系统管理网络；

（2）本行业或公司所属企业具有持续的税后利润，并保证足额发放职工工资，职工工资收入水平高于当地职工平均工资水平，且有能力建立和参加企业补充医疗社会保险的。

3. 已经形成的医疗保障待遇高于基本医疗社会保险待遇，且有能力主办或参加补充医疗社会保险。企业参加基本医疗社会保险前一年所支付的医疗费占工资总额的比率一般应超过当地基本医疗社会保险费率（包括单位缴费和个人缴费）两个百分点。

符合这些前提条件的行业和公司，如申请设立企业补充医疗社会保险，须提出发展本行业或公司补充医疗社会保险的规划、方案、具体缴费水平和给付政策、补充医疗社会保险基

---

① 高世楫，张安，徐兰飞．推进医疗服务体制改革必须加强监管体系建设[J]．中国发展观察，2006，(1)．

金管理与经办，以及具体经办机构的筹备计划等申请，报国家社会保障行政管理部门审批。其中企业补充医疗社会保险的筹资水平及费用核算应报经财政部门审核同意。企业补充医疗社会保险基金投资营运，须在该项业务批准运行一定期限后，由该补充医疗社会保险管理机构提出申请，经国家社会保障行政管理部门审核同意，报国家金融保险行政管理部门审批，该项补充医疗社会保险业务运行中如需调整有关政策，须报经国家社会保障部门等有关部门批准。[①]只有国家社会保障部门进行审批后，企业才能建立自己的企业补充医疗社会保险。

唐山市企业建立补充医疗社会保险的备案流程图如图 10-2 所示。

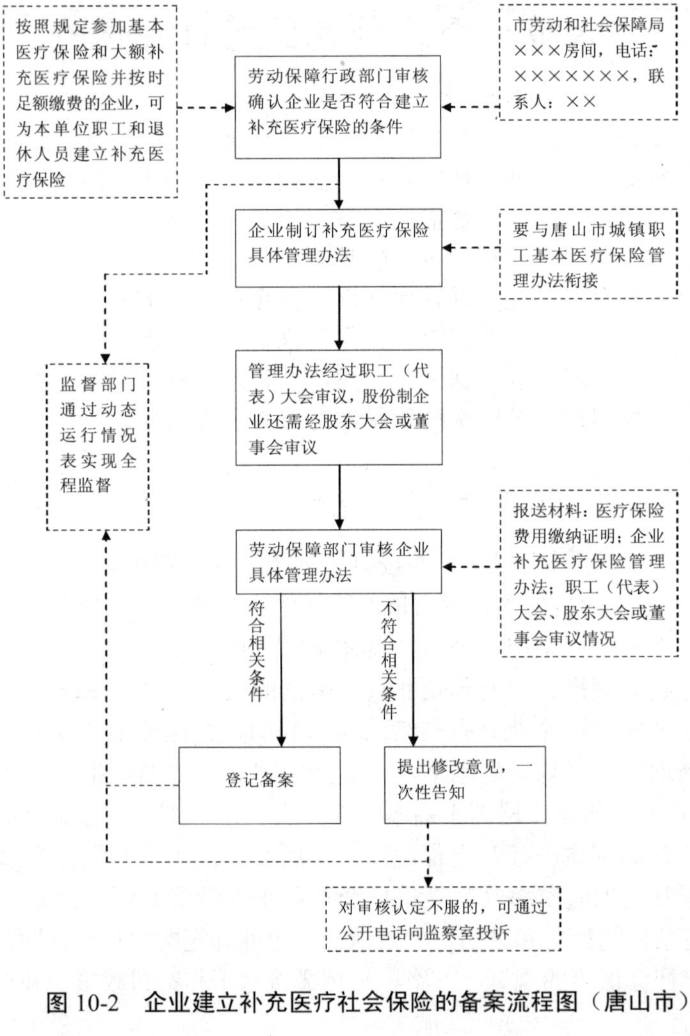

图 10-2 企业建立补充医疗社会保险的备案流程图（唐山市）

① 企业补充医疗社会保险．新疆和田地区政府公众信息网站．

二、企业补充医疗社会保险的特征

（一）自愿性

与基本医疗社会保险不同，企业补充医疗社会保险不是通过国家立法强制实施的，而是由用人单位和个人自愿参加的。企业应根据自身的经济能力和职工的需要自主决定是否建立企业补充医疗社会保险制度以及建立后的补充医疗社会保险的缴费水平、保障水平、保险项目、保险形式、资金筹集渠道等。建立企业补充医疗社会保险，对于员工而言，在国家的基本医疗保障之外又多了一份保障，疾病风险可以得到更大程度的化解；对于企业而言，能增强劳动者身体素质，提高劳动生产率，吸引人才，增强企业凝聚力。

（二）多样性

企业补充医疗社会保险是对基本医疗社会保险的补充，是在企业和广大职工参加统一的基本医疗社会保险后，职工主要方面都得到了基本医疗保障的情况下，由企业根据自身特点和财力，适当增加医疗社会保险项目来提高保险水平的一种辅助性的保险。补充医疗社会保险对于职工个体来说可以在更大范围内和更高层次上满足职工健康保障的需要，并按照福利削减的要求推进基本医疗社会保险制度的建立与之同步发展，充分体现不同人群的现实差别，满足多层次医疗需求。

（三）非福利性原则

即补充医疗社会保险不具备社会的公平性，体现多投保多受益、少投保少受益、不投保不受益的原则。基本医疗社会保险具有国家立法强制实施、政府承办、普遍保障、公平、政府承担最终责任等特征，而补充医疗社会保险则依据特殊需要设立，根据权益享受相应待遇，依法独立承办、举办者自负经营风险。当然为鼓励企业建立补充医疗社会保险制度，国家适当会给予一定的政策鼓励，通常采用税收政策优惠的方式，如我国对工资总额 4%以内的企业补充医疗社会保险缴费实行免税优惠。

（四）约束性

补充医疗社会保险计划大多数都是由企业向商业保险公司投保，由于利益的驱动，商业保险公司必然会想方设法对医院进行各方面的限制，降低赔付成本。这样就控制医疗服务提供方，减少了不良的医疗消费和不合理的医疗费用的支出，抑制医疗费用激增，避免未来企业补充医疗陷入困境。这对医疗资源的有效利用和保障消费者权益都是有利的。

（五）有效性

建立企业补充医疗社会保险的形式有：（1）商业医疗社会保险机构举办；（2）社会医疗社会保险机构经办；（3）大集团、大企业自办。这些方式从管理角度上讲，能通过社会化、专业化和现代化的管理方式提高服务质量和工作效率，减少患者的承办手续，使管理活动更加有效。

三、企业补充医疗社会保险的内容

（一）企业补充医疗社会保险的缴费

根据城镇职工基本医疗社会保险制度，国家鼓励发展企业补充医疗社会保险，并给予政策扶持。企业在参加基本医疗社会保险的前提下，自愿参加企业补充医疗社会保险。企业补充医疗社会保险费由企业缴纳，原则上控制在工资总额的4%以内，具体比例可以根据当地基本医疗社会保险缴费和企业上年度支付医疗费情况而定。企业补充医疗社会保险费从职工福利费中列支，福利费不足列支的部分，经同级财政部门核准后列入成本。退休人员从劳保费中列支，个人不需要缴纳企业补充医疗社会保险费。

（二）企业补充医疗社会保险支付范围

企业补充医疗社会保险的支付范围通常比照基本医疗社会保险药品目录 、诊疗项目目录、服务设施范围和支付标准以及有关规定确定，也可用于支付其他非营养性治疗药品费用。主要用于：

（1）基本医疗社会保险统筹基金起付线以下完全由个人支付的部分；

（2）基本医疗社会保险统筹基金起付线以上，最高支付限额以下个人按比例支付的部分；

（3）基本医疗社会保险统筹基金最高限额以上，大额医疗费用补助保险最高支付限额以下个人按比例支付的部分。

当然，还可以用于有特殊贡献的人员在就诊、住院时个人支付的医疗费用或者是由企业职代会讨论通过予以支付的其他医疗费用。具体支付比例和补助办法由企业确定。

（三）企业补充医疗社会保险的基金管理和运营

企业补充医疗社会保险的管理必须与该行业或公司的资产管理和行政管理分开，独立经办，接受国家社会保障行政管理部门和金融保险行政管理部门的监督和业务指导。企业补充医疗社会保险的具体管理办法须向劳动保障行政部门进行备案，并上报资金支出情况。

企业补充医疗社会保险由企业管理，也可在企业自愿的情况下，由行业或几个企业联合建立企业补充医疗社会保险。企业根据本办法制订具体管理办法、财务会计制度和内部监督审计制度。企业补充医疗社会保险的具体管理办法以及每年度的预算方案须经职工（代表）大会审议，股份制企业还须经股东大会和董事会审议。企业补充医疗社会保险的执行情况接受职工（代表）大会审查，并向全体职工公布。企业补充医疗社会保险管理办法及执行情况应同时报当地劳动保障行政管理部门备案。企业也可委托商业保险公司承办企业补充医疗社会保险业务。

企业补充医疗社会保险经办机构应根据国家金融保险和补充性医疗社会保险的有关规定有序运作，保证基金的安全收支平衡与足额给付，维护投保人权益。同时，企业补充医疗社会保险资金要单独建账，单独管理，不得划入基本医疗社会保险个人账户，也不得另行建立个人账户或变相用于职工其他方面的开支。当年结余部分，结转下一年度使用。企业补充医疗社会保险基金可以在全行业或公司进行统筹调剂。

（四）企业补充医疗社会保险的经办机构经费

经国家有关管理审批，经办机构管理费用可按补充医疗社会保险费和补充医疗社会保险基金投资利润的一定比例提取，按规定使用，接受政策和基金管理机构的监督。

广东省有关企业补充医疗社会保险的规定如下。①

1．参保形式

已参加本市城镇职工基本医疗社会保险的用人单位，按照自愿原则，以单位在职职工和退休人员为团体的形式参加职工补充医疗社会保险，不接受个人参保。

2．缴费方式及保险项目

分别设置四个项目，缴费基数为上年度市职工平均工资。

（1）住院补充保险，缴费率 0.8%。

（2）门诊慢性病补充保险，缴费率 1.3%。

（3）门诊特定项目补充保险，缴费率 0.4%。

（4）基本医疗个人账户补充保险，缴费率 0.6%。各单位可根据各自的经济承受能力及原医疗待遇水平，以顺序分项方式选择适合的保险项目，即参加前序项才能参加后序项保险。

（5）缴费的来源。缴纳补充医疗社会保险费，可由用人单位单方负担，也可以由用人单位和职工双方共同合理负担。

3．补充医疗社会保险待遇

（1）住院补充保险。参保人员患病住院，统筹基金与个人共同支付范围内的住院基本医疗费用中个人支付的部分，补充医疗社会保险按 70%给付。年内患病第二次住院，除享受第一款待遇外，基本医疗社会保险起付标准以下的费用，补充医疗社会保险按 25%给付；年内第三次及以上住院的，除享受第一款待遇外，基本医疗起付标准以下的费用，补充医疗社会保险按 50%给付。

（2）门诊慢性病补充保险。参保人员患补充医疗社会保险范围的大额费用慢性疾病，在门诊就医时，个人账户支付或个人自付的医疗费用，全年累计超过上年度市职工平均工资 10%以上、2.5 倍以下的部分，由补充医疗社会保险按 70%给付。

（3）门诊特定项目补充保险。在基本医疗社会保险门诊特定项目的医疗费用中，参保人员自付部分，补充医疗社会保险按 70% 给付。

（4）基本医疗个人账户补充保险。参保单位缴费该项目的基金全部划入其参保人员的个人账户。

---

① 来源于广东医保网站．

第七节　公务员医疗补助

公务员医疗补助是指政府根据财政承受能力，预算拨付一定的保险费给公务员参加的一种辅助医疗社会保险，它属于医疗补充保险的范畴。建立公务员医疗补助主要目的是为了保障国家公务员的身体健康，增进公务员对行政机关的凝聚力，保持公务员队伍的稳定和廉洁。

一、国外公务员医疗社会保险的主要内容

（一）西班牙

在西班牙，政府及所属单位的工作人员，司法机关的工作人员，大学、中学、小学教师，部队的军官，公安部门工作的警察，公立医院的医务人员，社会管理人员，还包括上述人员的家属，都在公务员医疗社会保险的覆盖范围内。西班牙的公务员医疗社会保险的筹集实行政府财政预算与公务员个人缴纳部分医疗保障费用的制度，公务员个人缴纳的医疗保障费用直接进入中央财政的医疗保障预算。享受公务员医疗保障待遇的本人及其家属可自由选择公立或私立医院免费就医，并可 100%报销药费。而其他行业人员及其家属只能在公立医院就医才免费且只报销 60%的药费。西班牙的公务员医疗社会保险由财政部门统一管理，财政部内设工资保险福利司，专门负责管理公务员的社会保障，医疗社会保险的一些具体业务由一个隶属政府部门的公务员互助总会经办。

（二）韩国

韩国的公务员医疗社会保险制度主要覆盖公务员及私立学校教职员。其医疗社会保险经费主要靠投保人的保险费、国库补助或其他利息收入作为补充。公务员医疗社会保险的保险费为标准月报酬的 3%～8%，（平均 3.5%）。由单位和个人分担一半。参加地区医疗社会保险的人员按收入、财产、家庭人口等实行定额制，全部由投保者负担。公务员就医时与其他参保者享受同等待遇，医药费的一部分由患者负担，法定比例是门诊负担 30%～55%。如在诊所看病费用超过 10000 韩元时，病人应承担 30%的费用。到更高级别的医院看病时，个人承担的费用还要相应的提高。住院负担 20%，但是挂专家号，超过规定等级，本人负担一般为 50%。韩国的公务员医疗社会保险由保健福祉部医疗社会保险局主管，公务员和私立学校教职员医疗社会保险由管理公司管理。

（三）日本

日本的公务员医疗社会保险主要针对国家政府机关的工作人员，包括国有企业职工、地方公立学校教职员及其抚养者和家属等。公务员从工作之日起便从工资中自动扣除医疗社会保险费，其中，中央机关公务员中由于包括部分国有企业，其缴费比例参差不齐。一般个人缴费比例是规定的缴费基数的 2.46%～5%，地方公务员则按标准工资的 4.25%～9.5%缴纳。在日本公务员只要在医疗保障部门指定的医疗机构看病，其诊疗费本人只负担 20%，医疗社

会保险负担 80%。在其他的医疗机构看病的医疗费按其金额负担部分费用，具体数额是：医疗费在 1500 日元以下的负担 200 日元，1500～2500 日元范围的负担 400 日元，2500～3500 日元范围的负担 600 日元，超过 3500 日元的负担 80%。日本中央机关公务员和地方公务员的医疗社会保险由依照中央公务员互助组合法和地方公务员互助组合法建立的互助组合管理运营。

（四）泰国

泰国的公务员医疗社会保险制度主要覆盖了泰国各级政府部门雇员及其亲属，约占泰国总人口的 7%。国家公务员医疗保障制度经费完全来自于政府财政预算，由国家税收给予保证。　政府雇员及其家属门诊只能在公立医疗机构就医，住院则可选择在公立或私立医疗机构就医。在公立医疗机构门诊或住院均可以享受 100%的免费医疗，但在私立医疗机构住院时 个人需要承担大约 30%的费用。在泰国，包括国家公务员医疗保障制度在内的各种健康保健计划由泰国国家卫生部制订，由地方政府卫生局负责具体经办。①

二、我国公务员医疗补助的内容

2000 年 5 月 20 日，原劳动和社会保障部、财政部出台了《关于实行国家公务员医疗补助的意见》。

（一）医疗补助的原则

补助水平要与当地经济发展水平和财政负担能力相适应，保证国家公务员原有医疗待遇水平不降低，并随经济发展有所提高。

（二）医疗补助的范围

（1）符合《国家公务员暂行条例》和《国家公务员制度实施方案》规定的国家行政机关工作人员和退休人员。

（2）经人事部或省、自治区、直辖市人民政府批准列入依照国家公务员制度管理的事业单位的工作人员和退休人员。

（3）经中共中央组织部或省、自治区、直辖市党委批准列入参照国家公务员制度管理的党群机关，人大、政协机关，各民主党派和工商联机关以及列入参照国家公务员管理的其他单位机关工作人员和退休人员。

（4）审判机关、检察机关的工作人员和退休人员。

（三）医疗补助的经费来源

按现行财政管理体制，医疗补助经费由同级财政列入当年财政预算，具体筹资标准应根据原公费医疗的实际支出、基本医疗社会保险的筹资水平和财政承受能力等情况合理确定。医疗补助经费要专款专用、单独建账、单独管理，与基本医疗社会保险基金分开核算。

① 车刚．中国与西班牙、韩国等国公务员医疗保障制度的比较研究[J]．卫生软科学，2005．

（四）医疗补助经费的使用

医疗补助经费主要用于基本医疗社会保险统筹基金最高支付限额以上，符合基本医疗社会保险用药、诊疗范围和医疗服务设施标准的医疗费用补助；在基本医疗社会保险支付范围内，个人自付超过一定数额的医疗费用补助；中央和省级人民政府规定享受医疗照顾的人员，在就诊、住院时按规定补助的医疗费用。补助经费的具体使用办法和补助标准，由各地按照收支平衡的原则作出规定。

（五）省级以下（含省级）机关公务员医疗的补助

省级以下（含省级）机关公务员医疗补助的管理层次由各省、自治区、直辖市人民政府确定。省级以下（含省级）机关公务员医疗补助和离休人员、老红军的医疗保障以及医疗照顾人员的医疗补助等具体实施办法，由劳动保障部门和财政部门根据国家有关规定会同有关部门制定，报省级人民政府批准后执行，具体管理工作由劳动保障部门负责。

在京中央和国家机关公务员医疗补助的实施办法由劳动保障部、财政部会同有关部门制定，报国务院批准后实施。京外中央和国家机关公务员执行各省、自治区、直辖市人民政府确定的医疗补助办法。

（六）社会保险经办机构负责医疗补助

社会保险经办机构负责医疗补助的经办工作，要严格执行有关规章制度并建立健全各项内部管理制度和审计制度。劳动保障部门要加强对社会保险经办机构的考核与监督管理；财政部门要制定医疗补助经费的财务和会计管理制度，并加强财政专户管理，监督检查补助经费的分配和使用；审计部门要加强医疗补助经费的审计。

（七）原享受公费医疗待遇的事业单位的医疗补助

工作人员、退休人员，可参照国家公务员医疗补助办法，实施医疗补助，具体单位和人员由各地劳动保障和财政部门共同审核，并报同级人民政府批准。原享受公费医疗经费补助的事业单位所需医疗补助资金，仍按原资金来源渠道筹措，需要财政补助的由同级财政在核定事业单位财政拨款时给予安排；对少数资金确有困难的事业单位，由同级财政区别不同情况给予适当补助。

如宜昌地质矿产研究所自2005年12月1日起，其职工（不含离休人员）在参加基本医疗社会保险的基础上，参加“宜昌市国家公务员医疗补助”，全面享受公务员医疗待遇。具体规定如下。

（1）该所缴纳的医疗补助经费用于：

① 缴纳职工大额医疗社会保险费；

② 补助职工医疗社会保险个人账户；

③ 补助职工住院医疗费用；

④ 职工工伤、生育发生的医疗费用。

（2）医疗社会保险个人账户以本人缴费工资或退休费为基数，根据不同年龄段每月按下列标准给予补助：

① 未满 35 周岁的按 2.5%；
② 年满 35 周岁未满 45 周岁的按 3%；
③ 年满 45 周岁未满 60 周岁的按 3.5%；
④ 年满 60 周岁未满 70 周岁的按 4%；
⑤ 年满 70 周岁按 4.3%。

如某职工年满 45 周岁，月缴费工资 1500 元，基本医疗社会保险个人账户按 4.8%、公务员医疗补助个人账户按 3.5%划入，每月个人账户金额为 1500×(4.8%＋3.5%)＝124.5 元。

如某退休职工年满 65 周岁，月退休费 1500 元，基本医疗社会保险个人账户按 5%、公务员医疗补助个人账户按 4%划入，其每月个人账户金额为 1500×(5%＋4%)＝135 元。

（3）住院医疗补助。职工因病住院治疗（含纳入基本医疗统筹基金支付范围的门诊治疗）所发生的符合基本医疗社会保险和大额医疗社会保险规定的医疗费，由基本医疗社会保险和大额医疗社会保险报销后，对其个人负担部分按比例分段给予补助。

① 在一个年度内，住院医疗费在基本医疗社会保险支付最高限额以下的，对其个人负担部分年满 50 周岁的补助 70 %，其他人员补助 60 %。

② 在一个年度内，住院医疗费在基本医疗社会保险支付最高限额以上至大额医疗社会保险支付限额以下的，对其个人负担部分年满 50 周岁的补助 90%，其他人员补助 80%。

③ 在一个年度内，住院医疗费在大额医疗社会保险支付限额以上至 20 万元以内的，对其个人负担部分均补助 90%，超过 20 万元的对其个人负担部分均补助 95%。

如某职工年满 45 周岁，一个年度内发生住院医疗费 60000 元，个人自付 12080 元，其中基本医疗社会保险内个人支付 10000 元，大额医疗社会保险内个人支付 2080 元，按照公务员医疗补助规定，对个人自付部分补助为 10000×60%＋2080×80%＝7664 元，个人实际自付为 12080－7664＝4416 元。

（4）工伤、生育所发生的医疗费用按现行工伤、计划生育政策规定，在公务员医疗补助范围内予以报销。[①]

第八节　农民工医疗社会保险的探索

1978 年以后，我国逐步进行社会主义市场经济体制的改革，使僵化的城乡分割状态出现松动，大量的农民向城市流动，理论上他们已不是农民，但因为户籍而被人为划入农民行列，这就形成了一个特殊的群体——农民工。

农民工是指具有农村户籍，在国家规定的劳动年龄内且有劳动能力，与城镇用人单

① 参加公务员医疗补助有关事项．中国地质调查中心宜易地矿所网站．

位形成劳动关系的劳动者。据统计，目前我国农民工已达 1.4 亿，超过了全国人口总数的 10%。估计在 2001—2010 年的 10 年中，中国农村人口向城镇转移的总规模可能达到 1.6 亿～1.8 亿。在农村向城镇流动的人口中，15～49 岁的青壮年占了 69.9%，平均年龄 33.6 岁，低于城镇常住人口（40 岁）和农村常住人口（35.4 岁）的平均年龄；受教育程度高于流出地而低于流入地，以初中为主，占 52.2%，小学为 24.2%，高中以上占 13.3%，不识字占 10.3%。[①]

农民工是改革开放和工业化、城镇化进程中涌现的新型劳动大军，是产业工人的重要组成部分，是促进社会和经济发展的重要力量。近年来，党中央、国务院对保障农民工合法权益、改善农民工就业环境下发了一系列重要文件，提出了明确要求。2006 年初，《国务院关于解决农民工问题的若干意见》（国发[2006]5 号）正式发布，强调“抓紧解决农民工大病医疗保障问题”，把农民工医疗社会保险问题摆在了突出位置。随后，原劳动和社会保障部印发了相关《实施意见》，明确提出“争取 2008 年底将与城镇用人单位建立劳动关系的农民工基本纳入医疗社会保险”的目标，这也标志着农民工医疗保障工作进入了具体推进阶段。

农民工参加医疗社会保险，保障其医疗待遇，不仅是完善社会保障体系、扩大医疗社会保险覆盖面的客观要求，也是构建社会主义和谐社会的重要措施和内容。不过，在实际推进过程中，因为农民工独特的身份与就业特点，使得这项工作依然面临许多问题，大多数农民工依然处于无保障的状态，对此必须采取相应对策。

一、农民工医疗问题

（一）建立农民工医疗社会保险制度的难点

农民工的医疗问题主要涉及政府、农民工自身和企业三个方面。

1．政府方面

（1）户籍制度。我国目前的医疗社会保险制度是按照城镇人口与农村人口分割的模式进行设计的。在城镇，我国颁布《关于建立城镇职工基本医疗保险制度的决定》，实行社会统筹和个人账户相结合的基本医疗社会保险制度，覆盖城镇所有用人单位和职工，城镇灵活就业人员也可以参加基本医疗社会保险。而在农村，则正在建立以大病统筹为主的新型合作医疗制度。农民工的出现突破了农业人口与城镇人口边界明晰的二元对立模式，使我国社会人群结构中出现了兼有两者特点的新群体。农民工生活在城市中，但其户口却是农村的。这样就存在一个矛盾，他们既享受不到城市为市民提供的各种医疗保障，而又不能依靠新型农村合作医疗为其提供有效率的医疗保障。农民工生存在农村与城市的夹缝中，医疗保障权利得不到制度保证。

---

① 胡英．2000 年中国农村流动人口新特征[J]．中国国情国力，2001．

（2）法律不完善。缺乏对农民工医疗保障的相关立法，使得法律对农民工医疗社会保险的权利保护不到位。我国目前的许多法律都对农民工进行诸多限制。如 1999 年国务院颁布的《失业保险条例》规定，失业主体仅限于城镇企业事业单位职工，农民合同制工人连续工作满 1 年后失去工作的，只由社会保险经办机构支付一次性生活补助，不能享受城镇职工的失业社会保险待遇。同时，劳动合同立法缺乏程序性规定和救济手段，缺乏对雇主拖欠工资等违法行为的制裁性规定，社会保险立法没有明确农民工的权利。①立法上的漏洞使得侵犯农民工权利的行为得不到有效的追究和惩罚，同时使城乡分割更加严重，农民工无法摆脱其弱势群体的地位。

另外，现阶段很多时候法律的正常执行受到了诸多人为因素的干扰，法律的尊严受到了极大的挑战。行政力量过多的干预司法力量使得农民工的权利即使有立法保障也得不到贯彻实施。这样进一步导致政府诚信的缺失，影响了政府的声誉，而农民工在社会上的生存空间被进一步的挤压，社会矛盾日益突出，破坏了整个社会的良性发展。

（3）监督不够。政府的监察机制不健全，同时维护农民工权益的机制也不完善。对于一些侵犯农民工权利，如不为农民工缴纳医疗社会保险的用人单位的行为，劳动保障部门缺乏强有力的手段进行纠正。这使得国家的一些方针政策没有落到实处，农民工的权益没有得到有效的保护，农民工权益受损后的社会风险在高速累积。

2．农民工自身

（1）流动性大。绝大多数农民工流动性强，未来具有明显的不确定性。他们中的绝大多数从事低技能和体力型的劳动，工作地点和工作岗位都很不稳定，处于频繁的流动之中，他们的未来具有很大的不确定性。医疗社会保险的参保程序较为复杂，手续烦琐，很多城市根本没有续保服务，即便有续保服务，其办理过程也是相当困难，这些都成为农民工参加医疗社会保险的巨大阻碍。

（2）收入不高，医疗服务利用率低。农民工普遍收入较低，难以承受昂贵的医疗费用。有资料显示，外来农村流动人口对医院服务的利用率大大低于当地居民，11%的人患病后不采取任何措施，65%的人患病后采取自我医疗，因为花费较低；24%的人患病后虽去就医，但其中 48%的人利用基层卫生机构或私人诊所（多数是无照经营）提供的服务，只有在疾病严重时才会去高层级医疗机构。而在应该住院治疗者中，有 30%的人放弃住院，因为支付不起昂贵的住院费用。②为了节约开支，许多人平常生病只能靠自己挺过去，如果得了重大的病，农民工多年打工的储蓄还不够支付医疗费，因病致贫和因病返贫现象在农民工中还时有发生。医疗卫生费用高与收入水平低的不相适应是影响外来流动人口利用医疗服务的主要原因。

（3）参保意识不强。一方面，农民工多是一些青壮年劳动力，很多农民工认为自己年

---

① 李念念，周涛．农民工医疗保障体系建设初探[J]．中国水运学术版，2006，（11）．

② 农民工医疗保障问题：农民工不怕穷就怕病．金羊网．2007-03-6．

轻无病无灾，没有必要参加医疗社会保险，更不愿意交纳参加医疗社会保险的费用。另外，农民工多数来自经济欠发达地区，从事的又是一些收入比较微薄又较繁重的工作，家庭负担较重。较低的收入只能让他们应付日常生活中的基本需要，无暇顾及疾病风险，到发生重大疾病时才意识到参加医疗社会保险的重要性却为时已晚。另外，农民工一旦变换工作地点就必须退保，统筹基金不予退回，不利于保持他们参加基本医疗社会保险的连续性，也制约了他们更换工作地点后续保的积极性。①农民工的收入普遍较低，缴纳的医疗社会保险费用有限，所能享受到的医疗保障也较为有限，这也影响了农民工参加医疗社会保险的积极性。

3．企业方面

一方面，很多企业为了降低经营成本，尽可能地拖交、少交或是不交医疗社会保险费用。在买方劳动力市场下，劳动力十分廉价，农民工缺乏勇气为合法权益据理力争。同时，农民工与雇佣单位之间缺乏稳定的劳动关系，雇佣单位自然不愿意为他们承担缴费责任。另外一方面，很多企业觉得为农民工办理保险极大的增加了企业的工作量，加大了企业的管理成本，为了省事，也就能不办就不办。这样使得大多数农民工游离在社会保障制度的覆盖范围之外。

（二）建立农民工医疗社会保险制度的意义

1．有利于保护农民工的基本权益，体现社会公平。医疗保健是每个公民应享有的基本权利，给国民健全的卫生保健是一国政府应尽的责任。农民工也是我国劳动者的重要组成部分，国家有义务为其提供基本医疗保障。建立农民工医疗社会保险制度能给农民工提供基本的医疗保健，减轻农民工及其家庭的医疗负担，避免因病返贫的现象。

2．有利于提高我国城市化水平，促进经济的发展。农民工为城市的发展和财富的积累作出了巨大的贡献，他们已经成为推动我国实质城市化水平提高的基本力量。统计资料表明，农民工事实上已经成为当今中国产业工人的主体，尤其是在采矿业、建筑业、制造业、加工业及城市饮食服务业，更是以农民工为主体。但由于各种各样的原因他们没有被纳入到城市的社会保障体系中，这极大地破坏了劳动力的生产和再生产，对经济的发展产生了不利的影响。建立农民工的医疗保障体制能保障农民工拥有健康的体魄，并能惠及其子女，这些都将对我国城市化的进程和经济的发展起到积极的作用。

3．有利于缓和社会矛盾，维护社会稳定。农民工社会保障体系的缺失带来了很多的社会问题。农民工的流动性以及收入较低的状况使得一些人铤而走险走上犯罪的道路。同时，城市对农民工的排斥也引发了农民工的仇视心理，这些都给社会带来了极大的不安全因素。

二、建立农民工医疗社会保险制度的思路

农民工为城市的发展作出了巨大的贡献，而自身却得不到应有的社会认同，基本利益

① 邵念，陈爱云．浅析我国农民工医疗保障现状[J]．中国医疗保险研究，2005．

得不到维护。建立覆盖全体公民的社会保障体系是国家和政府的责任，农民工是我们国家的一分子，他们理应享受经济发展为每个公民带来的各种保障和福利。目前的重中之重是要维护农民工的健康，为农民工提供适合他们自身特点的医疗保障。

（一）建立农民工医疗社会保险制度的原则

1．分层分类原则。建立农民工的医疗社会保险制度，首先要遵循分层分类原则。农民工群体已经走向分化，至少可以分为三大类型：一是已经城市化的农民工，他们虽然仍然具有农业户籍身份标示，但已经在城市（镇）有稳定的居住处所、稳定的就业岗位与相对固定的劳动关系，以及能够满足在城市生活的经济能力，他们的归属只能是城市；二是只有农闲季节才外出务工的传统农民，他们的归属是乡村，属于季节性农民工；三是仍然处于流动状态的农民工，这是农民工中的最大群体，这一群体中进入第一类人群的人数在持续上升，或者以做城市人为目标。[①]建立农民工的医疗社会保险制度，必须考虑农民工群体已经分化的基本事实，分类解决，这样才能适应全体农民工的客观需要。

2．循序渐进原则。从长远来看，让农民工享受与城市居民同等的待遇，将其纳入国家统一的基本医疗保障体系是最终解决问题的方向和办法，但这需要一个较长的进程，不可能一蹴而就。这既与农民工群体自身的特点有关，也与我国的国情紧密相关。一方面，农民工群体的流动性使得医疗社会保险制度的建设难度极大；另外一方面，我国目前的国力有限，不可能短时间内就解决农民工的医疗社会保险问题，同时，能为农民工提供的医疗保障也只能是最基本的保障。现阶段我们应该充分考虑农民工所从事的行业特点和就业方式，分阶段制定出符合农民工利益的特殊的社会保险政策，稳步推进，然后逐步并轨，以全面解决农民工的基本医疗保障问题。

3. 持续性原则。农民工医疗社会保险制度设计要保持医疗社会保险制度原有的持续性。农民工医疗社会保险制度要留有一定的余地，以便成熟后能实现和城镇职工保险和农村合作医疗的对接，保证现有的医疗社会保险制度的完整性和持续性。

4. 社会化原则。农民工医疗社会保险也是社会保险的一种，也必须具备社会化的特点。并且由于农民工的流动性大，这更需要农民工医疗社会保险能在全国范围内有相对的统一性。这样才能发挥农民工医疗社会保险的真正作用，否则，又会成为一纸空文。

（二）建立农民工医疗社会保险制度的具体措施

1．改革户籍制度。农民工问题的实质就是户籍以及附加在户籍上的不公平待遇问题，从某种程度上讲，“农民工”这一名称本身就是二元户籍制度下歧视的产物。现代社会公正的最基本的标志是公民身份的平等性。改革户籍制度，实质是剥离附着在户口上的社会保障与公共服务等权益，让户口只具有标志居住地的意义，真正实现城乡平等。主要做法有：实行居住地户口登记制，以固定住所和稳定就业、收入为依据申报城镇户口，实现农民的自由迁徙权，使他们能够在城市获得长期合法居住权，给予农民工与市民平等的待遇，同时建立起城

① 郑功成，黄黎若莲，中国农民工问题：理论判断与政策思略[J]．中国人民大学学报，2006，（6）．

乡一体的户籍管理制度。

2．加强法制建设。迅速完善相关法规，一方面，要完善现有的劳动法制，要对现行法律制度与政策规章进行全面检查，修订那些违反平等、公正原则而损害了农民工权益以及阻碍农民工顺利融入工业化、城市化进程的规定，并按照公平公正的原则制定针对农民工保护的法律规范，在确立农民工平等权益的同时，赋予农民工维权的法律手段与有效途径；另外一方面，要加快社会保障立法。众所周知，农民工医疗社会保险作为社会保险制度的一个子项目，是以强制性为基本特征的。而社会保险的这一强制性又必须通过国家立法才能得到保证。目前，农民工医疗社会保险制度建设进展不力，举步维艰，其中很重要的一个原因就是社会保险立法滞后。要加快社会保险立法，针对农民工的社会保障问题制定出明确的法律法规，使得各地区、各部门的工作有法可依，保证农民工的医疗、养老、工伤等问题都能得到解决。只有完善了相关的法律规范，农民工的权益才能在法律制度的保障下得到维护，执法机构与司法机关才可能依法维护农民工的合法权益，用人单位或雇主才能完全明了自己的责任。在做好立法工作的同时，也要做好执法工作，真正做到有法必依。

3．规范用工制度，推行劳动合同制。农民工医疗保障制度的建立必须以劳动关系为基础，所以农民工参加医疗社会保险的关键是必须解决好与用人单位签订劳动合同的问题。在实际操作过程中，农民工应当与用人单位签订劳动合同，只有签订了劳动合同，农民工才能有效地维护自身的利益，在发生劳资纠纷时才不至于处于被动局面。各级劳动保障部门要扩大和强化劳动监察机构、监察队伍及监察手段，加大监察力度，督促用人单位与雇佣的农民工依法签订劳动合同，确保雇主与农民工的劳动关系规范化，促使用人单位与农民工健全劳动关系，并在此基础上实现农民工劳动就业岗位的相对稳定，这是维护农民工权益的稳定基石。只有规范用工制度，切实推行劳动合同制，才能稳定劳动关系，农民工医疗社会保险的建立才具备了基本的前提条件。

4．建立农民工大病医疗社会保险。大病对于农民工来讲风险最大，往往会使其丧失基本的劳动能力，失去收入来源，常常会导致一个家庭的生存困难，出现因病返贫现象。根据国务院《关于解决农民工问题的若干意见》，针对我国农民工社会保障面临的困难，应该为不稳定就业的农民工建立大病医疗社会保险，费用由用人单位和农民工双方负担，着重当期住院医疗，并在经济发展快的地区推进城乡协调的社会保险制度，实现农村社会保险与城镇职工社会保险制度的接轨和社会保险关系的接续。开展农民工大病医疗社会保险，着重当期住院医疗；同时，为切实降低用人单位和农民工本人的负担，农民工大病医疗社会保险单独管理，根据农民工大病发病率实行低费率，不承担国有企业职工的历史债务，费率一般控制在2%以下，农民工本人可不缴费。同时，要根据农民工的实际情况，适当调整医保的起付线等方面的政策。农民工凡已参加城镇职工大病医疗社会保险的，原则上不再同时参加新型农村合作医疗。如本人不愿或无能力在城市治疗的，应制订相应的措施，将大病医疗社会保险关系和资金转入农村合作医疗。[①]

5．建立多层次、多类别的医疗社会保险方案。农民工群体分化为不同的类型，所以必须建立多层次、多类别的医疗社会保险方案。对于具有较为稳定职业的与用人单位签订了较长期限劳动合同的农民工，成本最低的办法是通过户籍制度将他们纳入城市的基本医疗保障范畴，按所在地职工缴费标准参保，享有所在地城镇企业职工相同的医疗待遇；对于季节性农民工，可将他们纳入新型农村合作医疗制度，使他们在农村就可以便捷的享受到医疗保障；对于流动性较大的农民工，一方面，社保部门可根据其具体的劳动合同关系建立大病统筹基金；另外一方面，可发展面向农民工的社会化医疗救助事业，特殊情况下可以给农民工一些帮助。

6．加强对农民工的现行的医保政策和健康教育的宣传。一方面要普及医疗社会保险政策相关知识，进行参保的重要性、参保的程序以及待遇享受的基本条件等内容的宣传，让农民工熟悉医疗社会保险制度，积极主动地参加医疗社会保险制度；另外一方面，要抓住农民工流动比较集中的时期，根据各类疾病的流行特点，建立农民工健康教育与健康促进宣传阵地，定期或不定期地组织健康知识培训活动，并在相关公共场所设置健康教育宣传栏或疾病防治公益广告牌或有针对性的向农民工免费发放宣传资料，普及基本卫生知识，从源头上防止疾病的发生。

7．协调配合，形成合力，同步推进农民工医疗社会保险制度改革。农民工广泛分布在国民经济各领域和各行业，农民工的工作涉及政治、经济、社会管理的各个方面，农民工医疗社会保险制度的建立需要各有关部门之间的协调配合和相应政策规定的跟进。同时，医疗卫生和药品流通体制改革相对滞后，影响了医疗社会保险制度改革的进程。医疗费用居高不下，农民工参保后自付部分也难以承受，一旦生病，就面临吃饭还是吃药的两难选择。因此，应促进医疗卫生、药品流通体制和医疗保障制度改革同步推进，[②]这样农民工医疗社会保险制度才能真正发挥它应有的作用，才能真正解决农民工的医疗问题。

第九节　医疗社会保险的深化改革

1998 年，国务院颁布了《关于建立城镇职工基本医疗社会保险制度的决定》，开始推行医疗社会保险改革。改革的基本思路是“低水平，广覆盖，双方负担，统账结合”。中国医疗社会保险制度改革已取得相当成效，基本形成了基本医疗社会保险制度的政策体系，医疗社会保险制度运行基本平稳；医疗社会保险的保障机制基本得到发挥。到 2006 年 6

① 华迎放．农民工情况的研究报告之五：农民工社会保障问题[N]．中国劳动保障报，2005-8．
② 如何推进农民工医保．中国农业网．2007-5-24．

月底，全国 349 个地级以上统筹地区中，307 个已经启动实施，占全国的 88%；覆盖人数达到 5026 万人，占全国应参保人数的 30%。①

医疗社会保险制度的改革已经产生了积极的社会影响。首先，解决原公费劳保医疗制度的弊端，在市场经济条件下满足广大群众的基本医疗保障需要。第二，促进了国有企业改革的进行，保障了社会公平，维护了社会稳定。参加医疗社会保险的人员中，其中在职职工占 73%，退休人员占 27%；49%的国有困难企业职工参加了医疗社会保险。原公费、劳保医疗享受人群基本纳入新的制度。②第三，推进了医疗服务和药品服务市场的竞争和健康发展。医疗社会保险费用分担机制、医疗服务竞争机制基本形成并发挥了基础性作用，基本医疗社会保险用药范围、基本医疗社会保险诊疗项目、医疗服务设施范围和支付标准，以及基本医疗社会保险费用结算办法等管理措施加强了对医疗服务供方的约束，促使其进行改革，提高服务意识和服务质量。第四，基本形成了医疗费用分担机制，传统体制下医疗资源浪费严重、医疗费用过快增长的痼疾有所遏制。据统计，1990—1998 年卫生系统综合医院人均门诊和住院费用年增长率分别为 25.0%和 23.7%，2001 年分别降低为 9%和 5%。③

尽管我国的医疗社会保险制度的改革取得了一定的成绩。但从总体上看，社会医疗社会保险制度改革的进展还不尽如人意，需要在今后进一步深化改革来加以解决。

一、当前医疗社会保险存在的问题

（一）覆盖面非常有限

从数量上看，虽然全国各地都已经建立了医疗社会保险制度，截至 2003 年 6 月底，全国基本医疗社会保险参保人数已经突破 1 亿人，但相对于全体城镇居民，其覆盖面还非常有限。目前，全国城镇居民人口总数达到 4.5 亿人，医疗社会保险覆盖面只占城镇居民人口总数的 1/4。就就业人口来说，全国城镇就业人口有 2.55 亿，即医疗社会保险的覆盖面相当于城镇就业人口（2001 年）的 42%，这在三大社会保险中是参保率最低的。在农村地区，2005 年参加新型合作医疗的人口达到 1.7 亿，不到 8 亿农民的 1/4，而且保障能力非常有限，每个人只有 30 元钱。

从结构上看，基本医疗社会保险主要覆盖的是国有企业和一些机关事业单位的职工，还包括部分集体企业的职工。按照 1998 年国务院《关于建立城镇职工医疗保险制度的决定》，各种类型企业的劳动者都要参加基本医疗社会保险，但是在许多地方，只有具有城镇户口的劳动者才参加基本医疗社会保险，而大量的其他类型企业的职工如非公有制企业的就业人员，非正式就业（灵活就业）人员，城市弱势群体（低收入或下岗、失业职工，残疾人和孤寡老人，进城的农民工，较早退休的“体制内”人员等），以及农民还没有被制

① 傅潇雨．我国医疗保障改革现状的分析．法律教育网．2006-9-6．
② 陈金甫．我国医疗社会保险制度的现状与发展[J]．中国网．2004-1-13．
③ 仇雨临．中国医疗保障体系的现状与完善[J]．北京市计划劳动管理干部学学报（季刊），2004．

度所覆盖。

总体来说，我国现行的医疗社会保险制度覆盖范围还是相当有限的，绝大多数的社会成员还没有制度上的医疗保障。据卫生部的统计资料，2000 年我国卫生总费用已经达到 4700 多亿元，其中居民个人支出近 2900 亿元，占其 61%，说明能够享受国家基本医疗社会保险制度的还是少数人。①

（二）政府对医疗资源投入不足

为国民提供基本的医疗保障是政府的重要职能和基本义务，政府是医疗社会保险制度的制定者和推动者，也是最终的责任主体。对于整体的医疗费用而言，政府应当承担较大的责任，即提供公共卫生预防保健，对医院的投资和对医疗服务消耗的补偿以及医疗社会保险的管理费用。

改革以来，政府财政对医疗资源投入严重不足，并且呈逐年下降趋势，与此同时个人支出增长迅速。20 世纪八九十年代，卫生支出曾经一度占到政府总支出的 6%，而到 2002 年这个数字已经下降到 4%。在 2005 年 3 万多亿元的财政预算中，仅有 1200 多亿元用在医疗领域。这个比率不仅远远低于发达国家，而且也低于大多数发展中国家。据了解，2004 年我国医疗卫生总费用已经占到 GDP 的 5.5%，其中，政府支出所占比例为 16%，而老百姓的支出则占到 55%。

政府投入的缺失对医疗社会保险制度产生了十分不利的影响，造成了公共卫生领域和百姓的基本医疗得不到有效保障。医疗社会保险基金始终处于捉襟见肘的状态。与此同时，由于医疗服务结构的不顺，没有合理地分解患者的医疗需求，使资金流向高成本的大医院，使有限的医保资金没有得到有效地利用。

（三）基金风险大，个人负担较重

目前，虽然新旧制度实现了平稳转轨，基金从总体上做到了收支基本平衡。但是，一些问题和矛盾已经开始显现。

（1）基金管理成本高、手续繁杂，部分统筹地区出现了医疗社会保险统筹基金当期收不抵支的现象。

（2）隐形债务沉重。按照 1998 年国务院《关于建立城镇职工医疗保险制度的决定》，退休人员参加基本医疗社会保险，个人不缴纳医疗社会保险费。由于退休人员个人账户没有积累，医疗费用支出又多，个人账户积累不多的中年职工陆续退休又使得退休队伍不断扩大，所以退休人员的医疗费用占去社会统筹基金的将近一半（1997 年为 43.8%）。②这笔隐性债务就给医疗社会保险统筹基金造成很大的压力，这也是造成不少地区医保基金年年超支的一个重要原因。

（3）改革后，加大了参保人的个人负担。城镇职工医疗社会保险制度引入了的起付线、

① 仇雨临．中国医疗保障体系的现状与完善[J]．北京市计划管理干部学院学报（季刊），2004．
② 陈佳贵．中国社会保障发展报告（1997-2001）[M]．北京：社会科学文献出版社，2001：101．

封顶线以及分段按比例报销等做法。这些做法对于维持资金平衡是有益的，但对患者过分严格的约束特别是过高的患者自负比例必然会导致参保积极性的下降。对于一部分低收入者、年老多病者、大病患者而言，自付的比重较重。同时，医疗社会保险基金中个人账户缺乏共济性，个人账户资金相对较少，对于一些多病者，个人账户积累的资金很难应付基本的日常医疗需求。

（4）人口老龄化将增加基金的压力。老龄人口比其他年龄段的人口患病的几率要大得多，并且老年人通常患有多种疾病，对医疗服务的需求非常大。随着人口老龄化的加剧，一方面医疗社会保险基金的需求量越来越大，而供给医疗社会保险基金来源的在业劳动人口所占的比例却在减少，这必然会给医疗社会保险基金带来沉重的压力。

（四）医疗卫生体制改革与医疗社会保险制度改革不配套

医疗卫生体制改革是关系到基本医疗社会保险制度能否顺利推进的关键。目前，我国的医疗卫生体制改革与医疗社会保险制度改革不配套，医院、医保机构和患者三方之间的关系没有理顺，导致医疗社会保险费用难以控制。虽然现阶段医疗服务管理工作有所加强，但控制医疗费用支出不合理上涨的机制建设还没有从根本上得到解决。目前，医疗服务管理的措施还主要是加强日常监督检查、签订协议、事后审查，管理效力非常有限，医疗费用上涨压力仍然很大。

（五）多层次的医疗社会保险体系尚未真正形成

尽管目前我国医疗社会保险体系的框架已经基本形成，但具体项目上还有明显的欠缺。

农村人口的医疗保障问题还没有得到根本解决。虽然农村合作医疗制度取得了很大的成就，但依然有大量的农村人口被排除在医疗社会保险制度之外。同时，被覆盖在农村合作医疗制度中的参保农民也面临着待遇过低、医疗费用负担沉重的问题。农村合作医疗社会保险制度的保障目标依然定位为保大病。事实上放弃了对大多数人基本医疗需求的保障责任，也不可能获得良好的投入绩效。

城市化过程中的农民工、失地农民和小城镇从业人员的参保问题挑战现行的医疗社会保险制度。随着经济的发展，我国的城市化、工业化的步伐不断加快，大量的农民由农村走入城市，从事非农业生产；同时随着城市的开发，很多土地被征收，导致失地农民的出现；乡镇企业的发展促使小城镇的非农业人员增加。他们都迫切需要医疗社会保险的保护。如何适应这些人的参保需要，把这些人群纳入到医疗社会保险的覆盖范围内是一个亟待解决的重大问题。

二、医疗社会保险深化改革的思路

（一）加快医疗社会保险立法步伐

医疗社会保险制度是政府举办的强制性的社会保险。我国的医疗社会保险制度多是由国务院及有关部委和地方政府制定的一些政策进行规范的、层次较低的法律规范。这也是医疗社会保险覆盖面较低，部分企业拒缴或漏缴医疗社会保险费用，基金筹集不到位以及医疗卫生体制改革与医疗社会保险改革不配套等一系列问题产生的根源。所以，医疗社会保险立法已经成为完善医疗社会保险制度的先决条件，成为目前医疗社会保险改革的当务之急。

医疗社会保险立法的重点有：明确强制性参保及缴费的措施，明确医疗社会保险经办机构、医疗服务供方、医疗需求方即参保人和用人单位的权利、义务和责任，明确医疗社会保险基金监管措施等。只有通过法律对这些方面进行明确规定，才能保证医疗社会保险制度的实施和落实，才能真正发挥医疗社会保险制度维护公平、保障国民健康的重要作用。

（二）努力扩大覆盖面

当前，医疗社会保险制度的覆盖范围虽然开始从城镇职工逐步扩大到灵活就业人员和农民工，但从相对数量上而言是非常有限的。医疗社会保险制度改革要根据适应经济所有制形式变化的需要，制定更具包容性的政策和更具灵活性的管理服务方式，逐步将各类从业人员纳入医疗社会保险。目前的扩面对象是个体、私营企业等非公有制企业、灵活就业人员、外来农民工、失地农民、小城镇从业人员等。要针对不同的群体采用多种方式，以保障基本需求为主、兼顾多层次需求，建立制度覆盖多种人群、保障方式规范灵活的医疗保障制度体系。努力实现医疗社会保险制度安排能覆盖到最广大的人群，保障方式能适应不同的人群，保障水平能满足更广大人群基本医疗需求。

当然，扩大医疗社会保险的覆盖范围要有步骤的进行，要尊重社会发展的规律和考虑到社会经济的承受能力，明确制度建设的长远目标，合理确定阶段性目标和重点，既要避免求稳怕进，也不能急功冒进。

（三）探索建立多层次医疗保障体系

我国医疗保障体系近期发展目标是：到 2010 年逐步建立起多层次的医疗保障体系，特别在全国农村建立起新型的农村合作医疗制度。根据我国目前的经济和社会发展情况，我国还不可能用“一个”制度覆盖所有的人口。因此，医疗保障体系必然是针对不同人群的各种医疗保障制度的组合。尽管多层次的医疗保障体系内部结构参差不齐，社会不同群体之间的医疗社会保险待遇也有所差异，但却可以在现有条件下做到使每一个社会成员在发生疾病，尤其是身患重病时有所依靠和指望。因此，建立和完善多层次的医疗保障体系是我国短时期内医疗保障制度建设的最佳选择。[①]多层次的医疗保障系统应该由政府保障的基本医疗社会保险、补充医疗社会保险、商业性医疗社会保险和医疗救助系统所构成。在这个系统中，每一个社会成员都可以享受到基本的医疗服务和保障。

1．发展商业保险。商业医疗社会保险是社会保险的重要补充。相对于社会保险而言，商业医疗社会保险在我国发展得很不充分。虽然各家寿险公司都涉足了医疗社会保险领域，开办了各类医疗社会保险，但是业务量并不大，目前商业医疗社会保险在我国医疗保障事

① 仇雨临．中国医疗保障体系的现状与完善[J]．北京市计划劳动管理干部学院学报（季刊），2004．

业中所起的作用很小。我国的医疗保障制度改革应该通过健全法律规范、给予优惠等方式来给商业医疗社会保险的发展创造良好的外部条件，发挥商业医疗社会保险的重要作用。

2. 要建立医疗救助制度，解决弱势群体的后顾之忧。保护国民健康是政府的重要职能之一，政府有责任建立社会医疗救助制度，为贫困人群提供最基本的医疗保障。政府应加大财政投入，通过多种途径筹集资金，建立社会医疗救助基金。

（四）深化医疗卫生体制和药品生产流通体制改革

2000年，我国政府就提出医疗社会保险、医疗卫生和药品流通体制改革的“三改并举”（三个方向：一是城镇职工基本医疗社会保险改革；二是医药公开核算、分别管理；三是医院分类管理）。但与医疗社会保险制度改革相比，医疗卫生和药品流通体制改革明显滞后，从而制约了医疗社会保险经办机构控制医疗费用、提高医疗服务质量的成效。所以，必须深化医疗卫生体制和药品生产流通体制改革。

1. 加快医疗机构改革。加快医疗机构改革的主要手段是充分引入竞争机制，实行医院分类管理，构建公立医疗机构、非营利的医疗服务机构与营利性医疗机构一起，共同为居民提供非基本医疗服务的新局面。公立医疗机构由政府直接举办，基本职能是提供公共卫生服务、基本医疗服务以及部分非基本医疗服务。此类机构不得有营利目标和行为，收支要严格分开。营利机构完全按照企业方式运作。政府对医院和医务人员的资质条件、服务价格、服务质量等实行全面监管。 非营利医疗服务机构按照一般非营利机构的模式运作。机构不以营利为目的，盈余只能用于事业再发展。政府给予相关税收等方面的优惠，同时进行全面监管。同时，还要深化医疗机构内部的人事、分配制度，提高效率。这样有利于医院之间的竞争，并且有利于建立多层次的医疗保障系统。

2. 在药品管理方面，通过实行药品政府采购与招标制度，提高价格的透明度，降低药品价格。一方面，通过政府干预严格控制药品的生产许可、质量标准、使用范围和价格；另一方面，切断医院、医生收入与药品销售收入之间的联系，实施医药分开。

（五）加强医疗社会保险服务管理

建立健全严格规范的管理制度、严谨长效的管理方法、便捷有序的管理流程和先进高效的管理网络构成科学简约、调控灵敏的医疗保障管理体系。实现保障到位、基金平衡、调控灵敏、服务周到的管理目标，确保医疗社会保险制度稳健运行。

1. 加强医疗社会保险经办管理。坚持以人为本，树立正确的管理理念。要围绕人的需求和特点完善管理的制度、方式、流程和网络设计等各个方面。通过规范经办业务流程、简化参保手续，提高经办效率；同时要提高服务提供的方便程度，使国民能更便捷地参与和享受医疗社会保险。

2. 加强基金管理。建立医疗社会保险基金的预警体系和医疗费用的检测体系，加强基金风险的防范、提高基金利用率、控制医疗费用支出，维护基金平衡。

3. 强化医疗服务管理。完善医疗费用结算办法，利用医疗社会保险信息管理网络，重点对医疗机构住院人次、人均费用、病种费用、住院天数以及医疗服务质量进行动态监控，并把监控结果与监督检查、信用等级评定和考核结算挂钩，实现既控制医疗费用，又提高医疗服务质量的双重目的。

（六）建立一套科学的医疗社会保险评价系统

应该建立一个全国性的医疗社会保险评估体系，针对医疗社会保险的运行特点，确定一套全面、科学的评价指标，对参保情况、基金的收缴、管理和使用、医疗机构的服务和医药市场公平性与可及性、个人负担比例、医疗社会保险基金的使用效率、医疗卫生资源的配置、健康改善与医疗保障的关系等进行深度研究和评价。①医疗社会保险是一个非常复杂的系统工程，涉及全体国民和社会生活的各个领域。建立一套科学的医疗社会保险评价系统，能有效地对医疗社会保险制度的实施效果进行评估分析，为制度的发展指明方向，有利于医疗社会保险制度的可持续发展。

总之，我国医疗社会保险制度的改革虽然已然有了很大程度上的改革，但是仍存在制约整体社会保险体系完善的许多亟待解决的具体问题，改革的进程总是需要付出代价的，这要求政府及社会各界作出极大的努力。

【关键概念】

基本医疗社会保险　农民工医疗社会保险　国家医疗社会保险
企业补充医疗社会保险　个人储蓄医疗社会保险　农村合作医疗

【本章习题】

一、思考题

1．什么是医疗社会保险？
2．什么是企业补充医疗社会保险？
3．医疗社会保险的基金筹集方式有哪些？
4．医疗社会保险的给付条件有哪些？
5．我国医疗社会保险的给付标准是什么？
6．为什么要实行公务员医疗社会保险？
7．建立农民工医疗社会保险制度有何重大意义？

二、实训题

实训题目：模拟计算医疗社会保险待遇。

实训目的：

1．加强对医疗社会保险基本概念的认识。

---

① 仇雨临．中国医疗保障体系的现状与完善[J]．北京市计划劳动管理干部学院学报（季刊），2004．

2．掌握基本医疗社会管理系统。

3．掌握医疗社会保险金的发放程序和计算方法。

实训内容：

1．李某系厦门市某国企职工，2006 年 6 月他因患胆囊结石住院行手术治疗，就医于某一三级医院，共花费 6700 元。请问，李某个人应负担多少医药费用？为什么？

2．王某系宜昌某研究所的研究人员，今年 47 岁，2006 年因胰腺炎住院治疗，花费 13000 元，个人自付 4000 元。其中基本医疗社会保险内个人支付 3000 元，大额医疗社会保险内个人支付 1000 元，按照公务员医疗补助规定。请问，他个人实际自付医疗费用是多少？为什么？

【参考文献】

[1] 蔡仁华．中国医疗保障制度改革实用全书[M]．北京：中国人事出版社，1997.

[2] 候文若，孔泾源．社会保险[M]．北京：中国人民大学出版社，2002.

[3] 任正臣．社会保险学[M]．北京：社会科学文献出版社，2001.

[4] 高世楫，张安，徐兰飞．推进医疗服务体制改革必须加强监管体系建设[J]．中国发展观察，2006，（1）.

[5] 郑功成．社会保障学[M]．北京：中央广播电视大学出版社．2004.

[6] 仇雨临，孙树菡．医疗社会保险[M]，北京：中国人民大学出版社，2001：79.

[7] 宋金文．日本医疗社会保险体制的现状及改革[J]．日本学刊，2005，（3）.

[8] 车刚．中国与西班牙 、韩国等国公务员医疗保障制度的比较研究[J]．卫生软科学，2005.

[9] 参加公务员医疗补助有关事项．中国地质调查中心宜昌地矿所网．

[10] 胡英．2000 年中国农村流动人口新特征[J]．中国国情国力，2001.

[11] 李念念，周涛．农民工医疗保障体系建设初探[J]．中国水运（学术版），2006.

[12] 邵念，陈爱云．浅析我国农民工医疗保障现状[J]．农民工医保，2005.

[13] 郑功成、黄黎若莲．中国农民工问题：理论判断与政策思路[J]．中国人民大学学报，2006.

[14] 华迎放．农民工情况的研究报告之五：农民工社会保障问题[N]．中国劳动保障报，2005.

[15] 仇雨临．中国医疗保障体系的现状与完善[J]．北京市计划劳动管理干部学院学报（季刊），2004.

[16] 陈佳贵．中国社会保障发展报告（1997-2001）[M]．北京：社会科学文献出版社，2001.

第十一章　城镇生育社会保险

【学习目标】

1. 掌握生育社会保险的基本概念。
2. 了解生育社会保险的意义、特点、原则。
3. 掌握生育社会保险的给付对象、给付条件和给付标准。
4. 掌握当前生育社会保险存在的问题和深化改革发展的思路。

☺ 导入案例

山东省淄博市沂源县华联矿业公司职工郑喜东的妻子，2008年元旦前夕经剖宫手术产下一女婴。日前，郑喜东本人从银行发放点领到了1750元的女工生育补助。据统计，到目前该县已有27名男工享受生育补助18500万元。

沂源县从2005年7月起推行女工保险制度，通过加大监管力度，改进服务质量，生育社会保险在征缴比例不变的情况下，基金收支改写了实行初期的收不抵支状况，生育费用支付范围由最初的生育津贴、生育医疗费、计划生育手术津贴、计划生育医疗费等4项，逐步将女工放环、取环费用，“配偶没有工作的，男职工享受生育医疗费”也纳入生育社会保险统一支付范畴。从2007年10月起，沂源参加生育社会保险企业的男职工配偶没工作但按计划生育的，男职工享受“女工生育待遇”。

（资料来源：沂源男工享受“女工生育待遇”，黄海晨刊，梁立新）

第一节　生育社会保险概述

一、生育社会保险的概念

生育社会保险是国家针对妇女生育行为的生理特点，通过立法手段筹集基金，为怀孕和分娩的妇女提供医疗服务、生育津贴和产假，以保证其基本生活、工作和健康权利的一种社会保险制度。

生育社会保险的定义具有以下几层含义。

（1）生育社会保险的受益对象通常为女性，主要是针对已婚妇女工作者。

（2）生育社会保险主要针对妇女因生育而面临的两个方面的经济风险：一是生育期间的医护费用；二是生育期间的经济来源。

（3）生育社会保险与一个国家的人口政策紧密结合，通常服务于国家的人口政策。

二、生育社会保险的意义

生育社会保险是确保劳动力再生产和人口再生产正常运行的重要手段。建立生育社会保险有着非常重要的意义。

（一）有利于保障妇女劳动者身体的健康和劳动能力的恢复

生育社会保险制度的建立使《劳动法》、《女职工劳动保护规定》有关女职工生育的政策规定得到贯彻执行，切实保障女职工的合法权益。生育行为是一种具有生命风险的人口再生产行为。女职工在生育期间一方面身体变得虚弱，体力消耗大，需要很长时间的休息和营养。生育社会保险通过提供医疗服务、生育津贴、产假等多种形式的帮助，保证女职工在生育期内及时得到治疗和保健，平安度过生育期，尽快恢复健康；另外一方面，女职工在生育期内，由于身体的原因会暂时失去劳动能力，可能会导致收入中断，无法维持基本生活。生育社会保险可以提供多种物质帮助，保证女职工的基本生活，帮助他们尽快恢复身体，重返工作岗位，维护生育的女职工劳动力再生产的正常进行，解除了生育女职工的后顾之忧。

（二）有利于延续后代，提高人口素质，保证社会劳动力再生产，体现了人类自身生产的社会价值得到整个社会的确认

人类繁衍、世代延续关系到一个社会发展的基础性问题。生育社会保险对女职工生育期间的保护有利于后代的延续，保证了劳动力的扩大再生产。同时，新一代劳动力的成长需要有健康的身体和正常的智力。要提高新一代的素质，首先就要保护母亲的素质。如果女职工在生育期间的基本生活得不到保证，缺乏医疗照顾，必然会对婴儿的成长和健康造成不利的影响，最终必然会影响到整个国家的国民素质。生育社会保险所提供的产前、产中和产后的医疗服务保证了生育期间女职工的健康，使下一代得到良好的孕育、出生和哺乳条件，确保新生婴儿具有健康的体魄和良好的智力，真正做到优生优育，为后备劳动力素质的提高打下了良好的基础。

（三）有利于企业公平竞争和妇女平等就业

由于行业特点和社会分工的不同，女职工在各个企业中的分布很不均匀，有些企业的女职工较多，如纺织行业，有些企业则女职工较少，如重工业。这样就使不同企业间生育费用的负担严重失衡。实行生育社会保险有利于企业之间分摊生育费用负担，缓解企业之间生育费用、负担畸轻畸重的矛盾，在一定程度上为企业之间的平等竞争创造一个较好的外部环境。同时，生育社会保险还能分散生育行为给女职工职业生涯带来的风险，在一定程度上解决妇女就业难的问题，有利于提高妇女就业率，实现男女平等就业、同工同酬目

标，促进社会进步。女性在劳动力市场上本来就处于弱势地位，再加上生育期间工作不得不暂时中断，不可避免地增加了单位的经营成本，出于成本的考虑，很多单位尽可能地减少女职工的雇佣，给女职工的就业和生产后重新返回劳动力市场带来很大的困难。而生育社会保险一方面通过立法强制企业保留女职工的就业岗位；另外一方面将女职工产假期间的工资从用人单位处剥离出来，使得用人单位不再对女职工生育显得过分敏感，从而缓解了企业与女职工的矛盾，避免了女职工因生育而失业，对于提高未育女性在职场中的生存空间是非常有意义的。

（四）有利于国家人口政策的顺利实施，是调控人口增量规模的有力措施

适度的生育规模是控制人口增量的决定性条件，也是社会再生产协调发展的必要条件。生育社会保险的实施通常是与一国的人口政策紧密相关的。生育社会保险与人口政策相互配合，从宏观上对人口规模进行控制。对于西方一些人口出生率低的发达国家而言，人口的低出生率甚至是负增长严重地损害了国家的发展，影响了国家的未来。针对这种情况，许多国家的生育社会保险中都包含了鼓励生育、鼓励人口增长的政策。我国由于人口激增，给国家的发展带来了一系列的问题，所以实行计划生育政策。我国的生育社会保险与计划生育政策紧密配合，对促进和支持计划生育、优生优育基本国策的贯彻和实施发挥了积极的作用。

三、生育社会保险的特点

生育社会保险是针对生育期妇女的一种经济和物质补偿制度，在社会保险体系中，生育社会保险就其基金规模而言是一个“小”险，就支付期限而言是一项“短”险，但它所具有的扩大再生产性能在社会保险体系中却具有唯一性。生育社会保险除上述唯一性外，还具有其自身的特点。

（一）保险对象的特定性

生育社会保险是与职业妇女相关连的一项保障制度，因而其覆盖对象仅包括女职工，并且只有符合法定婚姻年龄要求的已婚合法生育女职工。但随着社会的发展，不少国家开始将生育社会保险的覆盖范围进行扩展，使男职工供养配偶，甚至所有的育龄妇女都能享受到生育社会保险待遇。有些国家则在女职工生育后，给予丈夫一定的有薪假期以便照顾妻子和孩子。

（二）医疗服务待遇与疾病医疗服务明显不同

生育社会保险的风险是一种特定的生理活动，生育属于自然现象，正常情况下不需要特殊治疗，所以生育期间的医疗服务与疾病医疗服务明显不同。生育期间的医疗服务主要以保健、咨询、检查为主，必要的短期医疗为辅。生育活动引起的劳动力丧失的时间较短，一般是暂时性的，有着一定的期限。

（三）保险期限范围涉及生育事件前后

生育社会保险实行“产前与产后都享受”的原则。通常社会保险如工伤、失业等保险

都是在特定风险发生后才能享受，都有善后的特点，而生育社会保险的保险期限范围涉及生育事件的前后。女职工怀孕后，在临产前一段时间，由于行动不便，已经不能正常工作或不宜工作；分娩以后需要一段时间的休假恢复身体和照顾婴儿。所以，生育社会保险的假期等待遇包括产前和产后。

（四）保险待遇水平高于其他社会保险

生育社会保险是解决妇女既要担负生儿育女的天职，又要参加社会生产这一矛盾的重要手段之一，也是确保劳动力再生产和人口再生产正常运行的重要手段，对人类的世代延续起着重要的保障作用。所以生育社会保险待遇具有较强的福利色彩，其待遇水平一般比养老保险、医疗保险要高。生育社会保险提供的生育津贴，一般为生育女职工的原工资水平。

（五）无论女职工将来的妊娠结果如何，均可以按照规定得到补偿

生育的女职工不管是活胎还是死胎，也不论是流产或是引产，只要是孕期内因怀孕引起的收入中断或身体健康受损，都能享受生育社会保险的相关待遇。

（六）生育社会保险与医疗社会保险结合紧密

许多国家都把生育社会保险和其他的疾病保险合并在一起，组成生育和疾病社会保险，或者是统称健康保险。这是因为生育活动和医疗服务如检查、手术、住院等密不可分，同时生育津贴的给付在性质上和标准上都与医疗社会保险十分相近。

（七）产假有固定要求

产假要根据生育期安排，分产前和产后。产前假期不能提前或推迟使用。产假也必须在生育期间享受，不能积攒到其他时间享用。各国规定的产假期限不同。我国规定的正常产假为 90 天，其中产前假期为 15 天，产后假期为 75 天。

四、生育社会保险的原则

建立生育社会保险既要遵循社会保险的一般原则，又要体现生育社会保险的特殊性。

（一）强制性原则

生育社会保险是国家对女职工权益的一种保障，要求企业和单位强制购买，个人不需要缴费。在我国，用人单位按照规定应当参加生育社会保险而未参加的，或者未按规定缴纳生育社会保险费的，由人力资源和社会保障行政部门责令限期改正；逾期仍不缴纳生育社会保险费的，除补缴欠缴数额外，从欠缴之日起，收取一定的滞纳金，并可申请人民法院依法强制征缴。生育社会保险是我国五大社会保险项目之一。同时，生育是人类繁衍的自然过程，为保障女职工的身心健康，在生育期间要实行强制的产假、生育津贴等措施。生育社会保险的强制性从根本上解决女职工因生育而产生的医疗费用负担、保障产假期间的津贴待遇以及随之而来的就业问题，从制度上维护女职工的合法权益。

（二）普遍性原则

生育社会保险是为了保障女职工在生育期间的合法权利而建立的，其覆盖范围包括劳动力队伍中的所有女职工。因此，在确定使用范围的时候，参保单位应不分部门和行业，不分所有制性质，其职工应不分用工形式，不分家居城镇、农村，只要本人符合条件，都享受生育社会保险待遇。并且生育社会保险的覆盖范围有逐步扩大的趋势，不少国家的男职工供养配偶，甚至所有的育龄妇女都能享受到生育社会保险待遇，充分体现了普遍性原则。

（三）共济性原则

生育社会保险基金通常实行社会统筹。整个社会范围内企业单位都必须缴纳生育社会保险费，生育社会保险费通过社会统筹建立生育社会保险基金。生育社会保险基金在统筹地区内实行互助共济、调剂使用以发挥互济功能，均衡社会负担，避免企业生育费用的畸高畸低，为企业单位参与市场竞争创造公平的环境条件。

（四）基本保障原则

生育社会保险的保障范围和保障水平要和社会经济发展水平一致。落后于社会经济的发展水平发挥不了生育社会保险应有的作用；超过了社会经济的发展水平，又使得生育社会保险的制度难以为继，背上没有必要的负担。生育社会保险待遇的提供，一般只能保障生育期间的基本生活和基本医疗服务。

（五）权利与义务相等原则

生育社会保险具有很强的福利性，但这并不意味着生育社会保险是“免费的午餐”。生育费用的发放和医疗服务的提供都需要相应的经济基础。不依法参加生育社会保险、不依法缴纳生育社会保险费者，不能享受生育社会保险待遇。参加单位和职工有享受待遇的权利，也有参保的义务。生育社会保险待遇的享受必须以缴费义务的履行为前提。

（六）公平与效率相结合原则

生育社会保险作为社会保障体系的一个子项目，具有天然追求公平的特质。生育社会保险通过对生育期间女职工提供生育津贴，保障了女职工的基本生活，使得女职工不因暂时失去劳动能力而陷入生活的困境，并且生育社会保险还提供相应的医疗照顾，帮助女职工早日重返工作岗位，体现了保护妇女的特殊权益和保护妇女的基本权利相统一，既为妇女提供特殊保护，也尽可能地为妇女与男子平等的权利创造条件。但生育社会保险并非是只追求公平而不讲效率的。公平是理念、是初衷和立脚点，但制度的执行和贯彻则需要高效率。无论是生育社会保险的管理、发放还是生育社会保险基金的运营都需要高效率，高效率是保证公平的有效手段。

另外，我国的生育社会保险还必须遵循以下两个原则。

1．属地管理原则。我国的生育社会保险实行属地管理原则。生育社会保险按照属地原则组织，是指生育社会保险按行政区域划分的自治州、地区、州、盟、市或县、自治县、旗等为统筹单位，辖区内的各类企业（不分企业的所有制性质、不分隶属关系，即包括中央部属企业）一律参加所在地的生育社会保险社会统筹，执行当地的统一政策。同级社会保险经办机构负责生育社会保险基金管理及运作。我国地域辽阔，区域之间发展不平衡。中央部属企业、省属企业分布在全国各地，他们参加当地的社会保险统筹，一是可以扩大生育社会保险的覆盖范围，提高基金的调剂和互助能力；另一方面，计划生育指标数是以行政区域下达，同时各地的生育医疗费用差异很大。保险机构根据当地的实际情况测算生育社会保险待遇支付标准，可以对各地生育费用的测算和待遇支付实现系统和统一的管理，也有利于社会保险事业的协调发展。

2. 以支定收，收支基本平衡原则。我国生育社会保险基金根据“以支定收，收支基本平衡”的原则筹集资金。企业按照工资总额的一定比例向社会保险经办机构缴纳生育社会保险费，建立生育社会保险基金。生育社会保险费的提取比例由当地人民政府根据计划内生育人数和生育津贴、生育医疗费等项费用确定，并可根据费用支出情况适时调整，但最高不得超过工资总额的1%。

第二节 生育社会保险的对象及给付条件

一、生育社会保险的对象

生育社会保险的对象和社会保险的其他险种一样，主要是工资劳动者。与其他的险种不同的是生育社会保险的对象仅仅是女性，也就是女性工资劳动者。为女性工资劳动者并且仅仅为女性工资劳动者提供生育社会保险是目前大多数国家的做法。但在西方的一些福利国家，其生育社会保险覆盖了全体女性，其中也包括女性非工资劳动者。目前，扩大生育社会保险的覆盖面是国际趋势，一些国家甚至把男性公民也包括进来，如给男性公民提供用于照顾产后妻子和新生婴儿的有薪假期。一国生育社会保险范围的大小除了和该国的社会政策特别是人口政策相关，更与该国的经济发展水平相关。通常情况下，一国的经济水平越高，生育社会保险的覆盖范围就越大；经济水平越低，生育社会保险的覆盖范围就越有限。在一些高福利国家，生育社会保险往往覆盖了全体女性，一方面因为这些国家的经济发达、国力雄厚；另外一个重要原因是这些国家的人口出生率非常的低，有些甚至出现比死亡率还低的情况，老龄化程度非常严重。人口危机使得这些国家纷纷采取各种优惠政策，保证每个妇女都享有生育社会保险，以此来促进妇女生育率的提高。

国际劳工组织在1952年修改通过的《生育保护公约》（103号）以及《生育保护建议书》中，对生育保护范围提出了建议：生育保护适用于受雇于工业企业、商业、运输、服务等非工业企业及农业职业的妇女，包括在家工作的有薪妇女。

我国生育社会保险的覆盖范围如下：中华人民共和国境内一切国家机关、人民团体、企业、事业单位的女职工。企业包括全民、集体、中外合资、合作、独资、乡镇、农村联户企业，以及私营和城镇街道企业。

二、生育社会保险的给付条件

世界各国对生育社会保险待遇享受者规定的条件不一，不同的社会保险模式的国家，享受待遇的资格条件也不同。大体上可以分成以下三种类型。

第一类，实行社会保障制度的国家，也称实行参保制的国家，主要做法是国家立法规定建立统一的生育社会保险基金，要求享受生育社会保险待遇者必须在生育之前定期、如数地缴纳生育社会保险费用，尽参保义务，才能享受生育社会保险待遇。这类国家主要以德国、美国、巴西等国为主，并且通常生育社会保险包含在医疗保险项目内。如德国必须在分娩前投保满 12 周或在分娩前实际从事工作 4 周至 10 周的受保生育妇女才可享受生育社会保险待遇。法国规定，产前受保 10 个月，且在年前 12 个月的头 3 个月内受雇 200 小时或缴纳 6 个月的保险费才有享受生育社会保险的资格。[①]

第二类，实行雇主责任制的国家。这类国家的生育费用由企业雇主或职工所在单位负担，不要求有缴费记录。如前苏联、中国、利比亚、马尔他、布隆迪等国家。

我国在 1988 年前基本实行的是雇主负责制。从 1988 年以后逐步向社会保险制度过渡。中国在实行生育社会保险社会统筹的地区，规定生育社会保险的给付条件如下：（1）享受待遇人员所在单位按照规定参加了生育社会保险并履行了缴费义务，且为其缴纳生育社会保险费累计满 3 个月；（2）必须符合国家《婚姻法》的规定，履行结婚手续；（3）生育或施行计划生育手术符合国家计划生育政策。

第三类，实行福利制度的国家。这些国家一般经济条件较好，其特征是不规定任何投保条件作为享受生育社会保险的前提，如英国、瑞士、加拿大、丹麦、澳大利亚、新西兰等国的政府规定，只要是本国居民，又符合财产调查规定要求的妇女，一般都能享受生育社会保险待遇。实际上，政府已经通过其他手段（如税收）间接征得了生育社会保险基金。在英国，生育社会保险和疾病保险合并在一起，周收入在 35.5 英镑及以上的受雇人员和年收入在 1846 英镑以上的独立劳动者，都有资格享受生育社会保险待遇。

另外，还有一些国家要求从事一定时间的受保职业，或者是只对居住年限有一定要求，如卢森堡规定，受益人必须在该国居住 12 个月，夫妻两人必须在该国居住 3 年，方能享受这项待遇。表 11-1 是世界部分国家职工生育社会保险支付条件。

---

① 赵之人. 各国社会保险与福利[M]. 成都：四川人民出版社，1992.

表 11-1 世界部分国家职工生育社会保险支付条件

国家	支付条件	立法时间
德国	投保 12 周，或产前 4 周～10 周与本企业有连续劳动关系；预产期前 6 周尚在工作	1927 年/1982 年
英国	预产期前 66 周缴纳 26 周保险费	1946 年/1994 年
西班牙	最近 5 年内缴纳保险费 180 天	1929 年/1994 年
爱尔兰	产假前 12 个月内缴费 39 周	1911 年/1993 年
智利	总计缴费 6 个月，其中在最近的 6 个月中有 3 个月缴纳保险费	1924 年/1985 年
阿根廷	产前连续 10 个月就业，或在现岗位就业满 1 个月且此前 12 个月中有 6 个月就业	1934 / 1968 年

资料来源：美国社会保障署．全球社会保障（1995）[M]．北京：华夏出版社，1996。

第三节 生育社会保险给付的标准

一、国外生育社会保险给付的标准

生育社会保险待遇一般包括产假、生育津贴、医疗服务和子女补助等四种。

（一）产假

产假是指女职工在分娩前后的一定时间内所享受的有薪假期，其宗旨在于恢复和增进产妇的身体健康、工作能力及料理个人生活的能力，并使婴儿得到母亲的精心照顾和哺育。产假不仅包括生育假期，而且包括怀孕假期和产后照顾婴儿的假期。对生育妇女给予一定的假期是世界各国通行的做法，但具体产假的多少，各国的规定都有差异。制订产假长度要把握“适度”原则，即产假的长度要以能够保证职业妇女分娩或流产后及时恢复身体健康的时间需要为基础，兼顾社会经济发展水平、国家和用人单位的承受能力来确定。这是因为产假过长会给用人单位造成经济和人力上的困难；过短又不利于产妇和新生儿的健康。按照 1919 年《保护生育公约》（第 3 号）的要求，产假至少为 12 周。2000 年《保护生育公约》（第 183 号）又提出，妇女有权享受时间不少于 14 周的产假。目前绝大多数国家都接受了国际劳动组织的建议，只有极少数国家的产假低于这个标准。多数国家为 12～18 周，少数国家为 10 周，极少数国家在 20 周以上。

在西欧国家中，产假最长的是芬兰，为 33 周；次之是德国，为 32 周；最短的是瑞士，为 10 周。有些国家还根据生育次数或是不同的胎次规定不同的产假，如法国、保加利亚规定，第一胎的产假为 16～17 周，第二胎为 18～21 周，第三胎为 26 周。近年来，大部分国家特别是发达国家都有延长产假的趋势。这与发达国家的低出生率和鼓励生育相关，是缓解人口危机的途径之一，也是社会发展的必然结果。

育儿假或父育假是针对男性设计的，它改变了原来的母亲单方面休假照顾婴儿的传统做法，让父亲也承担起照顾婴儿的责任和享受做父亲的快乐。目前全世界推行父亲育儿假约有 36 个国家，集中在欧美地区。如芬兰，父育假为 6～8 天；我国为了鼓励晚婚晚育，对晚育的男方也实行为期 7 天左右的带薪休假。

（二）生育津贴

生育津贴指在女职工因生育而离开工作岗位，不再从事有报酬的工作以至收入中断时，给予定期的现金补助，以维护和保障妇女及婴儿的正常生活。生育津贴已成为一种对职业妇女表示关注的重要国际性措施，享有生育津贴是生育的职业妇女的一项基本权利。生育津贴按收入的一定百分比支付。在制订生育津贴标准时，一般都采取较优惠的政策。在社会保险各项保险中生育津贴的标准是最高的，相当于女性劳动者生育前夕的工资标准，大多数国家为原工资的 100%，但一般以不超过原工资为限。1919 年《保护生育公约》（第 3 号）第一次对生育津贴作出了通用性的国际规范，1952 年在对该公约的修订中明确这一项属于与收入相关的社会保障制度津贴不应低于原收入的 2/3。2000 年《保护生育建议书》（第 191 号）又提出，生育津贴应提高至妇女原先收入的全额。

根据《全球社会保障》提供的资料，对 136 个国家的生育津贴进行统计的结果显示，生育津贴占妇女生育前原工资收入 100%的有 61 个国家，占统计总数的 44.8%；津贴占生育妇女原工资收入 80%～99%的有 6 个国家，占 4.4%；津贴占原收入 60%～79%的有 37 个国家，占 27%；津贴占原工资收入 50%～69%的有 15 个国家，占 11%；津贴占原工资收入 50%以下的仅 1 个国家，占 0.7%。

各国给付生育津贴的情况是：丹麦规定，生育津贴为原个人收入的 90%，一周以 6 天计算，至多每天为 274 克朗。法国规定，第 1 个或第 2 个子女，领取收入的 90%，产前 6 周、产后 10 周，生育第 3 个孩子以后，产前 18 周、产后 18 周；难产，产前另支付 2 周，多胎生育另支付 2～12 周，最高限额一天 262 法郎。日本规定，产假工资按照本人月工资的 60%或 80%发给。芬兰规定，在业女性的生育津贴按产假前工资的 80%领取，无业女性每月可获得大约 2000 马克的生育津贴。秘鲁、阿根廷、巴西、印度、菲律宾、阿尔及利亚、几内亚、泰国、象牙海岸等国均规定为本人工资或平均工资的 100%。[①]

生育津贴的支付机构，各国也不尽相同，主要分为由社会保险机构支付和由雇主支付两大类。根据国际劳工组织有关资料统计，1998 年在全世界约 150 个签约国家中，生育津贴由社会保险机构支付的约占 48%，主要为欧洲和美洲国家；由雇主支付的约占 30%，主要为亚洲和非洲国家；由社会保险机构和雇主共同支付的约占 14%，其他的约占 8%。

（三）医疗服务

生育医疗服务是生育社会保险待遇之一。医疗服务指由医院、专业医生或助产士为

① 赵之人．各国社会保险与福利[M]．成都：四川人民出版社，1992．

职业妇女提供的妊娠、分娩和产后的医疗照顾，以及必需的住院治疗。生育社会保险的医疗服务通常提供孕妇的产前定期体检，并提供从怀孕到分娩的一系列医疗服务，以了解孕妇的身体健康状况和胎儿成长情况。女职工生育的检查费用、接生费用、手术费用、医药费用、住院费用和医疗服务设施的使用费用等都由生育社会保险基金支付。各国的生育社会保险提供给怀孕妇女的医疗服务的项目不同，一般是根据本国的经济实力和社会保险基金的承受能力，制订相应的服务范围。大多数国家为女职工提供从怀孕到产后的医疗保健及治疗。

（四）子女补助

实行生育社会保险的国家，除了使女职工享受收入补偿的生育津贴外，还给予新出生的子女一定金额的补助，从一定意义上讲，这类补助即子女补助已带有社会福利性质，但是，由于它同生育社会保险的给付密切交织在一起，常被视为生育社会保险的待遇之一。子女补助分一次性补助和固定补助。前者表现为对每个符合人口政策要求出生的子女给予一次性补助；后者一般都延续到成年时期，也有的国家只延续到幼儿时期。

如法国、葡萄牙、玻利维亚等专门规定了生育收入补偿之外的护理津贴或育儿津贴；有些国家采取发放实物的办法，如发给免费奶票凭证等；墨西哥、以色列等国的生育社会保险制度还提供婴儿的全套用品或发给购置婴儿用品津贴。发达国家的子女津贴都比较高，据统计，1993 年瑞典、德国、法国以三个子女家庭的子女津贴合计，分别为每月 450 美元、340 美元和 330 美元。20 世纪 90 年代，在芬兰，无论是在业女性还是无业女性都可享受生育津贴和孩子津贴。孩子津贴为：第一个孩子每月为 570 马克，第二个孩子每月为 720 马克，第三个孩子每月为 910 马克，第四个孩子每月为 1030 马克，第五个孩子以后，每生育一个孩子每月为 1220 马克，直至孩子年满 17 周岁。[①]

二、我国生育社会保险给付的标准

我国的生育社会保险制度是在计划经济的背景下建立起来的，目前女职工生育社会保险制度主要按照 1988 年 9 月 1 日起实施的《女职工劳动保护规定》和 1994 年 12 月 1 日颁布的 《企业职工生育社会保险试行办法》执行。关于生育社会保险的给付标准规定如下。

（一）产假

我国在 20 世纪 80 年代以前，把怀孕、生育和产后照料婴儿的假期规定为 56 天。1988 年公布《女职工劳动保护规定》后，对原规定作了很大的修改。现法定正常产产假为 90 天，其中产前假期为 15 天，产后假期为 75 天。难产的，增加产假 15 天。若是多胞胎生育，每多生育一个婴儿增加产假 15 天。流产产假以 4 个月划界，其中不满 4 个月流产的，根据医务部门的证明给予 15～30 天的产假；满 4 个月以上流产的，产假为 42 天。1979 年以后，

① 赵功成. 中国社会保险制度变迁与评估[M]. 北京：中国人民大学出版社，2002.

各地对愿意只生一个子女的女职工，给予了奖励产假政策，分别延长了她们的生育假期。并且一些地区还采取了对晚婚、晚育的职工给予奖励政策，假期延长到180天。同时，一些地区也给予男方7～14天的护理假。我国的产假标准经过改革已基本上和国际标准接轨。如正常产产假已超过12周，难产产假也超过14周。与世界各国相比，我国的产假已处于中上水平，就我国现阶段的经济发展水平而言已经相当不易。

我国的产假制度先后经过两次修改，产假分类及产假长度均有较大变动。

1988年改革后的产假制度由《劳动法》、国务院《女职工劳动保护规定》和原劳动部《关于女职工生育待遇若干问题的通知》的有关规定构成。

（1）实施范围扩大到境内一切国家机关、人民团体、企业、事业单位的女职工。其中企业包括国有、城镇集体、外商投资、城镇街道和私营企业，也包括乡镇、农村联户等企业。

（2）享有产假的资格条件，一是生育女职工的婚姻必须符合我国《婚姻法》规定；二是其生育必须符合国家和省一级人大或人大常委会制订的计划生育规定。

（3）产假分类细化，假期延长。正常产产假由56天改为90天；难产产假由70天改为105天；多胞胎生育产假改为至少105天，而且每多生育一个婴儿可以再增加15天；流产产假的分界由3个月放宽到4个月，不满4个月流产的产假由20天改为30天，满4个月以上流产的由30天改为42天。

（4）增加产前假。产前假是指预产期前的假期，其目的是为减少濒临预产期的女职工发生异常生产。产前假规定为15天。以正常产产假90天为例，其中产前假15天，产后假75天。产前假一般不能放到产后使用。如果孕妇提前生产，可将不足的天数和产后假合并使用；如果孕妇推迟生产，则超过天数可按病假处理。

（二）生育津贴

我国的生育津贴原称产假工资。为了与国际通用术语衔接，1994年改称生育津贴。其适用范围、享有津贴的资格条件以及津贴支付期限均与改革了的产假制度相一致。生育津贴的计发比例一直是100%。这样的津贴率达到了国际先进水平，以胜于雄辩的事实证明了党和政府对妇女生育保障工作的高度重视。1994年12月颁布的《企业职工生育保险试行办法》规定，生育津贴按照本企业上年度职工月平均工资计发；生育津贴支付期限按3个月产假期限享受生育津贴。对晚婚、晚育职工，早产、流产、难产以及多胞胎生育的，普遍增加了半个月至两个月的生育津贴。一些地区将计划生育奖励假期的生育津贴也纳入生育社会保险范围。还有的地区对参加生育社会保险的企业中男职工的配偶也给予一次性津贴补助。

目前，我国生育津贴的支付方式和支付标准主要分为以下两种情况。

（1）在实行生育社会保险社会统筹的地区，按本企业上年度职工月平均工资为基数计发生育津贴，期限不少于90天。

（2）在没有开展生育社会保险社会统筹的地区，仍按本人生育前的基本工资为基数计发“产假工资”，由本企业或单位支付，标准为女职工生育之前的基本工资和物价补贴，期限一般为90天。

（三）医疗保健费用

我国的生育社会保险提供的医疗保健费涵盖孕产全过程，并侧重提供基本保障。生育医疗保健费的享有对象是符合计划生育规定的孕产女职工，并实行实报实销。医疗服务项目主要包括检查、接生、手术、住院、药品、计划生育手术费用等。1994年的《企业职工生育保险试行办法》规定，女职工生育期间的检查费、接生费、手术费、住院费和药费由生育社会保险基金支付，女职工流产按照规定享受有关生育社会保险待遇。生育医疗保健费中药费的报销范围是指国家规定的治疗药品，营养品、滋补品不予报销。手术费一般是指分娩过程中所需的手术的助产、剖宫产等费用。生育医疗保健费用在开展生育社会保险社会统筹的地区，由生育社会保险基金支付；在尚未开展生育社会保险社会统筹的地区，由女职工所在单位支付。

我国的生育社会保险为妇女提供从妊娠到分娩的大部分医疗服务费用，这充分体现了国家对女职工的关怀和爱护，对孕妇、产妇的身体健康和新生儿的正常生长起到了保护作用，对优生优育、计划生育也产生了积极的影响，为国家人口素质的提高奠定了基础。

（四）独生子女补助

为了配合我国计划生育的基本国策，国家给予独生子女家庭一定的补助。《中华人民共和国人口与计划生育法》（2001年12月29日第九届全国人民代表大会第二十五次会议通过） 第23条规定，国家对实行计划生育的夫妻，按照规定给予奖励。第27条规定，自愿终身只生育一个子女的夫妻，国家发给《独生子女父母光荣证》。获得《独生子女父母光荣证》的夫妻，按照国家和省、自治区、直辖市有关规定享受独生子女父母奖励。法律、法规或者规章规定给予终身只生育一个子女的夫妻奖励的措施中由其所在单位落实的，有关单位应当执行。

从申请取得《独生子女父母光荣证》之月起至子女14周岁止，独生子女父母可获得一定的奖励，具体金额则根据各地生活费和物价水平来定。独生子女父母奖励费的支付按照下列规定执行：有工作单位的城镇居民，由夫妻双方所在单位各支付50%；仅一方有工作单位或者一方亡故的，由另一方所在单位全额支付；无工作单位的城镇居民和农村村民，由户籍所在地区、县（市）财政支付。

（五）劳动和健康保护

主要措施有：不得在女工怀孕期间安排从事强度劳动和孕期禁忌从事的劳动；也不得在正常劳动日以外延长劳动时间；对不能胜任原岗位劳动的女工，减轻劳动量或安排其他工作；对怀孕7个月以上的女工，不得安排夜班工作，并安排一定的休息时间；允许女工在劳动时间内进行产前检查，检查时间按出勤对待，并相应的减少生产定额。在婴儿不满1岁时，女工在每班劳动时间内有2次哺乳时间，每次30分钟。多胞胎每多一个婴儿，增加30分钟，哺乳往返时间算劳动时间。在哺乳期间，不得安排从事三级体力劳动强度的劳动和哺乳期禁忌从事的劳动，不得延长劳动时间，一般不安排夜班劳动。

第四节　生育社会保险的深化改革

一、当前生育社会保险存在的问题

（一）覆盖范围较狭窄

生育社会保险的覆盖范围较狭窄有两个层次的问题。

（1）生育社会保险尚未立法，执行上缺乏应有的刚性，导致生育社会保险的覆盖范围较狭窄。

目前，各地实行生育社会保险的主要依据是1994年原劳动部《企业职工生育保险试行办法》，各省市根据1994年《企业职工生育保险试行办法》纷纷出台的各种规定。《企业职工生育保险试行办法》规定生育社会保险的覆盖范围包括城镇企业职工，企业包括国有、集体、私营、合资、合作、独资、股份制等。但这些都只是政府规章，两者都没有从立法的意义上加以完善，刚性明显不足。但在实际工作中，只有部分企业实行了生育社会保险制度。再加上生育社会保险在五大保险中无论从资金规模上还是从受益对象上都属于"小"险种，在相当一些地方未能引起足够的重视，因此客观上造成了企业实际参保率不高，尤其给私营企业不缴纳生育社会保险费以可乘之机。有关部门的"女职工权益保护现状"调查结果显示，只有26.5%的女职工享有生育社会保险，其中国有企业的比例最高为32.3%，私营企业为27.8%，外资企业为6.3%。生育社会保险制度的覆盖范围过于狭窄，成为制约女性合理流动、公平就业的"瓶颈"，也导致部分女职工生育和健康权益得不到有效保障。改革开放后，外资企业、乡镇企业、个体经济发展迅速，而这部分就业人群中女性占了大多数，但在现实条件下她们却很难享受到生育社会保险所带来的好处。

（2）农村未建立生育社会保险制度，我国生育社会保险的覆盖范围有限。

我国的妇女中有80%居住在乡村和县属乡镇，而目前我国的生育社会保险却没有将这一部分妇女包括在内。大量的农村妇女被排除在生育社会保险制度之外，这也大大减低了我国生育社会保险的覆盖程度。

（二）统筹层次较低

由于目前全国没有统一的生育社会保险的法律法规，生育社会保险处在两种制度并存的状态。一种是实行社会统筹，主要是县、市级统筹，法律依据是1988年国务院颁发的《女职工劳动保护规定》。虽然已经建立了专项的生育社会基金分散劳动风险，体现了社会保险的特征，但这种统筹方式层次比较低，离真正意义上的统筹还很远，其制度运行成本较高，抵御风险能力有限，基金调剂功能较差。另外一种是实行用人单位的自我保障，即让女职工所在企业承担社会义务的自我保障式筹资体制，法律依据是1988年国务院颁发的《女职工劳动保护规定》。这种方式社会化程度低、抵御风险能力较差，存在着很多弊病。由于生育费用不能在企业间调剂使用，再加上企业女职工分布不均衡，导致企业之间生育费用相差较大，一方面影响了企业平等的参与市场竞争，另外一方面也加大了使用女工的成本，导致女工就业难。同时，单位自我保障、生育风险不能分散，一旦企业效益不好，女职工在生育期间的待遇很难得到保障。

（三）政策标准不规范，各地保险费率与待遇支付差距较大

虽然生育社会保险费率和待遇支付标准的制订应该考虑到当地的经济水平、医疗价格、参保人数等因素，但也不宜差距过大。我国的生育社会保险由于没有统一的法律规范，各地都是参照1994年《企业职工生育保险试行办法》出台相应的政策自行实施的。这一方面使得生育社会保险政策具有灵活性，因地制宜；另外一方面却造成了各地保险费率和待遇支付差距较大的客观后果。特别是待遇支付，各地的支付标准各不相同，产假津贴有些地区以社会最低工资为基础的，有些地区以平均工资为基础的，还有些地区以本人工资为基础的；生育保健费用有些地区是实报实销的，有些地区是定额支付的；给付项目上，有些地区只支付住院费用，其他如产前检查等费用未纳入报销范围；甚至在产假天数方面各地都存在着差异。

生育社会保险费率方面，最高的省市是天津为4%，最低省的是浙江为0.45%。

待遇支付方面，人均待遇最高的省是青海5847.46元，最低的省是吉林788.76元。

各地保险费率与待遇支付差距较大，一方面会加重企业的负担，另一方面也使妇女的合法权益得不到有效保障。

（四）统筹基金结余较多

生育社会保险和社会保险的其他项目相比，可预测性强，基金运行的风险较小。再加上已经开展生育费用社会统筹的地区，由于经验不足，统筹层次偏低，为降低风险，“宽打窄用”现象比较普遍。这使得生育社会保险基金的收入大大超过支出，基金结余较多。1993年生育社会保险基金积累0.76亿元，1994年为1.4亿元，1995年为2.7亿元，到1996年增长到4.97亿元，1998年为9.7亿元，2004年累计结余达到55.85亿元。[①]生育社会保险基金的积累并不是越多越好，生育社会保险基金过多，不利于生育社会保险工作的正常开始和良性运营。

（五）社会化管理水平较低

目前，多数地区采用由经办机构将女职工的生育津贴和医疗费用按定额标准返还企业，再由企业支付给职工的定额结算办法。同时，生育社会保险机构与医疗机构管理不协调，没有形成对医院的约束机制，在管理上无法对医疗机构费用的情况进行监督和检查，处于被动地位。这直接导致医疗费用超支、浪费现象严重，在一定程度上增加了企业和职工的生育费用负担。另外，部分地区生育津贴和医疗费用实行包干的办法，个人仍要承担因生育引起的部分医疗费。参保职工或企业在领取生育社会保险金时手续烦琐，常常往返于生育社会保险经办机构和医疗机构之间，加重了企业和个人的事务性负担。

① 全国干部培训教材编审指导委员会．社会保障制度建设[M]．北京：人民出版社，2006．

二、生育社会保险深化改革的思路

（一）加快立法，完善法规体系，制定全国统一的生育社会保险法律

加快生育社会保险法制建设步伐是生育社会保险顺利实施的保证。从世界范围看，社会保险制度发展成熟和完善的国家都是通过立法来建立和实施社会保险的。现阶段我国生育社会保险的法律制度尚不健全，原劳动部颁布的《企业职工生育保险试行办法》实行了十多年，已不适应当前经济发展的需要和社会保险发展的新形势，必须要用法律形式来规范生育社会保险。

建立统一的生育社会保险法律是依法治国的必然要求，是规范和保障生育社会保险行政管理部门及其工作人员依法行政的依据，是保障女职工合法权益的最有力的武器。建立统一的生育社会保险法律要把握好几个环节：一是要合理确定发放对象，逐步扩大生育社会保险的覆盖范围；二是要通过立法确定生育社会保险基金提取办法、支付方式、享受条件、待遇水平，提高生育社会保险的规范化程度；三是要用法律来规范生育社会保险的管理活动。

（二）扩大生育社会保险的覆盖范围

当前职工生育社会保险的覆盖范围很不全面，各级各部门应充分重视职工生育社会保险，采取有效措施扩大生育社会保险统筹覆盖范围，并逐步扩展到个体、私营、外资企业等非公有制领域，切实解决非公有制企业不参保的问题，尽可能地使所有用人单位都纳入到生育社会保险的范围内。对于经济相对较差、基础薄弱、处于起步阶段的城市，可以通过考虑先建立生育社会保险医疗费统筹的办法来适当缓解老企业的参保负担压力。对于经济较发达、基础较好的地区，应重点研究和解决个体、私营、外资企业和灵活就业人员的参保问题。

同时，扩大生育社会保险的覆盖范围也要考虑把农村包括进来。虽然当前我国的国力有限，但这并不能成为推卸生育社会保险责任的托词。考虑到我国的国力和农村现实情况，农村生育社会保险制度的建立应是一个渐近的过程。可以先在乡镇企业发展较好，有一定经济基础的乡镇先行试点，再逐步向其他的地区推广，力争走出一条与经济发展相适应的政府、集体、个人共同办生育社会保险的新路子。

（三）提高统筹层次

要充实生育社会基金，提高生育社会基金的抗风险能力和社会化管理水平，就必须提高生育社会基金的统筹层次。我国的生育社会保险基金首先要适应我国市场经济条件下多种所有制、多种经营方式并存的需要和劳动力合理流动的需求，在完成覆盖公有制经济的基础上，应逐步向私营经济、外商投资经济、乡镇经济辐射，形成覆盖一切企业的、统一的女职工生育社会保险统筹基金管理制度。进而在适当的时候与机关、事业单位女职工生育社会保险筹资体制相汇合，形成统一的筹资体制。同时，要在已社会化的生育社会保险的基础上向更高层次统筹，即要逐步由当前的以县市统筹为主，过渡到地级以上城市统筹

为主。此外，还要实行属地管理原则，不论企业的隶属关系如何，一律参加当地的生育社会保险。只有这样才能增强生育社会保险基金的抗风险能力，更好地发挥生育社会保险的保障功能。

（四）生育社会保险与医疗社会保险协同推进

生育社会保险与医疗社会保险的关系密切。生育社会保险除了支付女职工的生育津贴以外，也涉及医疗问题。很多时候，女职工的生育社会保险与医疗服务难以协调，给职工带来很大的不便。如当前女职工在生育期间的一切检查费用要自己先行垫付，再到相应的计生单位集中一次报销，这给一些经济比较困难的职工带来很多不便。女职工怀孕期间本身就行动不便，而生育社会保险定点的医院数量较少，使得女职工在生育期间就医困难。目前，有些地区已经将生育社会保险纳入医疗社会保险管理系统。如上海采取生育社会保险与医疗社会保险合并参保和管理，医疗费按医疗社会保险规定结算，不足部分由生育社会保险基金支付，同时按生育社会保险待遇规定给予生育津贴的办法。结果实施当年，参保人数就达到 450 万人。[①]生育社会保险与医疗社会保险的有机结合，协同推进，减少了管理成本，实现了资源共享，既促进了生育社会保险制度的推进，也推动了医疗社会保险的发展。

（五）提高社会化管理服务水平

各级劳动保障部门和社会保险经办机构要树立服务意识，不断地提高社会化管理服务水平和工作质量。同时，生育社会保险应实行社会化管理的发放方式，独立于企业之外，逐步做到生育医疗费用与定点医疗机构直接结算，方便职工，确保生育津贴按时、足额、快捷地发到职工手中，切实减轻企业负担。

【关键概念】

生育社会保险　　产假　　生育津贴　　独生子女补助

【本章习题】

一、思考题

1．什么是生育社会保险？

2．实施生育社会保险有何重要意义？

3．生育社会保险基金有哪些特点？

4．开展生育社会保险的基本原则有哪些？

5．生育社会保险给付条件和标准有哪些？

---

① 全国干部培训教材编审指导委员会．社会保障制度建设[M]．北京：人民出版社，2006．

6．思考我国的生育社会保险制度的改革。

二、实训题

实训题目：模拟计算生育社会保险待遇的领取。

实训目的：

1．加强对现阶段生育社会保险制度的认识。

2．掌握生育社会保险管理系统。

3．掌握生育社会保险金和产假的计算方法。

实训内容：

1．周某是长沙某民企的一名职工，年龄为30岁，单位统一参加了生育社会保险，她于2007年7月剖宫产下一对双胞胎，请问周某能享受多少天的产假，为什么？

2．北京某企业的职工李某的月工资为2300元，请问在产假期间，她能享受到的生育津贴是多少？

说明：生育社会保险的具体计算标准可上网查询所在省市劳动和社会保障部门网站。

【参考文献】

[1] 赵立人．各国社会保险与福利[M]．四川：四川人民出版社，1992.

[2] 郑功成．中国社会保障制度变迁与评估[M]．北京：中国人民大学出版社，2002.

[3] 全国干部培训教材编审指导委员会．社会保障制度建设[M]．北京：人民出版社，2006.

第十二章　农村养老社会保险

【学习目标】

1. 掌握农村养老社会保险的基本概念。
2. 了解农村养老社会保险的意义、原则、基金的筹集等重要问题。
3. 了解当前农村养老社会保险存在的问题及解决的办法探讨。
4. 掌握农村养老社会保险的操作方法、审批程序的基本做法。

☺ 导入案例

农村养老社会保险是保障农村老年人生活水平、提高农民生活福利的重要手段。2007年末全国参加农村养老社会保险的人数为5171万人。全年共有392万农民领取了养老金，比上年增加37万人。全年共支付养老金40亿元。年末农村养老社会保险基金累计结存412亿元。2008年9月9日，人力资源和社会保障部农村社会保险司司长赵殿国介绍，正在总结地方试点经验的基础上，研究提出《关于开展新型农村社会养老保险试点工作的指导意见》，争取在年内报国务院审定后，适时启动全国性新型农保试点。

目前，北京等25个省、自治区、直辖市的300多个县（市、区、旗）开展了新型农保试点工作，这些各地自行开展的试点工作，在一定程度上调动了农民的参保积极性，提高了参保率和保障水平。

2007年12月，北京市政府审议通过了《北京市新型农村社会养老保险试行办法》便可与城镇养老社会保险衔接过渡。新办法于2008年1月1日实施。其中规定，参加“新型农村养老社会保险”的农民将享受到与城镇职工一样的参保模式：“个人账户”加来平均100元的养老金待遇水平，仅新增加的“基础养老金”一项即每人每月280元。

第一节　农村养老社会保险概述

一、农村养老社会保险的概念

在搞清农村养老社会保险的概念之前，首先要搞清楚社会保险的概念。所谓社会保险，是指当法定范围内的劳动者因非自愿原因，造成暂时或永久丧失劳动能力或失去工作机会时，由国家或社会依法对其基本生活需求予以保证的社会保障制度。社会保险既是一种社会政策，又是法定范围内的劳动者享有的一种权利。社会保险是随着商品经济的发展和社会化大生产的产生而出现的，社会保险制度的产生标志着现代意义上社会保障制度的真正开始。

农村养老社会保险是社会保险的一个组成部分，它是指我国农村的非城镇户口人员(包括乡镇企业职工）支付一定的劳动所得，在丧失劳动能力时从国家和社会取得帮助，享受养老金，以保障衣、食等基本生活需要的一种社会保险制度。农村养老社会保险是国家的基本社会政策行为，是政府的重要职能。

农村养老社会保险制度实行由民政部门负责组织实施和管理，农村经济组织集体事业单位和各业劳动者共同承担养老社会保险费缴纳义务，劳动者在年老时按照养老社会保险费缴纳状况享受基本养老社会保险待遇的农村社会保障制度。农村养老社会保险作为我国社会保障体系的重要组成部分，是根据《宪法》和有关法规由政府组织和管理的非盈利性质的社会福利事业，是从我国农村的实际出发，保障老年人的基本生活为目的的社会保险制度。

我国的农村养老社会保险制度探索已有二十多年的历史，大体划分为四个阶段。第一阶段是 1986—1992 年，为试点阶段。1986 年“全国农村基层社会保障工作座谈会”召开后，一些经济较发达的地区开展了首批试点。第二阶段是1992—1998 年，为推广阶段。1991 年 6 月，原民政部农村养老办公室制订了《县级农村社会养老保险基本方案》，并从 1992 年 1 月 1 日起在全国公布实施。从此，农民参保人数不断上升，到 1997 年底，已有 8200 万农民投保。第三阶段是 1998—2002 年以后，为衰退阶段。全国大部分地区农村养老社会保险工作出现了参保人数下降、基金运行难度加大等问题，一些地区农村养老社会保险工作甚至陷入停顿状态。1999 年 7 月，国务院指出当时我国的农村尚不具备普遍实行养老社会保险的条件，对当时的农保政策进行了重大调整。第四个阶段是 2003 年以后至今，为新型农村养老社会保险探索试点阶段。一些地方通过加大政府引导和支持力度、扩大覆盖范围、创新制度模式、建立调整增长机制、防范基金风险等，在探索新的农村养老社会保险模式方面取得了一定的突破和进展。到 2005 年年底，全国已有 31 个省、自治区、直辖市的 1900 个县（市、区、旗）不同程度地开展了农村养老社会保险工作，有 5442 万农民参保，积累保险基金 310 亿元，有 301 万参保农民领取养老金。

二、农村养老社会保险的意义

我国农村的老年人是一个庞大的、特殊的社会弱势群体，他们的基本生活保障涉及多数人的切身利益。农村老年人不仅绝对数量多，而且老龄化程度高。据第五次人口普查的数据显示，我国农村老龄人口有 8557 万人，占老年人口总数的 66%，农村人口老龄化程度高于城镇 1.24 个百分点。由于计划生育政策的实施和农村青壮年劳动力向城镇流动，农村人口老龄化速度加快。农村老年人的养老问题解决不仅仅是个人问题，而是关系到大多数人的切身利益和社会稳定，必须动员社会力量和资源来解决的社会问题。

1．建立农村养老社会保险制度是农民享有国民待遇的具体体现

社会保险权是我国《宪法》和《劳动法》赋予劳动者的一项基本权利，它是指公民在失去劳动能力或劳动机会或遇到其他灾害和困难时，为保障其基本的生活需要而享有的从国家社会保障制度获得物质帮助的权利。农民作为劳动者的一个重要组成部分，在为社会提供劳动、为社会生产财富的同时，他们同样会遭遇到自然风险以及失业、年老、伤残、疾病等经济风险，为了防范这些风险的发生，理应合法享有与城镇职工同等的社会保险权利，是农民享有国民待遇的具体体现。

2．家庭联产承包责任制需要建立农村养老社会保险制度

我国的农村改革首先是推行联产承包责任制，形成以一家一户分散经营的农业生产基本格局，使原依附于集体经济的社会保障逐渐趋于瓦解，农村劳动者的保障基本上由农民家庭承担。这种以家庭为主的保障在农村体制改革过程中存在着自身难以克服的问题，需要建立农村养老社会保险。

（1）市场竞争导致农民的经营风险加大。农村企业和第三产业的迅速发展导致农村的耕地面积逐年减少，一部分农民摆脱了土地的束缚而成为工业化所必需的劳动者，他们因年老而退出劳动领域时不可能从土地上获取养老生活保障。加上我国的农民家庭经济基础非常薄弱，一旦遇到风险，个人和家庭都难以抵御。单一的农业向多元复合型产业发展所呈现的现代市场经济模式决定了它的风险大于自然经济。农村经济的改革把农民卷入市场竞争，他们同样会遭受到市场经济优胜劣汰的风险。

在市场经济给生产者带来效率的同时，贫富两极分化现象也越来越严重，我国农村老年人贫困问题应该引起社会的高度关注。据全国老龄委办公室提供的数据，目前我国城乡老年人口人均收入的比例为 4.7:1，高于一般城乡居民收入的比例（3.22:1）；目前我国城乡贫困老年人约有 1010 万人，其中城镇 150 万，农村 860 万，城镇老年人贫困发展率约为 2.5%，农村约为 8.5%，农村老年人贫困发生率相当于城镇的 3 倍以上。因此，广大农民群众的养老问题不完全是农民个人或家庭的问题，而是一个值得全社会广泛关注并认真研究解决的社会问题。因此，在原有集体经济赖以维系的社会养老保障的物质基础瓦解之际，必须重新考虑农村的养老保障，重新构建农村市场经济条件下的养老社会保险制度。

（2）家庭养老将进一步强化农民“养儿防老”的传统观念，不利于农村生育观念的转变。农村由家庭成员提供养老，导致农民很难接受低生育率，特别是我国大部分地区男婚女嫁的婚俗使农民一定要生男孩，即使在政府强有力的干预下勉强接受了，也很难长期保持低生育率。况且，仅靠政府采取强有力的干预政策容易引起矛盾，不利于社会安定。从国际经验来看，在经济发展水平相对较低的亚洲、非洲和拉丁美洲等国家，大部分国家的农村老人由于得不到养老社会保险，他们把生育小孩作为年老时经济和生活保障的重要来源，因此生育率较高；相反，墨西哥提供养老社会保险，因此生育率较低。因而，要解决我国生育率偏高的途径不是采取强有力的政策，而在于配套政策，而这一配套政策的关键是建立我国农村的养老社会保险制度，解决农民的养老后顾之忧，逐步破除传统的养儿防

老的观念，转变农民的生育观念。

（3）人口老龄化进程加速迫切需要农村养老社会保险。老龄化是指老年人口占总人口的比重不断上升的过程。老龄化进程的快慢取决于生育率的下降和人口平均寿命提高的速度。我国在20世纪70年代初开始的计划生育取得了巨大的效果，成为世界上生育率下降最快的国家，与此同时，随着我国人民的生活水平及医疗水平的提高，人口的平均寿命从1949年的35岁上升到现在的70岁，我国即将步入老年化国家的行列。老年化的直接后果之一就是养老的需求加大，特别是在广大的农村，由于计划生育政策，农村独生子女户在大幅度的增加，“四二一”的家庭结构正在形成，导致农村家庭养老越来越困难，养老的负担越来越重，迫切需要建立农村养老社会保险制度。

3．建立农村养老社会保险制度是促进社会持续发展的客观要求

（1）建立农村养老社会保险制度是提高农村经济发展水平的重要条件之一。农村经济要发展有两个基本前提：一是要有稳定的资金投入；二是要有一定技术的劳动力。如果没有可靠的农村养老社会保险帮助他们抵御年老的风险，免除他们的后顾之忧，农民就会将其收入储蓄起来，用来养老需要，不愿意投入到生产过程中，使农业发展后劲不足。根据有关资料显示，农村居民购置生产性固定资产支出占家庭总支出的比重很低；一部分有一技之长、有一定文化素质的农村劳动力流向城市，同时，城乡社会保障的巨大差异必然会阻碍人才的合理流动，使得农村经济在吸引人才方面处于不利地位。

（2）建立农村养老社会保险制度是促进农业规模经营的前提。20世纪70年代后期的农村改革从改革人民公社体制入手，在农业中普遍实行以家庭联产承包责任制为主的生产责任制，使农村的社会经济面貌发生了巨大变化。但是，这种以小生产为基础的经营方式使生产商品化水平较低，不可避免地与以社会化为基础的市场经济相矛盾，限制了农村经济的商品化、市场化、现代化水平。农村经济的发展迫切要求发展适度规模经营，发展集体经济。这就需要两个基本前提：一是农业劳动力能够稳定地进入非农业，使农民的家庭收入主要来自于非农业；二是农民要有可靠的社会保障能够帮助他们抵御经济风险，免除他们的后顾之忧。然而，尽管农民在非农产业得到的收入、进城务工收入在农民的家庭收入中占60%以上，但是农民宁愿用家庭辅助劳动力粗放经营，甚至抛荒，也不愿意放弃土地的承包权，究其原因是因为农村社会保障制度不健全，保留土地可以作为抵御未来风险最基本、最可靠的保障。因而，农村社会保障制度不健全，农业规模经营就难以实现，农业现代化就不可能成为现实。

4．农村传统的家庭养老、土地保障等功能的弱化需要建立农村养老社会保险制度

在广大农村，传统的家庭养老、土地保障和多数地方社区扶持的功能都在弱化。传统的大家庭，人口多且多以农耕为主，人口流动性很低，一家一户构成完整的社会细胞，把孩子抚养长大成为劳动力而成家立业是普通农民最大的“积累”。进入老年后，养老支出要从“积累”当中提取，家庭养老是最自然的选择。在农村，家庭养老是老年人最重要的养老方式，起着主渠道作用。家庭养老有其相当深厚的经济、文化和心理基础，但

并不意味着家庭养老具有超稳定性。随着社会经济的发展，家庭养老面临着前所未有的挑战：首先，老年人口扶养比例增大。人口老龄化和老年人口高龄化的加剧意味着需要赡养的老年人口增多，养老资源需求加大，但家庭赡养能力并未同步提高，从而造成老年人口需求与家庭赡养能力之间的矛盾，长寿与生活质量难以统一，“活得长”与“活得好”之间矛盾突出。其次，农村老年父母身边子女数的减少弱化了家庭养老功能。根据2000年第五次全国人口普查资料计算，农村有老人的家庭户占全国总户数的72.56%，其中有 21%的老人没有和子女同居生活，这一比例还会逐渐加大。农村人口向城镇的流动以及计划生育政策的实施都导致了他们身边子女数的减少，家庭日益小型化、核心化，老年人与子女分居已很普遍，依靠子女照料养老产生诸多不便，家庭养老在时间和精力上都难以承受。可见，传统的家庭养老正发生着深刻的变革。在发展市场经济的今天，建立在自然经济基础上的家庭保障功能正在弱化，在一定程度上影响了家庭成员作为养老义务承担者角色的发挥。人口老龄化带给中国一个显而易见的挑战，即越来越多的老年人需要社会的赡养、照料和帮助。

土地保障功能日趋衰减。我国人多地少，农民承包的土地数量有限，低价征用农民土地使农民蒙受了很大损失，农民面临失业又失地的威胁。此外，我国农业的比较收益低，土地承载负担重。虽然农业税被取消，但农村生产力水平相对低下，来自土地的收入在农民收入来源中所占比重呈下降趋势，土地对农民的养老保障作用越来越不明显。

农村集体保障功能弱化。农村联产承包责任制的实行改变了人民公社时期“三级所有、队为基础”的农村经济体制，实行了以分散经营为主的生产方式。这种经营方式的变革引发了与之相适应的分配方式的变革，集体的内部积累机制受到相当程度的削弱。其结果影响了集体对社区保障的投入，使农民丧失了集体的福利保障。农村老年人丧失劳动能力后，只能依靠以往很少的积累和子女的帮助来养老，没有稳定的养老收入和集体保障，老年人面临很大的生活风险。

三、农村养老社会保险的特点

1. 农村养老社会保险制度的保障水平低，社会互济性差，管理水平低。我国目前只有五保老人能够获得社会救济型保障，且保障水平偏低，而其他大多数人基本没有被纳入社会保障的范畴。农村养老社会保险是以县为单位建立的，这不符合保险的大数法则，而且农村养老社会保险资金一般是以个人交纳为主，集体补助为辅，均记在个人名下，不存在社会统筹这一块。特别是在贫困地区，养老金只能由个人全部缴纳，实际上已使养老社会保险蜕变为个人自我储蓄积累保障。而且农村养老社会保险制度管理水平低，保障功能脆弱，农村家庭陷于贫困境地的可能性加大，就大多数农村地区和农村居民而言，由于主要依靠家庭保障，不能得到国家、集体的支持，不能享受正式保障制度提供的社会互济，因而这种保障制度是不牢靠的。

2. 实行储备积累，建立个人账户，农民个人缴费和集体补助全部记在个人名下，属于个人所有。个人领取养老金的多少取决于个人缴费的多少和积累时间的长短。多交多领、少交少领，坚持权利和义务的统一。在此基础上，对早逝者和长寿者适当调剂，以体现其社会性。建立个人账户，自助为主，互济为辅，预先储备积累，有利于调动各方面的积极性，平稳度过老龄化高峰期。相对城市而言，从总体上讲农村具有较好的环境，主要是因为过去没有承诺、没有背包袱，有助于制度一开始启动就走积累式的发展道路。

3. 农村养老社会保险采取储蓄积累式的运作方式，农民缴纳保险费的实质是当前收入的延期消费。实行农村养老社会保险制度，减轻了农民家庭赡养的负担和政府供养帮扶的负担。因此，农村养老社会保险并非增加农民的负担，实质上是一种变相的减轻农民负担的社会福利行为。

4. 采取政府组织引导和农民自愿相结合的工作方法。这是我国农村经济发展很不平衡所决定的过渡时期的工作方法。农村养老社会保险就其性质而言属于社会保险范畴。强制性是社会保险的最基本的属性。而从我国农村的现实情况看，由于经济发展不平衡，农民收入不稳定，我国的一些贫困地区尚不具备开展农村养老社会保险工作的条件，因此在全国统一强制实施不符合我国的国情。这不仅是因为农村养老社会保险制度的建立要受农村经济条件的制约，而且还由于农保工作是一件新生事物，群众的认识需要有一个较长的过程，还需冲破我国历史形成的完全依赖家庭、子女养老的传统观念的束缚。这就决定了要在一段时期内采取一种过渡的方法，既不采取国外或我国城镇养老社会保险传统的强制办法，也不采取商业保险完全靠自愿的做法，而是采取政府组织引导与农民自愿参加相结合的方法，实践证明是正确的。随着农村经济的发展，农民生活水平的提高，农村养老社会保险制度的建立和完善，农村养老社会保险必然走上依法强制实施的轨道。

5. 采取因地制宜，从实际出发的工作方针。我国的农村幅员辽阔，经济发展很不平衡，农民收入和消费水平也不大相同，各地开展农村养老社会保险工作要从实际出发，不能强求一致，不能齐头并进，不下硬指标，不搞一刀切。在推行农村养老社会保险的过程中，要根据不同情况，制订不同目标：对于富裕地区和富裕群体，政府要加大行政推力，争取做到广覆盖面、高参保率，建立较为规范的农村养老社会保险制度；对于比较富裕地区和小康群体，政府组织引导农民参保，积极扩大覆盖面、提高参保率，建立农村养老社会保险制度；对于中等富裕地区和温饱群体，政府组织引导和农民自愿相结合，逐步扩大覆盖面、提高参保率，基本建立农村养老社会保险制度；对于欠富裕地区，在条件较好的乡（镇）和群体开展农村养老社会保险工作，逐步建立农村养老社会保险制度；贫困乡村暂不开展农村养老社会保险工作，贫困农民暂不参保。各地要从实际出发，积极稳妥发展农村养老社会保险。

四、农村养老社会保险的原则

1. 保障水平与农村生产力发展和各方面承受能力相适应的原则。首先，农村养老社会保险水平与我国农村社会生产力发展水平相适应。农村养老社会保险只能满足农民的基本生活保障。这就要求制订的各项养老社会保险的筹资比例、待遇标准、保险的范围等要综合考虑初级阶段的基本国情，充分考虑农民、集体的实际承受能力和农村社会保险的管理能力。其次，要突出重点，特殊群体养老保障先行一步。失地农民的养老保障问题已经引起有关方面的重视。目前，我国失地农民大约在5000万左右，并呈不断增长的趋势。养老保障应首先考虑那些无法再就业、年龄比较大、体力比较弱、基本生活有困难的失地农民。

2．养老社会保险与家庭赡养、土地保障以及社会救助等形式相结合的原则。在养老社会保险一时还难以普及的现有社会经济条件下，以提高土地的保障能力作为解决农民养老问题的基本出发点仍具有普遍的现实意义。针对目前农村的实际，主要应从以下两方面入手。一是提高农业经营效益和比较利益水平，激活土地的保障能力。一方面，政府要积极促进农业结构调整，提高农业产业化经营水平，提高农产品的价格竞争力和加工增值程度；另一方面，从适应加入WTO后农业政策调整和农业竞争力提高的角度出发，改善政府对农业的调控方式，加强对农业基础设施、农业科技、农产品营销等方面的支持。二是积极鼓励土地流转制度创新，争取让土地发挥更大的经济效益。在有条件的地方，可实行土地股份合作制，将土地所有权或使用权以股份的形式界定给农民，农民可按股分红。同时，各地应尽快建立与完善土地流转制度，使土地通过反租倒包、转包、租赁、土地产权入股、大户托管等形式，合理有偿地流转起来，使农民获得相应的收入。

由人口老龄化与经济发展“时间差”所决定，中国不可能在较短时间内建立起全方位的社会养老保障制度，因此还要继续发挥家庭养老的作用。家庭养老具有社会养老所无法替代的一些特定功能，如提供某些生活照料、享受天伦之乐的精神慰藉等，因此，当前还需要继续发挥好家庭养老的作用。要进一步加大对敬老、养老美德的宣传力度，增强全社会对应对人口老龄化问题重要性、紧迫性的认识，在广大农村地区进一步做好“文明户”、“五好家庭”等的评选活动，注重敬老、爱老优良家风的塑造，培育孝敬、平等、保障、共享、和谐等“孝道”文化的新理念，不断强化家庭养老的道德教化力度。

3．权利与义务相对等的原则。享有某个方面的权利，就必须先尽某个方面的义务，光享有权利而不尽义务是不容许的，这就是权利与义务的对等性。农村养老社会保险不同于完全由政府提供资金的社会救助、社会优抚等制度。要享受养老社会保险的待遇，必须履行相应的义务，也就是说只有按时足额缴纳规定的社会保险费，才能享受规定的养老社会保险待遇。

4．建立个人账户，自助为主，互济为辅的原则。建立个人账户是农村养老社会保险的基本形式，充分体现了保险的权利和义务对等，先尽义务，后享受权利。自助为主，主要体现为个人保险基金的积累，并根据其积累总额确定相应的领取标准。积累总额多，领取标准就高；积累总额少，领取标准就低。互济为辅，主要是有同一年龄段内的人口，早逝者与长寿者之间调节互济。建立个人账户，自助为主，互济为辅，预先储备积累，有利于调动各方面的积极性，平稳度过老龄化高峰期。相对城市而言，从总体上讲农村具有较好的环境，主要是因为过去没有承诺、没有背包袱，有助于制度一开始启动就走积累式的发展道路，这是建立我国农村社会养老保障制度的决定性因素。在个人、集体和国家三者的关系中，以个人缴费为主，个人缴费一般占缴费总额的50%以上。在个人缴费的基础上，参加保险的农民及乡镇企业职工所在的村或企业可以根据自身的经济状况给予适当补助，补助比例一般不超过50%。国家的政策扶持，目前主要体现在乡镇企业职工参加养老社会保险可以税前列支，保险基金运营工作中免征增值税等。

5．坚持农村务农、务工、经商等各类人员养老社会保险一体化，由点到面、逐步发展的原则。即非城镇户口，不论务农、务工或经商，均参加统一的养老保障制度。农村养老社会保险制度一体化适应农村劳动力亦工亦农、离土不离乡的基本政策和流动性大的特点；适应发展乡镇工业以工补农，逐步实现农工贸一体化的农村经济发展方向。在一体化的制度内养老社会保险关系随人迁移，劳动者本身不会因流动而失去保障，有利于农村劳动力的流动和劳动力市场的形成。投保年龄以参加劳动获得收入为起点，一般从20周岁开始到60周岁，60周岁开始领取养老金。对农村各类人员实行统一制度是对参加人员进行统一的保险编号，对个人账户进行统一管理。

第二节 农村养老社会保险基金筹集

一、农村养老社会保险基金筹集的原则

1．“以个人缴纳为主，集体补助为辅，国家予以政策扶持”的基本原则

在社会保障基金的筹集过程中，国家财政的地位和作用是不可忽视的。政府作为社会保障的组织者和管理者，首先，应该建立和完善社会保障制度体系，搞好社会保障的立法工作以疏通、理顺社会保障资金的筹集渠道，为社会保障资金提供稳定的、有法律依据的资金来源。另外，政府作为组织者和管理者，在有关的经济政策方面如税收、利率方面给予社会保障事业适度的优惠，以促进社会保障事业的发展。《县级农村社会养老保险基本方案（试行）》中规定，资金筹集坚持以个人交纳为主，集体补助为辅，国家给予政策扶持的原则。个人交纳要占一定比例；集体补助主要从乡镇企业利润和集体积累中支付；国家予以政策扶持，主要是通过对乡镇企业支付集体补助予以税前列支体现。

2．灵活缴费方式的原则

《县级农村社会养老保险基本方案（试行）》中规定，当遇到各种自然灾害或其他原因，个人或集体无能力交纳养老社会保险金，经养老社会保险管理部门批准，在规定的时间内可暂时停交保费。恢复交费后，对于停交期的保费，有条件也可以自愿补齐。服刑者停交保险费，刑满回原籍者，原保险关系可以恢复，继续投保。农村养老社会保险的缴费方式

十分灵活，大体分为以下三种。

（1）定期缴费。如乡镇企业可按月、按季交纳保费。该种方式一般在经济比较稳定或比较富裕的地区和人群采用，如富裕地区的农民可按半年或按年交纳保费，其缴费额既可以按收入的比例，也可以按一定的数额交纳。

（2）不定期缴费。即收入好时缴费，不好时可不缴费。多数地区因收入不稳定而采取该种方式。

（3）一次性交费。该种方式多适用于岁数偏大的农民，其根据自己年老后的保障水平将保费一次交足，一直到60岁以后按规定领取养老金。

3．缴费标准自由选择的原则

《县级农村社会养老保险基本方案（试行）》中规定，多档次，月交费标准设2、4、6、8、10、12、14、16、18、20 元十个档次，供不同的地区以及乡镇、村、企业和投保人选择。各业人员的交费档次可以有所区别。交费标准范围的选择以及按月交费还是按年交费，均由县（市）政府决定。个人或集体根据收入的提高或下降，经养老社会保险管理部门批准，可按规定调整交纳档次。农村养老社会保险缴费标准可以由个人缴纳和集体补助部分组成。缴费档次的选择和集体补助的比例，由投保人同所在村或者单位协商确定。

二、农村养老社会保险基金的筹集方式

由于大多数农民的收入不固定，因此，农村养老社会保险的缴费方式十分灵活，大体分为以下三种。一是定期交费。在收入比较稳定或比较富裕的地区和人群采用这种方式。如乡镇企业可按月、按季交纳保费，富裕地区的农民可按半年或按年交纳保费，其交费额既可以按收入的比例，也可以按一定的数额交纳。二是不定期交费。多数地区因收入不稳定而采取的方式。丰年多交，欠年少交，灾年缓交。家庭收入好时交，不好时可不交。三是一次性交费。多数是岁数偏大的农民，根据自己年老后的保障水平将保费一次交足，一直到60岁以后按规定领取养老金。

《县级农村社会养老保险基本方案》中规定，资金筹集坚持以个人交纳为主，集体补助为辅，国家给予政策扶持的原则。个人交纳要占一定比例；集体补助主要从乡镇企业利润和集体积累中支付；国家予以政策扶持，主要是通过对乡镇企业支付集体补助予以税前列支体现。

（1）在以个人交纳为主的基础上，集体可根据其经济状况予以适当补助（含国家让利部分）。具体方法可由县或乡（镇）、村、企业制订。

（2）个人的交费和集体的补助（含国家让利），分别记账在个人名下。

（3）同一投保单位，投保对象平等享受集体补助。

按计划生育有关政策，在没有实行独生子女补助的地区，独生子女父母参加养老社会保险，集体补助可高于其他对象。具体办法由地方政府制订。

（4）乡镇企业职工的个人交费、企业补助分别记账在个人名下，建立职工个人账户，

企业补助的比例，可根据地方或企业根据情况决定。企业对职工及其他人员的集体补助，应按工资总额的一定比例税前列支。具体办法由地方政府制订。

北京市出台的农村养老社会保险新制度中规定，保险费筹集方式是：农民个人缴费部分由个人根据经济承受能力和本区县缴费具体规定自行选择缴费标准；集体补助部分由村集体负担，比例和数额由村集体根据自身经济条件确定；乡镇企业招用本市农业户口职工缴纳的保险费可以税前扣除；市、郊区县政府安排资金对参保农民给予补贴，并逐步提高补贴标准。农村养老社会保险待遇以货币形式支付，实行社会化发放。

第三节　农村养老社会保险的对象及其权益

一、农村养老社会保险的对象

根据民政部在1992年颁布的《县级农村社会养老保险基本方案》的规定，参加农村养老社会保险的对象是非城镇户口，年龄在20周岁至60周岁的农民（含乡镇企业农民身份职工），包括务农农民、乡镇企业职工、外出务工人员、义务兵、计划生育户、村集体干部等均可以参加农村养老社会保险。

于2006年1月1日起施行的北京市劳动和社会保障局公布的《北京市农村社会养老保险制度建设指导意见》中规定，农村养老社会保险制度实施的范围是具有本市农业户口，男16周岁至60周岁、女16周岁至55周岁的各类人员。

原劳动和社会保障部及国家统计局联合发布的《2006年度劳动和社会保障事业发展统计公报》公布的数据表明，2006年末全国参加农村养老社会保险的人数为5374万人，2005年末全国参加农村养老社会保险的人数为5442万人。2006年共有355万农民领取养老金，比上年增加53万人，全年共支付养老金30亿元。

二、农村养老社会保险的权益

根据民政部颁布的《县级农村社会养老保险基本方案》的规定，保险对象的权益如下。

（1）投保人在交费期间身亡者，个人交纳全部本息，退给其法定继承人或指定受益人。

（2）投保人领取养老金，保证期为10年。领取养老金不足10年身亡者，保证期内的养老金余额可以继承。无继承人或指定受益人者，按农村养老社会保险管理机构的有关规定支付丧葬费用。领取者超过10年长寿者，支付养老金直至身亡为止。

（3）保险对象从本县（市）迁往外地。若迁入地尚未建立农村养老社会保险制度，可将其个人交纳全部本息退给本人。

（4）投保人招工、提干、考学等农转非，可将保险关系（含资金）转入新的保险轨道，或将个人交纳全部本息退还本人。

第四节 农村养老社会保险的给付标准

一、积累总额的计算

积累总额是个人在积累期各次缴费（含集体补助）的本息之和。积累期内，当基金增值要求调整时，个人账户实行分段计息。

个人账户积累总额的计算。(1) 计算每笔保险费的积累时间：计息月至开始领取养老金月份的前月。(2) 个人账户的计息利率，执行规定的同期基金增值利率，且分段计算利息，当基金增值利率调整时，个人积累的计息利率从次年年初起变动。(3) 每笔保险费积累额计算公式：积累额=交费额×（1＋同期基金增值利率）同期基金增值利率年限（按月换算）。

个人积累总额计算公式：设每月缴费 R，利率 i，管理费 a，缴费年限 n，积累总额 S_n。

$$S_n=(1-a)[12R(1+i)+12R(1+i)^2+\ldots\ldots+12R(1+i)^{n+1}]。$$

计算个人账户的积累总额的有关规定如下。

1．每次缴纳的保险费额。由于农民收入差异大且不固定，各次缴费金额可能不同，还可能中断缴费，必须采取灵活的计算办法。

2．每笔保险费的积累时间。由于农民的缴费时间不可能固定，缴费积累期不一定是整年，而且从乡村收缴保险费到进入县级管理机构的账户需要一段时间，因此，缴费积累时间只能以月为单位，从缴费日期的次月到开始领取养老金月份的前月。

3．个人账户基金的计算利率。以规定的基金增值要求为个人账户基金的计息利率，积累期内，当基金增值要求调整时，个人账户基金的积累实行分段计算。分段计算利率起止时间与会计年度一致。

二、养老金的给付标准

农村养老社会保险金支出包括养老金、继承保证金、退保金、丧葬费四个部分，其给付标准是根据保险对象个人账户余额计算确定；年内应付利息根据规定的增值年利率要求计算求得。

被保险人男年满 60 周岁、女年满 55 周岁开始按月领取养老金，但因伤残、疾病等原因丧失劳动能力且失去生活来源的，经县级农村养老社会保险经办机构批准，可以提前到男 55 周岁、女 50 周岁领取养老金。

养老金的给付标准根据被保险人交纳保险费的类型、数量、时间及利率确定。被保险人交纳保险费期间调整过交纳保险费类型、数量及利率的，应将不同类型、不同数量、不同利率的保险费金额合并计算后再确定其领取标准。具体办法由省民政部门根据民政部有关规定制订，报省人民政府批准后实施。

养老社会保险金的月领取标准为到期参保人个人账户积累总额与给付系数的积。

给付系数根据给付利率及平均预期寿命确定，当给付利率提高时，给付系数随之增大。

养老金的领取保证期为 10 年。被保险人领取养老金时间不足 10 年死亡的，剩余年限的养老金由被保险人指定的受益人或者法定继承人领取；无指定受益人和法定继承人的，一次性付给其生前所在村民委员会或者生前所在单位，用作被保险人的丧葬费和养老社会保险集体补助。

被保险人领取养老金时间满 10 年仍健在的，继续按原标准领取养老金，直至死亡当月为止。

三、继承保证金的给付标准

参保人一经领取养老金，可终生享受，并且给予 10 年保证期；领取养老金不足 10 年死亡者，保证期内剩余的养老金可以由继承人按原标准继续领取；也可以一次性领取继承保证金。

一次性领取计算公式：

领取金额＝剩余月数×原养老金月标准×[1－同期基金增值月利率×（剩余月数－1）]

无继承人或指定受益人的，按照国家规定支付丧葬费，支付丧葬费后还有剩余的，依照国家规定处理。

四、退保金的给付标准

《民政部关于保险对象退出保险有关事宜的通知》（民办函〔1994〕39 号）中的相关规定。

（1）退出保险可界定为正常退出保险和非正常退出保险。

因下列三种情况之一退出保险者，为正常退出保险：

① 保险对象的户口由农村户口转为非农村户口；

② 保险对象的户口迁移而迁入地还未建立农村养老社会保险制度；

③ 保险对象在缴费期内死亡。

以上情况之外的退保者，一般为非正常退出保险。

（2）保险对象要求退出保险，可由其保险关系所在的缴费单位（行政村或企事业单位）代办员向乡镇养老社会保险经办部门提交申请和有关证明材料，报县（市、区）农村养老社会保险主管机构审核、界定并作出处理。

（3）对正常退出保险者，可将保险对象个人缴纳的保险费扣除管理服务费后按年复利率 7.5%计息退还个人。集体对其补助部分，鉴于各地的补助比例不一，在扣除管理服务费并按年复利率 7.5%计息的基础上，由各地视情况决定退还个人的比例。集体补助不退给个人的部分，计入基金。

（4）非正常情况原则上不允许退出保险。个别要坚持退出保险，经劝说教育无效的可以办理，但只退还保险对象个人缴纳的保险费（扣除管理服务费、不计息）。根据个人不参加养老社会保险集体不予补助的原则，原已记入个人名下的集体补助不予退还，计入基金。

五、丧葬费的给付标准

关于丧葬费的给付标准，各地根据当地的实际情况来确定。如《上海市农村社会养老保险办法》（1986 年上海市人民政府令第 22 号）中规定，参保人在领取养老金前或者领取养老金死亡的，其个人养老社会保险账户储存额的余额可以一次性退给其法定继承人或者指定受益人。无法定继承人或者指定受益人的，此项余额归入养老社会保险基金，并由农保机构按规定支付其丧葬费。湖南省农村养老社会保险办法中规定，养老金的领取保证期为 10 年。被保险人领取养老金时间不足 10 年死亡的，剩余年限的养老金由被保险人指定的受益人或者法定继承人领取；无指定受益人和法定继承人的，一次性付给其生前所在村民委员会或者生前所在单位，用作被保险人的丧葬费和养老社会保险集体补助。

第五节　农村养老社会保险的深化改革

一、当前农村养老社会保险存在的问题

传统的农保制度建设自 1998 年进入第三阶段以后陷入僵局，至今没有实现大的突破。到目前为止，全国已有 31 个省、自治区、直辖市的 1900 个县、市、区、旗不同程度地开展了农村养老社会保险工作，5442 万农民参保，积累保险基金 310 亿元，有 301 万参保农民领取养老金。这些农保总体上属于早期农保性质。传统的农村养老社会保险存在的问题主要表现在以下几个方面。

（一）农村养老社会保险制度设计的矛盾性

首先，“农村养老社会保险”的定性矛盾。养老社会保险是社会保障的一种。无论在国内、国外，也无论在理论上、实践上，尽管人们的认识和做法不尽相同，但最根本的一点是一致的，那就是：养老社会保险或社会保障是指个人和家庭以外的国家、集体以及社会各方面对公民养老或其他方面的保障。现代养老社会保险或社会保障虽然强调要增强个人参与的自我保障意识，但仍以国家、集体以及社会各方面的参与为主体。农村养老社会保险则不然。其《县级农村社会养老保险基本方案》明文规定，在保险资金的筹集上，“坚持

以个人交纳为主，集体补助为辅，国家给予政策扶持的原则”。不少地方在实施中还进一步把“个人交纳为主”改为“由个人全部交纳”。农村养老社会保险资金筹集的这一模式表明，其主体是个人，而不是个人和家庭以外的国家、集体及社会各方面。故而，农村养老社会保险不具有养老社会保险或社会保障所共有的根本点，是名不副实的。养老社会保险或其他保险的性质决定于资金来源的主体。既然农村养老社会保险筹资“以个人交纳为主”，自然就不具有“社会”的性质。

其次，“强制”与“自愿”矛盾。一项制度出台后，首要的问题就是如何实施。由于对农村养老社会保险“社会性”的误认，导致人们在实施中对“强制”还是“自愿”的混乱和迷惑，造成的问题颇多，以致把参加保险混同于收费上存在的“三乱”。“强制”还是“自愿”已成为该项工作实施的首要难题。理论界认为：“强制性”一向被视为社会保障的“固有属性”；农村养老社会保险既然属于社会保障，当然应该强制实施。国际上先后实行社会保障的国家基本都是强制性的。联合国国际劳工组织认为：把独立劳动者和非受雇人员强制纳入国家广泛实行的交纳保险费的社会保障制度，一直是一个棘手问题。因为强制顺从是困难的；解决的办法之一，是使参加者成为自愿性的。我国农村养老社会保险的主体——农民，即属于这里所说的“独立劳动者和非受雇人员”。国际上实行强制的，其保险费的交纳都是国家和雇主、企业交大头，雇员和职工个人交小部分；其保障对象是雇员和职工。如比利时、丹麦、法国、德国、意大利、卢森堡、荷兰、英国，其社会保障基金来源中来自雇主、政府补贴和税收、利息与其他的占74.2%～98.2%，而来自雇员的仅占1.8%～25.8%。故而，受强制者主要是雇主和企业。纵观我国的《县级农村社会养老保险基本方案》，农村养老社会保险实质上储蓄式保险，既然是自我储蓄为主，国家就没有必要进行强制。而没有强制性的养老社会保险，既难以推行，也无法体现社会性。

（二）农村养老社会保险发展严重不平衡

已经筹集的农村养老社会保险资金主要集中在少数几个发达省市，多数地区难以为继。我国农村的总体现状是：地区经济发展差异大，农村劳动力流动性强。地区经济发展差异大，东部与中部、西部地区农户家庭人均纯收入水平、农村居民内部人均纯收入分配、劳动力流动强度等方面的差异都很大。从基金规模上看，排在前五位的是江苏、山东、上海、浙江和北京，这五个省市的基金共计221亿元，占全国农保基金总额的71.3%。

（三）农村养老社会保险管理制度存在的问题

首先，管理体制不顺，“民政不管，社保不接”。1998年机构改革至今，全国虽然省级多数已将农保管理职能划入劳动保障部门，但多数地县级单位和乡镇还未划转，形成劳动保障部门没有接、民政部门不好管的状况，造成不少地方管理工作断档。尤其是在中西部大多数省份，农保管理体制至今仍没有理顺，运作也困难重重，处于进退两难的境地。目前，河南、江西两省的农保工作整体留在民政部门。宁夏的农保已从省民政厅划出，但至今仍没有移交省劳动保障厅。在全国1900个农保试点县中，多数地方的农保机构还在民政部门，农保在省级已经移交、市县没有移交，依然处于“民政不管，社保不接”的局面。

与此同时，很多内地和西部省份“清理整顿”的一个通行的做法是简单退保。

另外，机构经费蚕食基金。目前，县级农保经办机构仍是自收自支的事业单位，其日常经费主要从新增保费收入中按3%比例提取。在农民保险费中提取管理费不仅违背了社会保险不以盈利为目的的初衷，同时也人为地导致部分基金“流失”，降低了基金增值能力。为了提取足够使用的管理费以应付日常开支，农保经办机构不得不拼命发展业务。出现越是业务发展快、保费收得多的地方，留下的隐患就越大。近几年部分农保经办机构保费收入急剧下降，机构经费更是无从着落，财政又不补贴支持，致使农保机构面临生存危机，挤占基金应付日常开支的现象普遍存在。

（四）筹集农村养老社会保险基金存在的问题

1．保费筹集原则与参加自愿原则相矛盾，农民参保缺乏积极性。目前，在乡镇企业发展比较好的地方，也就是说，农村工业能够使农村集体经济有一定实力支撑农村养老社会保险的地方，或者农民家庭收入由于经营特色农业而比较高并且集体的经济实力也因之而较强的地方，社会保障的开展就不会遇到太多的障碍；而对于经济水平不太高，集体的经济实力又不强的中西部农村就存在很多难以解决的问题。如当集体的经济实力不强大时，农村社保基金的来源主要是农民个人，有时是由个人全部缴纳。这就使这种农村“社会”保障失去了意义。这种机制很难使农民自愿把钱交给政府机构管理，为此还要支付一大笔管理费用，要使这种没有任何补贴的社会保险延续下去，唯一可行的就是采取强制性的缴费办法。然而，农村社会保险的建立强调的是自愿原则，没有国家和集体对保费的相应补贴，即在对缴费没有任何经济刺激的情况下，保费收缴自然成为农村社会保险最难解决的问题。

2．预筹积累为特征的储蓄型保险制度导致养老基金互济性差。现行的农村养老社会保险以个人缴费为主，集体经济予以适当补助，投保对象平等享受集体补助。这种以预筹积累为特征的储蓄型保险制度，与城镇养老社会保险相比，最大的区别在于其并不具有互济性。它没有城镇养老社会保险中社会统筹部分，即如果个人交纳保险费越多，集体补助也越多，个人账户积累资金也越多，未来领取的养老金就越高。因此，要在一个县的范围内把养老负担在不同年龄层次的人口中分摊开来就颇有难度，这就使保险系统内的互补性和互济性很差。从这个意义上说，农村养老社会保险并不完全具有通过国民收入再分配来实施社会保障的功能。

3．筹资来源不稳定，农村养老社会保险缺乏充足可靠的资金保障。按照《县级农村社会养老保险基本方案（试行）》的规定，个人交纳要占一定比例；集体补助主要从乡镇企业利润和集体积累中支付；国家给予政策扶持，主要是通过对乡镇企业支付集体补助予以税前列支体现。上述特点决定了农村养老社会保险与农民收入和集体经济有着密切而直接的联系。然而，在新形势下，这两个资金却难以真正到位，由于农产品需求弹性小，农业收益水平逐步降低，再加上粮食流通体制改革，按保护价敞开收购余粮的政策没有全面落实，出现了农民收入增长缓慢的现象。因此，许多农民再生产资金不足，根本没有钱参加养老保险。为缓解生产和生活不足，相当一部分参加保险的人也被迫退出保险。在这种情况下，如何使个人继续投保就成为当前农村养老社会保险制度急需解决的问题。农村经济积累不足，也影响养老社会保险基金的筹集。从实践中看，政策规定的集体补助农民养老保险费的构想在许多地方很难到账。当今农村集体积累基金主要来源于乡（镇）、村办企业的创收，而近年来，多数农村集体经济几乎停滞，难以拨出专款来补充农民养老社会保险，这就导致农民养老社会保险基金账户出现“空账”。集体经济的不景气也使国家通过对乡镇企业支付集体补助予以税前列支这一优惠政策成为一句空话。

4．保费投资形式单一，缺乏保值增值的有效途径。按现行政策规定，农村养老社会保险基金以县为单位统一管理，县（市）农村养老社会保险机构在指定的专业银行设立农村养老社会保险基金专户，专账专管，专款专用。保费只能用于购买国家财政发行的高利率债券和存入银行，不直接用于投资。随着农村养老社会保险的发展，资金积累越来越多，当前以县为单位的分散管理形式不仅增加了基金被挤占挪用的风险，而且由于投资形式单一，缺保值增值的有效途径，特别是难以抵御通货膨胀的侵蚀，难以保证养老社会保险基金不“缩水”，削弱了未来的保障能力。

5．基金分散，管理存在流失和损耗现象严重。目前全国 310 亿元农保基金分散在 1900 个县市。由于管理体制不顺，全国清理整顿农保后，农保机构和人员的办公经费、工资多数没有纳入财政预算，挪用农保基金发工资的事情相当普遍。据原劳动和社会保障部统计，2005 年全国 31 个省份中，涉及 1900 个县、2.6 万个乡镇，农保系统大约有干部近 1 万多人。

（五）老年受益保障不能兑现，保障水平低

从民政部门制订的《农村社会养老保险交费领取计算表》看，若每月交 2 元，交费 10 年后每月可领 4.7 元，15 年后可领 9.9 元；若每月交 4 元，10 年后每月可领 9.4 元，15 年后可领 20 元。由于管理费增加及银行利率下降等因素，实际领取的标准可能还要低。民政部的《县级农村社会养老保险基本方案》指出：建立农村养老社会保险制度是以保障老年人基本生活为目的的。从投保的实际状况看，这一目的根本难以达到。很多参加早期农保的农民在年龄达到 60 岁后，每月领取以前规定的养老金的承诺不能兑现。

（六）部分地方开始新型农保试点，但全国性政策试点尚未开始

2003 年后，苏州市等一批经济发达的地区开始新型农保试点，取得了好的发展效果。上海等其他一些地方结合城市化快速发展的需要，在农村地区（特别是在城乡结合部）也开始了新型社会保障的试验。这些探索在制度创新方面取得了新的进展。2006 年，原劳动与社会保障部计划在全国选择 8 个不同类型的地区进行新型农保试点。不过，这些新型制度的发展还没有上升到全国性政策试点的高度。

二、农村养老社会保险深化改革的思路

（一）深化农村养老社会保险制度应遵守的原则

1．城乡制度一体化的原则。随着城乡一体化和城市化进程的推进，劳动力在城乡间流

动性增加，加之户籍制度改革，从而使得农保服务的对象无法定位。原服务对象中的“乡镇企业”与“城镇企业”在概念上的差别已不复存在，继续以“乡镇企业”和“城镇企业”来界定农保与城保（企业职工养老社会保险）对象，已不符合《劳动法》中平等对待每一个劳动者的要求。另一方面，城保比农保享有政府更多的优惠政策，若继续保持这一差别，就会形成城市人口与农村人口“国民待遇”不相同的情况。建立城乡一体化的养老社会保险制度是时代的呼唤、社会发展的必然趋势。因此，一是要给予农保重新定位。如将农保定位为“居民养老社会保险”，作为城保的初级阶段，服务对象为未参加养老社会保险的城乡所有人员。二是合理设置农保制度向城保制度过渡通道。即在设置新制度的框架中留有“接口”，待条件成熟时，以便与城保制度相对接，最终实现城乡居民养老社会保险制度一体化。

2．职责一致的原则。从宏观上看，要抑制农村养老社会保险基金的管理风险，必须将管钱与管政策分离开来，通过界定省、市、县三级政府及其主管部门和所属经办机构的责任，建立管理风险责任控制机制，才能确保基金的安全。另一方面，财政应尽快承诺“兜底”责任，给参保农民吃下“定心丸”，同时又赋予了地方财政不可推卸的责任，有利于加强农保基金的安全管理。如农保基金继续实行县一级统筹，那么，农保基金就只能由县一级政府及其主管部门监管，由县一级农保经办机构负责基金的运营，基金的收支风险由县一级政府承担，县一级财政承担最后责任。而省、市级人民政府及其主管部门只能对县一级政府及其主管部门实行基金的间接管理和政策调控，不再经营县一级基金。若代为增值，必须无条件承担责任。但县级农保机构由于受人才、技术、信息、交通等因素的制约，不具备营运大额度农保基金的能力和条件，加之县一级也容不下这一庞大的基金盘子，增值空间有限，因此实行省级统筹是最理想的。即“县有省管”，基金的运营由省级农保机构经办，农保基金由省政府及劳动和社会保障部门监管，省级财政承担最后责任。县一级人民政府只能提供业务上的方便，无权干预农保基金的运营。

3．基金收支平衡的原则。农村养老社会保险基金平衡模式是个人自我平衡。但对农保机构来讲，则要实现全县农保基金收支平衡。而解决农保基金保值增值问题，是解决农保基金收支平衡问题的金钥匙。目前，农保基金个人账户结付利率已经很低了，在解决农保基金支付风险单纯依靠降低个人账户利率是十分消极的做法，不利于调动参保农民的积极性。化解基金风险的根本出路，在于拓宽基金增值渠道，提高运营效益，在增收上下工夫。其次，要在降低成本上做文章。农村养老社会保险是社会保障体系的重要组成部分，农保经办机构是政府社会保险职能的经办机构，系全公益性事业，农保经办机构的经费、人员工资应由各级政府财政承担，农保机构应由自收自支改为全额拨款，不再从农保基金中提取管理费，降低经营成本，让利于农民。不以赢利为目的可使农民真正感受到是党和政府为他们办了一件实事好事。同时，兑现要有保障。农村养老社会保险个人账户结付利率紧跟着银行利率变化而大幅度调整的做法是不可取的。因为它毕竟是解决 10 亿农民的养老问题，没有解决农民的养老问题就没有解决中国的养老问题，从这个高度讲，国家完全有可能制定一个比较稳定的利率政策，必要时财政补贴一点也是情理之中的（企业职工、机关事业单位职工的养老社会保险早已享受这一待遇）。我们不仅要把农村人口视为现代化、工业化的贡献者、劳动者，他们也是分享现代化成果的人群，社会保险政策的差异只应体现在公民从事的职业特点不同，保障的具体内容、具体项目可有差异。在社会保障、就业、受教育的机会等方面应予以农村人群更多的公平待遇。因此，农村养老社会保险养老金收支应由各级财政兜底，记账利率同企业职工养老社会保险一样由国家有关部门确定，定期向社会公布，记账利率与实际增值利率的差额由各级财政兜底，确保农保基金收支平衡，不出险。

4. 政府支持引导的原则。完善农村养老社会保险制度仍应坚持“个人缴费为主，单位集体补助为辅，政府给予政策支持”的原则，三者合一，缺一不可，而政府支持引导是关键。因为，既然将农保界定为社会保险，就应按照社会保险机制来运作。各级人民政府是责任人，要对农保负有指导、管理、监督的责任。一是要建立激励机制，出台扶持政策，鼓励农民自觉投保，“群众自愿”不等于放任自由，要有一定的约束措施。要把推行农保当成是经济持续发展、社会稳定的大事，提高到政治高度来抓。否则在“白发浪潮”到来时，达不到“老有所养”的目的，失去了建立农村养老社会保险制度的本意。当然，制度化本身要有足够的吸引力，起码要达到投农保比存银行来得上算。政府可以结合新一轮农村扶贫，注入一定量的扶贫资金，启动贫困地区农民的养老社会保险。二是健全约束机制，完善规章、制度、办法等。规范农保工作行为，特别是对基金、业务、财务管理等方面要有具体的、可操作性的措施，逐步将农保工作纳入法制化轨道。三是制定扶持农保基金增值优惠政策。如政策亏损补贴、大额高息储蓄、委托金融机构代为增值等办法。有条件可成立省级资金营运公司，聘请专家学者，组织班子专门从事基金增值经营，创造条件尽快上市，或用于国家重点工程，以获取更高的收益。同时积极借鉴商业保险的成功经验，不断开拓农保基金增值的新领域。当然，在农保制度完善的过程中，不仅要考虑到经济发达地区如何与城镇养老社会保险接轨问题，还要考虑到经济欠发达地区如何与城乡居民生活最低保障制度相结合等一系列问题，只要坚持上述四个原则，就能够制定出更切合农村实际，更符合农村养老社会保险事业发展需要的制度新框架。

（二）建立新型农村养老社会保险制度

近年来，一些经济富裕的地区一种新型的农村基本养老社会保险制度模式正在崛起，因为这种模式根本不同于原来实施的方案，故称其为“新型的农村基本养老社会保险”。这种制度模式能否可持续发展，不仅关系到新型的农村基本养老社会保险制度本身的科学合理与否，更为重要的是它攸关我国农村养老社会保险制度发展的生命力。

从 2006 年起，一种全新的农村基本养老社会保险政策将开始在中国的部分省区市实行。新政策变“个人缴费为主、集体补助为辅”为“个人、集体和政府”三方共同筹资，并且随着人们生活水平的提高，养老金还会相应增加。

根据这一政策，今后中国凡具有农业户口，男 16 周岁到 60 周岁，女 16 周岁到 55 周岁的各类人员均可参加新型的农村基本养老社会保险。参保人可以在规定的范围内自行选择缴费金额，乡镇及市区政府会在此基础上对其进行相应的补贴。根据缴费标准的不同，参保人在年满 60 周岁后每月可以领取到数额不等的养老金，但均高于当地农民月最低生活保障水平。以北京为例就是每月领到 100 元到 1086 元不等的养老金。

1．我国新型的农村基本养老社会保险制度模式的产生

新型的农村基本养老社会保险制度是在对原《县级农村社会养老保险基本方案》进行深刻反思条件下，经济发达的农村地区仿照城镇养老社会保险制度的框架，在我国部分经济发达的农村地区推行的一种新型的养老社会保险制度。从产生的时间看，原方案的制度缺陷以及外部条件不成熟所导致农村参保率的下降和退保率的不断上升，农村养老社会保险进入一个全面清理整顿、停滞滑坡时期为新型的农村基本养老社会保险制度的产生提供了契机。从产生的地区看，主要在工业化城市化发展快速，农民非农化程度较高，而且集体股份经济相对较为发达的地方。典型的是广东的东莞和江苏的苏州这两个地级城市以及在上海、北京和天津等大城市的郊区。从产生的原因看，持续的经济高速增长为解决农村养老社会保险积累了必要的财力，尤其是集体经济份额的增强使市（县）、镇两级财政和村级集体组织都能够对户籍地农民参保实行相应的补贴和补助。东莞市 2000 年由市财政出资 10 亿元作为基础资金的新型的农民基本养老社会保险制度正式建立。从 2001 年起，东莞所有 20 岁至 60 岁的男性农民、20 岁至 55 岁的女性农民全部进入养老社会保险的安全网。苏州县（市）本世纪初以来也加快了农村基本养老社会保险制度的探索和尝试，2003 年 4 月苏州市颁布了《苏州市农村基本养老保险管理暂行办法》，对全市各市、区的农村基本养老社会保险制度的框架进行了相对的统一，这标志基本养老社会保险“苏州模式”的正式建立。截至 2005 年 3 月末，苏州全市农村劳动力累计参加基本养老社会保险人数达到 155 万人，已有 70 万农村老人每月享受着 80 元至 150 元的养老补贴，农村劳动力的参保率和老年农民养老补贴的覆盖率均达到 80%左右，居全国领先地位。

2．新型的农村基本养老社会保险制度模式的内容与特征

无论是“东莞模式”、“苏州模式”还是“郊区模式”，虽然各地的做法不完全相同，但是其核心内容、基本的制度框架还是具有诸多共同的特征，且这些特征又明显不同于原有方案。新型的农村基本养老社会保险模式的特征主要在于以下几个方面。

（1）参保对象由原乡镇企业职工、农村干部、民办教师、复员军人等为主转变为从事农业生产的劳动力为主体。原“方案”实施中，由于纯农户参保没有相应的集体补助，因此，纯农户参保的并不多，而新型的农村基本养老社会保险制度明确以从事农业生产的农村劳动力为主，对农村各类企业及其从业人员要求参加城镇企业职工基本养老社会保险。

（2）建立了“个人缴费、集体补助和地方财政补贴”三方分担保险费的筹资机制。这是新型的农村基本养老社会保险模式最为显著的特点，也是新农保和老农保的一个根本的区别。1992 年民政部制订的《县级农村社会养老保险基本方案》中规定了“个人缴费为主，集体补助为辅，国家政策扶持”的资金筹措原则，但在具体的实施中对参保的农民来说，养老社会保险实质上是一种个人养老储蓄。新型的农村基本养老社会保险制度中市（县）、

乡镇、村三级补助补贴的资金约占一半左右，个人缴费的比例一般不超过 50%，较好地体现了个人、集体、国家三者在养老社会保险制度中的责任，因而激发了广大农民参保的热情和积极性。

（3）确立了合理的筹资基数和筹资标准，确保了农民退休时的养老待遇能够保障基本的生活。新农保参照城镇企业职工基本养老社会保险的办法，制订了较为科学的筹资基数和筹资标准，农民的基本养老金与参保人的缴费基数和缴费年限挂钩。“东莞模式”缴费基数按每人每月 400 元核定，从 2002 年起每年递增 25%，2000 年 11 月至 2005 年 12 月，所缴的保险费为当年缴费基数的 11%。“苏州模式”缴费基数按照当地上年农民人均纯收入或参照上年城镇企业职工平均缴费工资基数的 50%左右确定，按缴费工资基数的 11%建立个人账户。如果累计缴费满 15 年以上，农民的养老待遇大致能够达到 40%的替代率。这样能够保障参保人退休时的基本生活，克服了老农保“保富不保贫”和绝大多数农村居民由于选择的投保档次过低出现的养老待遇致使养老作用微乎其微的尴尬。

（4）养老基金采用社会统筹与个人账户相结合，大账户小统筹的模式，改变了老农保的单一的个人账户的模式。如“东莞模式”中规定，当年所缴的保险费为当年缴费基数的 11%，其中将 8%记入个人账户。“苏州模式”规定国家、集体的补助补贴和参保个人缴纳的基本养老社会保险费总额或由个人全额缴纳的基本养老社会保险费，90%左右记入个人名下，建立个人账户；10%左右建立统筹基金，适时为已享受基本养老金的农民适当增发养老金，以及给参保死亡人员家属计发丧葬补助费。

（5）与城镇养老社会保险制度可衔接。新型的农村基本养老社会保险制度框架基本与城镇职工的基本养老社会保险制度相一致，区别主要在于缴费基数的不同，通过调节缴费基数可以实现城乡基本养老社会保险制度的衔接。因此，也可以说新型的农村基本养老社会保险制度是通向城镇职工基本养老社会保险制度的基本平台。在苏州实施新型的农村基本养老社会保险制度过程中明确规定，具备条件的乡镇企业职工可直接加入城镇职工基本养老社会保险制度，暂不具备条件的，先加入农村基本养老社会保险制度，在实施步骤上，采取逐步过渡的措施，即根据农村各类企业的实际情况，采取调节缴费基数的过渡办法，逐步实现并轨。

（6）建立新型农保制度的工作取得了明显进展。首先，开展工作的地区和参保人数呈现出回升势头。截至 2005 年底，全国已有 31 个省、直辖市、自治区的 1900 个县（市、区、旗）开展了农村养老社会保险工作，5441.94 万农民参保，积累保险基金约 310.2 亿元，301.79 万参保农民领取养老金，当年支付养老社会保险金 21.3 亿元。试点工作较好的地区，农民群众积极参保，部分参保农民开始领取养老金，产生了良好的社会效果。如最早开展试点的山东省烟台市，目前已有 190 万农民参保，参保率达到当地农村劳动人口的 90%，逐年缴费成为参保农民的自觉行动，积累保险基金 17 亿元，有 20 万农民领取养老金。其次，全国基金积累总额持续增长，人均保障水平逐步提高。从 2000 年到现在，全国农保基金积累总额增长幅度年均超过两位数。在 2005 年的基金总额中，责任金 295.5 亿元，约占基金总额的 95%，调剂金 14.7 亿元，占基金总额的 5%，基金总量大于责任金总量，有较强的偿付能力。2005 年全国人均账户积累额已经达到 570 元，比上年人均增加 40 元。全国人均年领取养老金 707 元，每月的保障水平达到 59 元。在一定程度上保障了老年农民的基本生活。再次，基金投资结构趋于合理，运营方式逐步规范，资产质量逐步提高。2005 年全国农保基金的投资结构中，银行存款为 127 亿元，占基金总额的 41%；购买国债为 50.67 亿元，占基金总额的 16%；交财政管理 92.58 亿元，占基金总额的 30%。银行存款、购买国债、交财政管理三项共占基金总额的 87%。其他的投资为 40.15 亿元，占基金总额的 13%。

【关键概念】

农村养老社会保险　保险基金　新型农村养老社会保险　继承保证金　个人积累总额

【本章习题】

一、思考题

1．什么是农村养老社会保险？

2．什么是企业补充养老社会保险？

3．养老社会保险的基金来源有哪些？

4．开展养老社会保险的基本原则有哪些？

5．农村养老社会保险给付条件有哪些？

6．为什么要实行企业补充养老社会保险？

二、实训题

实训题目：模拟农村养老社会保险金的计算；农村养老社会保险的申请、发放、退保等程序。

实训目的：

1．加强对现阶段农村养老社会保险制度“老人老制度，中人中办法，新人新规矩”复杂性的认识。

2．掌握农村养老社会保险金的计算。

3．掌握农村养老社会保险金的发放程序和申请程序。

实训内容：

1．李小名今年 25 岁，2006 年 4 月参加农村养老社会保险，每年缴费 240 元，村集体每年补助 100 元。请计算：李小名退休后每月应领取多少养老金？为什么？

2．赵大爷 1940 年 6 月 1 日出生，1995 年参加当地的农村养老社会保险。请问他如何申请养老社会保险金？同时请计算：赵大爷退休后每月应领取多少养老金？在2005年，赵大爷因病去世，请问余下的养老金怎么处理？

3．张莽1977年9月1日出生，1995年参加当地的农村养老社会保险，2000年被招聘进入市某股份制企业，从事车间技术员工作，工作干得很出色，2003年张莽把父母从农村接到城市居住，由于回家的时间很少，张莽想退出农村养老社会保险。请问：张莽可以退出农村养老社会保险吗？他交纳的养老社会保险金如何处理？

【参考文献】

[1] 发达国家农村养老社会保险制度．中国农村研究网．

[2] 杨连专．中国农村内养老问题研究[J]．农村经济，2003，（3）．

[3] 王延中．不应终止农村养老社会保险[N]．中国经济时报，2000-5-24．

[4] 揭新华．国内外农村社会保险的比较研究[J]．上饶师专学报，1997，（2）．

[5] 杨连专，罗军．论农村养老立法的价值取向[J]．人大建设，2001，（8）．

[6] 姚远．政府在家庭养老中的地位与作用[J]．西北人口，1999，（2）．

[7] 立荣，李海华．中国农村社会保障：现状分析与对策构想[J]．华中师范大学学报，2000，（6）．

[8] 邓志旺，励丹霞．浅议当前农村养老保障体系中的缺陷和问题[J]．人大复印报刊资料（社会保障制度），2001，（2）．

[9] 宋晓梧．中国社会保障体制改革与发展报告[M]．北京：中国人民大学出版社，2001．

[10] 伊志宏．养老金改革模式选择及其金融影响[M]．北京：中国财政经济出版社，2000．

[11] 成志刚．社会保障学[M]．北京：北京燕山出版社，1995．

[12] 刘泽民．市场经济下的社会保障[M]．北京：中国物资出版社，2000．

[13] 阳义南．农村养老社会保险基金筹资机制改革的若干对策[J]．农业经济问题，2005，（1）．

[14] 梁春贤，苏永琴．构建适合我国国情的农村养老社会保险制度[J]．经济问题，2004，（5）．

第十三章　新型农村医疗合作保险

【学习目标】

1. 掌握新型农村合作医疗保险的基本概念。
2. 掌握新型农村合作医疗保险的意义、原则、基金的筹集等重要问题。
3. 了解当前新型农村合作医疗保险发展的趋势、内容。
4. 基本掌握新型农村合作医疗保险的操作方法、补偿标准。

☺ 导入案例

浙江省杭州市余杭区良渚镇杜城村农民翁锦昌因脑挫伤住院治疗，康复后他从镇里领取了合作医疗补偿金 18840 元。他高兴地说："花一包烟钱，看病有得报销，真值!"。为此，他第一个为全家人参加了 2005 年度的新型农村合作医疗保险。该镇已有 66100 多农民参加了医疗保险，参保率达 96%。

根据《杭州市余杭区新型农民合作医疗保险制度实施办法（试行）》（余政发［2003］176 号）规定，"住院医药费用（主要包括中西药费、治疗费、除材料费外的手术费）的起报点为 1000 元，实行分段按比例报销的办法。

1000 元以上，5000 元（含 5000 元，下同）以下部分，报销 20%;

5000 元以上，10000 元以下部分，报销 30%;

10000 元以上，15000 元以下部分，报销 40%;

15000 元以上，20000 元以下部分，报销 50%;

20000 元以上，25000 元以下部分，报销 40%;

25000 元以上，30000 元以下部分，报销 30%;

30000 元以上部分，报销 20%。"

"为兼顾受益面，参保者全年门诊累计医药费（中西药费、治疗费）超过 500 元的，超过部分可纳入报销范畴，但不得采取在门诊当次直接报销医药费的做法。

500 元以上，1000 元（含 1000 元，下同）以下部分，报销 10%;

1000 元以上，2000 元以下部分，报销 20%;

2000 元以上部分，报销 10%。"

第一节 新型农村医疗合作保险概述

一、新型农村医疗合作保险的概念

新型农村合作医疗是由政府组织、引导、支持，农民自愿参加，个人、集体和政府多方筹资，以大病统筹为主，以小病补偿为辅，体现互助共济的农民医疗保障制度。是中国农村社会通过集体和个人集资，用以为农村居民提供低费的医疗保健服务的一种互助互济制度，它既是中国医疗保障制度中有特色的组成部分，也是中国农村社会保障体系中的重要内容。新型农村合作医疗制度的建设是实现我国“人人享有卫生保健”目标的需要，更是发展生产、摆脱“因病致贫、因病返贫”的需要。

自2003年新型农村合作医疗制度试点推开以来，首批启动的试点县（市、区）有304个，2004年增加到333个。2005年9月召开的“全国新型农村合作医疗试点工作会议”决定：2006年将试点的县、市、区由目前占全国的21%扩大到40%左右，到2008年建立基本覆盖全国农村居民的新型农村合作医疗制度，比原定目标2010年提前两年。中央财政对参加合作医疗农民的补助标准在原有每人每年10元的基础上再增加10元，提高到20元，同时将中西部地区农业人口占多数的市辖区和东部地区部分参加试点的困难县（市）纳入中央财政补助范围。截至2006年底，已达全国县（市、区）总数的51%；参合农民逐年增加，已达4.1亿人；受益面逐步扩大，补偿农民4.2亿人次；补偿金额逐年增长，累计补偿242亿元。

二、新型农村医疗合作保险的意义

建立农村新型合作医疗制度是一项旨在促进社会公平、协调发展的战略性政策，对于缩小城乡差距、扭转不平衡的社会发展结构、构建和谐社会和实现五个统筹发展具有深远的意义。

有利于从制度上为农民提供基本医疗保障，减轻农民医疗费用负担，缓解农村因病致贫和看病难问题，促进广大农民致富奔康。

有利于引导农民进行合理的健康投资，提高农民的健康水平，合理利用农村卫生资源，促进农村卫生事业发展。

建立农村合作医疗制度是执政为民、稳定农村、关心农民的民心工程，是实践“三个代表”重要思想的体现，是政府的责任。

有利于促进城乡协调发展，是农村的一项基础性工作，也是全面建设小康社会和广东率先实现现代化的必然要求。《中共中央、国务院关于进一步加强农村卫生工作的决定》对建立农村合作医疗制度提出了明确要求。

三、新型农村医疗合作保险的特点

新型农村合作医疗保险制度与传统的医疗保险制度相比，具有以下的特点。

（1）实行新型农村合作医疗制度的目的是解决农民大病问题，防止农民因病致贫、因病返贫。新型农村合作医疗性质是合作型互助共济性。合作主要体现在三个合作关系，即中央政府与地方政府（省、市、县）之间合作、政府与农民之间合作、农民与农民之间的合作。

（2）加大了政府支持力度。过去各级政府对合作医疗的支持主要是宣传、发动，而新型农村合作医疗明确规定中央财政、地方财政给予补助，进一步完善了个人缴费、集体扶持和政府资助相结合的筹资机制。

（3）突出了以大病统筹为主。以往的农村合作医疗，除少数地区外，大多将保障的重点放在门诊或小病上，即“保小不保大”，或者“保医不保药”。而新型农村合作医疗将重点放在迫切需要解决的农民因患大病而导致贫困的问题上，对农民的大额医药费用或住院医药费用进行补助，保障水平明显提高。

（4）提高了统筹层次。改变了过去以乡镇或村为单位开展合作医疗的做法，要求以县为单位统筹，条件不具备的地方可从乡统筹起步，逐步向县统筹过渡，增强了抗风险和监管能力。

（5）明确了农民自愿参加的原则以及赋予农民知情、监管的权力，提高了制度的公开、公平和公正性。

（6）由政府负责和指导建立组织协调机构、经办机构和监督管理机构，加强领导、管理和监督，克服了管理松散、粗放的不足。

（7）建立医疗救助制度，可以资助贫困农民参加新型农村合作医疗，照顾到了贫困人口的特殊情况，对合作医疗补助之后仍有较大困难的农户，再给予医疗救助。

四、新型农村医疗合作保险的原则

新型农村合作医疗制度是由政府组织、引导、支持、农民自愿参加，个人、集体和政府等多方筹资，以大病统筹为主的农民医疗互助共济制度。从2003年起，各省、自治区、直辖市至少要选择2或3个县（市）先行试点，取得经验后逐步推开。到2010年，实现在全国建立基本覆盖农村居民的新型农村合作医疗制度的目标，减轻农民因疾病带来的经济负担，提高农民健康水平。推进这项工作要贯彻以下原则。

1．自愿参加、多方筹资原则。农民以家庭为单位自愿参加新型农村合作医疗，尊重农民意愿，不搞强迫命令；各级政府每年安排一定资金予以支持；有条件的乡（处）、村集体经济组织要给予资金扶持；鼓励社会团体和个人资助支持新型农村合作医疗。

2．以大病统筹为主、兼顾一般门诊治疗原则。新型农村合作医疗筹资水平低，资金有限，主要用于补偿农民大病住院费用，以缓解农民因病致贫、因病返贫等问题。

3．以收定支、收支平衡、略有节余、保障适度原则。新型农村合作医疗制度坚持以收定支、收支平衡、略有节余、保障适度的原则，既保证制度持续有效运行，又使农民能够享有最基本的医疗服务。

4．按比例补偿原则。综合本地经济发展水平及新型农村合作医疗基金筹集、使用等情况，设计符合实际的、合理的补偿比例。

5．保障弱势群体原则。对特困户、五保户等弱势群体，通过农村医疗救助制度等政策给予适当补助。

第二节　农民医疗费用补偿方案的制订

一、农民医疗费用补偿方案制订的原则

在方案制订之前要对当地农民的疾病情况、就医情况、农村卫生机构的就诊和费用情况、农民对合作医疗制度的意愿等进行摸底调查。

方案设计要在建立风险基金的基础上，坚持以收定支、量入为出、收支平衡，略有结余，逐步调整，保障适度的原则。根据个人缴费、集体扶持和政府资助形成的资金总量，结合当地疾病发生情况、就诊和住院情况，以及各级医疗卫生机构医药费用测算结果，合理确定补助的范围、医药费补助的起付线、封顶线和补助比例。

坚持大额医疗费用补助为主，努力减轻入保农民的大病负担。同时，也要兼顾小额医疗费用补助和适度合理的健康体检，照顾到受益的广泛性，提高合作医疗的补助水平。

对农民医疗费用的补偿和对医疗机构的支付要采取适宜的方式。既要手续简便，方便农民，又要增强入保农民的费用意识，并尽可能降低管理成本；同时，也应有助于医疗机构提高服务质量、控制医药费用。

补偿方案要统筹兼顾，人口、经济状况相近的县之间差别不宜过大。

补偿方案的调整应从新的年度实行，以保持政策的连续性和稳定性。

二、农民医疗费用补偿方案的制订

在农村合作医疗补偿方案设计中，影响农村合作医疗费用控制的项目包括：补偿封顶线、起付线、补偿比例、补偿项目、保障范围、定点医疗机构费用管理。科学合理地设计补偿方案是农村合作医疗管理者的基本责任和能力要求。

合理确定补偿范围、补偿项目、起付线、报销比例和封顶线，对发挥合作医疗的保障作用、控制基金支出、保证合作医疗正常运作有着重要作用。合理设置补偿方案还可以引导患者在基层医疗机构就医，降低医疗费用。

1．补偿起付线

设定补偿起付线是为报销支付设定一个门槛，在起付线以上的费用才按比例报销。这是农村合作医疗补偿制度的基本做法。有的地方虽然设置了补偿起付线，但对达到起付的，是按总费用计算补偿比例，没有扣除起付线以下的费用。这种做法不仅没有起到控制费用的目的，反而会鼓励病人为达到补偿标准而增加消费。

起付线的作用，一是减少对低住院费用段的补助，将资金补助的重点放在对大病患者的补助。通过设定起付线，减少对低费用段的补助，实际上降低了方案设计中的平均住院费，减少了合作医疗基金支出，将省出的资金用于高费用段的补助，就可以提高封顶线的设定，有利于提高合作医疗支付大额医疗费用的能力。而高费用段的人相对较少，又最需要帮助，通过抽低补高，提高封顶线，可以更好地发挥合作医疗基金对大病患者的帮助。一般患者少得几十元没有什么困难，而对大病患者，多给 1 千～2 千元就是雪中送炭。二是设起付线可以防止将门诊费用当作住院费用报销的情况，也可以防止某些人利用不设起付线的规定，通过短期住院获取补偿。三是设定起付线还可以引导病人选择医疗机构。

设置起付线须注意：起付线的标准要适度，定得太低不起作用，定得过高会影响合作医疗的受益面，从而影响群众对方案的接受。起付线过高还会影响病人对基层医院、卫生院的选择。

2．补偿比例

合作医疗对参加人的医疗费用采取共付制，即与参加人共同承担风险责任，一方面根据合作医疗基金的补偿能力控制资金支出；另一方面，参加人在就医时自己交纳部分费用，可促使其合理选择医疗服务项目，减少浪费。在合作医疗方案设计中，通常使用“补偿比”。一般认为，补偿比例超过医疗费用的 80%就可能造成浪费。个人出资比例大一些，就不会随意消费。反之，补偿比例低于医疗费用的 20%就对患者帮助不大。相同的补偿比例对费用不同的患者会有不同的影响。综合各种因素考虑，目前一些地区由于合作医疗的筹资水平不高，合作医疗实际补偿比例应定在住院费用的 30%～40%为妥。

设定补偿方案，原则上实际补偿总费用应占住院总费用的 30%以上。各地可考虑本地经验、管理力量、简便易行、群众意愿等因素，选择不同的报销计算方式，通常有两种做法。一是均补方法。即确定一个固定的报销比例，如规定按住院费用 30%的比例报销。有的地方为吸引群众在镇卫生院就医，规定在镇卫生院住院报销比例可稍高于县以上医院。如将乡镇卫生院住院报销比例定为 40%，县级医院定为 35%，县外医院定为 30%。这种方法的特点是简便易行，便于群众计算，也便于基层工作人员计算。这里说的是实际医疗费用的补偿比例，如果设有自费项目，除去自费项目外，实际支付比例比规定比例低，因此应适当调高报销比例。

二是递增比例方法。即按住院费用的不同组段确定不同的报销比例，越高的组段，报销比例越高。如规定（假设）3000 元以下费用组段报销 25%，3000—5000 元组段报销 30%，5000—10000 元组段报销 35%……这种方法的特点是住院费用高的，报销比例相对较高；

住院费用低的，报销比例相对较低。递增方法要依据基线调查的数字，对不同的住院费用组段报销比例进行测算，确定出各组段合适的报销比例。但这种支付方式一般不同等级医疗机构没有区别，不利于引导患者在基层就医。

3．补偿封顶线

补偿封顶线是指合作医疗对参加人的最高补助额，是合作医疗保障水平的象征。由于合作医疗采取低水平的筹资方式，支付能力不大，如果不设定支付限额，少数人过高的医疗费用可能会超越合作医疗的支付能力，出现超支情况，最终拖垮整个集体的合作医疗制度。此外，少数人得到的补偿过高还会影响多数人的积极性。当然，封顶线太低，也难以体现合作医疗的保障作用，同样会影响参加人的积极性从而失去号召力。在各级财政提高补助标准后，广东省要求一般地区合作医疗封顶线应定在6000元以上，筹资高的地方还应当提高。

设定封顶线要与报销范围、报销比例和起付线的标准一并考虑。从理论上说，如果合作医疗筹资总额大于按补偿比例计算的住院费用部分，支付风险就会大大降低，因为超支的可能性变小。也就是说，筹资额达到一定标准，封顶线就可以大幅提高。测算封顶线首先要对调查范围内的住院病例进行排序分组，按选择的报销比例测算，扣除免付项目和起付线以下部分后，测算出低于本年度筹资总额的需支付的总费用，再选出分组中最大费用病例按报销比例计算后所需支付费用为依据确定封顶线。如经过测算，分组中病例最大费用为2万元（有个别超出的可以此为限），按30%报销为6000元，测算的总支出仍低于总筹资，就可考虑将封顶线定在6000元的幅度内。

从医疗消费结构看，消费走向是呈金字塔结构的。低费用段的消费人数较多，高费用段的消费人数较少。在提高补偿封顶线时，看似补偿额度很高，实际补偿的人则很少。因此，将补偿封顶线设在最佳水平是整个方案设计的画龙点睛之笔。

如某县2005年合作医疗补偿人数为3874人，住院率为2.1%。在住院费用段中，6000元以下住院费用的有3395人，占87.6%；6000元以上的占12.4%。住院费用在1万元内的为3542人，也就有3542人只能在补偿3000元的标准以内。住院费用在1万至2万元之间的有147人。2万元以上费用者为42人，42人的总住院费用总共113.8万元。大约也只有42人能得到6000元的补偿封顶线（还有些人的费用可扣除）。最大1宗为5.5万元。假若封顶线在2万元，也只有1人能得到。

三、农民医疗费用补偿的标准

现以上海市金山区兴塔镇为例详细说明农民医疗费用补偿的标准。

1．农民医疗保险补偿项目

（1）门诊。药费、手术费、常规检查（B超、心电图、放射）、常规化验（血、尿、大便、肝功能常规）费用以及3岁以下儿童系统化管理和孕产妇系统化管理有偿服务费用。

（2）住院。药费、手术费、住院费、输氧费、常规检查（B超、心电图、放射）以及常规化验（血、尿、大便、肝功能常规）费用。

2．补偿范围与标准

（1）门诊补偿。

所有参合农民用于门诊的医药费用按比例获得的补助资金总额总称为门诊补偿基金。主要解决参合农民公平享有基本医疗的问题，兼顾受益面，门诊补偿基金由各试点县据当地实际情况制订报销比例，一般不超过家庭账户存款。

门诊补偿基本原则：门诊不设起付线，封顶线为家庭账户资金总额。家庭账户资金用于村、乡级定点医疗机构门诊时使用。

门诊补偿标准：村卫生室及村中心卫生室就诊报销60%，每次就诊处方药费限额10元，卫生院医生临时补液处方药费限额50元。

镇卫生院就诊报销40%，每次就诊各项检查费及手术费限额50元，处方药费限额100元。

三级医院就诊报销20%，每次就诊各项检查费及手术费限额50元，处方药费限额200元。

中药发票附上处方每贴限额1元。

镇级合作医疗门诊补偿年限额5000元。

（2）住院补偿。

所有参合农民用于住院发生的医药费用按比例获得的补助的资金总额总称为住院补偿基金。主要解决农民因经济困难不敢看病或看不起病的问题，兼顾受益程度，住院补偿基金按住院医药费用设置的起付线、报销比例和封顶线进行补偿。

补偿的基本原则：以收定支，量入为出，略有结余，实行分门别类，分段按比例补偿。设置每年每人最高补偿封顶线。

补偿标准：药费：辅助检查：心脑电图、X光透视、拍片、化验、理疗、针灸、CT、核磁共振等各项检查费限额200元；手术费（参照国家标准，超过1000元的按1000元报销）。

60周岁以上老人在兴塔镇卫生院住院，治疗费和护理费每天补偿10元，限额200元。

报销比例：镇卫生院报销60%；二级医院报销40%；三级医院报销30%。

（3）大病补偿。

所有参合农民因患重病或大病，发生10000元以上医药费用，通过申请而获得的超过封顶线的补助资金总额总称为大病救助基金。主要解决参合农民因患重病或大病而引起返贫、致贫现象而进行的大病救助，防止和消除因病返贫、致贫现象发生。大病救助基金各地要根据实际情况制订大病救助的条件和标准，并由参合农民提出申请，经乡、村新农合协调委员会批准获得。

凡参加合作医疗的住院病人一次性或全年累计应报医疗费超过5000元以上分段补偿，即5001～10000元补偿65%，10001～18000元补偿70%。

镇级合作医疗住院及尿毒症门诊血透、肿瘤门诊放疗和化疗补偿年限额 1.1 万元。

3．不属报销的范围

（1）自行就医（未指定医院就医或不办理转诊单）、自购药品、公费医疗规定不能报销的药品和不符合计划生育的医疗费用；

（2）门诊治疗费、出诊费、住院费、伙食费、陪客费、营养费、输血费（有家庭储血者除外，按有关规定报销）、冷暖气费、救护费、特别护理费等其他费用；

（3）车祸、打架、自杀、酗酒、工伤事故和医疗事故的医疗费用；

（4）矫形、整容、镶牙、假肢、脏器移植、点名手术费、会诊费等；

（5）报销范围内，限额以外部分。

第三节　新型农村医疗合作保险基金的筹集和管理

一、新型农村医疗合作保险基金的筹集

1．确定农村合作医疗的筹资标准及测算

确定农村合作医疗筹资标准主要考虑两个因素：一是医疗保障所需要的资金，二是农民和财政的承受能力。从目前来看，主要是考虑第二个因素。因为目前我国多数地方农村经济发展水平还不高，即使是经济较好的农村，农民整体收入水平也普遍低于城镇居民。如果按医疗需求确定筹资标准肯定难以做到。因此，只能根据农民、集体和财政的承受能力确定。

农村合作医疗筹资标准测算，主要考虑以下几点。

首先，要进行基线调查。对一个统筹单位内的人口状况、年住院率、住院费用（包括总住院费、平均住院费、住院费分组等）、住院地点等基本情况要调查清楚。门诊费用也报销的，还要调查门诊情况。要估算实际参加人数和住院率。估计有多少人参加本年度的合作医疗，能够筹集多少资金（含集体和财政扶持资金）。年住院率＝年住院人次数 / 调查人口数×100%。已实行合作医疗的地方，可选择一个完整年度内的住院人数测算住院率和平均住院费用。

其次，测算出合作医疗每年需支付的总费用。假若一个统筹单位有 30 万人参加，年住院率为 3%，住院人数为 9000 人；平均住院费为 3000 元，总住院费为 2700 万元。假设总报销补偿费用占 30%，需 810 万元；假设总报销补偿费用占 40%，需 1080 万元；假设总报销补偿费用占 50%，需 1350 万元。这是一种简单抽象的计算，在实际测算时要多考虑其他的因素。

第三，按需要支付的数额确定筹资标准。如将筹资标准定为人均 50 元，可筹资 1500 万元，收入略大于按 50%比例报销方案的支出。影响这一计算的主要因素是住院率。一般

来说，参加人数少，住院率会相对提高，风险也就增大。可以通过设定报销范围、起付线、报销比例、封顶线，限制支出，调整筹资标准。

2．农村合作医疗资金筹集的原则

（1）公平原则。新型农村健康保障制度的筹资是否公平，主要体现在以下三个方面。一是政府的作用。农村居民与城镇居民在法律上享有平等的健康保障权益，国家应主导农村健康保障制度，将建立和完善农村健康保障制度纳入各级政府的重要工作日程和社会发展规划，建立一个稳定的筹资机制。二是筹资覆盖率。筹资机制要覆盖绝大多数的农村居民，尤其是农村贫困人口。切实能够解决因病致贫、因病返贫问题。三是筹资水平。根据当地居民实际基本医疗消费水平和常见大病患病、医疗费用支出情况，按照以支定收的原则，确定合理的筹资数额，足以达到风险共担的能力。

（2）公正原则。我国正处于社会主义初级阶段，综合国力还不够强，社会经济发展水平比较低，尤其是农民经济收入更低且增长缓慢。在此种情况下，若由国家独自承担农民健康保障的资金筹集是不现实的。同样，仅靠农民自身筹资解决健康保障问题也是非常困难的。因此，中共中央、国务院提出的“实行个人缴费，集体扶持和政府资助相结合”的筹资机制是非常公正的，是基于我国国情的现实选择，是各责任主体履行各自社会责任的具体体现。但国家或省级政府应根据不同地区的社会经济发展水平确定合理的筹资水平和个人、集体、政府三者的筹资比例，明确中央、省、市、县（区）、乡（镇）各级政府的资金来源、数额及使用范围，集体资金的来源，个人筹资的稳定途径等具体政策，确保筹资渠道畅通，资金年年有保障。

（3）公开原则。一方面做到筹资政策，包括资金来源、筹资途径和方法、使用范围、资金去向等公开、透明，接受社会各界和人民群众的监督，取信于民；另一方面加强筹资机制的宣传教育，使筹资政策深入人心，人人明白，争取广大群众的支持与配合。

3．农村合作医疗筹资渠道

新型农村合作医疗是按照“政府引导支持、农民自愿参加、个人集体和政府多方筹资”的原则，农民每年自愿交 10 元，遇大病到大医院治疗造成家庭贫困的，政府实行医疗救助，即除报销外，包括减免、救济、社会援助等。经费来源是：从 2006 年开始，国家提高中央和地方财政对参加农村合作医疗的补助标准，中央财政的补助标准由目前每人每年 10 元提高到 20 元，省、市、县地方上配套 10 元，加上农民自筹的 10 元，集中起来建立农村合作医疗基金。

（1）个人缴费。

资金来源：为个人及家庭收入。

缴费水平：在最近国务院办公厅转发的卫生部、财政部、农业部《关于建立新型农村合作医疗制度的意见》中规定，农民个人每年缴费标准不应低于 10 元。

（2）集体扶持。

资金来源：村集体收入，包括村办企业收入、土地承包费、林牧渔业承包费、民营及私营企业管理费、农业四税返还给村里用于社会保障和社会福利支出的部分等。另外，提供健康保障服务的定点医疗卫生机构为参保者减免的医疗服务、药品等费用也是集体扶持资金的一部分。

筹资水平：视不同地区的经济发展水平而定，一般应达到筹资总额的20%或更多。

筹资方式：每年由村委会按所负担的村民数足额筹集，一次性交到地方政府健康保障资金管理部门。

（3）政府资助。政府资助基金作为农村健康保障制度的启动资金和可持续发展资金具有非常关键的作用。从2007年开始，中央财政采取“当年全额预拨、次年据实结算、差额多退少补”的办法，以每年1月1日至12月31日为一个运行年度，按年与省级财政结算中央财政补助资金，具体操作程序如下。

① 结算。每年3月底中央财政收到各地经专员办审核确认并盖章的申请报告后，根据各地上报截至上年底参加上年度新型农村合作医疗实际参合农民人数、农民缴费、地方财政资金到位等情况，结算上年原有县（市、区）中央财政补助资金，多拨的资金抵顶当年预拨资金，少拨的资金予以补足。

② 预拨。原有县（市、区）按截至上年底参加上年度合作医疗的农民人数和当年中央财政补助标准，预拨原有县（市、区）当年补助资金；新增县（市、区）按上报统计部门公布的截至上年底农业人口、所在省上年度平均参合率、当年中央财政补助标准计算，预拨新增县（市、区）当年补助资金。

二、新型农村医疗合作保险基金的管理

卫生部、财政部、农业部《关于建立新型农村合作医疗制度的意见》指出，农村合作医疗基金是由农民自愿缴纳、集体扶持、政府资助的民办公助社会性资金，要按照以收定支、收支平衡和公开、公平、公正的原则进行管理，必须专款专用，专户储存，不得挤占挪用。

（1）农村合作医疗基金由农村合作医疗管理委员会及经办机构进行管理。农村合作医疗经办机构应在管理委员会认定的国有商业银行设立农村合作医疗基金专用账户，确保基金的安全和完整，并建立健全农村合作医疗基金管理的规章制度，按照规定合理筹集、及时审核支付农村合作医疗基金。

（2）农村合作医疗基金由农民个人缴费及乡村集体经济组织的扶持资金，原则上按年由农村合作医疗经办机构在乡（镇）设立的派出机构（人员）或委托有关机构收缴，存入农村合作医疗基金专用账户；地方财政支持资金，由地方各级财政部门根据参加新型农村合作医疗的实际人数，划拨到农村合作医疗基金专用账户；中央财政补助中西部地区新型农村合作医疗的专项资金，由财政部根据各地区参加新型农村合作医疗的实际人数和资金倒位等情况核定，向省级财政划拨。中央和地方各级财政要确保补助资金及时、全额拨付

到农村合作医疗基金专用账户，并通过新型农村合作医疗试点逐步完善补助资金的划拨办法，尽可能简化程序，易于操作。要结合财政国库管理制度改革和完善情况，逐步实现财政直接支付。关于新型农村合作医疗资金具体补助办法，由财政部等有关部门研究制定。

（3）农村合作医疗基金主要补助参加新型农村合作医疗农民的大额医疗费用或住院医疗费用。有条件的地方可实行大额医疗费用补助与小额医疗费用补助结合的办法，既提高抗风险能力又兼顾农民受益面。对参加新型农村合作医疗的农民，年内没有动用农村合作医疗基金的，要安排进行一次常规性体检。各省、自治区、直辖市要制订农村合作医疗报销基本药物目录。各县（市）要根据筹资总额，结合当地的实际，科学合理地确定农村合作医疗基金的支付范围、支付标准和额度，确定常规性体检的具体检查项目和方式，防止农村合作医疗基金超支或过多结余。

（4）加强对农村合作医疗基金的管理。农村合作医疗经办机构要定期向农村合作医疗管理委员会汇报农村合作医疗基金的收支、使用情况；要采取张榜公布等措施，定期向社会公布农村合作医疗基金的具体收支、使用情况，保证参加合作医疗农民的参与、知情和监督的权利。县级人民政府可根据本地的实际，成立由相关政府部门和参加合作医疗的农民代表共同组成的农村合作医疗监督委员会，定期检查、监督农村合作医疗基金使用和管理情况。农村合作医疗管理委员会要定期向监督委员会和同级人民代表大会汇报工作，主动接受监督。审计部门要定期对农村合作医疗基金收支和管理情况进行审计。

（5）农村合作医疗基金实行收支分离、管用分开、封闭运行。按照银行管钱不管账、经办机构管账不管钱的原则，农村合作医疗基金实行收支分离、管用分开、封闭运行。县（市、区）、乡镇农村合作医疗经办机构以及任何部门不得从基金账户直接提取现金；不得将基金划入非农村合作医疗账户。县（市、区）下拨给乡镇的农村合作医疗基金，通过银行或信用社转账进行。乡镇农村合作医疗经办机构支付给农民的住院报销费用，通过现金取款凭证（一人次一张）兑付，不直接支付现金，由当事人持取款凭证到银行或信用社支取。银行或信用社凭所在乡镇农村合作医疗办公室开具的现金取款凭证方可支付现金。每次支付数额不得超过当地农村合作医疗章程规定的住院医药费最高报销限额；对大于最高报销限额的，如无县级农村合作医疗办公室出具的书面批准通知书，银行或信用社不得支付。每年农村合作医疗基金节余的部分，积累转入下年度使用。各乡镇农村合作医疗机构支付给参加人的医疗补助金，由县（市、区）根据各乡镇每月农村合作医疗费用报销量，预拨到乡镇，县（市、区）与乡镇每月审核、结算一次。

加强基金监管的目的是保证基金的安全。试点初期，中央政府提出了基金封闭运行的指导意见，各地逐步建立了比较完善的基金管理制度和办法，保证了新农合基金的安全。随着新农合的全面推进，基金规模越来越大，监管任务越来越重，财政部、卫生部要研究制定财务会计制度，各地区要不断规范基金监管措施，健全基金管理制度，形成有效的监管机制。同时，要充分发挥各职能部门的监督作用。2007年，审计署将要继续对新农合基金进行审计，各省（区、市）也应该把新农合基金列入省级专项审计的范围。还要注意充分发挥农民和社会各界的监督作用。

第四节 新型农村医疗合作保险的形式

保证新型农村医疗合作保险的持续健康发展，取信于民，其核心是管好农民缴纳的参合金，保证基金的健康平稳运行。如何管好、用好农民的“救命钱”，成为考验各地政府、卫生主管部门管理能力和管理水平的一道难题，积极探索新农合基金的长效管理与监督模式成为各试点地区新农合政策的核心内容。目前主要在广东省新型农村医疗合作保险的运行管理有三种模式。

一、番禺模式：管、用分离——与商业保险合作

广州市番禺区是一个经济相对发达的地区。早在试点之初，新农合管理办公室（以下简称合管办）的工作人员就意识到新农合基金管理将是一个敏感而核心的问题，在筹资过程中他们发现，一些农民不愿参合的理由就是担心自己交上去的钱不能被好好管理而打了水漂。鉴于此，他们开始积极探索科学的管理模式。

《国务院关于保险业改革和发展的若干意见》明确提出，要积极探索保险机构参与新型农村合作医疗管理的有效模式，并大力发展适合农民的商业养老保险、健康保险和意外伤害保险。在中央管理新农合基金的原则下，番禺区开始小范围试行“管、用分离”模式，即政府拨款购买服务，通过公开招投标，授权中国人寿番禺支公司承办补偿等具体业务，改变了以往政府既当运动员、又当裁判的做法，使政府从繁杂的具体业务中脱离出来，专注于管理和监督，同时发挥专业公司服务网络、管理经验和专业技术人员的优势，建立区、镇、村三级便民服务网络，避免了一般商业保险给农民带来的高成本医疗保障。

番禺模式主要的特点有两个方面。第一，保险公司以第三方管理者的角色，利用自身专业化管理优势介入新农合试点，创新基金管理模式，可以充分发挥政府服务和保险公司服务各自的优势，可以实现政府服务和保险公司服务的统一。第二，双方优势互补。通过“征、管、用”相分离的运作机制，创新了政府公共管理模式，转换了新农合的运作机制，避免外来因素对合作医疗制度的干扰，保证对所有参保人都公平、公正地给予住院医疗费用补偿，从而实现农民群众、政府、卫生行政部门、保险公司各方满意的局面。

从长远来看，在条件具备的地方，实行番禺的委托管理模式好处是明显的。政府与商业保险公司合作，首先有利于促进政府职能的转变，形成征、管、监、用分离，规范运作的新机制；其次，利用保险公司的专业人才、网络优势，可以降低管理风险和运作成本，杜绝虚假骗赔和“人情赔付”现象，遏制医疗费用的过快增长，使风险控制在相对合理的水平，不

会出现大的亏损。但就目前而言，由于该模式对地方财力要求较高，在推广上有一定难度。

二、佛山模式：城乡一体化——由社保部门主管

由于城市化程度较高，佛山市南海区的新农合是由社保部门管理的，2006 年 7 月 1 日统一改为城乡居民基本医疗社会保险，除农民外，还把未参加职工医疗保险的城镇居民也纳入其中。

在南海区和顺德区，随着城镇化水平的加快，越来越多的农民转为城镇居民，他们既没有参加城镇职工医疗保险，又不再符合农民身份，被称为“两不靠”居民，这部分人最容易成为因病致贫的主体。

鉴于此，南海、顺德两区在全国率先建立起覆盖率达 100%的城乡居民合作医疗体系，让 100 多万“两不靠”居民有了医保靠山：将新农合扩容，没有享受职工医疗保险的城镇居民全部列入参保对象，建立起覆盖南海、顺德城乡居民，保障水平较高的城乡居民合作医疗保险制度，保险费由政府、集体、个人共同负担，区财政“兜底”。居民个人每年只需缴纳 120 元，就能得到最高 6 万元的医疗保障。目前，两区 72.6 万居民中有 69 万多人参保，参保率达 96%以上，基本做到了应保尽保。

在机构设置上，当地成立了“城乡居民基本医疗社会保险工作领导小组”，在佛山市社会保险基金管理局南海分局下设办公室。各镇街成立相应的领导小组，设置专职保险工作人员。

2006 年，南海区保险费标准为每人 190 元，其中由区政府承担 38 元，镇政府（街道办）承担 38 元，个人承担 114 元（农村居民由村委会、村民小组及参保个人共同承担个人部分），一年累计最高报销额为 3 万元。在当地定点医院住院的，纳入基本医疗社会保险报销范围的医疗费用，1 万元以下报销 70%，1 万元以上部分报销 80%。该政策得到了城乡居民的广泛欢迎。

南海等地城市化程度较高，其方案设计考虑了城乡居民社会保障体制的接轨问题，保障度高。方案实施初期亏损较严重，几次调整标准后逐渐合理，这些经验教训值得总结。当前农村城市化的步伐在一些经济发达地区日益加快，“两不靠”人群如何获得新农合政策的“阳光照耀”，南海的这种筹资和管钱模式无疑是一个很好的借鉴。

三、云浮模式：“双档型”参保——由卫生部门主管

2006 年底，在人民大会堂召开的“2006 第二届中国全面小康论坛”上，云浮市“双档型农村合作医疗制度”获“中国十大政府创新典型奖”。作为山区城市，云浮市去年已有 163.9 万人参合，覆盖率高达 91.1%，比全省平均水平高出 30.6 个百分点。

2004 年 7 月起，云浮市农村医疗保险改为农民自愿参加的“农村居民住院补充医疗保

险”。农民在花 10 元钱参合的基础上，只要每年再交 5 元的保险费，补助额即可由 2000 元提高到 12000 元。2005 年起，云浮又将农村合作医疗和农民住院补充医疗保险合并，统称为合作医疗，并实施分档管理。实行高额补助后，当年获得最高限额 12000 元补助的就有 348 人。

从 2006 年起，云浮市重新设置一档（每人每年交 10 元钱，最高补助上限为 6000 元）和二档（每人每年交 15 元钱，最高补助上限为 30000 元）两个独立档次，农民可根据自己的实际情况选择。对此，农民盘算得很清楚：每人每年投保 15 元，按一生投保 60 年来计算，只需花 900 元投保，就可享受高额的医疗保障。

云浮模式在方案设计上十分注重调动农民的参合积极性，采取分档次、积分制、优惠检查费用等，提高参合农民的受益面和受益程度，但主管部门工作量很大。在目前广大欠发达地区，这种模式还是比较合理的。

就基金管理模式而言，目前现行的新农合基金管理模式主要有独立管理模式、银行（信用社）管理模式和保险公司参与模式三种。

大部分试点地区采取的是“小而全”的独立管理模式，即各地区建立一套完整独立的、自上而下的管理系统，并配合一整套软件、硬件措施。这样做虽然相对简单，但是它造成了条块分割、自成体系、相互不能兼容的局面，成为各级地方财政的沉重包袱。尤其是在经济欠发达的中西部地区，这种浪费的负面影响是相当大的。

部分地区采用了在银行（信用社）设置基金账户，做到专户储存、专账管理、专款专用。虽然这样充分利用了银行庞大的业务网络，在收入和支出两个环节降低了管理成本，但是银行（信用社）的介入只是部分的，介入层次也很低，并不能真正提高新农合基金的管理和使用效率。

少部分地区在新农合基金的管理中引入了保险公司。虽然保险业参与有利于控制新农合的运行风险，有利于节约政府成本，但是保险公司面临的最大问题就是对医疗机构的管控力度偏弱，对医疗费用上涨的控制还不够，而且引入保险公司又增加了保险公司与政府有关部门、医疗机构和参合农户的协调难度。

第五节　农村三级卫生医疗服务网络建设

一、农村三级卫生医疗服务网络建设的意义

农村三级卫生医疗服务网络是适应我国社会经济发展实情和农村人群需求的产物，由县（市）级医疗卫生机构、乡镇（中心）卫生院、村卫生室（所）构成，以农村人口为主要服务对象，承担着基本医疗、防疫保健、健康教育等基本功能的具有中国特色的农村卫生服务体系，真正让农民“小病不出村，常见病不出乡镇，大病不出县”。

国务院2006年工作要点（第三十四点）中提到：加快农村医疗卫生服务体系建设。实施《农村卫生服务体系建设与发展规划》，以乡镇卫生院为重点，同步推进县医院、县中医院（民族医院）和县级妇幼保健机构房屋、设备改造和建设，推进县、乡、村三级医疗卫生服务体系和网络建设。

建立农村三级医疗卫生服务网络，是最接近农村的疾病诊治及预防、保健机构，网点的设置科学、合理是农村居民看病便捷、享受高质量的医疗服务的关键。因此，要不断地扩充和完善网点建设，尽快地在各个村建立村卫生室。

建立农村三级医疗卫生服务网络，积极探索在区县内卫生资源的重新组合，是优化卫生技术力量、减少非医务人员和医疗卫生机构运行成本、提高医疗卫生质量的重要手段。

建立农村三级医疗卫生服务网络，是建立医院对口支援、大医院和一级医院双向转诊、高中级卫生技术人员定期到农村基层服务等多层次和多种形式的支持模式，能够全方位带动农村医疗水平的提高。

建立农村三级医疗卫生服务网络，能够积极发挥农村三级医疗卫生机构的各自优势，扩大农村居民获得医疗服务的选择，健全多层次的医疗保障体系，提高农村居民的健康水平。

二、农村三级卫生医疗服务网络建设的内容

1．基础设施条件

（1）乡镇卫生院的标准化建设包括乡镇卫生院的建设规模与项目构成、建筑标准、规划布局与建设用地、主要业务用房要求（门诊用房、住院用房、放射科、检验用房、手术与产房用房、供应（消毒）室、药房、辅助用房）、装备标准、主要技术经济指标。

（2）村卫生室的建设标准包括卫生室设置要求、人员配备（至少一名获得执业证书的乡村医生和一名女乡村医生或女保健员）、房屋及面积（诊断、治疗、观察、预防接种、妇检、药房分开的专用房屋）、常规设备（消毒锅、听诊器、换药盘、敷料罐、洗胃管、氧气包、出诊箱、诊断床、简易消毒包、儿童体检用具、一般妇科检查器械、污物桶、冷藏包、血压计、体温计）、药品采购、使用安全规范与管理等（门诊登记、处方、财务、消毒、传染病、妇幼保健管理等制度）等六方面。

2．农村卫生医疗队伍建设

建设一支高素质的农村卫生队伍，大力发展农村医疗卫生事业，直接关系到人民群众的身体健康，也是贯彻落实科学发展观，建设新农村，构建社会主义和谐社会的重要内容之一。作为农村卫生服务网络的枢纽，乡镇卫生院直接担负着预防保健、基本医疗等任务，对巩固和发展农村卫生事业，保障当前公共卫生服务和农民健康有着举足轻重的作用。

（1）科学核定人员编制，要依据乡镇卫生院的基本职能和服务要求核定人员编制。要按照精简高效、因事设岗、按岗聘人、竞争上岗的原则实行全员聘任制。制订乡镇卫生院医技人员岗位设置及工作人员条件和素质标准，作为考录、配备、培训工作人员的依据。

（2）实行乡镇卫生院院长公开招聘，竞争上岗，实行院长任期目标责任制，选拔作风好、懂技术、善管理，具有中级及以上卫生专业技术资格的优秀人才担任院长，充分享有规定的用人权、分配权和管理权，并从工资福利和待遇方面解除其后顾之忧。采取轮训和上岗前培训相结合的办法，开展卫生院院长培训工作，提高管理水平。

（3）加强在职卫生人员学历教育。鼓励在职卫生人员参加成人高等教育举办的医学类、相关医学类和药学类专业的学历教育，鼓励已取得执业资格的在职卫生人员按照专业对口原则参加各级各类中专、高校相关医学类、药学类等学历教育。加强现有医卫人员的培训工作，制定相关的政策鼓励在职医卫人员的进修学习，限制无学历职称的现有医卫从业人员上岗，使现有队伍的素质得到提高和加强。

（4）建立和健全在职卫生人员培训进修制度。每年组织开展农村在职医卫人员全科医生培训，培训经费由县级财政予以补助。建立市、县级医疗机构对卫生院人员免费培训进修制度。建立市、县医疗单位对卫生院对口下乡和扶持的制度。市县级医院还应坚持每年举办各种业务培训班或派专家到基层举办讲座、讲课等，帮助乡镇卫生院医技人员、乡村医生更新业务知识，提高整体素质。

（5）制定优惠政策，鼓励医学院校毕业生和城市在职或离退休卫生技术人员到乡镇卫生院工作。鼓励具有大专以上学历的医学专业毕业生进入乡镇卫生院工作，政府应当出台相关的鼓励优惠政策，对愿意去农村工作的毕业生从工资福利待遇上予以固定补贴，对其升级、职称制定相关的配套措施，并考虑在乡村工作的适当年限。吸纳市区大中型医院的富有丰富医疗经验的离退休医生去乡镇卫生院工作，一方面发挥其余热，另一方面利用他们的经验和学识带动乡镇卫生队伍建设，促进乡镇卫生医疗整体水平。

（6）委托高等医学院校针对农村卫生工作实际，采取学历教育方式，专门为农村培养适用的医卫专科人才。高校招生中实行定向招生，可以从当地考生中选拔，为乡镇卫生院定向培养能够扎根当地医疗卫生事业的本科、专科学历的学生，毕业后回到定向卫生院工作。

（7）改革乡镇卫生院的分配制度，扩大单位内部分配自主权限，实行人员收入与任务、业绩挂钩，建立多劳多得、优劳优得、重实绩、重贡献的分配激励机制。

3．存在的问题

（1）基础设施落后。农村乡镇卫生院基础设施不够完善，特别是村级卫生室，医疗设备大多还非常简陋，服务功能低下，大多数只有简单的听诊器、高压消毒锅、血压计、产包等基本医疗器械，少部分村级卫生室连这些基本设备都没有，个别村级卫生室甚至名存实亡。

（2）管理体制不顺。现有的乡镇卫生院中，大部分已于1997年实行两权分离，人、财、物划归由乡镇管理，业务工作由县卫生行政部门指导管理，导致公共卫生管理的职能不清、关系不顺。各级政府没有明确村级卫生室的职责，也没有明确乡村医生工资补助制度，致使各村级卫生室主要以医疗看病为主，公共卫生方面仅仅是打打防疫针维持现状而已，而大量的卫生防保基础工作没有人来做。农村卫生三级网络由于缺乏整体合力，严重影响和阻碍农村卫生事业的发展。

（3）人才严重缺乏。目前，农村卫生人才“引不进，留不住，提不高”，其主要原因是：乡村医疗卫生机构的低投入、低功能、低效益、低待遇、机制僵化，这样造成了乡村卫生院人才异常缺乏，广大乡镇尤其是偏远乡村的农民在当地得不到良好的医疗服务。

第六节 新型农村医疗合作保险信息化建设

一、新型农村医疗合作保险信息化建设的原则

根据卫生部出台的《新农合医疗信息系统建设指导意见》（卫农卫发[2006] 453 号），全国新农合信息系统建设分三个阶段进行。

第一阶段（2006—2007 年底）。在推动县级网络建设与应用的同时，完成国家级和省级信息平台建设，完成国家级和省级中心数据库的规划和初步设计，完成第一期应用系统（以各省、自治区、直辖市数据汇总统计为重点）的开发和实施。首先实现全国第一批试点县新农合系统与省级系统的并网运行。

第二阶段（2007 年底—2008 年底）。进一步完善和强化国家级和省级中心数据库的设计，完成第二期应用系统（以规范化数据采集、管理为重点）的开发和实施，以省为单位统一各县新农合管理软件系统，实现各县的规范化数据在省级中心数据库的集中存储。

第三阶段（2008 年底－2010 年底）。完成全部系统设计和第三期应用系统（以数据综合管理、数据分析和数据挖掘为重点）的开发与实施，并随着新农合制度的不断推进，逐步实现全国新农合规范化数据的集中存储和分析。为此，新型农村合作医疗保险信息化建设应遵守以下原则。

1．统一规划，分级负责。卫生部会同有关部门提出全国新农合信息系统建设的有关原则和指导意见，负责新农合国家级信息平台和数据库的建设和运行，协调、指导省级信息系统建设和运行。各省级卫生行政部门要按照本意见的统一要求分别负责本辖区内新农合信息系统建设方案的制订和组织实施，负责省级信息平台和数据库的建设和运行，对县（市）级新农合信息系统建设和运行进行监督与技术指导。

2．整合资源，技术适宜。在新农合信息系统建设中，要充分利用已有的计算机网络资源和信息资源，避免重复建设和资源浪费。由于目前各地新农合的组织机构设置、制度设计和实施模式尚不统一，因此，要在系统建设实施前和实施中对业务流程不断调整和完善，用科学的业务流程优化信息系统建设，利用高效的信息系统使业务流程更加规范。各地要在遵循卫生部《新型农村合作医疗信息系统基本规范（试行）》（卫办农卫发[2005]108号）前提下，充分考虑未来发展需要并结合本地实际，合理选择适宜的技术方案、投资规模和阶段性目标，并探索与当地综合卫生管理信息系统的资源共享与信息交流，使相关信息得到充分有效地利用。

3. 统一标准，分步实施。原则上要按照《新型农村合作医疗信息系统基本规范（试行）》要求，逐步以省为单位统一合作医疗管理软件。暂不具备条件的地区，必须按照《新型农村合作医疗信息系统基本规范（试行）》的要求，统一软件标准和数据接口标准。各省级卫生行政部门要加强与财政等相关部门的沟通，根据本指导意见及《财政部、卫生部关于补助公共卫生专项资金的通知》（财社[2006]126号）要求，按照各地新农合信息系统建设规划和实施方案及财力等，组织招标采购，有重点、分步骤地逐年实施完成整个信息系统建设。在信息系统招标采购过程中，要切实选择具有经济实力、技术能力、行业经验和良好服务的合作单位共同进行新农合信息系统的建设和维护。

4. 规范管理，确保安全。国家级和省级新农合信息系统平台和数据库要建立在同级卫生行政部门。如省级以下设立新农合信息平台，可以建立在同级卫生行政部门，也可委托设在经信息产业行政部门认定具有 IDC（Internet Data Center，即互联网数据中心）资格的 IT（Information Technology，即信息技术）企业，接受委托的企业负责新农合信息系统的运行和日常维护。无论经办机构（含社保部门和保险公司）采取何种模式介入，其与新农合有关的业务信息都必须纳入各省级新农合信息系统中心数据库并接受上级卫生行政部门的业务管理与指导。未经省级及以上卫生行政部门批准，任何部门和单位不得转移、公布和使用新农合相关信息，更不能用于商业目的。要建立新农合信息系统管理制度，确保信息系统长期、持续和稳定运行。要严格遵守我国知识产权的相关法律，购买和使用正版软件。严格按照国家有关信息安全的规定和标准建设、管理新农合信息系统，使之具有安全保护和保密措施以及应对计算机犯罪和计算机病毒的防范能力，确保系统和数据安全。

二、新型农村医疗合作保险信息化建设存在的问题

“新型合作医疗”是我国医疗和社会保障体制改革的一项重大举措，而相关信息系统的建设则为该项制度的顺利实施提供了必要的技术保障。在实践过程中，许多地方都结合自身的特色，进行各种各样的创新。新型农村合作医疗信息化管理是提高工作效率、加快信息传输，加强对新型农村合作医疗运作的管理和监督的重要手段，是当前新型农村合作医疗工作的一项重要任务。实行合作医疗的信息化管理，可以随时随地查阅参保人的信息，与参保人进行直接的联系，从根本上杜绝虚报参保人数现象的发生；也可以将合作医疗的各种动态信息及时公布在网上，接受群众的监督，方便农民群众；也有利于降低运作成本，促进科学管理，并能实现资源共享，推进电子政务。

开展新型农村合作医疗保险的信息化建设，没有现成的模式可以借鉴，在这个过程中会存在一系列的难题，如软件的开发、硬件的配置、人才的培养、资金的紧张、观念的落后等。目前，新型农村合作医疗信息化建设存在的主要问题有：有些地方思想认识不到位，还没有充分认识到合作医疗保险信息化建设的重要性，信息化建设进度较慢；在经济不够发达的地方，资金投入不足，制约着新型合作医疗的信息化建设；从业人员的素质与业务

水平有待进一步提高。

三、新型农村医疗合作保险信息化建设的内容

（一）新型农村合作医疗网络信息系统的开发

全国新农合信息系统建设要逐步建成以两级平台（国家级、省级）为主，多级业务网络（国家、省、市、县）并存的模式。省级建立信息平台，县级建立业务操作网络，市级通过省级平台建立辖区虚拟信息管理网络的方式建立省以下新农合信息系统。国家级和省级新农合信息系统的内容可分为决策辅助系统、业务管理系统、基层单位管理平台以及门户网站系统四部分。县级业务操作网络以新农合组织、管理与运行的基础信息收集和业务管理为主。要实现以县为单位的在线费用审核、即时结算和实时监控功能。具体来说，新型农村合作医疗保险信息网络管理系统应包括以下内容。

1．费用测算子系统。根据系统存贮、调查的业务数据（如门诊费用、住院费用与住院时间、日费用、次费用、常见病种的费用及时间、总费用与基本费用等）测算出资金总量、服务水平和需求量，并进一步通过调整与基金分配、补助遴选有关的参数，系统自动测算补助方法，经过比较后选取最优方案。

2．日常事务子系统。对参保人员的基本资料、医疗证卡、基金缴纳、基金缴纳审核、基金变动、基金年度结转、补偿管理清算等日常工作进行统一管理，全面脱离传统手工的繁琐操作。其中住院管理中提供了住院审核的功能，可以随时审核兑付记录，并能及时对其进行修改操作，减少了因工作人员的疏忽而造成的错误。

3．综合查询子系统。针对客户的个性要求，对新型农村合作医疗发生的业务数据进行汇总、加工、分析处理，并根据参保率、资金收支、单病种、年龄段、药品等参数生成各种所需的统计报表、图表分析与趋势分析，让管理决策层及时了解合作医疗受益面、资金使用、单病种次费用、药品使用率等详细情况，便于宏观调控。

4．系统维护子系统。用于控制各级用户的职权和对参合单位、定点医疗机构基本信息情况进行统一管理，同时还提供了对业务数据进行存储、加工、导入导出等功能；还可对静态数据表进行维护，如政策参数、管理方法、药品项目价格、疾病字典等进行统一设置修改以适应不同时期的需求。

（二）基本办公设备的建设

要实现新型农村合作医疗保险的信息化管理需要一定的硬件设备，包括办公电脑若干台、ADSL MODEN 1 台、12 口交换机（集线器）1 台（用于多台电脑同时上网工作）、高速激光（证卡）打印机 1 台、中文传真机 1 台、笔记本电脑 1 台。

（三）管理队伍的建设

加强对新农合信息系统有关人员（网络管理员、各个系统的操作人员）的培训，从整体上提高信息系统管理和操作人员队伍的素质，形成科学管理团队，提高各级管理部门的

应用能力。在确保系统安全性和核心技术自主性的前提下，引进国外先进技术和资金，加快全国新农合信息系统的建设与发展。

【关键概念】

新型农村合作医疗保险　补偿起付线　补偿封顶线　三级医疗卫生服务网络　住院补偿基金　补偿比例

【本章习题】

一、思考题

1. 什么是新型农村合作医疗保险？
2. 新型农村合作医疗保险应遵守哪些原则？
3. 新型农村合作医疗保险的基金来源有哪些？
4. 开展新型农村合作医疗保险有什么意义？
5. 新型农村合作医疗保险给付项目有哪些？
6. 农村三级医疗卫生服务网络建设有什么意义？
7. 新型农村合作医疗保险基金的筹集应遵守哪些原则？
8. 新型农村合作医疗信息化建设的内容是什么？

二、实训题

实训题目：新型农村合作医疗保险金的给付。

实训目的：

1. 加强学生对现阶段新型农村合作医疗保险制度的给付项目的认识、加强学生对现阶段新型农村合作医疗保险制度给付标准的认识，加强学生对现阶段新型农村合作医疗保险地域性与多样性的认识。

2. 基本掌握新型农村合作医疗保险信息管理系统的操作。

3. 掌握新型农村合作医疗保险金的发放程序和计算方法。

实训内容：

1. 张贵现年 25 岁，1 前参加农村合作医疗保险。今年 3 月份，张贵由于和李某产生矛盾，在和李某的打斗过程中头部受伤，住院 15 天，花去医疗费 3 万元，出院后，他来到当地的农合办，要求住院补偿。请问：张贵应该得到住院补偿吗？为什么？

2.《云浮市农村居民住院补充医疗保险实施细则》规定，被保险人患病住院治疗时，年内累计符合赔付范围的住院医疗费赔付起付线为 4000 元，赔付比例为 50%，赔付最高限额年内累计为 1 万元，即在年内的住院费用，扣除不符合给付的费用后，累计超过 4000 元的，超过部分按 50%的比例赔付，直至年内累计付足 1 万元为限。和先生是云浮市的农民，他在2004年参加了新型农村合作医疗保险，2006年6月由于心脏病住院28天，花去医药费31780元。根据相关规定，和先生可以获得多少住院补偿？

3．骆全云、骆军武是父子关系。骆军武自小因患混合性面部血管瘤，于2005年10月24日至2005年11月24日在湖南省某医院住院部整形外科住院治疗，同年11月24日骆军武在该院住院部办理了出院结算手续，该院住院部开具了金额为17896.3元的住院医药费收据及费用明细清单。同日，骆军武在长沙火车站花200元钱购买了金额为27896.32元的假住院医药费收据和费用明细清单。2005年11月29日，骆全云持假收据到醴陵市新型农村合作医疗管理委员会办公室报销，获赃款5743.08元。2006年1月5日，骆全云利用同样手段获赃款5848.94元。6月6日，骆全云再次持假住院费用收据和明细清单报销时，被工作人员识破。请问：骆全云、骆军武父子的做法将受到什么样的惩罚？这个案例揭示出目前农村合作医疗保险管理有哪些不足？

【参考文献】

[1] 胡毅烈．新型农村合作医疗及初级卫生保健[M]．合肥：合肥工业大学出版社，2004.

[2] 胡毅烈．积极探索适应市场经济的合作医疗新模式[J]．中国农村卫生事业管理，2000，（5）.

[3] 毛正一．农村贫困地区合作医疗实验的回顾与思考[J]．中华医院管理杂志，2001，（3）.

[4] 汪和平．不同经济状况农户对新型合作医疗意愿的研究[J]．中国卫生经济，2003，（2）.

[5] 汪时东．中西部地区5县新型农村合作医疗研究背景与设计要点[J]．中国卫生经济，2003，（5）.

[6] 临黎．新型农村合作医疗制度的补偿方式研究——过分强调大病补偿的弊病及政策建议[J]．农村经济，2005，（11）.

[7] 邓大松．社会保障理论与实践发展研究[M]．北京：人民出版社，2007.

[8] 侯文若．社会保险[M]．北京：中国劳动社会保障出版社，2005.

[9] 张自宽．中国农村合作医疗50年之变迁．2005年11月24日在日本第十届亚洲农村医学大会上的特别演讲稿.

[10] 宫晓霞．建立和完善我国新型农村合作医疗制度的思考[J]．农村经济，2005，（8）.

[11] 卫生部等七部委联合下发《关于加快推进新型农村合作医疗试点工作的通知》，2006，（1）.

[12] 武东霞．新型农村合作医疗制度相关问题研究[J]．医院领导决策参考，2003，（4）.

[13] 新型农村合作医疗网.

后　　记

本书根据高职教育“知识够用”、“能力突出”的原则，采取“工学结合”的方式来编写。全书由金双秋教授拟定编写提纲并负责统稿，并撰写第一章、第二章、第三章、第四章、第七章；田建湘副教授撰写第五章、第六章；周向群讲师撰写第八章、第九章；钟琼乳讲师撰写第十章、第十一章；李翠英副教授撰写第十二章、第十三章。